读客文化

中国神话求原

尹荣方 著

江苏凤凰文艺出版社

图书在版编目（CIP）数据

中国神话求原 / 尹荣方著. —— 南京：江苏凤凰文艺出版社，2025.2. —— ISBN 978-7-5594-8970-8

Ⅰ.B932.2

中国国家版本馆CIP数据核字第2024VP7246号

中国神话求原

尹荣方　著

责任编辑	丁小卉
特约编辑	徐　成　刘　芬　周子君
封面设计	王　晓
责任印制	杨　丹
出版发行	江苏凤凰文艺出版社
	南京市中央路165号，邮编：210009
网　　址	http://www.jswenyi.com
印　　刷	天津联城印刷有限公司
开　　本	880毫米×1230毫米　1/32
印　　张	15.5
字　　数	383千字
版　　次	2025年2月第1版
印　　次	2025年2月第1次印刷
标准书号	ISBN 978-7-5594-8970-8
定　　价	69.00元

江苏凤凰文艺版图书凡印刷、装订错误，可向出版社调换，联系电话：010-87681002。

序

王小盾

神话学已经走过了漫长的历程。每一代学者都曾代表那个时代的智慧，追寻过古神话的奥秘。他们的脚步，连成了一串弯弯曲曲的学术轨迹。有人说，神话产生于惊奇。其实，面对神话学的历程，我们也会有身陷于神话之中的感受——感到惊异。因为这是一个异说纷呈的领域。一方面，在历史的许多瞬间，都有学者接近神话的真相，从而撩开了真理的面纱；但另一方面，在更多的时候，神话学却在荒谬之中徘徊。

回顾这段历程，我们总是会想起一些里程碑式的事件：公元前四世纪，希腊历史学派曾把神话看作化装的历史，由此触及了神话内容的构成原理。公元十九世纪，英国语言学家麦克斯·缪勒（M. Muller, 1823—1900）在神话学中引进了语言学的历史比较的方法，把神话理解为对宇宙自然现象的隐喻，用原始语意的失落来解释神话的来历，因而揭示了神话所特有的语言形式的缘由。在缪勒之后，英国又出现了爱德华·伯内特·泰勒（E. B. Tylor, 1832—1917）、安德鲁·兰（A. Lang, 1844—1912）、詹姆斯·乔治·弗雷泽（J. Frazer, 1854—1941）等一群人类学家。他们把神话作为原始文化的组成部分加以考察，认为神话不仅是原始人日常生活的表现，而且是关于超自然神灵、死后生活、偶像、祭献活动等原始信仰的表现。这样一来，在阐明神话同巫术以及"万物有灵论"的关联之时，他们也揭示了神话的功能和本质。一代又一代的研究者，就这样用更为开阔的视野和更为丰富的资料基础，推动着神话学前行。

二十世纪初，西方神话学传入中国，大大促进了中国神话研究的发展。其中最重要的事件是产生了闻一多的《神话与诗》。这是一部由21篇文章组成的论文集。在其中《伏羲考》一文中，闻一多联系流传在西南各民族中的兄妹婚故事，以及汉代以来石刻和绢画中的男女交体像，描写了一部以伏羲、女娲为名义的文化史，亦即从古老的蛇图腾发源，经由半人半兽神、人格神等阶段，以生殖和阴阳交合为主题的思想史。此外，他还进行了一系列神话学和民俗学的比较研究，例如结合神话学和民族学资料，讨论了端午风俗的来源；利用关于古代风俗与祀典的记载，考释了姜嫄弃子、高唐神女等神话。对于以文献学为基础的中国传统学术来说，这种研究是有划时代意义的。它把神话研究提升到这样一个境界——对神话时代的人类生活进行还原的境界。考古学、民族学、语言学，从此成为中国神话研究的必要手段。

以上研究实践，也可以说是新的学术思潮的代表。随着考古学、民族学等学科的发展，这种思潮再度兴盛于二十世纪后期的中国，使神话研究呈现出朝气蓬勃的局面，在资料搜集和资料考订领域，产生了一大批具有真知灼见的研究成果。不过，令人遗憾的是，中国神话研究的思想体系依然显得陈旧。从基本理论的角度看，中国学术界向社会提供的神话知识充满偏差。谓予不信，请看以下两个广为流行的命题：

——"神话是产生于原始氏族社会的古老的散文作品，是那一时期人们对自然界和社会生活加以不自觉的形象化的表述，是以幻想为主要手段的语言艺术。"这是一个通行的神话定义,人们习焉不察;它曲解了神话的性质。它把关于神话的记录当成了神话本身,把神话对于现代人的意义当成了神话本来的意义。神话真是"散文作品"吗?不是。在中国西南地区的少数民族当中,神话总是联系于某种仪式活动,是宗教仪式上巫师讲唱的主要内容。这种神话讲唱一般采用韵文形式,只是由于记录的缘故,保存下来的神话文本失去了它的本来形态,变成了散文。神话是"幻想"或"不自觉的表述"吗?也不是。越来越多的研究表明,神话叙述之后总是隐藏着历史真实。神话是一个族群的神圣活动,是世代相承的集体记忆,因此,只有现实地影响了族群命运的事件、物品、制度、习惯和社会现象,才能进入神话。另外,从本质上说,神话也不宜归结为"语言艺术"。一方面,许多神话叙述不是故事叙述,而是关于仪式的记录;另一方面,神话在其产生和流行的时代,是作为知识和信仰而在先民的生活中发生作用的。

——"任何神话都是用想象和借助想象以征服自然力,支配自然力,把自然力加以形象化。"这是关于神话功能的一个经典论述,人们耳熟能详;但它同样包含了极大的错误。它片面强调了神话的巫术作用,而取消了神话的认识作用、记录作用、调节社会关系的作用。后者其实更为重要。我们看到的事实是:神话所面对的事物不仅有"自然力",而且有人和人的社会关系。神话的存在不仅是作为宗教和巫术的存在,而首先是作为科学与知识的存在。在人类文明从无到有的那个漫长的时代,人们通过艰苦的努力改造了自然,也改造了人本身,由此建立起了原始的科学体系。只要用几千年来中国农业的发展作个类比,就可以知道,这种努力的成就是惊天动地的;即使从智慧方面看也是这样。它留给我们两笔遗产:其一是考古遗物,其二是神话。因此,神话是关于人类进化的那段早期历程的所有记忆的总和。如果说人类成长的过程是一步一步征服自然力的过程，是一个现实的过程，那么，关于这段过程的记录绝不会只是"想象"。

这两个命题有一个共同点：片面，来自狭隘文学趣味的片面和来自贫弱哲学能力的片面。由于前一种片面，神话变成了现代人的玩物，神话的文学价值被夸大，因而掩盖了它的文化价值。这种片面不仅限制了对古神话的深入理解，而且限制了对神话资料的搜集。有一个令人痛心的情况是：相当一批流传于民间的神话传说，因不合"文学性"标准而被采集者人为地淘汰；与此同时，采集过程中又出现了一批为迁就"文学性"而用创作或增饰手法制造出来的伪神话。而由于后一种片面，神话被归结为"原始思维""逻辑谬误""幼稚"或"愚蠢"的产物，神话研究者堂而皇之地抛弃了"同情的理解"这个基本的学术原则，因而神话研究变成逞臆者的学术领地。教科书亦习惯于以下这种解释：

> 夸父为何要与日逐走，已不得而知了，但他那强烈的自信心，那奋力拼搏的勇气，以及他那融入太阳光芒之中的高大形象，构成了一幅气势磅礴的画面，反映了古代先民壮丽的理想。
>
> 女娲神话为我们塑造了一个有着奇异神通而又辛勤劳作的妇女形象，她所做的一切，都充满了对人类的慈爱之情。
>
> 生存环境的艰苦，激发了先民不屈的奋斗精神，由此而孕育出一大批反抗自然、反抗天帝的神话英雄。前者如精卫，以顽强的生命力，面对着难以征服的自然，作顽强的拼搏。后者如刑天，即使断首以死，也要对着天帝大舞干戚。这种顽强的抗争精神是何等的壮烈！他所象征的知其不可而

为之的悲剧性格，成了中华民族生生不息的精神长河中的巨浪。

这些解释其实就是"借助想象以征服自然力"一说的具体化。它们所说的到底是古神话原有的涵义，还是现代人强加的涵义呢？若投以学术的眼光，便不难判断。读者诸君可以想一想，人们对古神话的那些批评——所谓神话的思维活动是"表象活动"，"建立在低下的生产水平和贫乏的知识、经验之上"；所谓神话是对事物"主观的、荒诞的、虚幻的反映"——这些话用在哪种人身上较为合适呢？它们难道不正是夫子自道吗？

除此之外，还有一种片面，即来自狭隘的历史学习惯的片面。其特点是盲目崇信文献记录的古典方式，既表现为把古神话和古史记录相混同，而不顾及神话记录方式和表述方式的特殊性；也表现为把文献采纳神话的时代和神话实际发生的时代相混同，而漠视口述在神话传承中的作用。它和前述的两种片面性一样，忘记了一个基本事实：神话是生存于原始文化之中的人类智慧的遗存。

由此可见，中国神话研究迫切需要建设新的理论范式。研究者必须继续努力，把微观考察和宏观论述结合起来，超越旧的理论范式，来达到这一目的。读者面前的这本《神话求原》[1]，正是这种努力的一个果实。

从研究思路看，本书是人类学视野中的一部神话学著作。它面对的是中国古典文献所记录的神话，但它在研究这些神话之时，广泛采撷了民族学和考古学的证据。比如在《夸父逐日的意蕴》一文中，它把汉民

---

[1] 本书的初版书名。——编者注

族的夸父神话同拉祜族的扎鲁树神话以及彝族、纳西族、哈尼族的历法树神话相比较，通过以下几组细节上的对应，判断夸父逐日神话是对中原民族先民原始测日活动的记录。

夸父逐日神话	拉祜族扎鲁树神话	内涵
夸父欲追日影，逮之于禺谷	夕阳西下，波梭拉着一根芦苇杆还在忙着	观测日影。黄昏时日落禺谷，树影消失
夸父喝干河渭	波梭喝干了半条江	冬至后进入旱季
夸父力竭而死	波梭一觉睡了三年	季节更替
夸父所弃之杖化为邓林	芦苇杆变成一棵树	夸父、波梭掌管圭表
	树有30株根、12杈枝、360片树叶	通过圭表测影制定历法

这样一来，夸父神话便被安置在一个内容丰满的文化背景之上，得到了合乎逻辑的解释。而一旦取得这种解释，神话话语与语义之间既相联系又相矛盾的关系便被揭示出来了。我们由此知道，所谓神话的想象与虚构，是由神话话语的特殊性——用形象方式表述事物运动——造成的，而这些形象不过是关于当时人的经验与实践活动的符号。

关于艺术和学术活动中的继承与创新，古有"通变"一说。从"通"的角度看，本书可以归入人类学视野中的神话研究；而从"变"的角度看，本书又有一个鲜明的特点——重视神话时代的农业文化及其在时间节律上的表现。这种学术特点是由研究对象的性质决定的。古代华夏民族是农业民族，其神话往往以农业文化中的神圣活动为内容，特别是有关自然季节变迁的知识，以及与季节密切相关的农业祭礼。比如刑天神话，经考证，可以判断它是一个关于适时耕作的惩戒神话。

"刑天"是农耕祭礼上的一个恶神形象,即《山海经》所说的"夏耕之尸",代表农作物因误时耕作(夏耕)而不结实的状态。又如少昊氏以鸟名官的神话,实质上是关于自然历的神话。神话中的司分、司至、司启、司闭之鸟分别是出现在春分、夏至、秋分、冬至这四个最重要的节气——亦即太阳周年视运动的四个最重要的观测点——的候鸟。因此,此神话是关于少昊氏所用鸟历的记录。再如月中兔的神话,它反映的是雌兔孕期(29天左右一孕)与月相周期的关联。由此可见,中国古神话的确是充满想象的,但这种想象的实质是事物之间的现实联系;中国古神话也确实拥有丰富多彩的形象,但这些形象是客观事物的代表和象征。在历史中现实地发生过重要作用的事件和制度,构成了神话的核心内容。

由于以上特点,本书为中国神话学作出了这样一个贡献:在批判上文所说的三种片面性的基础上,揭示了神话语言的特殊规律。它依据新的研究成果阐述了神话的本质:神话不是文学创作,而是对生产活动、科学活动和其他社会活动的直观摹写和直接记录;神话不是虚幻的想象,它秉承有用原则,紧密联系于民族的重大实践;神话也不是后代史学家所理解的古史,不能用"坐实"的办法去解释。神话的特性往往与语言学有关。正是语言学所说的一词多义、多词同义、隐喻等现象,造成了后人对神话的误读。这些现象也可以理解为神话的具象性特质,即往往用图像来表现概念和抽象观念的特质。尽管人类学家已经说过,人类在运用词汇记录其思想和经验之前,乃用图画来行使这一功能;但本书却提供了一批介于两者之间、代表图画与词汇之关联的新的实例。比如神话中的"帝",实即自然运动或自然规律的人格化;神话所谓"颛顼生老童,老童生祝融",乃指冬季(颛顼为冬神)向春季(老童为春神)的转化,以及春季向夏季(祝融为夏神)的转化;至于姜嫄履帝迹生稷的故事，则包含了以下一个隐喻：

  形象：经过"牛羊腓字之……鸟覆翼之"，弃成为后稷。
  涵义：关于踩踏农业的生产经验或生产过程——经过牛羊蹈土、禽鸟啄草，在田地里播散（弃）的种子成熟为谷物。

  如果把这种情况称作"附会"，那么，附会就是贯穿在神话表述、神话传承、神话解读中的一个基本现象。
  总之，本书的神话考原工作，有新意，有体系，可以积极地推动新的神话学范式的建立。它所阐述的关于神话语言和神话具象性的理论，以及关于农业民族神话以生产节奏为中心主题的理论，尤其具有解释力，覆盖了较大范围的事实。如果把神话研究者的学术思路和方法比作解剖刀，那么我认为，上述理论最为明快。关于这一点，我有切肤的感受，兹请略举几例加以说明。[1]
  我以前也作过一些神话研究，在思路上和本书颇为相近。例如，在1990年前后，为解释《楚辞·天问》"鸱（音chī）龟曳衔，鲧何听焉"一语，我曾依据汉代以前的青铜纹饰和帛画、瓦当、画像砖等文物资料，复原了一个已经佚失的神话——关于夜间太阳化身为鸱，由龟背负，自羽渊经黑水而返回东方若木之处的神话。这一神话不仅同楚宗庙壁画《鸱龟曳衔图》相呼应，而且同文献所记的另一个神话——白昼太

---

[1] 参阅以下诸文：《楚宗庙壁画鸱龟曳衔图》，载《中国文化》第8辑，三联书店1993年出版；《论古神话中的黑水、昆仑与蓬莱》，载《选堂文史论苑》，上海古籍出版社1994年出版；《火历论衡》，载《中国文化》第5辑，三联书店1991年出版；《火历质疑》，载《中国天文学史文集》第6辑，科学出版社1994年出版；《探索前经典的世界》，载《海南大学学报》1995年第4期；《汉藏语猴祖神话的谱系》，载《中国社会科学》1997年第6期；《龙的实质和龙文化的起源》，载《寻根》2000年第1期。亦可参阅《中国早期艺术与宗教》，东方出版中心1998年出版。

阳自东而西的运行神话——相对应。这就证明，文献只是记录神话的一种手段，而图画则是更为重要的手段。现存的古神话（例如《山海经》所载神话）往往是一个完整的神话的片段，还有许多片段存在于图画之中。因此，神话的形象性是同神话附丽于图画的现象相联系的。从内容方面看，鸱龟曳衔神话的思想基础是上古的太阳观念和生命观念。这两种观念的关联亦表明，农业民族神话中的太阳是生命和运动的符号，中国古代太阳神话的实质，是对农业文化中的生命节律的尊崇。

如果说，以上工作印证了本书的一个基本观点——"图画"和"生命节律"是中国神话研究的关键词；那么，在研究黑水、昆仑、蓬莱神话之时，我也阐述了神话专有名词同抽象观念的关联。我认为，历史学家一直关注的黑水、昆仑的地望问题，之所以不能获得解决，其原因在于，在古神话中，这些地名是一些假想的地名。它们往往联系于一些神秘的事物，事实上是冥间神话系统中的符号，分别代表不同的生命状态。黑水原指夜间太阳自西方返回东方的通道，代表生命的流动和永恒；昆仑原指黑色的墓丘，代表死亡，被设想为太阳和所有生命的归宿；蓬莱原指旭日之山，取象于龟负鸱鸮（音xiāo）的形象，代表生命的再生。这些情况表明，在原始信仰和古典哲学之间，古代中国人曾经经历了一个用具体物名或自然物图像来表示抽象概念的阶段。上述地名系统即是这一历史现象的产物。

1991年，为解决"火历"的性质和相关资料问题，我涉足上古时代的天文历法，考察了物候历、星辰历、日月历在不同民族当中的不同表现形式。我认为，"火历"是商民族所使用的、同早期农业相适合的星辰历。与之相关的炎帝氏以火纪，黄帝氏以云纪，少昊以鸟名官等神话，其内涵则是以植物生长、气候变化、候鸟迁徙为物候的自然历。我也探讨了十二支的来源，认为这一组符号源于太阳祭典和与之相关的太阳神帝喾（音kù）、少昊的神话，是对太阳周日视运动的十二种状态的描写——例如，"子"表示太阳脱胎而生，"丑"表示太阳藏于纽结的天门之内，"寅"表示敬引太阳至天门，"卯"（亞）表示天门打开，"巳"表示太阳脱离胞胎、寅宾出日的仪式已毕。由此可见，远古智慧的进化过程乃表现为符号系统的完善过程。当时人是用"近取诸身，远取诸物"的方法来建立这一系统的。通过这一理论实践，他们把太阳的运行（"远取诸物"）和人类生命的循环（"近取诸身"）确立为宇宙秩序的核心。

后来，我还对龙的实质和龙文化的起源做过研究，认为神话龙的原型并非具体动物，而是"生命的胚胎状态或孕育状态"。龙之所以会被描写为"九似之物"，乃因为各种脊椎动物胚胎形态的相似，启发了人们对生命奇异性的联想。龙文化的起源过程因而表现为符号内涵逐步完善的过程：第一步，当人们根据生育过程来追寻生命起源之时，他们通过胚胎这一具有普遍意义的事物，建立起了最初的龙形象和龙概念。第二步，当人们在自然界、在自己所崇拜的图腾形象中找到胚胎符号的对应物之时，他们向这些物种——例如鳄鱼、蛇等爬行动物，马、牛、猪、狗等胎生的哺乳动物——赋予了"龙"的概念。第三步，人们进一步把龙的属性放射至自然界，在那些具有生殖、变化、母性、生命起源等符号意义的动物身上，以及那些具有阴阳化合之属性的自然景观中，看到龙的影子；在这个时候，龙便成了繁衍、化合等事物现象的通名。古人所说的"神"，正是对这种超越具体的一般性的强调。

以上研究所遵循的路线，在很大程度上和本书是一致的。不约而同，异曲同工，对于两个彼此陌生的研究者来说，真是一件值得会心而笑的事情。同样有趣的是，本书关于神话语言的功能、关于神话具象性的本质等理论，在我的著述中也曾用略不相同的方式做过表述。为便印证、补充和比较，兹将其中一些文字引录如下：

> 我想写一本题为《中国原始哲学的概念与符号》的书，分门别类地阐释那些写在自然物之上的，用图案、造型符号以及其他语言符号所表达的思想，以此说明诸子哲学的来源。因为我……认识到：当古代中国人把自己的思想写在纸上之前，他们曾经也把这些思想写在自己所接触的各种自然物之上；而且，用形象的符号（包括关于人物、山川、器具、动植物的几乎所有的专有名词）来表达抽象的观念，是当时的常见做法。（《唐代酒令艺术》后记，台湾文津出版社1993年出版，东方出版中心1995年出版。）

当上述工作着手进行之时，我首先遇到了一个定名的问题。我觉得，对于我希望解释的那些现象来说，过去所接触的各种理论都是软弱无力的。例如，我不能信赖"原始思维"的理论。因为尽管处在语言尚未充分形式化的时代，但有证据表明，史前中国人已为"寻找第二性的原因"和"稳固的前行因素"〔《原始思维》作者吕西安·列维-布留尔（Lucien Lévy-Bruhl）语〕作出了不懈的努力，亦即用不断发现的新知识建造了自己的思维基础。他们的思想和符号方式的丰富性，表明了在所谓"原始思维"和"我们的思维"之间并无一条鸿沟。同样，"自然崇拜""图腾崇拜""祖先崇拜"或"巫术思维"的概念，在这里也显得无济于事。因为那些资料，乃是以彼时彼地的科学知识为基本内涵的；它们不光是原始信仰的产物，而且是人类智慧（认识和思考）的产物。

不过，有一个认识却逐渐明确起来：在我面前，始终耸立着一个庞大无比的经典的世界。它同我想探索的那个世界正好形成对立。一方面，它要求我从发展和嬗替的角度来理解中国早期智慧同文明时代的各种思想的联系，从而使我的工作成为它的"前史"；另一方面，它常常表现为对于我的一种困扰。我发现，它的文本形式或语言方式总是潜在地限制了我的思维，使我忽略了这样一些事实：经典本身就包含了一个从"原始"走向成熟的漫长过程；两个世界的区别并不是思维结构的区别，而只是符号手段的区别。（《探索前经典的世界》）

"黑水""昆仑""蓬莱"可以看作关于古代宇宙论的几个术语。同"青龙""白虎""朱雀""玄武""乾""坤""震""巽""坎""离""艮""兑"等术语一样，它们为中国古典哲学的产生奠定了基础。它们表明：在原始信仰和诸子哲学之间，古代中国人曾经经历了一个用具体物名表示抽象概念的阶段；中国思维的进程，因而可以就其所使用的符号手段描写为（一）具象物体符号、（二）具象事物符号、（三）抽象事物符号次第演进的过程。所以在中国哲学中的"道""气"等术语中，仍可看到第二阶段的痕迹。本文写作的目的之一就是想指出这个"第二阶段"的存在。或者说，本文希望通过对古神话中几个地名的考释，来建立这样一个认识：当我们考察上古文化的时候，既要避免像历史学家通常所做的那样，按现代人的思维方式和表达方式去理解早期文明中的事物；又要避免像神话学家通常所做的那样，把这些事物简单地解释为"原始思维"或"原始信仰"。中国早期文明及其所使用的特殊的思想方式和表达方式，是需要一个专门学科来加以研究的。
（《论古神话中的黑水、昆仑与蓬莱》）

我和本书作者尹荣方先生素昧平生。许多年前，曾从一家学报上读到他写的关于少昊与鸟历的文章，无意间便记下了他的名字。前几天，当音乐学界的老朋友冯洁轩找到我，代作者要求我为本书补写一篇序言之时，我不假思索就答应下来了。我的初衷是想借此表示一些赞成的意见，以向荣方先生证明此道不孤；未曾想一时兴起，结果把自己的许多经验和思考也写进了这篇文字。说到底，我也许是想利用这一机会，向神话学研究者和爱好者赠送一句八字箴言："由象及意，得意忘象。"因为，这必将成为未来中国神话研究的方针和路线。

癸未端阳，于清华大学中文系

目 录

再版自序	001
01 《山海经》与创世神话	014
02 夸父逐日的意蕴	038
03 精卫填海与大雁衔枝	047
04 女娲为阴神考	054
05 《尚书·胤征》舞容与后羿神话的蕴意	071
06 月中兔探源	091
07 月中桂的由来	098
08 刑天神话与上古农业祭礼	107
09 九尾狐与禹娶"涂山女"传说蕴意考	120
10 方相氏（黄帝）驱疫傩禳礼俗溯源	135
11 颛顼与共工争帝的寓意	152
12 姜嫄履帝迹生稷故事新说	161
13 天命玄鸟降而生商的意蕴	172
14 西王母与原始织机	180
15 杜宇、鳖灵神话分析	207

16	鲧、禹治水的神话与现实	226
17	舜与二妃传说及"南方朱鸟"	237
18	王亥故事与星辰传说	270
19	少皞与鸟历	283
20	鲤鱼跳龙门索解	298
21	比目鱼、比翼鸟、比肩兽、两头蛇与上古形象符号	308
22	麒麟的原型	329
23	凤凰与"风神""音乐之鸟"	347
24	火凤凰与三足乌的起源	356
25	慈乌及其文化蕴含	364
26	龙为树神说	371
27	龙与历法	386
28	河图、洛书的本质	400
29	灵芝传说与《高唐赋》《神女赋》的写作	410

附　录	424
返马之礼与《诗经·卷耳》	424
因果规律与中国动物先兆观念	435
胡麻与古代服食求仙风习	443
腊八粥及其起源	448
露水·甘露与醴泉	457
后　记	465
再版说明	473
主要参考文献	474

再版自序

今年六月中旬的一天,"读客"编辑徐成通过微信,提出他们拟再版拙著《神话求原》,我先是感到突然,随即感到高兴。《神话求原》出版于2003年,严格来说是一部论文集,所收篇目大多发表于二十余年前甚至三十余年前的各种刊物。三十年旧称"一世",据说每三十年世风会发生一些变化,这些变化大约也包括人们的阅读趣味与偏好,拙著经过二三十年的变迁,仍然赢得不少读者的青睐,以至有相关出版界的专业人士觉得应该再版并付诸实施,这于我自然是极感喜欢与欣慰的。

《神话求原》由于兼具学术性与可读性,所论述的神话、传说论题涵盖面较广,不同的读者大约总能在书中找到自己感兴趣的论题。再说对这些众多的论题,本书都用通俗易晓的语言,作出溯源性的阐释,这种阐释具有较大的原创性,所以出版后吸引了不少读者的注意。

中国社会科学院的马昌仪先生选编的《中国神话学百年文论选》(陕西师范大学出版社,2013年版)选录了《神话求原》中的一篇。我与马先生素不相识,为了联系到我,马先生不辞麻烦,通过她在上海的几位朋友,找到了我的联系电话。刘锡诚先生来沪时,我有幸与他接触,他谈得最多的也是我的《神话求原》,他说他和王孝廉先生熟识,一次王先生来北京与一些朋友畅饮论学,王先生逢人说项,盛赞《神话求原》。责任编辑田松青先生说,他编书无数,真正留下深刻影响的书不多,《神话求原》是其中一本。陈勤建先生曾邀我去华东师范大学讲课,他开设"民俗学"课程,其中的"神话学"八课时,希望我多介绍《神话求原》的内容。一般读者对《神话求原》的喜欢更常常出乎我的意料,经常有读者通过各种途径和我联系,有的读者甚至希望成为我的学生。

毋庸讳言,《神话求原》中并非所有的篇章都为读者赞赏与认可,书中有些论点也曾受到读者不甚客气的批评,如我关于《山海经》中赫赫有名的西王母的原型为织机、龙的原型是树神等观点,就有读者认为太过牵强。由于此二者在中国神话学、传说学上的重要影响,这里我想略作说明。我的《西王母神话新论》一文,最初刊发于《中国民间文化》1996年第2期。西王母原型为织机假说的提出,是因为我发现《山海经》及后世关于西王母的描述及图像,都有一个显著的标志,即她的头上"戴胜",而"胜"是古代织布机的经轴,是织布机上的主要部件;围绕西王母的神话传说,又往往关乎织事;而将工具神化为神人,在各民族的历史中也并不鲜见。后来经过对《山海经》等文献的进一步研究,我发现《山海经》多有对天上星象及其地上分野的描述,如九尾狐所处位置与尾宿相当,尾宿有星九颗;而九尾狐所在的青丘,正可作为尾宿的分野,处于东北的方位。丁山、刘锡诚诸先生早就提出过天上尾宿是九尾狐原型的意见。而《山海经》中类似于兽类的西王母,从其所处地理位置及形貌等特征来看,当是天上织女星之象。《开元占经》卷六十五引石氏曰:"织女主经纬丝帛之事。大星皇圣之母。"织女大星是"皇圣之母"之象,离西王母之称已经不远了。而《淮南子·览冥训》云："西老（姥）折胜，黄神啸吟。"高诱注："西王母折其头上所戴胜，为时无法度。黄帝之神伤道之衰，故啸吟而长叹也。"[1]西姥即西王母，可见汉代已有西王母之名了。[2]然则《神话求原》中的西王母织布机之说，客观上为我后来的织女星说作了铺垫，而书中关乎西王母织布机论说的文字，则未必没有意义。

再谈龙的原型问题。拙稿最初刊发于《学术月刊》1989年第7期，题目为《龙为树神说——兼论龙之原型为松》。龙的原型说法多端，树神假说的提出，是基于之前读了大量西南少数民族的民俗学文献，很多民族都有"二月二"或新年的"祭龙"习俗。他们的"祭龙"就是祭树，人们直接称"神树"为"天龙"或"神龙"；王充《论衡》等书记载传说称龙生活于"木"（树），而汉族地区也有二月二"龙抬头节"，祭"社"的习俗，社的标志正是树；《论语·八佾》记载鲁哀公问社于孔子的学生宰我，宰我说："夏后氏以松，殷人以柏，周人以栗。"最早的社树用松，于是我提出龙的原型是松树，和所谓图腾龙无关。关于龙的原型，我现在的认识有所深化，我倾向于它的原型或关乎星象，但与社、树等确乎紧密关联。说到星象，首先是东方苍龙七宿，但龙的观念的形成，不是与东方苍龙对应那么简单。在古代，龙就有蛟龙、应龙、烛龙、亢龙等分别，角、亢、氐、房、心、尾、箕组成的东方苍龙。形成得较晚，早期如大角星等，在古人的观象授时工作中也一定发挥过重要作用，而古人为它所立之象（符号），大约是獿貐（音yà yǔ）之类的怪兽。再说天上类似"龙蛇形"的星座不止

---

[1] 孙诒让云："老当作姥。《广韵·十姥》云：'姥，老母。'古书多以姥为母，故西王母亦称西姥。"见刘文典：《淮南鸿烈集解》，中华书局，1989年，第211页。
[2] 参阅尹荣方：《〈山海经〉"贰负之尸"与"贯索"星象》，载向宝云主编：《神话研究集刊》第三集，巴蜀书社，2019年。

003

东方苍龙，尚有"轩辕"十七星、"天纪"九星、"勾龙"六星等。《晋书·天文志》云："（紫宫）门内东南维五星曰尚书，主纳言，夙夜谘谋；龙作纳言，此之象也。"又将紫微垣中的"尚书"五星与《尚书·舜典》中的龙挂钩。它们或许都和后世的龙纠缠不清，这里可能也有星家为独占天学所施之狡狯，也可能是星家各有师承所致。而箕宿，从它的名称可知，它原来不是作为"龙尾"处理的。所以龙与星象在长期历史演进中，关系十分复杂，需要进一步研究。而龙与社及社树的关联，同样十分紧密，也确乎值得深入探讨。特别是三星堆二号祭祀坑青铜神树出土后，龙为树神的假说获得了新的生机。青铜神树高近四米，有三层枝叶，每层有三根树枝，三根树枝上都站立着一只鸟。在这棵神树（学者或称为扶桑树）的下部悬着一条龙，龙的头朝下，尾在上。三星堆祭祀坑出土的青铜龙、树一体的文物，给龙与树的文化关系的研究提供了实物与新视角。而我的《龙为树神说》发表时，有关考古工作者尚未对外公布青铜神树的信息，所以几年后，我记得至少五六年后，当我发现公布的三星堆青铜神树缠有神龙时，益信龙与树之间存在着紧密的联系。《国语·鲁语上》云："共工氏之伯九有也，其子曰后土，能平九土，故祀以为社。"《左传·昭公二十九年》云："共工氏有子曰句龙，为后土。"而天上有"天社"六星，据传即句龙之精。然则龙之与社、与树确乎纠缠难分，而我的假说的提出也自有其合理的成分。

三星堆神树的出土使我养成了持续关注三星堆出土文物及研究现状的习惯。2010年上海古籍出版社拟出版介绍中国传统文化的丛书，当时的总编辑赵昌平先生建议由我编写介绍三星堆文化的那册，他读过我的《神话求原》，很赞成我书中的一些观点。我欣然应允，我相信我对三星堆文化已有足够的了解与认识，后来出版的我的一本小书《龙树的秘密——三星堆的发现》（上海古籍出版社，2010年版），我把三星堆有名的神树径直称为"龙树"。而从上古"社"与龙及很多神话传说纠缠在一起的事实出发,我又写成并出版了《社与中国上古神话》(上海古籍出版社,2012年版)一书。

中国上古神话传说与上古历史交织在一起,难解难分,学术界向来有"神话历史化"与"历史神话化"的不同说法。我的总体思路,是认为上古一些圣王的历史记载,可能未必真有其人其事,从这个角度看,我属于神话历史化一派。清代疑古学者崔述在《考古续说》卷一中云:

> 战国以前帝王圣贤之事,为后人所托言者,盖不可胜道矣。然当其初读之者亦未必遂信为实,但姑妄言之,姑妄听之耳。既而其传日久,矜奇爱博者多,或征引以备典故,或组织以入诗赋,而浅学之士,习于耳目之所见闻,遂以为其事固然。而编古史者,因采而辑之。论古人者,遂据之以为其人之是非优劣,而古人之冤,遂终古不白矣。近世有作《鬼方记》者,云"殷高宗伐鬼方,三年克之,使鬼谷先生守其地"。其寓言正与庾赋同,若不幸传之后世,浅学者必以鬼谷先生为殷时人,不则以为有两鬼谷先生矣。

崔述的意见人们并不陌生,值得我们重视。他说到的《鬼方记》不知何人何时所作,此书将殷高宗武丁与鬼谷子牵合。此书若传,真有可能如崔氏所推测的,有人或会据此以为鬼谷子是殷时人,或以为有两个鬼谷先生。上古帝王圣人的所谓历史,很多的确如崔氏所言,是后人托言而成。战国以降,托言可谓蔚然成风,《墨子》《庄子》《列子》《荀子》《韩非子》《楚辞》以及后来的《吕氏春秋》《淮南子》等都有此倾向。如《尚书·虞夏书》明明白白记载的尧、舜、禹之禅让历史,《荀子·正论》却谓时人有云:"尧舜擅(禅)让,是虚言也,是浅者之传,陋者之说也。"《韩非子·说疑》则云:"舜偪(逼)尧,禹偪舜,汤放桀。"完全否定尧、舜、禹的禅让,韩非显然是托舜、禹等"篡位"之说,来论证他的君主治国驭臣,当讲"法""术""势"等权谋,是为他的法家理论服务的。关乎尧、舜、禹的"上古史",多托言之说,而今日不少学者在肯定尧、舜、禹为真实历史人物的基础上,又根据上述那些托言,以构筑那个时代的历史,对这样的研究成果,我们又能说些什么呢?有时我想,学术大约也存在信仰,学者多年形成的学术信仰常常是坚定而不会动摇的,所以有时候学术争辩的意义似乎并不大,因为你说服不了对方。清代学者焦循说,学者立说著书,各信其所信,不必以此相攻讦也。我觉得焦氏的这种态度很好,所以我较少评论他人的观点。

我虽然相信神话常常构成我们的历史,但同时我认为,中国上古神话历史化的过程,绝非毫无来由的随意虚构,而往往或是由"语言的疾病"讹成;或是由对传说对象的想象而成,所以它建立在某种现实基础之上。从这个角度看,神话中也确实含有历史,这是神话具有极其重要价值的原因之一。或者可以说,上古的不少神话传说,又是由真实历史造就的。

比如堪称中国神话核心的"大禹治水",我在《神话求原》中将它的内涵置于上古农业生产的"沟洫制"的现实中,随着思考及研究的深入,我发现大禹治水尚关乎上古人民"规天划地"的伟大业绩,具有创世的意味。吴晓东先生发现《山海经》"大荒经"的"大荒之中"的"山"恰好是二十八座,将它们与天上二十八星宿对应。而我在研读《尚书·虞夏书》的过程中,发现《禹贡》叙述禹"导山"也恰好是二十八座,且这二十八座"山",从前的星家明白无误将它们与天上二十八星宿一一对应,加上禹导山的顺序与天上银河起没于二十八星宿的行径完全一致,于是我作出推断:上古星家(也是史家)在构筑天地结构、制定历法时,是以银河作为坐标体系的。这一发现揭示了所谓的大禹治水,并非真的意味着中原大地曾发生过一场滔天洪水,给人们的生活、生产带来了巨大的灾难,于是英雄大禹带领民众,逐山逐水进行治理,经历了十三年之久,才得以消除水患。尧、舜、禹时代的"大洪水"是一种隐喻,即混沌时代的隐喻;大洪水得到治理,意味着混沌被克服,时间、空间的次序得以建立。古人克服混沌,天上的银河起到了相当关键的作用,这就是大禹治水神话产生的现实基础。上古圣王(我相信是殷人),通过观测天上的日月星辰,包括对银河的观测,掌握季节运行的规律,制定了历法,获得了"地平天成"的效果。这是真实发生过的历史,但它后来演绎成了尧时,出现淹没大地的滔天洪水,鲧、禹父子或用神奇的"息壤"治水,或开山浚川,或化身兽类,或得到神兽的帮助,通过十三年艰苦卓绝的治水,才最终平息了水患,等等。这不是史实在传承过程中发生变异,造就了包括很多神话细节的种种"治水"神话吗?中国上古的神话、传说的确是与史实交织在一起,互为影响,你中有我,我中有你的。[1]

极有意味的是,洪水创世神话曾遍布世界,它们不必是传播的产物。洪水神话的表现形态看上去光怪陆离,各不相同,但仔细研究,不难发现其内涵上的某种共性,如影响最为广泛深远的《旧约》大洪水神话,此神话对洪水泛滥及洪水消退的"时间"的叙述非常值得注意,洪水从泛滥到地面干了,以及诺亚他们在方舟中的时间正好是一年,而且

---

[1] 参阅尹荣方:《大禹治水祭仪真相——以〈山海经〉"日月出入之山"与〈禹贡〉"二十八山"为视角》,载《中原文化研究》2018年第1期;尹荣方:《"禹敷土"本义考辩及对大禹治水事迹的重新认识》,载《文化艺术研究》2021年第2期。

强调"到诺亚六百零一岁,正月初一日,地上的水都干了",水干之日,正好是正月初一,也即新年开始之日,这岂是偶然的?更早的巴比伦史诗《吉尔伽美什》也充满了历法的隐喻,著名的英国东方学家亨利·克雷斯威克·罗林森(Henry Creswicke Rawlinson)就曾推测,《吉尔伽美什》具有某种象征内容。他认为记载史诗的十二块泥板正与天象中的黄道十二宫对应,史诗的叙述暗含着太阳一年十二个月的行程。希腊的洪水神话的内蕴同样可以归结为对混沌的克服。

通过在更广泛的层面上研究各民族的洪水神话,我最终完成了《洪水神话的文化阐释》一书(上海人民出版社,2016年版),有兴趣的读者可以参阅拙著。

从大禹治水关乎上古圣人以银河为坐标系统而"规天划地"的事实,我们自然会联想起古人津津乐道的河图、洛书之类的祥瑞。孔子曾感叹:"凤鸟不至,河不出图,吾已矣乎。"在《神话求原》中,我将河图、洛书的本质视为历法,取象于江海洄游性鱼类——鲟鱼及龟鳖类水生生物。今天来看,似乎并不全面,但也未必没有可取之处。古人观察银河以及揭示二十八星宿出没以制历的事实,可以让我们对河图的原型,以及它为什么出现于黄河,由龙驮至,为什么成了祥瑞等,作出更为合理的解释了。因为天上的银河起于心宿、尾宿之间,心宿、尾宿是龙星的组成部分,也是古人据以制历的重要星象,所以河图、洛书大约也关乎原始的星图。黄河是天上银河的分野,根据天地对应的原则,于是"龙负图"的传说就产生了。"洛出书"的形成机制相同,它关乎银河中的另一重要星象——龟宿。

中国上古神话、传说,似都能在《山海经》找到相应的源头,所以研究上古神话传说,不能不涉及《山海经》,而《山海经》神奇光怪的外貌掩饰不了它叙述"开天辟地"的创世实质。对此,我曾作《〈山海经〉创世神话考论》（载《文艺理论研究》2010年第2期）一文，加以阐述。

上古圣王"开天辟地"，并通过一系列制度建设，实现了所谓的"王制"，这就是《尚书·虞夏书》中用虞舜、夏禹等巡守所表现的那一套完整的礼制。直到西周时代，这套礼制还依然被实施着，《诗经》的《商颂》《周颂》《鲁颂》多有对这种礼制的歌咏。

"巡守"礼制的内容包括测天正历、敬授民时、颁布统一的度量衡、开辟荒地（伴随狩猎活动）、教育选拔人才、封邦建国等，这些是当时重要的生产及典礼活动。《山海经》表现的主要是"巡守礼"中测天正历的部分，而在《尚书》《诗经》等文献中，则对巡守礼作了更为具体、完整的陈述。《山海经》叙事，与《尚书》《诗经》等经典一脉相承，所以清末的学者廖平于光绪年间曾作：《〈山海经〉为〈诗经〉旧传考》一文，认为《山海经》并不荒诞，而是解释《诗经》的传注。廖氏虽洞察《山海经》与《诗经》两者在内在意义上的关联，极为难得。可惜他弄反了，大约他也认为《山海经》作于战国时代，晚于《诗经》。而我的认识恰恰相反，《诗经》才是《山海经》的注解，包括《尚书》。廖氏又有《孔子天学上达说》一文，以《诗经》《乐经》《周易》所言为天学，十五《国风》与天上星辰相对应，所指均非地球上事。廖氏所论，看似谬悠难稽，其中亦含有某种真知灼见。若放在早已作为神话叙事的巡守礼制的框架中，不说《乐经》《周易》，即《诗经》恐确与天上星辰相应，关乎测天及星占等事宜。我曾作《〈风雅〉与上古明堂歌舞考论》《十五〈国风〉原为十二〈国风〉考论》《〈尚书·尧典〉"诗言志"与"诗歌（乐舞）演绎天道"考论》等论文，论证《诗经》是"明堂乐舞"，十五《国风》应为十二《国风》（邶、鄘、卫为一，周南、召南为一，正为十二），"十二"原是所谓的天数，与明堂的十二室相对应，乐舞、乐律与天道、历法密切关联。[1]

　　对上古神话、传说的研究，必然导致对文明起源问题的关注，尧、舜及大禹这些上古圣王治水的神话，包含了创世神话的内涵，原是后世人们对文明初创时期历史的一种传承。这在《山海经》以及《尚书》《诗经》《周易》等典籍中已经展露无遗。而"三礼"（此处指儒家经典《周礼》《仪礼》《礼记》三书）、《春秋》等所谓经典，则是对《山海经》《诗经》《尚书》等经典的进一步释读而已。阮元曾指出："窃谓士人读书，当从经学始，经学当从注疏始。"[2]我在研究上古神话、传说的过程中，发现大量的神话、传说及相关的解释存在于经书如《诗经》《尚书》《周易》《周礼》等的正文尤其是注疏中，所以研究中国上古神话也离不开对经学原典及其注疏的研读。

　　《神话求原》确乎对中国上古的不少神话传说的起源作出了一些原创性的解释，经过二三十年，拙著的引用频率似很不低，说明拙著具有一定的影响力。但毋庸讳言的是，书中也有一些观点现在看来未必正确，需要重新认识，细心的读者不难发现我后来发表的一些相关论文，对《神话求原》的说法是有所修正的。如关于"应龙"为泥鳅之说，原取自孙作云先生，"应"可训小，孙先生以"小龙"解"应龙"，为泥鳅。我当时的认识，禹治水关乎上古之"沟洫制"，泥鳅自然是沟洫中常见之物，所以很是认同。随着研究的深入，我发现"沟洫制"固然是构成大禹治水的现实基础的一部分，但大禹治水首先表现在以银河为坐标体系的"规天划地"上，银河始流处为东方苍龙的心、尾、箕、斗一

---

[1] 参阅尹荣方：《〈风雅〉与上古明堂歌舞考论》（《诗经研究集刊》第22辑）；《十五〈国风〉原为十二〈国风〉考论》（《中原文化研究》2016年第3期，又《人大复印报刊资料·中国古代、近代文学研究》2016年第8期全文转载）；《〈尚书·尧典〉"诗言志"与"诗歌（乐舞）演绎天道"考论》（《中原文化研究》2017年第1期）。
[2]《十三经注疏·礼记正义》，北京大学出版社，2000年，第2页。

带,则助力大禹治水的应龙或是喻指心宿、尾宿这些关乎龙的星座。

近年来,我将研究的目光更多地投向天上,《神话求原》在保留原貌的同时,新加入的篇章,多篇涉及古代天文学,我相信《山海经》《逸周书·王会》《楚辞·天问》《淮南子》等载籍中众多的"奇禽怪兽""神灵物怪",不是其作者对地上实有的鸟兽虫鱼等动物图写,而是给天上星座所立之象。《山海经》古图当是古老的星图,《山海经》所描述的山川地理,则是分野意义上的地理;《山海经》中的创辟神话与它对星体及地上分野的认识紧密关联;而《山海经》的作者,有可能是"巫咸"之类的"传天数者"。

前面提到,《山海经》的内涵与作为中国上古文化最重要经典的《诗经》《尚书》《周易》等文献是一致的,所以对《山海经》作深入研究,其意义也就不言而喻。《山海经》在古代被视作语"怪力乱神"者,司马迁云:"《禹本纪》《山海经》所有怪物,余不敢言之也。"言都不敢,何况研究!所以两千年来《山海经》的研究者可谓寥寥,它的真实面目不为人知也是自然的。幸运的是这部奇书历经两三千年竟然保留了下来,我相信这部书是今人理解上古文化的一扇窗户,通过这扇窗户,上古文化的很多迷雾尘障,如笼罩在巡守、封禅等"大礼",禹治水等"历史"中的迷雾尘障,在一定程度上可以得到驱除而有所敞亮。

在人们的文化水平普遍提高的今日社会,对于早期神话、传说的起源及其寓意,包括对《山海经》之类古书好奇并意欲深入了解的,一定大有人在,所以一些阐述神话、传说起源及其寓意的著作也一定不乏读者受众。中国上古神话、传说所关乎者,何止文学、历史、文献等学科,其他诸如天文学、历法学、地理学、考古学、动植物学、语言学、文字训诂学、氏族学、姓名地名学甚至陶器、玉器、青铜器等的铸造工艺学、纹饰学等都可以交融在一起。所以神话研究者的视野必然会旁及很多学科，而好的神话学著作，大约也总会有其溢出效应而吸引很多读者的。

增订再版的《神话求原》，其阅读对象，不限于专业领域的学者及一般的神话爱好者。我相信对中国文明起源感兴趣，对中国的《山海经》《诗经》《尚书》《楚辞·天问》等至少两千多年前就已成书的经典中所记叙的神奇故事感兴趣，以及对一些传承不衰的、影响深远的民俗事项感兴趣的读者，一定也会对这本书感兴趣。同时我相信，他们在阅读了这本书的增订本后，是不会一无所获的。

学术是天下公器，它不应该只是小圈子中少数人所玩弄的智力游戏，学者也不必整日坐在象牙塔中，高高在上，他们本来是民间的一分子，学术与学者回归其本位，游走于民间，才会展现其勃勃生机。"读客"致力的，似乎就是使学术大众化，使学者走向民间的工作，这点我由衷地欣赏。

除了神话学论文，本书也增加了数篇对古代一些甚有影响的民俗作溯源性研究的文章。《神话求原》的增订本，修正了个别讹误，统一了注释格式，略略增加了一些注释，同时对一些难字加注了汉语拼音，还添加了主要引用文献，调整了篇章次序。总体说来，增订本不仅保留了原貌，而且较初版本更为谨严；特别是在一定程度上展示了我后来的某些研究成果，较之初版，内容更为充实与丰赡，它的学术性、可读性甚至趣味性都进一步得到了提升。

考虑到本书所论全是中国神话、传说，"读客"编辑建议将增订再版的拙著书名改为《中国神话求原》，我欣然接受。用此书名涵盖拙著内容或许更为贴切。

学术是不断发展的，学术观点需要不断被检验，我欢迎并期待来自读者宝贵的批评意见。

感谢女儿、女婿在资料搜集、电脑录入等方面给我提供的方便。"读客"编辑徐成、王小月、高照寒等,在拙著再版过程中甚为认真负责,及时建立微信群与我进行多方面的沟通,没有他们的鼎力帮助,拙著的再版恐怕不会那么顺利,谨向他们致以我诚挚的谢意。

尹荣方
2023年9月6日初稿,2024年12月15日写定于上海寓所

01 《山海经》与创世神话[1]

《山海经》一书的性质，分歧最多，《汉书·艺文志》将其列入"形法类"；《隋书·经籍志》将其列在史部的"地理类"；《宋史·艺文志》将其改在子部的"五行类"；到清代纪昀等修《四库全书》，又把它改列在子部的"小说家类"，《四库全书总目提要》卷一百二十四述改列"小说家类"的理由曰：

> 书中序述山水，多参以神怪。故《道藏》收入太元部竞字号中，究其本旨，实非黄老之言，然道里山川，率难考据。按以耳目所及，百不一真。诸家并以为地理书之冠，亦未为允。核实定名，实则小说之最古者尔。

由于《山海经》的内容光怪陆离，后人对《山海经》是小说的这种说法并不完全认同，于是又有巫书、科技史书、神话书、天书、月令书

---

[1] 原刊《文艺理论研究》2010年第2期，原题《〈山海经〉创世神话考论》，这里略作了修订。

等说法。神话书不必说，天书、月令书的说法给我们认识此书的本质带来很大的启示。天书之说为廖平所创，可以给人很大启发，可惜他并未就此展开论证，使我们难晓廖平对于这部奇书到底认识到何种程度。我以为《山海经》是一部用图像来讲说创世故事的书，从某种角度，甚至可以说它是上古的一部史诗。

一

各民族的创世神话具有多种形态，如世界父母的创世、宇宙蛋的创世、最高创世主的创世、陆地潜水者的创世等。创世神话的形态虽有所不同，但又具有大体相同的结构与内涵，一般都是先叙述天地开辟前的混沌状态，这种混沌状态可表现为象征混沌的凶神、恶魔以及"原始初海"，也即洪水泛滥等，然后有神人或英雄或"世界父母"出现。这位或几位英雄或"世界父母"通过"世界山""通天树"或其他什么东西战胜象征混沌的凶神、恶魔，平息洪水肆虐带来的巨大危害，开天辟地，建立天地秩序，制定历法，使地平天成，然后创造万物等。

《山海经》原来是图，它是用图像来讲述故事的，关于天地开辟前的混沌状态，《山海经》是用象征混沌的凶神蚩尤、饕餮、毛民、帝江等图像来表现的，其中的帝江图像，《山海经·西山经》云：

> 有神焉，其状如黄囊，赤如丹火，六足四翼，浑敦无面目，是识歌舞，实为帝江也。

这个六足四翼的所谓"神兽"的形象，混混团团如一个囊袋，没有脸面、眼睛。这个形象，当是我们的先民所创造的表混沌的象征符号。蚩尤、饕餮、毛民等象具有相同的性质。而"昆仑"一词，或谓是混沌的谐音，天地四时之从昆仑而出，也说明"昆仑"之关乎开辟了。

《山海经》中有昆仑丘，它正是在一般神话中常见的处于天下之中的"世界山"或"宇宙山"；"建木"则是所谓的"天柱"，它处在作为"世界山"或"宇宙山"的昆仑丘的中心，"建木"实际上是上古测天的表木。昆仑故事反映了上古时代人们通过观测日影及天象从而制定历法的内涵，由于历法创制对当时人们生产、生活的重要意义，所以创制历法的工作就获得了开天辟地的神圣性。

《山海经》的创世故事，首先关乎黄帝。黄帝是昆仑山上的大神，它所住的地方又叫轩辕丘，《山海经》中有十几处提到这位创世大神。黄帝的"开辟鸿蒙"，是通过他战胜混沌凶神蚩尤来实现的，《山海经·大荒北经》云：

> 有係昆之山者，有共工之台，射者不敢北向。有人衣青衣，名曰黄帝女魃。蚩尤作兵伐黄帝，黄帝乃令应龙攻之冀州之野。应龙畜水，蚩尤请风伯雨师，纵大风雨。黄帝乃下天女曰魃，雨止，遂杀蚩尤。魃不得复上，所居不雨。叔均言之帝，后置之赤水之北。叔均乃为田祖。魃时亡之。所欲逐之者，令曰："神北行！"先除水道，决通沟渎。

这个故事似乎非常离奇，富于戏剧性，很难索解，但如果从上古之人在社坛测天以治历明时这个背景着眼，则这则故事可以豁然冰释。黄帝战蚩尤发生在"共工之台"，这个共工之台根据《山海经》记载具有"四方"的特征,[1]可见是个人工的测天之台,因此这个故事的蕴意与在"四方台"测天明历的实践有关。蚩尤之"请风伯雨师,纵大风雨",乃是历法产生前或历法乖乱之时天地无序、蒙昧混茫现象的喻指。蚩尤正是混沌与黑暗的象征,将混沌力量妖魔化,在神话中极为常见。斗争胜利后,由神话英雄建立起天地秩序,也是神话的题中应有之义。此黄帝显然也是这样的神话英雄。在我们先民的眼中,"黄帝""天帝""天"应是主时气生育的天神。作为中央之帝的黄帝,更是具有开辟神的性格。《淮南子·说林训》云:"黄帝生阴阳。"高诱注:"黄帝,古天神也,始造人之时,化生阴阳。"明指黄帝是开辟、创造的大神。

应龙应该是指天上的大火星,大火星也叫龙星。它是上古用以记时的著名辰星,由于它在建立上古历法体系以及在农业生产中的重要作用,所以它在战胜蚩尤,开辟天地,建立人间秩序的神话中会发挥如此重要的决定性作用。

应龙攻蚩尤所在的"冀州之野",不是后来九州概念形成后的冀州,而是具有特定含义的表示"中土"的一个概念。《左传·哀公六年》引《夏书》曰:

惟彼陶唐,帅彼天常,有此冀方。

《山海经·大荒北经》郭璞注:"冀州,中土也。"《楚辞·云中君》"览冀州兮有余,横四海兮焉穷",将四海与冀州对举,冀州谓中土。《淮南子·地形训》:"正中冀州,曰中土。"高诱注:"冀,大也。四方之主,故曰中土也。"又《淮南子·览冥训》:"女娲炼五色

---

[1]《山海经·海外北经》云:"畏共工之台。台在其东,台四方。"

石以补苍天，断鳌足以立四极，杀黑龙以济冀州。"高诱注云："冀，九州中，谓今四海之内。"冀州具有神话内涵没有问题，女娲补天神话关乎创世，黄帝使应龙攻蚩尤于冀州也关乎创世。

黄帝在昆仑台或曰"共工之台"这个天下之中的台上战胜蚩尤的故事，有仪式的意味，这并不奇怪。在特定的时日（一般是冬至与夏至日）、地点（一般在祭台）举行祭祀仪式，在祭仪中用特定的仪式、舞蹈、诗歌等"讲述"创世故事，这在各民族的早期历史中都极为常见，有些甚至流传至今，如纳西县拉哈村纳西族在火把节必唱"阿来"歌，必跳"阿来磋"舞，此歌此舞，据说是其他纳西地区都已失传的古老的历算歌舞。"阿来"是位传说中的人物，他改变了纳西人的游牧生活，使他们走上了农耕定居之路，后来被尊为"五谷神"。彝族毕摩（彝族巫师或祭师）在重大节祭活动中，常用树枝插出一个复杂的星图，吟唱有关天地开辟、节令划分、天象变化及物候运作等方面的古歌，跳一些与天象对应的象征性的舞蹈。这就是所谓的"仪式历法"，黄帝在"共工之台"战胜蚩尤也是这样的"仪式历法"，从中我们可以窥见黄帝的真正身份。

黄帝战胜蚩尤的故事，后来演变成人人皆知的黄帝与蚩尤的"涿鹿之战"。最早记载涿鹿之战的是《逸周书·尝麦解》：

> 昔天之初，□作二后，乃设建典，命赤帝分正二卿，命蚩尤于宇少昊，以临四方，司□□上天未成之庆。蚩尤乃逐帝，争于涿鹿之河。九隅无遗。赤帝大慑，乃说于黄帝，执蚩尤，杀之于中冀，以甲兵释怒。用大正顺天思序，纪于大帝。用名之曰绝辔之野。乃命少昊清司马鸟师，以正五帝之官，故名曰质。天用大成，至于今不乱。

杀蚩尤后,"正五帝之官",使"天用大成,至于今不乱",说的显然是历法制定后天地次序化之事,这正可证明《山海经》黄帝伐蚩尤的创世性质。"涿鹿之战"实关乎开辟,只是它很早就被历史化为人间的战争了。

《山海经》中,黄帝担当了平定天事,即令"天用大成"的创辟使命,禹作为"社神"则完成了"辟地"(包括大地的测量)等任务。当然,与黄帝一样,他也是通过战胜象征混沌力量的凶神来完成使命的,但与黄帝不同的是,他还战胜了混沌中象征"洪水"的灾难。《山海经》中的黄帝在"共工之台"战胜蚩尤,而这个"共工之台"又是"禹杀相柳"之处。《海外北经》：

> 共工之臣曰相柳氏,九首,以食于九山。相柳之所抵,厥为泽谿。禹杀相柳,其血腥,不可以树五谷种。禹厥之,三仞三沮,乃以为众帝之台。在昆仑之北,柔利之东。相柳者,九首人面,蛇身而青。不敢北射,畏共工之台。台在其东。台四方,隅有一蛇,虎色,首冲南方。

《大荒北经》所载略同,但相柳作"相繇"。禹是社神,禹杀共工之臣相柳的故事,乃是通过建立"众帝之台",也就是"四方社坛"结束的。这是通过"四方社坛"建立天地秩序的喻指。然则黄帝在"共工之台"战胜蚩尤,其内涵应与此是一致的了。"相柳(繇)"之与"蚩尤",丁山先生即认为是一人。[1]黄帝与禹之区别,不过一个是天帝,另一个是地祇罢了。《礼记·月令》系统中"中央……其帝黄帝,其神

---

[1] 丁山：《中国古代宗教与神话考》,上海文艺出版社,1988年,第402页。

后土"的说法与此也一致。

禹最伟大的业绩是治理洪水，对此我们决不能坐实理解。很多论者指出，尧舜时代，绝无可能也无必要这样大规模地治水。禹之治水，如很多民族所存在的洪水神话一样，也具有天地开辟特别是大地开辟的创世神话性质。关于洪水象征天地开辟前的混沌状态，古代苏美尔神话说，原初之水升出地表之上，四处横流，全部疆土一无所生。神尼努尔塔（Ninurta）于是堆积石块，阻遏声势浩大的洪水，使其再也无法升上地面。至于横流全国的水，尼努尔塔则加以捏集，导入底格里斯河。

景颇族的《宁冠哇》神话说：远古时，大地上一片混沌。没有平地，没有河流，没有海洋，没有草，没有树，也没有风，只有石头和水混在一起。天上的太阳神有一对儿女，男的叫宁冠知恁，女的叫玛璋维舜，他们俩结为夫妻后，生了一个独生子，名叫宁冠哇摩甘。宁冠哇摩甘长大成人了，告别父母，来到大地上，决心治理好大地，创造出山川河流。他用麻蛇做量地的尺子，边量边用石锤一锤一锤地敲打大地，大地就变得凹凸不平了。他又用石锤开出了很多深沟，水就顺着这些深沟流了出去，成了大地上的河流。这些河水流到最低处，汇集在宁冠哇摩甘敲得最重的地方，就成了坝子和平地。凸出来的地方，成了大大小小、高矮不平的群山。

巴比伦创世神话《埃努玛·埃利什》，以楔形文字刻写在七块泥板之上。神话中讲的是少年神马尔杜克（Marduk）被拥戴为众神之王后，同原始海怪提亚玛特（Tiamat）交战，胜利后以海怪身体创造宇宙万有的故事。其中第五块泥板上的叙述说到了马尔杜克构造宇宙的情节：他首先注意的事情是制定历法，这正是巴比伦国君最主要的职责。马尔杜克依照月亮的变化规则确定了年和月的秩序；他同时确定了三条天体之道：北方是风神恩利尔（Enlil）之道，天顶是天神安努（Anu）之道，南方是水神埃阿（Ea）之道。

流传在鹤庆县的西山区和平坝地区的白、彝、汉族群众中的《刀簿劳谷与刀簿劳胎》（又名《人类万物的起源》），其第一支歌《天分地现》说，古时天和地连在一起，天地间只有混沌的云雾。云层贴着海面在翻，雾气裹着海面在滚。一天，大海突然发生海啸，狂涛把云层往上托，黑浪把雾气往下压，云在海上空变成天，雾在海下面变成地。海中升起一座大山，就是支天柱螺峰山。天上落下三个圆球，一个是太阳，一个是月亮，一个是金球。

一则埃及神话说，宇宙在被创造前原是一片混沌状态，洪水覆盖着大地，世界漆黑一团，也不存在任何神祇。后来，一个泥岛出现在水中，这也就是第一个神龛的所在地，巨匠造物主（Demi-Gods）在黑暗中出现，他拣起一根芦苇杆插在水边的泥土中，这里变成一道由芦苇围成的墙，它就是埃及最早的神庙。它既是创世活动的发源地，又是生命的发源地，混沌状态从此结束。[1]

世界各民族造地神话都有的"原始初海""原初之水"，为我们认识尧时的大洪水及禹治洪水神话提供了有益的参照。

《山海经·海内经》记载：

> 洪水滔天，鲧窃帝之息壤以堙（音yīn）洪水，不待帝命，帝令祝融杀鲧于羽郊。鲧复生禹。帝乃命禹卒布土以定九州。

---

[1] 朱狄：《信仰时代的文明——中西文化的趋同与差异》，武汉大学出版社，2008年，第7页。

又说：

> 共工生后土，后土生噎鸣，噎鸣生岁十有二。

后土不就是社吗？后土所生之噎鸣"生岁十有二"，不就是说他制定了一年为十二个月的历法吗？

古代文献中，禹从事测天活动的记载极多，这应该是上古时代人们通过"社（四方坛台）以开天辟地，制定历法"的神话反映。当然，《山海经》中，禹主要还是一个辟地大神，《山海经》神话系统中，"开天"之神与"辟地"之神还是有所区别的。《山海经·海外东经》：

> 帝命竖亥步，自东极至于西极，五亿十选（万）九千八百步。竖亥右手把筭（音suàn），左手指青丘北。一曰禹令竖亥，一曰五亿十万九千八百步。

类似的记载又见《淮南子·地形训》：

> 禹乃使太章步自东极，至于西极，二亿三万三千五百里七十五步；使竖亥步自北极，至于南极，二亿三万三千五百里七十五步。凡鸿水渊薮，自三百仞以上，二亿三万三千五百五十里，有九渊。禹乃以息土填洪水，以为名山。掘昆仑虚以下地，中有增城九重，其高万一千里百一十四步二尺六寸。……旁有四百四十门……旁有九井玉横，维其西北之隅，北门开以纳不周之风。倾宫、旋室、县圃、凉风、樊桐

在昆仑闾阖之中。

这说的就是禹完成了大地的测量工作，大地的混沌状态从此也就结束了。鲧、禹的某些故事用开辟神话去解释，几乎都可迎刃而解。如鲧是被尧、舜处死的凶人，其实鲧在语源上就具有黑暗、开始等意。鲧字古作"鮌"，或解作一种黑色的鱼。其字从玄，玄之本意乃黑色。《后汉书》卷四十下《班固传》："肇命人主，五德初始，同于草昧，玄混之中。"注曰："幽玄混沌之中谓三皇初起之时也。""玄"与"元"是一字，"元"字在《说文》中解释为："始也。"段玉裁注引《九家易》云："元者，气之始也。"[1]《墨子·尚贤中》："昔者伯鲧，帝之元子，废帝之德庸，既乃刑之于羽之郊。"鲧被当作帝之元子，可谓意味深长，它透露出鲧作为"气之始"，也即混沌、黑暗时代象征的真正蕴意之所在。又鲧音与"浑"韵同，"浑浑""浑沌""浑茫"等，都是形容天地未开辟时的蒙昧状态。鲧作为禹的父亲被传承，也不难阐释，从渺茫的黑暗、混沌的元气之中创造、分离出四方、四季等，这是"社"，也即禹的功绩。也就是说，禹（四方台社）是从渺茫的黑暗、混沌的元气之中孕育出天地秩序的，"鲧复生禹"作为一种"神话语言"，表述的就是这种现象。《国语·鲁语上》曰："共工氏之霸九有也，其子曰后土，能平九土，故祀以为社。"这里说的共工氏统治天下的时候，应该也是指没有历法的黑暗、混沌时期，而共工的儿子叫后土的，"能平九土，故祀以为社"。这其实正是"社"能平九土的一种曲折传承。上古传说，舜的父亲瞽叟，也是一个昏顽迷狂的家伙，其内蕴我以为与鲧、禹的故事相同。

---

[1]（清）段玉裁：《说文解字注》，凤凰出版社，2007年，第1页。

很多民族的开辟神话，天地开辟总与农业生产紧密联系在一起，如在巴比伦的创世神话中，马尔杜克杀死了代表混沌之神的提亚玛特，并用它的身体创造出大地及人类。而在最古老的马尔杜克画像中，他被描绘成手持三角铧或锄的神灵。有的神话表述说，第一片土地被开垦出来，就意味着混沌状态的结束。我们在《山海经》中看到了相同的情况，黄帝战败蚩尤以后，登场的人物就是作为农业象征的"后稷神"，而且后稷所在的地方是一个人间乐园。

很多民族的创世神话与史诗中都有对神灵世系的传诵，在《山海经》中，我们也看到有各种"帝"的名称，如黄帝、帝俊、颛顼、炎帝、太昊、少昊，以及帝尧、帝舜、帝丹朱等，除帝俊外，与后来《帝系》之类的作品大致相合。当然，《山海经》并没有完全对书中的帝、神作世系的排列，有些排列也可能因年久错简等原因而难解，彼此相互矛盾，这都是客观存在的，但《山海经》像一般开辟神话、史诗似的或欲传上古天帝人王之世系为无疑。这正可证明《山海经》一书的开辟神话性质。后来《帝系》所排上古帝王世系，多不可信，这里不说。而《山海经·海外经》的南方祝融、西方蓐收、北方禺强、东方句芒这四季神像，更得到了后世的传承。除了这些帝、神，《山海经》又述及启、后羿甚至商汤的故事，与《楚辞·天问》可以一一比照，此非神话史诗内容而何？

《山海经·海内经》的最后部分，全讲天帝命人制作之事，有"少皞（音hào）生般，般是始为弓矢""帝俊生晏龙，晏龙是为琴瑟""义均是始为巧倕，是始作下民百巧。后稷是播百谷……叔均是始作牛耕。大比赤阴，是始为国"以及"禹卒布土以定九州"等。与一般创世故事结尾的创造万物的结构和意蕴类似。《山海经》为创世神话或包含大量的创世神话内容是可以肯定的。

《山海经》的神话内容极为丰富，如关于尧、舜，就有较为丰富的内容，对后世的影响也极为深远。《海内北经》说："帝尧台、帝喾台、帝丹朱台、帝舜台，各二台，台四方，在昆仑东北。"

　　《海外南经》："狄山，帝尧葬于阳，帝喾葬于阴。"

　　《大荒南经》："帝尧、帝喾、帝舜葬于岳山。"

　　从这些记载看，尧、舜等也是昆仑测影，创世制历的方帝。《山海经》有众帝出入上下建木之说，黄帝是中央之帝，尧、舜等则是"四方之帝"，也即四季之神。《山海经》的上下昆仑山的天帝，除了尧、舜，还有帝喾、帝丹朱等，正好构成"四方帝"，亦即四季之帝。帝的上下天地，其实是对这样一种天象的喻指：如到了春天，则主管春季的帝降临人间，于是人间变得一派春意；春季过后夏季来临，于是主管夏季的帝又降临人间，于是人世间就是一番夏季的景象，而此时，主管春季的帝就又回到天上；夏季过后，主管秋季的帝降临人间，而主管夏季的帝则回到天上；秋季过后，主管冬季的帝降临人间，主管秋季的帝则回到天上。这与很多民族神话传说中季节神的性格一致。可见《山海经》尧、舜故事可以还原为创世神话的季节创立。而后世盛传的尧舜禅让也就不难理解了，它们正是季节替换之神话语言。关于尧舜禅让的这种内蕴，丁山先生早就指出：

　　　　尧为春神，舜为夏神，儒、道、墨、杂诸家所传说"尧禅天下于舜"的故事，正是春归夏至的喻言，不必论其是非，称其有无了。[1]

---

[1] 丁山：《中国古代宗教与神话考》，第310页。

另外，像"扶桑""日乌""常羲生月"以及黑水、玄丘、河伯等关乎幽冥下界的故事，由于神话内蕴比较清楚，论者已多，这里不说。这些都说明《山海经》创世神话的丰富性，完全可以与其他民族的神话媲美。四川广汉三星堆"扶桑神树"的出土，使我们对《山海经》创世神话的本质，以及这些神话历史的悠久和传播的广远都有了更深的理解与认识。《山海经》的创世神话内容主要反映在《海内经》《海外经》《大荒经》，所以我们对《山经》涉及较少。

古今学者对《山海经》中的天文历法因素早已有所论述，为后人正确认识《山海经》打下了基础。近代神话学传入后，人们每以神话眼光看待此书，但由于他们理解与接受神话学理论的片面，一味从想象角度去理解神话的发生，把自己理解不了的书中关于奇人异兽、神鬼物怪、绝域遐乡、火山黑水、九头之兽、三角之鸟、贯胸之国、一目之民等等神奇的对象，看成是古人想象的产物。他们认为的神话是古人在想象之中，寄寓某种观念与理想的东西。这种"神话学"理论对于帮助人们摆脱《山海经》纯属荒诞无稽的看法，自有它的功绩，但它对《山海经》真实底蕴的的探求，其实也没有取得多少进展。近年，马昌仪先生从保存至今的战国图画入手，探寻失落的《山海经》古图的特色与风貌，她所发现的战国图画与《山海经》"畏兽图"的相似性，为人们理解《山海经》古图提供了新视角与新认识，是《山海经》研究很有价值的成果。[1]刘宗迪先生提出的《海外经》《大荒经》月令说，[2]则可以说是《山海经》研究取得的较大成果。可惜刘先生没有同时从开辟创世神话角度去认识《山海经》。我以为，《海外经》《大荒经》不仅是月令

---

[1] 马昌仪：《从战国图画中寻找失落了的〈山海经〉古图》，载《民族艺术》2003年第4期。
[2] 刘宗迪：《失落的天书——〈山海经〉与古代华夏世界观》，商务印书馆，2006年。

图，亦包括创世内容，而且主要是创世书，否则无法解释《山海经》中为什么会有那么多的神灵精怪、英雄丑类；为什么有那么多关于战争的描述；为什么有那么多关于帝、神之间的世系记录等，月令图是不需要这些内容的。《海外经》《大荒经》不是平面单纯的月令图，它是纵式的创世神话图，大约也兼有月令的性质，与长沙子弹库发现的楚帛书一样。当然，《山海经》古图要比楚帛书古老得多，因为它纯用图像来记载创世纪。

二

用图像记录古代神话和英雄传说，这在很多民族的早期历史阶段都能见到，如纳西东巴经中就能见到这样的图画。东巴教用图画文字写经书，但并不把记诵的内容全写下，寥寥几字的一段，却要读几句。他们的图像符号只帮助记忆，省略了很多内容。苏兹（Sioux）印第安人曾创造出一种编年图画史录来记录部落历史。二十世纪在湖南长沙子弹库出土的楚帛书，有十二月神像，象征一年的十二个月，神像全为怪兽形。楚帛书又有文字，所述乃禹、契（音xiè）等人"步岁"，也就是制定历法等的创世故事。《山海经》原为图，这图可以理解为图画文字，图画不多，蕴含的意思却很多。它们不仅能够表达概念，也能陈述事情，还能表达判断甚至推理等。《山海经》的图像完全可能也具有东巴经这样的性质，但由于《山海经》太为古老，传承过程中有些图像的意义已不为人知，于是围绕这些图像就会出现种种传闻，这是造成这些传闻光怪陆离的根本原因。今本《山海经》的文字材料自然是对《山海图》的解释，我们不知道它们是谁解读的。这些解读，有些或许符合或接近原意；有的则可能根本是臆说，需要我们作仔细的甄别。这些材料的存在，尤其是楚帛书作为创世神话与月令图结合的材料的存在，对我们认识《山海经》图像及其文字的创世性质提供了极好的帮助，它们对我们进一步解开《山海经》之谜也是极为有益的。

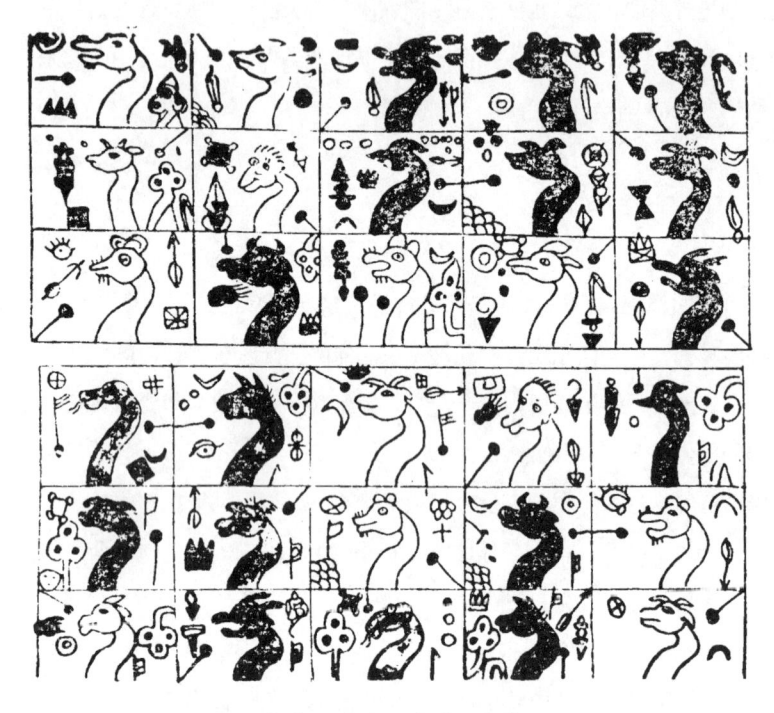

大凉山耳苏人的图画文字

创世神话除了用图像的形式，还会以口耳相传的方式传承，但考虑到《山海经》所传的神话故事是从开辟到一般认为的夏朝的前期，体系化的可以记录语言的文字大约在商代的中后期才出现，所以《山海经》古图虽不可能如传说认为的是禹、益所作的，但它是极为古老的书是可以认定的。也就是说《山海经》古图对保存古老的创世神话作出了它的突出贡献。

《山海经》的《海外经》《海内经》与《大荒经》的关系，难以确知，它是否与后来战国邹衍的"大九州说"有关，也难以确知。后来《尚书·禹贡》的九州，我认为出自《山海经》的"禹卒布土以定九州"，但《山海经》的"九州"是个与天地开辟神话有关的概念，完全不能和后来的神州九州对应。这点其实从"州"这个字的本义也可看出，《说文·川部》："水中可居者曰州。水周绕其旁，从重川。昔尧遭洪水，民居水中高土，故曰九州。"今本《山海经》有九州而无九州具体之名。《尚书·禹贡》九州为"冀州、兖州、青州、徐州、扬州、荆州、豫州、梁州、雍州"。后世九州中任何一州，有周遭为水环绕者乎？可见后世之九州，决不是上古人们治水后划定的九州。上古九州，与禹迹"九有、九土、九围"等概念相同，是人们在认识宇宙、天地结构时形成的地理概念，它与四方及八方位的空间概念具有密切的联系，八方加上中间就是九土或九州。九州在上古，绝非实际的行政区域。今本《山海经》的《海内经》《海外经》《大荒经》都按东、南、西、北方位编排，四海与四极都有四方极地，也就是最远之地的意思，它们的结构是相同的。而且《海外经》与《大荒经》的内容也多有重复的地方，如《海外经》与《大荒经》都有黄帝、禹及"大人国""相柳""一臂国"等，郝懿行认为《大荒经》是解释《海外经》之作，未必有根据。从这些情况看，《海外经》与《大荒经》可能是一种创世神话的不同版本，其图原来或相似，且说的大致相同，如都有黄帝、禹这样的开辟主神，但又有不同之处，这与今日一些少数民族之创世神话有不同的说法略同。

三

华夏民族曾被人们认为缺少神话，特别缺少创世神话。《山海经》较为完整形态的创世神话的揭示，说明华夏民族不仅不缺少神话，而且不缺少创世神话，它可以一定程度地改变人们对中国上古文化的认识。

《山海经》既然首先是创世神话，这就使我们在认识《山海经》形形色色的"神像"时，有了新的更为合理的出发点与视角，也就为真正弄清这些神像的意蕴，进一步全面揭示《山海经》古图的本质与内容创造了条件。如"饕餮"这个像，在《山海经》中已出现，但原来似未用饕餮之名。《山海经·北次二经》云：

> 钩吾之山，其上多玉，其下多铜。有兽焉，其状如羊身人面，其目在腋下，虎齿人爪，其音如婴儿，名曰狍鸮，是食人。

郭璞注："为物贪惏（音lán），食人未尽，还害其身，像在夏鼎，《左传》所谓饕餮是也。"袁珂先生云：

> 《图赞》大体与注相同，惟于"食人未尽"下作"还自龈割"，则尤形象生动而达意。郭注狍鸮即饕餮，当有古说凭依，非臆说也。[1]

---

[1] 袁珂：《山海经校注》，上海古籍出版社，1980年，第374—375页。

饕餮在《左传·文公十八年》中是"四凶"之一,《吕氏春秋·先识览》云:

> 周鼎著饕餮,有首无身,食人未咽,害及其身,以言报更也。

这里的周鼎,一般认为就是《左传》所说的夏(禹)鼎,也就是中国历史上赫赫有名的作为最高政权象征的"九鼎"。古代有《山海经》古图出于九鼎图的说法。按《吕氏春秋》作者的看法,九鼎图像上的饕餮,类似于兽而有首无身,是贪的象征,周人之所以将这样的形象铸于鼎上,置于宗庙,是为了告诫、警醒当政者以及他们的后世子孙。过去多数人认同《吕氏春秋》的说法,但我们现在可以提出新的看法了。《左传·宣公三年》云:

> 楚子伐陆浑之戎,遂至于雒,观兵于周疆。定王使王孙满劳楚子。楚子问鼎之大小、轻重焉。对曰:"在德不在鼎。昔夏之方有德也,远方图物,贡金九牧,铸鼎象物,百物而为之备,使民知神、奸。故民入川泽山林,不逢不若。螭魅罔两,莫能逢之。用能协于上下,以承天休。

王孙满之说,全是关于九鼎的远古传承。九鼎的铸成与夏的建立,也即与禹有关,禹是开辟神,这就说明九鼎蕴含着与开辟有关的信息。"贡金九牧",以前注家都说是九州之牧进贡金属,禹因此得以完成九鼎的制作,但根据《山海经》创世神话说,九州的观念关乎创世,九州之牧之类的说法一定出于后世的附会,所以"贡金九牧"

的说法反过来可作为九鼎是与创世有关的对象的证据；再则，王孙满述九鼎的功能为"铸鼎象物，百物而为之备，使民知神、奸。故民入川泽山林，不逢不若。魑魅罔两，莫能逢之"。这段话向来被视为离奇，司马迁《史记》述王孙满之说竟略去不载，大约司马迁认为这种说法是荒诞不经的吧。但我们觉得正是这种看似荒诞的说法中可能蕴含着关于九鼎本质的信息。"铸鼎象物，百物而为之备"，《山海经·大荒西经》云："昆仑之丘……此山万物尽有。""万物尽有"，这不是对天地开辟、历法制定后世界有序、万物有所归属的一种描述吗！历法的制定意味着混沌世界的结束，混沌世界总是由凶魔鬼怪来象征的，历法制定出来后，自然"魑魅罔两，莫能逢之"了。这是对历法功能的神话表述。历法制定后，需要载体录示传衍。历法又是何等重大的创造！上古时代只有最高权力者才有颁布的权力，铸在像鼎这样的重器上是十分自然的。九鼎应该就是刊载历法的载体，刊载历法的九鼎因此也就成了天子权力的象征，成为神圣之物。由于历史的迁移，九鼎的本质渐渐不为人知，后世之人于是传衍出种种神话。有人可能会问，九鼎上类似饕餮之类的怪兽之像，何以能作为历法符号呢？其实，兽像历日并不少见，尔苏人的"母虎日历"，就是用母虎的形象创作的一种日历。楚帛书的怪兽或曰神像，可以表示月令，这些都是例子。用怪兽形象表示历日，历史极为悠久，且很多民族都曾运用，是无疑的。[1]至于已出土的青铜器上的纹饰，一般认为的"饕餮纹"，是否即《吕氏春秋》说的饕餮，以及出土器物的纹饰与历日的关系，实因题

---

[1] 唐代韦续《五十六种书并序》："夏后氏象钟鼎形为篆，作钟鼎书。今人摹写古代器物款识之文……后汉东阳公徐安于搜诸史籍，得十二时书，皆象形也。"《酉阳杂俎》还谈到"鼠篆、牛书、兔书、草书、龙草书、狼书、犬书"之类。可见，古代图画文字可能有不少形态，用这样的图画文字造日历，其实并不困难。

目太大，非少量篇幅可以讲清楚，我将另文阐述。

《山海经》中，人们一直觉得难以理解的还有海外三十六国，我以为，此海外三十六国也是古人误读《山海经》古图所致。海外、荒外这样的词汇意指的原是古人构造天地时想象的四方绝远之地，没有人到过的那些地域或曰"国家"，"大人国""三首国""一臂民""贯胸国""一目国""无肠国"等国家是不可能存在的，世界上哪有什么其国民全为三个头或只有一条手臂的国家，这是不可能的。清人胡渭《禹贡椎指略例》说："所有怪物固不足道，即纪之山川，方乡里至虽存，却不知在何郡县。远近虚实，无从测验，何可据以说经。"这些怪物乃是《山海图》上的图像，后人读《山海图》，见这些"人像"置于"海外""荒外"的四隅，又囿于《山海图》为地理之图的成见，故将这些奇怪的"人像"误读为远方之国的人了。现在我们从《山海经》是讲创世神话、讲历法制定之书可看出，这些在图上被置于四隅的"人像"，应该就是"四极""四荒"，大地极边远之地，也就是大地尽头的象征。值得注意的是，被称为"古山海经"的《逸周书·王会》的四方"国名"，与《山海经》多有重合者，古代即有人怀疑其为国家。后来的《尔雅·释地》："九夷、八狄、七戎、六蛮，谓之四海。"四海在《尔雅》中是四方极地的意思，而九、八、七、六等数字也是四方的象征，如《素问·金匮真言论》上说："东方……其数八。南方……其数七。中央……其数五。西方……其数九。北方……其数六。"用九、八、七、六等数字象征四方，可能与天上的星象有关，《周礼·冬官·辀人》载："龙旂（音qí）九斿（音yóu），以象大火也。鸟旟（音yú）七斿，以象鹑火也。熊旗六斿，以象伐也。龟蛇四斿，以象营室也。"可见《尔雅》也保留了那些所谓海外诸国的"立象"表四极的较原始的意蕴。

四

　　《山海经》表现的创世神话过早被历史化，这是一个不争的事实，由于历史化的文本首先由《尚书》与《诗经》承载，同时由于《尚书》与《诗经》经典地位的早期确立，以及它们带来的深刻影响，加上《山海经》图像文本的晦暗难解，使得《山海经》创世神话渐渐湮没不彰。《尚书》与《诗经》的作者大约也不是故意曲解，而是对古代的一些传闻作了记录，融入自己创作的文本之中，特别是《尚书》，的确保留了相当多的传说内容，这些内容与《山海经》的记载常常相同或接近，《尚书》的神话传说因素主要当是《山海经》带给它的，所以《尚书》与《诗经》的存在对我们进一步了解上古华夏创世神话的全貌大有帮助。当然，《尚书》与《诗经》的作者是用历史眼光看待那些传说中的"圣帝"的，他们在记录传说的同时渗入了自己的理解，并结合自己时代的典章制度，写出合乎自己那个时代需要的文本，所以这样的文本一定也是神话与历史交缠，难解难分的。《山海经》创世神话的揭示，使得《尚书》与《诗经》中的，包括后来子书中的神话与历史的界限有所分明，如《诗经·商颂·长发》"洪水芒芒，禹敷下土方"，以及"奄有九有""奄有九土"等说法，都可以肯定是与禹神话中开辟的"九州"一样的概念。过去有人觉得奇怪，怎么殷人将夏人的开国宗神作为自己的宗神来颂扬，不知禹乃开辟大神，开辟大神是可以为夏、殷两族共同拥有的。当然更有可能的是，禹的神话本来就是殷人的神话。

　　华夏创世神话过早历史化，致使一些创世大神被当成氏族祖先和文化英雄来崇拜。《山海经》创世神话说的揭破，有利于我们重新认识上古历史。顾颉刚先生在二十世纪二三十年代提出的中国上古史是层累地造成的著名理论，就是从神话角度出发加以论证的。这个理论的合理性我以为不容怀疑,上古创世神话被历史化是事实。揭示并承认这些并非意味着否定上古历史,而恰恰是尊重事实、尊重历史的表现。认为黄帝、尧、舜、禹等是神话人物,或是开辟大神,不是实际存在的历史人物,并不意味着就是认为中国的上古文化是虚无的,是不那么先进、灿烂的。华夏创世神话的背景与上古先民设立"四方台坛"测天、制历的实践有关。南方浙江省良渚文化曾发掘出土多处"四方祭坛",北方辽宁省建平县牛河梁发现的属于红山文化的"三环石坛"和"三重方坛",据考古学家考察都有测天、祭天的功能。红山文化与良渚文化遗址都曾出土大量精美的玉器、陶器等器物,玉器上亦多有兽像等纹饰。属于夏代晚期的二里头文化也出土过许多青铜容器、青铜兵器、工具和饰件等,说明那个时期的确已经取得伟大的文化成果,已经具有高度的文明。那个时期有这些文化成果及高度文明的存在,不等于说就不可以怀疑黄帝、尧、舜、禹等作为历史人物的真实存在,这完全是两个层面上的事。否认黄帝、尧、舜、禹等上古圣王以及禅让制等的真实存在,揭示它们的神话本质,也绝不是要否定公元前二十一世纪至公元前十六世纪这个所谓夏代世纪及之前的尧舜时代人们的历史活动与文化创造,这是显而易见的。所以,不能因为揭示黄帝、尧、舜、禹等是神话人物就说这是否定上古历史,这也是显而易见的。疑具体的历史人物之古,与疑文化、文明之古绝不能混为一谈。因为疑具体的历史人物之古,发现这些人物实际上是神话人物,从而怀疑相应时期的文化、文明之古,自然是荒唐的;因为这个历史时期大量灿烂的文化、文明成果的存在,从而认定黄帝、炎帝、颛顼、尧、舜、禹等"神人"的历史真实性,也是不合逻辑的。在今天,我们尤应对后一种倾向保持警惕。我们对"走出疑古时代"这个口号,要小心对待,仔细分析。有些人在这个口号的影响下,置上古文献的昭昭记载于不顾,以顾颉刚、吕思勉、杨宽、丁山等大批学者以及当今的、海外的学者的研究成果为谬论，全面肯定黄帝、炎帝、颛顼、尧、舜、禹等神话人物的历史真实性，进而不厌其烦、不遗余力地去考证这些圣王的地望、世系、业绩等，在我看来倒是有点荒谬的。如有历史学家曾长篇大论考证古代所谓的"饕餮族"，考证结果是"饕餮族"的地望在古巴比伦，这不能不让人生匪夷所思之感。这种所谓的历史研究，说是一种伪研究，绝不为过，这样取得的成果，其价值自然也让人怀疑了。

五

　　创世神话历史化给华夏民族的政治、文化包括哲学与文学的发展带来巨大与深远的影响。人间圣王乃天之子，他们从天而来，虽然他们已从创世神转为世俗的文化英雄，但是天创也即天赋权力的意识已深入人心，于是人间圣王的权力就有了神圣性与合法性。后世君主自然乐意宣称自己是他们的后代，于是就有出于尧、舜、颛顼、少昊等后世的各地区的君王。因为黄帝是中央之帝，地位还在尧、舜等之上，所以这些有时出于不同天帝的君王，又一起成了黄帝的后代。而"法天"，顺天时而行的月令制度也成了社会政治制度的主要形式。西方的政教可以分离而且必然会分离，因为他们的创世神话后来衍化成对上帝的信仰，形成了他们的宗教；而我们的政教不可以分离也不可能分离，因为它们早就内在地合一了，政就是教，天子本也是上帝的化身。

　　创世大神历史化为人间圣王，这些圣王身上因此凝结着许多创世神与天的特质，即不同凡响的"仁德"，从此，人间之德与天之德就难解难分了。圣人成为人们向往的终极目标，孔子曾说："圣与仁，则吾岂敢？"说不敢是谦虚，但想望之情，还是明显流露出来了。具有深长意味的是，孔子又常生"法天"的思想："余欲无言，天何言哉，四时行哉！"是否在孔子的潜意识中，圣人与天、与天道是同一的对象呢？宋明理学家讲的天即人、天道即人性，他们都声称继承的是孔学，我们很难加以否定。这种思想，或许是由对圣王身上太多"天"的特性的领悟而来。创世神话把"天"化为"人"，也即天人合一的那种曾经现实存在的源头活水，它怎么可能在人们的灵魂中永远消失呢？它一定会不绝如缕，历史记忆的深刻性在这里得到了体现。

华夏创世神话是我们的先人对"我是谁""我来自何方"的追问结果。"我是谁""我来自何方"也正是哲学的根本问题，从这个意义上看，神话思维与哲学思维可以相通。由创世神话浸染的思维使人们保持一种对自然、人生的探求精神，随着社会的发展，众神光环的慢慢退失甚至退出祭坛，哲学思辨就会出现。这大概就是希腊神话最为著名，它的哲学也最为著名的原因吧。中国人的创世神话过早地历史化，客观上堵塞了人们由神话式探究转入哲学思辨的途径，而当下现实的人生安顿成了人们最为关注的目标，所以我们多人生哲学、伦理学而缺少深刻的思辨哲学，而当它的目光又投向"天"，像宋明理学家所做的那样，它的思辨性与深刻性就又体现出来了。

02　夸父逐日的意蕴

夸父逐日神话，向来为人们津津乐道。不少人认为它的意义在于表现与大自然斗争的初民精神，表现他们追求光明、征服自然的愿望。这种解释从大的方面看当然有它合理的一面。但神话主要反映初民的直观经验与实践活动。神话的想象、虚构成分往往是附着于初民的直观经验与实践活动的。

如果用这样的观点去检验人们对这个神话所作的诠释的话，就会大感失望。这个神话似乎完全是原始人发挥了惊人的想象力创造出来的瑰奇故事。像夸父的入日、喝干河渭、北走大泽等情节，人们往往坐实解释，其结果是导致这个神话变得不可理喻与自相矛盾。我想，应当对这个神话作出新的诠释。

夸父：测日影、定季节的树"表"

夸父逐日神话中，有夸父死后，"弃其杖，化为邓林"的内容，而《列子·汤问》中则谓夸父"弃其杖，尸膏肉所浸，生邓林"。关于邓林，或说即桃林，"邓""桃"音相近。而《山海经·海外北经》上说："博父国在聂耳东，其为人大，右手操青蛇，左手操黄蛇。邓林在其东，二树木，一曰博父。"这段文字前后两处出现"博父"字。袁珂先生认为："博父国当即夸父国，此处博父亦当作夸父，《淮南子·地形训》云：'夸父、耽耳在其北。'即谓是也。下文既有'一曰博父'，则此处不当复作博父亦已明矣；否则下文当作'一曰夸父'，二者必居其一也。"[1]袁珂先生所说甚是。关于"二树木"，郝懿行注说："二树木，盖谓邓林二树而成林，言其大也。"邓林是由两棵树形成的。可见这是两棵特别巨大的树，这是很有意思的事。夸父逐日神话的内涵，当与树有特别的联系，也就是说，其内涵与树和太阳之间所具有的某种关系与那时人们的相关认识有关。

冯天瑜先生论夸父逐日神话说："夸父追逐太阳，出于何种动机，这个神话并未交代，估计无非是抱着观测太阳、制服太阳的宏大志愿。"[2]这个推测无疑有一定道理。夸父逐日神话所反映的很可能是我们的先民观测太阳、制服太阳的实践活动，可惜冯天瑜先生没有进一步去讨论，这个神话是不是同时也向我们指出了先民观测太阳、制服太阳的具体途径。正因为此，夸父在冯先生眼中和在其他学者眼中一样，是位巨人，夸父逐日"是一曲力量与勇敢的赞歌"[3]。然而，这样的夸父似也可被理解成不自量力且不聪明的鲁莽人物。

我认为，夸父逐日神话的底蕴在于：原始先民通过观测特定大树的生长及其阴影来观测太阳，掌握季节，制定历法。夸父真实的、原初的身份很可能是大树，这个神话与其说是力量与勇敢的赞歌，毋宁说是智

---

[1] 袁珂：《山海经校注》，第240页。
[2] 冯天瑜：《上古神话纵横谈》，上海文艺出版社，1983年，第125页。
[3] 同上。

慧的赞歌，它表现了我们远祖的聪明才智。

我们的先民早就认识到，寒暑的变化伴随着正午太阳位置的高低变化。夏季，树木、房屋投下的阴影很短；到了隆冬，影子则变得很长，投影的长短变化是随着季节的变化而变化的。这启示了人们，在地上竖立一根标竿，看它午时的影长变化来指示季节。就全年说，夏天的中午，太阳位置高，影子也短；冬天的太阳较低，中午的影子则较长。中午影子最短的那天是夏至，最长的那天即冬至，古代分别称"日北至"和"日南至"，春分、秋分则介乎其中。而标竿，则称"表"。在我国，至迟在殷商时期，人们就已懂得用表来测日影定季节了。用"表"来测定太阳位置、确定季节，当有个发生、发展、不断完善的过程，在远古时代，人们可能利用天然的"表"，如特定的高大的树木来观测太阳。

我们要强调并指出的是，"与日竞走"的夸父在《山海经·大荒北经》与《列子·汤问》中都明明白白写的是"欲追日影"。因此，夸父逐日不能理解成一个巨人与太阳赛跑。只要太阳在空中，树下就会形成投影，随着太阳在空中位置的变化，树的投影也发生变化。树的投影与太阳的这种关系，被原始人想象成"追日""逐日影"是很自然的。这恐怕就是夸父逐日神话的现实基础。

夸父逐日神话中，有夸父"入日"或"欲追日影，逮之于禺谷"等记载。前者若理解成夸父逮住了太阳，进入太阳之中，则似乎不可理喻，后者若理解成夸父在日所入之地——禺谷把日影逮住，也显得离奇。如果是指太阳黄昏后落入禺谷，树影也随之消失，这样的事实，被先民用"夸父逮日影于禺谷"的神话语言来加以说明，那倒很有可能。

夏至致日图

古人观测物之投影的目的主要是测定季节，因为季节的测定对他们的生产与生活具有重要意义。这个神话中强调夸父的"入日"或"逮日影于禹谷"似不能仅从字面上去理解，它们很可能是先民惯用的象征语言，很可能是说经过夸父的努力，完成了季节的测定工作，也就是完成了历法的制定。可惜夸父神话中，没有这方面的具体内容，我认为，这很有可能是《山海经》作者对夸父神话没有完整记述所致,很有可能是《山海经》的作者把夸父神话的尾巴截去了。

比较拉祜族的扎鲁树神话

我们这样说,是有一定根据的。让我们将夸父神话与拉祜族的扎鲁树神话作一比较。拉祜族的扎鲁树神话说:

一、过去,有九兄弟,住在大山里,九兄弟共同娶了一个名叫波梭的媳妇。波梭吃苦耐劳,嫁进门第二天,天刚亮她就去为九兄弟干活,从早忙到晚,做完这个活,又做那个活。她又饿又累,二哥还以为她在大哥处吃了饭,三哥又以为她一定在二哥那里吃饱了饭,……四哥、五哥、六哥……。人们只见她一天到晚来回不停地奔忙着,谁也没料到她还饿着肚子,也没有关心一下她吃饭的事。

二、夕阳西下了,波梭也精疲力尽了。她拉着一根芦苇秆还在忙着,走着走着,来到了木尼芒罗江畔,见到晶莹的江水,就一股劲地喝呀喝,一口气喝干半条江,倒下睡着了。

三、波梭一觉睡了三年,当她醒来时,发现自己变成了一只猫头鹰,她那挂着走路的芦苇秆在江边长成了一棵巨大的树,那树根粗枝壮,遮天蔽日。

四、波梭所变的猫头鹰请竹鼠、松鼠、蜜蜂帮忙,按照分工,竹鼠窜进地底下去盘数大树的根;松鼠攀上树干清点大树有几个枝丫;蜜蜂飞上树尖去查看蔽日树究竟长着多少片叶子。不久它们向猫头鹰汇报,竹鼠说:大树总共有三十条大根根。松鼠说:大树有十二个大枝丫。蜜蜂说:树上的叶子有三百六十片。

五、猫头鹰告誓天下人:人间不是没有天,世上不是没有日。我的朋友们告诉我，一年有十二月，一月有三十日，一年有三百六十天。你们如今见不到天，不知道有日，是因为这棵扎鲁树遮蔽了太阳，如果你们要想看到天日，重见光明，你们就要想出办法来翻倒这棵扎鲁树。[1]

这个扎鲁树神话在内涵上与夸父逐日神话极为相似。首先，扎鲁树神话的主人公波梭从早忙到晚，不停地奔忙，正是"逐日"或"追日影"之意。其次，夸父喝干了河渭之水，波梭则一口气喝干了木尼芒罗江的半江之水。第三，波梭力竭而睡，一睡三年，变成了一只猫头鹰，她的芦苇拐杖变成了一棵巨树；夸父神话中，也有夸父所用之杖或他的尸首化为"邓林"的说法。

这个扎鲁树神话可以给我们以深刻的启示，扎鲁树神话所隐含的文化内涵为：人们通过特定的大树，测出太阳的相对位置，于是制定出历法，分一年为十二个月，三百六十天，每个月为三十天。夸父神话的文化内涵，当也在历法的创制。

把树与历法的制定及时间联系在一起，这在神话传说中是屡见不鲜的。比如哈尼族的民间传说《砍大树》说：许多年以前，地上长出了一棵神奇的大树，枝粗叶茂，遮天蔽日，使人分不清四季，不知道日月，庄稼无法生长。后来，人们在神与动物的帮助下，终于砍倒了这棵大树。倒下的大树共分十二枝，一枝上有三十片叶子，人们便按照这个数字划分日、月，将一年分为十二个月，一个月分为三十天，这就是日、月的来历。传说树倒时，有一枝树尖挂在月亮上，这就是现在月亮里的梭罗树。[2]

彝族神话里也有类似的"历树"或"年树"。《西南彝志选·天文志》有云："大帝策耿纪，一次开言道：耿纪来定年，年树十二棵；署

---

[1] 雷波：《拉祜族神话三则》，见《山茶》1988年第3期。
[2] 云南人民出版社编：《云南民族民间文学艺术》，云南人民出版社，1985年，第13页。

府来定月，月石十二块……年树十二棵，表示十二年；一棵十二枝，表示十二月；一枝十二花，表示十二日；一花十二瓣，表示十二时，年月轮流转，日月相配合。"

这样的"历法树"，在纳西族神话中，称为"海英宝达"树。

《山海经》的"噎鸣生岁十有二"

有意思的是，《山海经》中虽然没有人们从夸父所变之树中获得历法的内容，却有"噎鸣生十二岁"的记载。《山海经·海内经》："共工生后土，后土生噎鸣，噎鸣生岁十有二。"这个噎鸣，在同书《大荒西经》里写成"噎"："黎（后土）邛下地，下地是生噎，处于西极，以行日月星辰之行次。"袁珂先生认为，"古神话当谓噎鸣生十二岁或噎鸣生一岁之十二月。……噎鸣，盖时间之神也。"[1]这个说法当是不错的，"噎鸣生岁十有二"更有可能是指噎鸣制定了将一年分为十二个月的历法。

我们要特别指出，时间之神噎鸣，与生夸父的"信"有一个共同的父亲，即后土。《山海经·大荒北经》："大荒之中，有山名曰成都载天，有人珥两黄蛇，把两黄蛇，名曰夸父。后土生信，信生夸父。夸父不量力……"作为噎鸣"父亲"的后土与作为信"父亲"的后土，古今学者多认为是一人，那么"噎鸣"与信很可能也是一个人，噎鸣是时间之神，制定了分一年为十二个月的历法，则"信"也当是时间之神，他生下了夸父，并通过夸父去"追日影"，以完成历法的制定，无疑，时令神噎鸣的存在，为我们解开夸父神话之谜，提供了有力的证据。

---

[1] 袁珂：《山海经校注》，第472页。

夸父神话与扎鲁树神话中，教人甚难理解的还有喝江水的情节：波梭喝掉了半条江，夸父更为神奇，喝干了黄河与渭水，欲北饮大泽，终于渴死在半道上。我以为，这样的神话情节，当是先民用神话语言表述的一种季节性的自然现象。夸父与波梭的真实身份都是掌管时间的时间之神，在先民的意识中，自然季节的变迁由时间之神所掌管。冬季是水位较低的季节，尤其是遇到干旱严重的冬天，江河水位骤然降到很低是常见的现象。先民因不明白这种季节性的自然现象发生的原因，于是就想象成水是被主管时间的神喝掉了。

关于夸父的喝干黄河、渭水后的死，以及波梭喝干半江水后的沉睡，似乎也不是没有客观事实依据的。夸父是大桃树的化身，波梭则与扎鲁树有密切的联系。他们这样奇特的死，正是树木冬天"死亡"或"沉睡"（其实是冬眠）的喻指，也就是说，树木都要在少水或无水的季节（冬季）经历"死亡"或"沉睡"的过程。

神话中的夸父是在饮干河渭后，因渴而死的，这里所喻示的可能是夸父完成测日影工作的时节。前面已经指出，古人竖立"表"测日影，主要是为了确定至日，即夏至日与冬至日，而冬至日的测定，在古代具有更为重要的意义，因为古代曾把冬至日作为一年的元日。冬至日确定了，则一年之时间长度也能确定，季节与月也容易安排了。冬至日，古代称"日南至"，日南至时，其投影则向北，夸父"欲北饮大泽"的事实根据也许在这里，夸父是被人格化了的大树罢了。

周先民测日活动的证录

论述到这里，我们可以明白夸父逐日神话的意蕴所在了。用圭表测日在我国具有悠久的历史。它必有一个发生、发展、完善的过程。初始之时，人们当是利用天然的"表"（高大的树等）来测天的，正如夸父逐日神话所反映的那样。

从夸父神话中"河渭不足"的记载看，这个神话当产生于陕西河渭平原一带，该地方原是周人的发祥地，郝懿行注《山海经》时说，夸父山又叫秦山，在今河南灵宝县的东南，和陕西的太华山相连，山的北边有一座周围几百里宽广的树林，多为桃树，故名桃林，这就是古代有名的桃林塞。袁珂先生认为，这是"较早的一种说法，较为可信"[1]。陕西、河南一带原是周人的发祥地，相传周公姬旦曾在洛邑东南约一百里的阳城（今河南登封告成镇）竖立圭表测量冬至与夏至的日影，来定出一年的季节与长度，然则夸父逐日很可能是周先民原始测日活动的记录，夸父逐日神话很有可能是周的先民创造的。

---

[1] 袁珂：《山海经校注》，第404页。

03　精卫填海与大雁衔枝

神话是初民直观经验的总结，它有"实"的一面，即初民对于客体的直观摹写与直觉认识。当然，神话在其形成过程中，由于初民的思维形式与心理结构的影响，也必然带上"虚"的内容，这"虚"的内容主要指初民对客体的想象与幻化。神话"虚"的一面往往依附于"实"的一面而存在。理解、弄清了神话的"事实"根据，一些光怪陆离、奇幻神秘的神话内容常常就变得容易理解了。

从这样的观点着眼，我以为，精卫填海这个著名神话故事很可能与"大雁衔枝"的事实有关，精卫鸟的原型很可能就是大雁。

大雁衔枝飞行的传说

古代关于大雁飞行时衔树枝或衔芦的说法流传甚广。崔豹《古今注·鸟兽第四》："雁自河北渡江南，瘦瘠能高飞，不畏矰缴（音zhuó）。江南沃饶，每至还河北，体肥不能高飞，恐为虞人所获，尝衔长芦可数寸，以防矰缴。"《维园铅摘》的作者说："予考雁从风而飞,春夏南风故北飞,秋冬朔风故南飞。秋冬过南,食肥体重,故借芦以助风力耳。塞北风高,则无事此,故投于雁门关。姑识之以俟明者焉。"[1]

雁衔芦含枝而飞,肯定是曾有之事,至于雁为何要衔物,则人们意见纷歧,连现代的鸟类学家的看法也并不一致。

贾祖璋先生说:"雁类自江南还河北达塞外,适当营巢育雏的时节,所以衔芦拾草,是事实上所可有的现象。不过,决不会用以避缯缴或助风力耳。"[2]

郑光美先生则以为:"南来的雁衔芦而行为的是以避伤害或借风力的传说……没有根据。有人解释说'这可能是衔草筑巢',恐怕也难说得通,因为雁的繁殖区远在塞外,它们的筑巢活动只能是就地取材,绝不会衔着芦草在高空远程飞翔。"[3]

衔芦或衔枝而飞的雁,到了一定时候、地点,就将口中的树枝、芦条抛下。日本有传说称:奥州的边界,每年秋季,海中渡来的雁,均在此处落下一尺许长的树枝。此种树枝,是它们用在辽远的海程中,遇到疲倦浮于水面,栖其上休息的。到达日本的时候,树枝已非必要,于是尽行舍去,极多极多地堆积起来;乡人集为燃料,以煮浴汤,是为雁浴。[4]

---

[1] 贾祖璋:《鸟与文学》,上海书店,1982年,第128页。
[2] 贾祖璋:《鸟与文学》,第235页。
[3] 郑光美:《鸟之巢》,上海科技出版社,1982年,第154页。
[4] 贾祖璋:《鸟与文学》,第236页。

左为精卫，右为雁

又有传说谓乃渡海日本的中国人所传：中国北方，山西的北边，每年鸿雁来时，常常落下口衔的枯木细枝，土人集枝为薪以出售，每年价值达白银五万云。[1]

这两则日本的传说说明，古代在山西、河北及日本一带，雁舍去口衔的枯木细枝确是常有的现象。这样奇异的事情，引起先民的注意，并使他们的想象长上翅膀乃是十分自然的。大雁落下的枯枝细木，当然不会仅落于陆地之上，这跨海而飞，又爱在水面嬉戏的禽鸟，常会把口衔的芦条、细枝等物抛在海水中，这或许就是精卫鸟"常衔西山之木石，以堙于东海"的现实基础。

精卫鸟的发祥地，据《山海经·北山经》说，是发鸠山，郭璞注："今在上党郡长子县西。"长子县今属山西省，雁古来即与山西省有

---

[1] 贾祖璋：《鸟与文学》，第236页。

非常密切的关系，有名的雁门关就在山西省的北部，传说南来的大雁到此不再北上，而前引渡海去日本的中国人所传大雁落下口衔的细枝枯木等亦在山西的北边。因此，神话中精卫鸟出于山西一带，并不奇怪。

《山海经》上所说淹死炎帝之女的东海，当指山西、河北东面的渤海。东海，古代又称渤海或渤澥。《初学记》卷六《海第二》："按东海之别有渤澥，故东海共称渤海，又通谓之沧海。"所以张岱《夜航船》卷十七说："炎帝女溺死渤澥海中，化为精卫鸟，日衔西山木石，以填海渤澥，至死不倦。"

精卫鸟所填之海为渤海，大约没有问题。值得注意的是，根据古籍所载，大雁在北方的集结地区除了雁门，还有就是渤海边的碣石山一带，秦皇汉武皆曾东巡至此，刻石观海。《淮南子·览冥训》："王良造父之御……过归雁于碣石。"古代传说，雁亦来往于江南会稽与北方碣石之间。《论衡·偶会》："雁鹄集于会稽，去避碣石之寒，来遭民田之毕，蹈履民田，啄食草粮，粮尽食索，春雨适作，避热北去，复之碣石。"

渤海边的碣石山也是雁的集结点，事实上北飞的雁口常衔枝，并在碣石一带的渤海海面上投下大量的枯枝细条，当是必有之事。

精卫鸟与白额雁

从形状看，《山海经·北山经》说精卫鸟，"其状如乌，文首、白喙、赤足"。雁有很多种，我国常见的雁有鸿雁、豆雁、白额雁等。其中的白额雁与精卫鸟的形貌出奇地相似，白额雁"两性嘴基和前额都有白色横纹。头、颈和背部羽毛棕黑……尾羽亦棕黑色……在苏联西伯利亚北部繁殖；迁我国长江下游一带越冬"[1]。

白额雁的嘴基与前额都有白色横纹，称之"文首、白喙"自无不可；白额雁背、颈、尾等处的羽毛棕黑，与"乌"的羽色也相近，精卫鸟之状如乌，恐主要从羽色着眼；至于足，雁的跗蹠（音fū zhí）和脚一般为橙色及淡红色。[2]正当得"赤足"的称呼。

神奇的精卫鸟的原型，很可能就是白额雁，白额雁往来西伯利亚北部与我国长江下游之间，山西或渤海一带正是必经之地。

白额雁

我认为，精卫填海的神话，最初可能是渤海边碣石山一带的居民，因见到大量南来的雁衔枝投入渤海或附近地带而创造出来的。后来流传

---

[1] 冯德培、谈家桢、王鸣岐主编：《简明生物学词典》，上海辞书出版社，1983年，第347页。
[2] 傅桐生、高玮、宋榆钧编著：《鸟类分类及生态学》，高等教育出版社，1987年，第34页。

于河北、山西一带，大概因为山西南部的发鸠山地区是雁北上的又一集结地。北上的雁群经由发鸠山向北飞往雁门关或向东北方向飞往碣石地区，于是，发鸠山就成了精卫鸟所拥有的地盘，成了精卫鸟的发祥地了。

这个神话还说，精卫鸟是"炎帝之少女"淹死东海后所变。中国古代的帝女神话，都有帝女溺死于水的内容，如湘妃、宓妃等。为什么神话中帝女的命运会是如此？王孝廉先生解释说："这是因为远古时代，交通不便，水是隔绝两地的界线，也是因为古代的人们生活于水边，时有水难的关系。"[1]

这个解释有一定道理，精卫填海神话的确折射出了远古生活的这个侧面。王孝廉先生又说："另外，帝女死后，其魂魄化为神祇或其他的动植物而继续存在的思想，也是源于古代人们相信人死之后，魂魄化为别的形体而生活于另一世界的信仰，尤其是炎帝之女，死后化为精卫的神话。人死以后魂魄化为飞鸟的思想更是世界各民族所共同的思想。"[2]王孝廉先生的这个推断当然也是正确的。精卫神话中"虚"的一面，反映了初民具有的思维与心理结构。同时，它也表现了受自然灾害之苦的初民征服自然的愿望，著名神话学家袁珂先生对精卫填海神话，也有类似的看法[3]。

---

[1] 王孝廉：《梦与真实——古代的神话》，见姜义华、吴根梁、马学新编：《港台及海外学者论中国文化》，上海人民出版社，1988年，第1—38页。
[2] 王孝廉：《梦与真实——古代的神话》，见《港台及海外学者论中国文化》，第1—38页。
[3] 袁珂：《中国神话史》，上海文艺出版社，1988年，第26页。

炎帝之女与阳鸟

精卫鸟在传说中,为何偏偏被想象成炎帝之女呢?关于这个问题,未见学者加以阐释,我以为,这可能与雁所具有的"阳鸟"身份有关。

炎帝属南方,为赤帝,与夏相应,而南方、夏、赤等概念在古代又与太阳有紧密关系。《白虎通义·五行》说:"炎帝者,太阳也。"雁在传统的观念中,正是"阳鸟"。雁是有名的候鸟,秋天南飞,春日北上,《尚书·禹贡》孔颖达疏:"此鸟南北与日进退,随阳之鸟,故称阳鸟。"

民间传说中,炎帝与雁常关联在一起,南岳山炎帝传说称:炎帝以金鞭追赶口衔金色嘉禾的大雁于回雁峰,大雁落地化为衡山,嘉禾便在江南繁殖。

大雁随阳的特征古人肯定早已了解,大雁为何按季节而飞?为何随阳而动?这个问题先民自然不可能像现代人那样试图以科学原理去加以解释。因此,他们很自然地会形成这样的观念:雁为人的魂魄所化。雁具有按节而飞、随阳而动的特点,化成此鸟的"人"也要具有与阳有关的特殊属性,才能合理说明雁的这种特点,于是,它就成了炎帝(而不是别的什么神)的女儿。炎帝是阳神,是太阳之神,雁作为太阳神的女儿,追随父亲,随阳而动,当然就是自然的、可以理解的了。

04 女娲为阴神考

女娲的故事，在我国老幼皆知。古代学者，大都以为女娲是上古的一位女帝王。《太平御览》卷七十八引《帝王世纪》："女娲氏，亦风姓也，承庖牺制度，亦蛇身人首，一号女希，是为女皇。"《通志·三皇纪》："伏羲氏没，女娲氏作，是为女皇。"视女娲为远古时的女帝王，显然是神话的历史化，现代学者没有轻易相信的。

从女娲"蛇身人首"的形象，以及她"抟土造人"等神迹看，女娲当是神话传说中的对象。神话的发生与一定的思维特征相应，这是神话学常识。原始思维具有以具体图像或事物指代、喻指抽象概念的特点，于是各民族的神话中不乏其"真身"乃是某种概念的"神灵"。例如，希腊神话中的普路托斯（Plutus），早就有学者断定其为财富的化身，亦即"财富"这一抽象概念的化身；农家的主要财富——粮食，通常贮藏于地下仓库及窖穴之中，普路托斯遂轻而易举地演化为地府之神，并与冥府之化身哈得斯（Hades）相混融。希腊神话中另外一些神灵，其意蕴尤为抽象，像复仇女神涅墨西斯（Nemesis）、正义女神忒弥斯（Themis）、命运女神摩伊拉（Moirae）、胜利女神尼克（Nike）等。

前苏联学者谢·亚·托卡列夫（Sergei Aleksandrovich Tokarev, 1899—1985）明白指出："上述诸神，均系人为创造之化身，其名无非是相应概念的普通名词。"[1]

作为抽象概念的名词发展起来的神灵，在我国并不鲜见。例如，有名的"水怪"——罔象，它的原型当是庄子哲学中的一个抽象概念。《庄子·天地》：

> 黄帝游乎赤水之北，登乎昆仑之丘而南望，还归，遗其玄珠。使知索之而不得，使离朱索之而不得，使喫诟索之而不得也。乃使象罔，象罔得之。黄帝曰："异哉！象罔乃可得之乎？"

这段文字中，"玄珠"代指道家之"道"——"象罔"（罔象）。成玄英疏谓：

> 罔象，无心之谓。离声色，绝思虑，故知与离朱自涯而反，喫诟言辨，用力失真，唯罔象无心，独得玄珠也。

可见，罔象是个抽象概念，庄子用此概括表达"绝思虑""无心"等意思，玄珠（道）不能通过"知""离朱""喫诟"得到，亦即不能通过聪明智慧与外力获致；罔象得玄珠，是表示只有"绝思虑"，处于

---

[1] ［苏联］谢·亚·托卡列夫：《世界各民族历史上的宗教》，魏庆征译，中国社会科学出版社，1985年，第451页。关于胜利女神尼克，译者云：尼克是古希腊信仰中"胜利"的神格化，通常作为雅典女神的称号；雅典建有尼克神庙，并有众多造像。尼克的造像为群神，似自天而降，以贺雄师凯旋或体育竞技和文艺赛会之优胜。

"无心"的状态之中，才能得"道"的意思。"绝思虑""绝圣去智"方能得道，这种构想显然与民间信仰无关，而是庄子哲学中的一种"寓言思辨"。这种思辨形式，西方学者常称为"神话思辨"。但是后来，罔象变成了水神。《太平御览》卷八百八十六描绘它的形象曰："水之精名罔象，其状如小儿，赤色，大耳，长爪，以索缚之则可得，烹之，吉。"宋张唐英《蜀梼杌》卷上云："震蒙氏之女，窃黄帝玄珠，沉江而死，化为此神，即今江渎庙是也。"

将一些原本表达某种抽象概念的名词神灵化、人化当是构成神话的因素之一，这点我想是没有问题的。早期人类缺乏抽象词汇，他们往往用表示具体存在物的名词来表示较抽象的概念，这种做法背后的思维与人类学家对他们思维的判定完全一致。通过深入、仔细地考察，我们以为，在中国神话中占有重要地位的女娲神，她的真身也是抽象概念，女娲的神灵形象是我国先民为表述阴阳二气中的阴气而创造的。女娲是阴气的喻指。女娲的名字，在我国古籍中首见于《楚辞·天问》："女娲有体，孰制匠之？"这两句意谓：女娲的身体是谁制造的呢？汉代学者王逸注："传言女娲人头蛇身，一日七十化。"女娲的身体非常奇特，人头蛇身，每天要发生七十种变化。关于女娲的"七十化"，记载于《淮南子·说林训》：

> 黄帝生阴阳，上骈生耳目，桑林生臂手，此女娲所以七十化也。

这段话较难理解。高诱注曰："黄帝，古天神也，始造人之时，化生阴阳。……上骈、桑林，皆神名。"袁珂先生以为这说的是女娲造人之时诸神皆来帮助之事，可备一说。但我们觉得这段话的出处值得注意,《淮南子》是道家之书,先秦时代,儒、墨等家似乎都不提女娲名字,所以女娲很可能是道家或阴阳家在构筑宇宙体系及解释万物起源时所创造的一个概念,后来发展为神灵,这个神灵形象的神格,高诱注《淮南子·览冥训》时以为:

> 女娲,阴帝,佐虙戏(伏羲)治者也。三皇时,天不足西北,故补之。师说如此。

高诱注女娲为"阴帝",清楚地说明了女娲的神格乃是阴气之神,而且高诱强调这说法乃"师说如此",可见这不是高诱个人的意见,而是得之于师的一种传承。东汉王充《论衡·顺鼓》:

> 雨不霁,祭女娲,于礼何见?伏羲、女娲,俱圣者也,舍伏羲而祭女娲,《春秋》不言。董仲舒之议,其故何哉?……仲舒之意,殆谓女娲古妇人帝王者也。男阳而女阴,阴气为害,故祭女娲求福佑也。传又言:"共工与颛顼争为天子,不胜,怒而触不周之山,使天柱折,地维绝。女娲消炼五色石以补苍天,断鳌之足以立四极。"仲舒之祭女娲,殆见此传也。本有补苍天、立四极之神,天气不和,阳道不胜,倘女娲以精神助圣王止雨湛乎!

王充猜测,未必有理。汉代盛行以阴阳五行为基础的天人感应说,雨属阴,雨不停,表明阴气太盛。女娲是阴神,故雨多祭女娲,是祈求阴神止雨的一种习俗。所以吕思勉先生曾就王充这段话议论道:

仲任（王充字）揣测，全失董生之意。雨不霁则祭女娲，盖古本有此俗，而董生采之，非其所创。其所以采之，则自出于求之阴气之义，非以传所云而然也。[1]

"雨不霁，祭女娲"习俗的存在，正可反映出女娲的真实身份乃是"阴气之神"。

汉武梁祠石室伏羲女娲交尾画像砖

在汉代的画像中，女娲与伏羲常以人首蛇身，且下身交互缠绕的形象出现。伏羲手举日或规，女娲则手举月或矩。这种内容的女娲、伏羲的石刻画像与墓葬砖画，在山东、河南、陕西、四川、湖南等广大地区都有发现。这种画像，在公卿贵族的廊庙祠堂里也可见到，昭明太子萧统编的《文选》中，王延寿所作之《鲁灵光殿赋》说：

上纪开辟，遂古之初，五龙比翼，人皇九头，伏羲鳞身，女娲蛇躯。鸿荒朴略，厥状睢盱。

---

[1] 吕思勉：《吕思勉读史札记》，上海古籍出版社，1982年，第59页。

灵光殿是西汉初期鲁恭王刘余建造的宫殿，可见女娲、伏羲很早就是以人首"蛇身"或"龙身"出现的神灵，而且，女娲与伏羲总是成双作对出现的。从《鲁灵光殿赋》中"上纪开辟，遂古之初"这样的记载看，伏羲、女娲应当是与"开辟"有关的对象。我想，这里的伏羲、女娲之象，其所指的正是阳、阴二神，因为只有阴、阳二气才会这样合融为用，才有"开辟"的神力。《淮南子·精神训》：

> 古未有天地之时，惟像无形，窈窈冥冥，芒芠漠闵，澒濛鸿洞，莫知其门。有二神混生，经天营地。

高诱注："二神，阴阳之神也。"伏羲、女娲之举规、矩，也即表示他们"规天""矩地"以定方圆，即开辟天地的神性。"阴"与"阳"是非常抽象的概念，古代先民从自然物、自然界气候等变化中抽象出这两个概念后，试问如何才能恰如其分地向他人表达出它的内涵呢？最好的办法也即最传统的办法就是"立象"，立象可见意，即通过具体的图像来表达其抽象的意思。因此，交尾的伏羲、女娲图像，其传达的原始信息就是：阴与阳的交合。女娲、伏羲的这种交尾像在汉代大量出现绝非偶然，因为汉代正是阴阳学说最为盛行之时。在汉

新疆吐鲁番出土的伏羲女娲交尾帛画

人看来，天地人间的一切变化都源于阴阳二气的消长变化。阴阳二气如能协调地消长，则天上的秩序就将有了保障，而人间也将出现风调雨顺的和谐局面。所以女娲、伏羲神像在汉代的大量出现具有时代的以及心理的原因。

在这里我们还要指出，伏羲的原型是"阳神"证据极为充分。《左传·昭公十七年》曰："太皞氏以龙纪，故为龙师而龙名。"杜预注："太皞，伏羲氏，风姓之祖也。"关于伏羲风姓，必是先秦时的古老传承，"姓"照《说文·女部》的说法"生也"，那么伏羲是生于风的，风即"气"意，《说文·风部》注"风"为"八风"，"八风"实指八个节气，节气关乎阴阳，所以伏羲风姓昭示的正是他"气"的实质，无独有偶，女娲传说也是风姓。伏羲的"羲"字同样含有"气"的意思，《说文·兮部》："羲，气也。"而女娲也"一号女希"，"希""羲"音同，所传达的当也是实质乃"气"的远古信息。

女娲化生万物与造人

我们说女娲是"阴神"，理由当然不仅仅是以上这些。传说中女娲的不少伟大功绩，也可以通过"阴神"所具有的神性得到合理的说明，这反过来也正可证明女娲的真正神格。女娲最脍炙人口的功勋是化生万物与造人。许慎在《说文·女部》中说女娲是"古之神圣女，化万物者也"。"化"原意当指自然界生成万物的功能。《礼记·乐记》："和，故百物皆化。"《素问·五常政大论》："化不可代，时不可违。"由此化生之义，引出"化"的另一义，即自然界生成之物。《礼记·乐记》："鼓之以雷霆，奋之以风雨，动之以四时，暖之以日月，而百化兴焉。"与化组合成的词汇，如化生、化成、化育，都没有"制造""创出"的意思,却具有自然生成、滋长养育之意。

女娲化生万物的神性,正可以从阴气及阳气的功能得到说明。与女娲一样,伏羲也是化万物者。《周易·系辞下》:"昔者包牺氏之王天下也。"《经典释文》解曰:"包,本又作庖。郑云:取也。孟、京作伏。牺,郑云:鸟兽全具曰牺。孟、京作戏,云伏,服也;戏,化也。"《白虎通义·卷二·号》说伏羲之义也云:"下伏而化之,故谓之伏羲也。"古时关于"伏羲"之词义解释极多,我们以为,"服化"之解释最合其本义,这也与许慎《说文》中以"气"释"羲"一致,"气"能化物,故"羲"释"化"意,乃"羲"本义之引申。

让我们看看阴、阳二气化生万物的功能。《庄子·田子方》:

> 至阴肃肃,至阳赫赫;肃肃出乎天,赫赫发乎地;两者交通成和而物生焉。

《吕氏春秋·大乐》:

> 万物所出,造于太一,化于阴阳。萌芽始震,凝寒以形。

《淮南子·天文训》:

> 天地之袭精为阴阳,阴阳之专精为四时,四时之散精为万物。积阳之热气生火,火气之精者为日;积阴之寒气为水,水气之精者为月。

可见，化生万物正是阴阳之气所具备的功能。女娲、伏羲是阴与阳的一种符号，阴、阳既具有化生之功能，则伏羲、女娲也必当有此功能。但后来，女娲与伏羲作为阴、阳符号的初始指意似乎已不为人知，他们渐渐从阴与阳的初始指意中被分离出来，神灵化生万物甚至造人之神，又历史化为所谓的"三皇"中的二皇。尽管伏羲、女娲的初始指意大约在战国末期就不为人们所知了，但由于女娲、伏羲创设之初，原是用他们借指"阴"与"阳"的，对女娲、伏羲的功能的描述与说明其实就是对阴、阳的功能的描述与说明。因此，战国末及汉代的人们虽已不知女娲、伏羲之"真身"是什么，但他们对女娲、伏羲化生万物功能的描述仍当是得之于传承，所以女娲、伏羲与阴、阳在化生万物这一功能上的叠合，完全可以说明这两者之间原来是具有同一体的性质的。

女娲造人的奇迹，似乎也能说明这一点。《太平御览》卷七十八引东汉人应劭《风俗通义》：

> 俗说天地开辟，未有人民，女娲抟黄土作人，剧务，力不暇供，乃引绳于絚（音gēng）泥中，举以为人。故富贵者，黄土人也；贫贱凡庸者，絚人也。

这个传说带有阶级社会的印记，无疑有后人修订的痕迹，但其起源，或许并不太晚。许多民族都有人从土出的神话，有些学者认为这表现了先民的土地崇拜及土地生出万物的观念，这当然不无道理。在我国西南一带的洪水遗民故事中，女娲多未以泥土制人。这些故事都说，伏羲、女娲本是兄妹，遭遇洪水，人烟断绝，仅存此兄妹两人，他们结为夫妻，人类因而绵延下来。由于洪水遗民故事的广泛性，所以这类故事向来极受人类学家及民俗学家的重视，有关的论述可说汗牛充栋。根据我们的考察，女娲造人以及伏羲、女娲作为人类始祖的说法是具有民族个性特点的传承，它们的产生当与人是由阴、阳二气化生而成的上古意识有关。《管子·内业》：

> 凡人之生也，天出其精，地出其形，合此以为人。

这里说"人之生"，是合天地之有关属性而生。而天地，在古人观念中"本乎阴阳"，因此，这段话与阴阳合气而化生万物，包括化生人的说法无异。《太白阴经》卷一引《经》说："天圆地方，本乎阴阳。……夫天地不为万物所有，万物因天地而有之；阴阳不为万物所生，万物因阴阳而生之。"受阴阳家、道家思想影响极大的传统中医学，亦认为人体乃自然阴阳之气合成。《素问·生气通天论》：

> 黄帝曰：夫自古通天者，生之本，本于阴阳。天地之间，六合之内，其气九州、九窍、五脏、十二节，皆通乎天气。

《素问·保命全形论》也说："人生于地，悬命于天，天地合气，命之曰人。"

人的躯体和生命是秉承天地阴阳二气生成的，人作为一种有机体，不过是自然界的一个组成部分。在阴阳二气之中，阴气具有更为基本与更加重要的功能。阴与地相应，万物由地所出的直观认识与阴阳合气化生万物的抽象观念结合，使得我们的先民在说明"人何以会产生"这样的问题时，自然会更多地将它与"阴"联系在一起，这就是女娲造人故事出现的原因。女娲与阴、阳中的"阴"相应，而"阴"又与"地"相应,所以古籍或谓"女娲地出"[1],地出与土出的意思相同,女娲作为"阴神"同时也是大地之神,大地之神用泥土造人自然是完全可以理解的。不过,化生出人类毕竟是阴、阳二气之功而非阴气一家单独所致,所以就有更多的故事将化生繁衍人类的功绩同时归之于伏羲、女娲两家。唐李冗《独异志》卷下云:

> 昔宇宙初开之时,只有女娲兄妹二人,在昆仑山,而天下未有人民。议以为夫妻,又自羞耻。兄即与其妹上昆仑山,咒曰:"天若遣我兄妹二人为夫妻,而烟悉合,若不,使烟散。"于烟即合,其妹即来就兄。

这个故事与上面提到的西南洪水遗民故事中的伏羲、女娲兄妹结婚繁衍人类的故事,除洪水情节外,内容基本相同。这些故事发生在人们相信阴、阳化生人类的远古背景下,因为伏羲与女娲的"神格"正是"阳神"与"阴神"。

女娲炼石补天的文化蕴含

女娲补天的故事,比之抟土造人,更为脍炙人口。王充在《论衡·谈天》中否定其事,他说,天非玉石之类,岂石所能补?女娲是人,人再高,也够不着天,她靠什么上天修补?王充虽是伟大的哲学家,但不明白神话的表述方式,所以他的怀疑与质问显得十分可笑。

明代陆深以为,上古人茹毛饮血,不知火之用处,女娲炼五色石

---

[1] 王明:《抱朴子内篇校释》,中华书局,1985年,第154页。

取火，使夜得光明，食得烹饪，这是补天之所不及，后世所说的焚膏继晷，也就是这个意思。

清代赵翼对陆说提出疑问，他说火的发明者乃燧人氏，为何归于女娲？他引黄芷御之说云：

> 吾乡黄芷御进士谓：五金有青黄赤白黑五色，而皆生于石中。草昧初开，莫能识别，女娲氏始识之，而以火锻炼而出。其后器用泉货，无一不需于此，实所以补天事之缺，故云炼石补天也。此论虽创而甚确。[1]

一以炼石为取火，一以炼石为"冶金"，都是十分有意思的解释，但女娲炼石补天故事的中心在补天，补天的喻意，恐不是"补天之所不及"所能圆满解释的。

《列子·汤问》张湛注则以为：

> 阴阳失度，三辰盈缩，是使天地之阙，不必形体亏残也。女娲，神人，故能炼五常之精以调和阴阳，使晷度顺序，不必以器质相补也。

张湛这段话，可以给我们以极大启示，虽然古今许多学者对张湛上说大抵持否定立场。我以为，张湛是不自觉地运用神话学的"还原法"来解释补天故事，在相当程度上猜到了补天故事的内蕴。当然，他所谓女娲"炼五常之精以调和阴阳"的说法又带有玄学的成分。剔除这些神

---

[1]（清）赵翼：《陔余丛考》，河北人民出版社，1990年，第300页。

秘的东西,则"补天"故事可还原为历法的修订或改革。历法与天象不相应合,会给人们的生产、生活带来极大的不方便甚至巨大的灾难,原始人称之"天之缺失"。后世把观象制历的工作称为"测天",在远古时代,修订历法工作被叫作"补天"也是可以的。当然,测天(包括补天)的工作在远古常常是部落首领的神圣职责,如尧曾郑重地嘱咐舜:"天之历数在尔躬。"测天、补天(修订历法)的工作是由部落首领组织人员进行的,那么,为什么要归功于女娲呢?这可以从女娲阴神的神性以及原始思维的特征中得到说明。原始人常把一些自然现象归因于自然神灵的作用,如下雨是雨神所致,刮风则为风神操纵。女娲是阴神,"阴阳之专精为四时",四时之合度,靠的是阴、阳的和合,因此,把阴、阳合度,晷度顺序的历法修正或制定的功劳归于阴、阳之神,是可以理解的。这与初民常把他们的一些业绩归功于相应的神鬼的思路完全一致。

伏羲的神性中,也与历法有千丝万缕之关系。《古今事物考》引《春秋内事》:"伏羲建分八节,以应四时。"

《易纬·乾坤凿度》说:"庖牺(伏羲)氏画四象,立四隅,以定群物发生门。"立"四隅"就是立"四正",钟敬文先生说:

> 在《易纬·乾坤凿度》里,曾说伏羲有"立四正"的功绩,所谓"四正",就是一"定气",二"日月出没",三"阴阳交争",四"天地德正"。[1]

伏羲的功业也包括"造历",与女娲同,这决不是偶然的。

---

[1] 钟敬文:《钟敬文民间文学论集》上,上海文艺出版社,1985年,第178页。

宋罗泌《路史·发挥一》注引《尹子·盘古》云："女娲补天，射十日。"这是一条极重要的材料，由此可以窥见补天的真实喻指所在。"射十日"的故事也见于后羿，关于后羿的"射十日"，有人以为是历法改革的喻指。女娲之"射十日"也当是喻指对旧历，即不能反映天道的历法的否定，补天则与新历法的修订有关。

值得注意的是，女娲补天所用的材料是"五色石"，古今学者对"五色石"的诠释不多，但我以为这是不能忽视的。如果补天的确蕴含着修订历法的文化内容的话，那么，"五色石"有可能是指用以补天的一种新历法。这种历法是把一年分为五个季节月，每一个季节月用一种颜色来表示。令人惊奇的是，且不说上古正存在分一年为五季的五行历法，而且的确存在用颜色来表示时段与方位的习惯。《史记》曾载秦襄公祠白帝，宣公祠青帝，灵公祭黄帝等。《史记·封禅书》载刘邦入关后问人曰：

"故秦时上帝祠何帝也？"对曰："四帝，有白、青、黄、赤帝之祠。"高祖曰："吾闻天有五帝，而有四，何也？"莫知其说。于是高祖曰："吾知之矣，乃待我而具五也。"乃立黑帝祠，命曰北畤。

《周礼·春官·小宗伯》："兆五帝于四郊。"郑玄注引《春秋纬·文耀钩》以为指苍帝灵威仰、赤帝赤熛怒、黄帝含枢纽、白帝白招拒、黑帝汁光纪。灵威仰等名，可能是汉人所造，但五方帝原来指称五色帝，具有非常古老的历史，则是没有疑问的。孙诒让注《周礼·春官·小宗伯》时说：

> 五方天帝之祭，自秦襄公以来，史有明文，则其说甚古，非郑君臆定……但以《史记·封禅书》及《汉书·郊祀志》考之，西汉以前止有五色帝之称，王莽定祭祀，五帝亦止称五灵。[1]

上古时作为五季、五方之神的五帝是以五种颜色来表示的，方位与时令相配，时令的意义更为重要，所以前人或以为祭五帝，是为"五时迎气"。五色帝中，青象征春季、红象征夏季、黄象征季夏、白象征秋季、黑象征冬季。《尔雅·释天》也保留了以颜色表示季节的上古意识："春为青阳，夏为朱明，秋为白藏，冬为玄英"。以色彩为象征，可以把看不见、摸不着的时间和空间具体化与符号化，使季节、时间、空间变成可以指认与传喻的对象，这无疑是一种伟大的文化创造。我相信，五色帝的概念与喧腾人口的所谓"五行"的内涵相同，"五色帝"与"五行"都可与"五季"相应，五季各一分为二，就是十个月。刘尧汉等学者已出色地证明，中国上古存在过将一年分为十个月的历法。然则女娲的"炼五色石以补天"的神话，其内面所蕴，很可能是上古时代的历法修订与历法的符号化的信息。

女娲与葫芦

在我国西南地区的一些少数民族中，女娲、伏羲与葫芦关系密切，不少传说称：伏羲、女娲兄妹躲入葫芦之中，得免洪灾，出为人类祖先。有的传说径称各族祖先俱从葫芦生出，彝巫认为，从葫芦笙里发出

---

[1]（清）孙诒让：《周礼正义》，中华书局，1987年，第1429页。

的声音,是汉、彝、苗、傣、哈尼等各族共祖伏羲、女娲的声音。闻一多先生曾经指出,女娲与伏羲"本皆谓葫芦的化身,所不同者,仅性别而已"[1]。刘尧汉先生也说:

> 盘古、槃瓠、葫芦是三位一体的东西,多被人格化为伏羲、女娲。各地汉、彝、白、苗、瑶、畲、黎、侗、水、壮、布依、仡佬、崩龙、佤等等各族,语言有别,但都以表征女娲、伏羲的葫芦为原始共祖。[2]

闻一多等认为女娲与伏羲是南方葫芦图腾的产物,曾得到许多学者赞同,然而,正如前面我们已经指出的,女娲、伏羲曾以蛇或龙的形象出现,在越南,女娲的形象则以"女阴"为标志。女娲、伏羲以多种形象出现,这与"葫芦图腾"说相矛盾;另外,在图腾民族那里,图腾物,不管是动物还是植物,常常具有异常神圣的性质,是决不可以随便拿来作为物用的,所以,女娲葫芦图腾说是不能成立的。

我认为,女娲、伏羲之葫芦形象,也可以从他们作为阴、阳之神的神格中得到合理的说明。作为自然万物"祖始"的阴阳二气,是非常抽象的概念,前面已指出,用具体的、可感的物象来喻指、象征抽象的概念,是初民所具有的思维特征。葫芦当是女娲与伏羲的合体象征符号,选择葫芦与选择蛇交尾作为阴阳二气合一的象征符号,出于相同的思维心理与思维方式。葫芦是远古先民,尤其是南方先民习用的器皿,在人们发明陶器之前,葫芦是人们可以使用的天然容器。人们在用葫芦作容

---

[1] 闻一多:《伏羲考》,载闻一多《神话与诗》,上海人民出版社,2005年,第48页。
[2] 刘尧汉:《彝族社会历史调查研究文集·中华民族的原始葫芦文化》,民族出版社,1981年,第219页。

器时，常把葫芦一剖为二，这两只半爿葫芦可像符契似的合在一起，这与阴、阳二气分合交融的性质很是类似。有意思的是，中国上古的确存在以两爿葫芦象征阴、阳的例证，如古代结婚有合卺礼，"卺"就是把葫芦一分为二成两个瓢，"合卺"是把这两个瓢相合以象征夫妇合体。合卺礼后来演变为用两个杯子代替，叫"交杯盏"。男为阳、女为阴，这个古礼，正是以一个合体葫芦象征阴、阳的结合。

古人还曾用葫芦来象征天与地这一对阴阳体，《礼记·郊特牲》：

器用陶匏，以象天地之性。

《文献通考·郊祀考一》：

周之始……器用陶匏，以象天地之性……报本返始也。

在上古的文化传承里，葫芦可象征各种阴阳体无疑。女娲是阴神，伏羲是阳神。阴阳常作为"气"之神交融纠结在一起，就像一个合体的葫芦，南方少数民族及中原地区传说称女娲、伏羲是各族人民的祖先，这只不过是阴阳二气化生万物及人类的另一种表述方式罢了。所以，女娲、伏羲出于葫芦，并作为人类始祖或"造物主"的种种传说的存在，恰好为女娲、伏羲的真身乃是抽象的阴、阳之神，提供了绝好的证明。

05 《尚书·胤征》舞容与后羿神话的蕴意[1]

《胤征》叙事与上古仪式舞蹈

《尚书》中的不少篇章，原是出于对仪式乐舞的描叙。如《周书》中的《牧誓》，论者即以为涉及战争舞蹈，舞蹈结合誓词，形成《牧誓》全文。[2]《虞夏书》的《尧典》《皋陶谟》《禹贡》等篇，其仪式舞蹈的痕迹亦历历可辨。这些现象的存在启示我们，其他《尚书》篇目，特别是早期的《尚书》文献，是否同样也出于对舞蹈仪式的描叙呢？答案是肯定的。这里我们谈谈属于《古文尚书》的《胤征》。

《胤征》的结构，略同于《牧誓》。两篇文章的誓词都占有很大篇幅，是构成文章的主要内容。但《牧誓》对仪式舞蹈也作了一些描述，如："今日之事，不愆于六步、七步……不愆于四伐、五伐、六伐、七伐，乃止，齐焉。"这里的六步、七步、四伐、五伐等，描述的就是舞

---
[1] 原刊《长江大学学报》2015年第3期。这里略作了修订。
[2] 刘起釪：《古史续辨》，中国社会科学出版社，1991年，第292页。

蹈姿势。顾颉刚先生曾指出：

> 《武舞》本周家纪念克殷之事，不必为当时战场真相，而周末人观《武舞》而作《牧誓》，无意中遂以舞场姿态写入拟作之誓师词中。[1]

时代上要早于《牧誓》的《胤征》，也完全有可能因观舞而作。今本《胤征》虽然类似《牧誓》那样，可以还原为舞场姿势的文字不多，但我们细揆《胤征》文意和《尚书》中的相关记载，可知《胤征》所述，原与征战无关，而是与正历（法）有关的仪式舞蹈。《胤征》的主旨，《胤征》序云：

> 羲和湎淫，废时乱日，胤往征之，作《胤征》。

显是把《胤征》看成真实的征战故事。《史记·夏本纪》记载略同，且明确将"战争"的时间置于仲康之时。大致说，夏代仲康执政时，因为羲和不负责任，扰乱了历法，有个叫"胤"的人接受仲康之命，出发去讨伐。清人阎若璩考证说："仲康在位十三年，始壬戌，终甲戌。"[2]他还根据《授时》《时宪》两历，推断《胤征》中谈到的日

---

[1] 刘起釪：《古史续辨》，第292页。
[2] （清）阎若璩：《尚书古文疏证》卷六，上海古籍出版社，2010年，第319页。

食在仲康十一年闰四月朔。皆不可信。[1]

仲康时代所谓的"胤征羲和",实问题多多。首先仲康、太康、少康是否为人名,古今已有争议,清代崔述在《夏考信录》中说:

> 按禹之后嗣见于传记者,曰启、曰相、曰杼、曰皋,皆其名也。上古质朴,故皆以名著,无可异者。惟太康、少康则不似名而似号,不知二后何故独以号显?且太康失国,少康中兴,贤否不同,世代亦隔,又不知何以同称为"康"也?仲康见于《史记》,当亦不诬,何故亦沿"康"号而以"仲"别之?

崔述眼光如炬,从名号上看,将太康、仲康、少康等看成启之子孙,的确有许多疑问难以解释,为许多学者所不信。清代毕沅注的《墨子》就以为"夏康""太康"之名出于《武观》"淫逸康乐"一语:

---

[1] 清人王鸣盛批驳阎若璩云:"夏商年数本无可考,此日食《左传》引《夏书》但言其典礼,不指何王之世。《夏本纪》虽言仲康时羲和废时乱日,而刘歆《三统历》不载仲康日食,则《左传》云云,未见必为仲康。《竹书纪年》谓仲康在位七年,元年为己丑。此征羲和之年之日食,在五年秋九月庚戌朔。《纪年》亦晋人伪撰之书,司马迁旧作《三代世表》,自共和庚申以前并无甲子纪年,而此书直追至黄帝元年,言之凿凿,此岂可据?唐傅仁均等《大衍历》议,遂以为五年癸巳岁九月庚戌朔,日食,在房二度。此则附会《纪年》,皆不足信。乃伪《书》言'肇位',则是元年,又非五年,后之造《大同历》者,因遂附会为元年日食。此纷纷者,皆非也。若阎(若璩)所云仲康元年为壬戌,则依《皇极经世》,又与《纪年》不同,尤觉难信,所推算皆误耳。"(见王鸣盛:《尚书后案》,北京大学出版社,2012年,第724—725页。)王氏虽亦认为《胤征》属于"伪《古文尚书》",亦以所谓"征伐"看待"胤征羲和",但他正确地指出了阎若璩的依据不可信,推算全属错误,他据《左传》记载,指出所谓"仲康日食"不指何王之世,故无法确知,乃是有得之见。今人黄怀信亦云:"夏代历日,今尚不明。仲康日食,学界亦有争议。而《授时》《时宪》之历,在今天看来亦不甚科学,故此说可以不论,要其暂不可以作《胤征》之伪证。"(见黄怀信、吕翊欣校点:《尚书古文疏证》,第41页。)以阎氏考证《胤征》历日的根据不足,进而以此证明《胤征》之伪不可取也。

《海外西经》云："大乐之野，夏后启于此儛（音wǔ）九代"，《大荒西经》云："夏后开上三嫔于天，得九辩与九歌以下"，据此则指启盘于游田。《书序》"太康尸位"及《楚辞》"夏康娱"云云，疑"太康""夏康"即此云"淫逸康乐"，"淫"之训"大"，然则"太康"疑非人名，而孔传以为启子，不可夺也。

杨宽《中国上古史导论》引上述毕沅的意见后说：

"夏康"本非人名，前已论之。而毕氏又以"太康"即由"淫逸康乐"一语演出，是则太康传说即由启之传说推演而出也。此说奇确。晚近顾颉刚、童书业、张治中等并主之。

他们的说法，是有道理的。而"征羲和"云云，也疑窦多多，《尚书·尧典》中，羲仲、和仲、羲叔、和叔，是为尧治历的贤者，何以变成被征伐的对象，"胤"究竟何意？或谓国名，或谓人名，如是人名，又是何等样人物，歧义纷纷，莫衷一是。又《夏考信录》引《讷庵笔谈》之言云：

《尧典》有羲仲、和仲，羲叔、和叔之文，羲和非一人也。今云羲和湎淫，又云羲和废厥职。一人乎，非一人乎？可疑一也；《尧典》"乃命羲和，钦若昊天"，盖羲伯、和伯也，羲伯、和伯在国都，而仲叔宅于四方。此湎淫之羲和，必在国都者，在国都，何以用六师征之乎？《胤征》巧为之辞曰"酒荒于厥邑",即在其采邑,而未尝据地拒命,则亦无事于张皇六师也。可疑二也;湎淫之罪,昏迷之愆,废之可矣,刑之可矣,何用兴师动众乎?可疑三也……

文长不俱引,《讷庵笔谈》共提出六条可疑证据,以证明胤征伐羲和的不可信,胤征伐羲和的理由似乎也不能成立。将胤征看成史实,的确疑点多多,这说明所谓的"胤征羲和"本来就不是什么信史,"胤征羲和"的原意,被人们曲解误读了。

我以为《胤征》是对仪式舞蹈的描述,《尚书·顾命》中有"胤之舞衣"的记载,孔安国传:"胤国所为舞者之衣,皆中法。"孔颖达疏云:

以夏有胤侯,知胤是国名也。胤是前代之国,舞衣至今犹在,明其所为中法,故常宝之,亦不知舞者之衣是何衣也。[1]

古今学者多认为《顾命》"胤之舞衣"之"胤"即《胤征》之"胤",如清人王先谦也说:"胤之舞衣云云者,胤为此衣者之名,或即《胤征》之胤。"[2]"胤之舞衣",虽然如孔颖达、王先谦等所说是什么衣服,但从古到周初一直被当成宝物保存,也昭示了《胤征》与仪式舞蹈的关联。上古时代的仪式舞蹈自然是一种"语言",原为对某一重大历史事件的记录与传承(不必是战争),然而随着时间的推移,人们对舞蹈语言的认知可能会与它的本意有所偏离。再说用舞蹈记录、传承的历史事件,同时也会在人们的口头流转、传承,慢慢地变成传说,

---

[1] 《十三经注疏·尚书正义》,上海古籍出版社,2007年,第734页。
[2] (清)王先谦:《尚书孔传参正》,中华书局,2011年,第886页。

说到底，"胤征羲和"的"历史"可以用传说概括之。众说纷纭本即传说在传承过程中的固有特征，尤其是用文字进行描述形成文本后，由于文字一词多义、同义异词、隐喻等现象的存在，会让这样的传说进一步长上想象的翅膀，而加倍偏离传说的原意，甚至与原意背道而驰。今日我们研究《胤征》及其描述的"历史"，正当用舞蹈语言叙述，用对待传说的眼光看待，而不必把它看成信史。用传说的眼光看待也不是全然否定这样的故事，认为其是纯然虚构的，而是要搞清、说明这故事的原型是什么，或曰源头何在？原型、源头明，则这个故事的原初意蕴就可能大白于天下。当然这样去寻找原型、源头等过程也是寻找致错之由的过程，何以一件这样的事被看成浑然无关的另一件事，这往往关乎语言，是"语言的疾病"造成的。

《胤征》之"征"的初义

从《胤征》"誓词"的内容看，无疑关乎历法，因历法错乱而动武，不可思议，此必是误读。此"征"字，不必读为征战之征，而应理解为"正"，征的本义是为"正"也。《说文·正部》"正"下云："是也。从一，一以止。"《说文·是部》"是"下云："直也，从日、正。"段玉裁注：

> 十目烛隐则曰直，以日为正则曰是。从日、正，会意。天下之物莫正于日也。[1]

---

[1] （清）段玉裁：《说文解字注》，第123页。

《说文·∟部》中"直"字，许慎解为："正见也。从十目∟。"为什么"从十目∟"，段玉裁注说："谓以十目视∟，∟者无所逃也。三字会意。"直的字义包括"视"的动作，因此构成一个会意字。所以许慎要以"正见"来加以说明。那么这样所谓的"正见"又意味着什么呢？《墨子·经上》云："日中，正南也。"同书又说："直，参也。"《墨经》中没有解释"直"何以为"参"，但结合上下文，可知其事关乎竖立圭表测影。孙诒让注引他人言谓："此即《海岛算经》所谓'后表与前表参相直'也。"[1]范耕研也云："此言测量立表窥影之术，故先举日中正南之方向以为准，次举立表参直以为法。"[2]可见，"直"字可能产生于古人"观象授时"的礼仪实践，不然很难理解"直"为什么要从"目"？用"十目"所视的对象应该就是作为圭表的"中"。据《说文》"直"字古文又从"木"，此"木"或即表所视"中"之"丨"，因为表由木制成也。

正又有"中"义，《尔雅·释言》："殷，齐，中也。"郝懿行《尔雅义疏》上之二云："殷，中也。《书·尧典》马、郑注同。《广雅》云：'殷，正也。正亦中，以殷仲秋。'《史记·五帝纪》作'以正中秋'，是中、正义同。"

《左传·文公元年》："先王之正时也，履端于始，举正于中，归余于终。"强调的也是先王"正时"，"正"与"中"具有相同的意义。

《尚书·尧典》："日中星鸟，以殷仲春。……日永星火，以正仲夏。……宵中星虚，以殷仲秋。……日短星昴，以正仲冬。"所举鸟、火、虚、昴四星，分别为上古春分、夏至、秋分、冬至的标准星。孔颖达疏云：

---

[1] （清）孙诒让：《墨子间诂》，中华书局，1986年，第281页。
[2] 方孝博：《墨经中的数学和物理学》，中国社会科学出版社，1983年，第103页。

《释言》以"殷"为中，中、正义同，故殷为正也。此经冬、夏言正，春、秋言殷者，其义同。……春分之昏七星中，仲夏之昏心星中，秋分之昏虚星中，冬至之分昴星中，皆举正中之星。[1]

殷在上古文献中，很多都表示"中""正"义，《尚书·禹贡》："江、汉朝宗于海，九江孔殷。"孔传："江于此州界分为九道，甚得地势之中也。"《法言·问道》："礼也，乐也，孰是？曰：殷之以中国。"李轨注："殷，正。"

殷有"中""正"义，而殷之本义，《说文·月部》云："作乐之盛称殷，从殳。《易》曰：'殷荐之上帝。'"段玉裁注云：

此殷之本义也。如《易·豫》象传是。引伸之为凡盛之称，又引伸之为大也，又引伸之为众也，又引伸之为正也、中也。……乐者，乐其所自成，故从月。殳者，干戚之类，所以舞也。不入殳部者，义主于月也。[2]

殷是古代会合众人举行盛大乐舞的祭祀，《易·豫》之象传："先王以作乐崇德，殷荐之上帝，以配祖考。"王弼注："用此殷盛之乐荐祭祀上帝也。"《公羊传·文公二年》云："未毁庙之主，皆升，合食于太祖，五年而再殷祭。"说得十分清楚。

"殷"是盛大的祭祀乐舞，上古之祭祀乐舞既为祭祀天地祖先，也有正时授历之意，故《易·豫》之《彖》云："天地以顺动，故日

---

[1] 《十三经注疏·尚书正义》，第46—47页。
[2] （清）段玉裁：《说文解字注》，第680页。

月不过,而四时不忒。圣人以顺动,则刑罚清而民服。豫之时义大矣哉!"

因为正有"中"义,所以古籍又以"正"为射靶中心之名。《诗经·齐风·猗嗟》:"终日射侯,不出正兮。"郑玄笺:"所以射于侯中者。"

《胤征》记录的原是一次"正历"之举,所谓"羲和尸厥官,罔闻知,昏迷于天象,以干先王之诛"。说的正是因羲和失职,导致天象不明,需要加以纠正。"正历"包括历法的制定与月令政制的颁布,是重大礼仪,也是重大政治事件,上古称为"巡守",或"巡守之礼"。正历、巡守之地点当在上古的"岳山""社丘"或曰"明堂"之类的测天之所,这样的测天之所也是行祭天之礼的地方,现代学者或称为"神圣中心""世界中心"。巡守之礼,上古必视为莫大之事,故古人郑重加以礼仪式的传承。上面提到的殷祭,有迹象表明即举行于"明堂"的祭祀乐舞,郑玄注《易·豫》时云:

> 崇,充也。殷,盛也。荐,进也。上帝,天帝也。"王者功成作乐",以文得之者作籥(音yuè)舞,以武得之者作万舞,各充其德而为制。祀天帝"以配祖考"者,使与天同享其功也。故《孝经》云"郊祀后稷以配天,宗祀文王于明堂,以配上帝"也。[1]

征又有"行"意,《尔雅·释言》:"征、迈,行也。"而这样的"行",不是一般意义的行走之意,而是和巡守礼仪相关的巡行。

---

[1] (清)李道平:《周易集解纂疏》,中华书局,2006年,第204页。

《诗经·周颂·时迈》："时迈其邦。""时迈"之"时"是语助词。《毛传》："迈，行。"郑玄笺："武王既定天下，时出行其邦国。谓巡守也。"关于《时迈》一诗的主旨，《毛序》："巡守告祭柴望之乐歌也。"三家说同。《说文·辵部》云："正行也。"《周礼·春官·大卜》："以邦事作龟之八命，一曰征，二曰象……"此"征"字，郑玄解为："征亦云行，巡守也。"《左传·襄公十三年》：

石㚟（音chuò）言于子囊曰："先王卜征五年，而岁习其祥，祥习则行，不习则增，修德而改卜。"

杜预注："先征五年而卜吉凶也。征谓巡守征行。"《文选·张衡·东京赋》："卜征考祥。"薛综注："征，巡行也。"

巡守至"岳山""明堂"这样的"神圣中心"，同时会合大众，《尚书·尧典》称会合各地诸侯，是为了授时颁政。巡守征行在礼天的同时，还向大众颁历颁政，因为用盛大礼仪的形式颁历颁政可以凸显其神圣性。上古农业社会对于历法极端依赖，形成顺时令而动的月令政治，月令政治的实施一定伴随聚众而"誓"，即在颁历的同时颁布一些戒令、刑律，这在后世《礼记》《周礼》及月令类文献中可以看得很清楚，如《周礼·天官·大宰》云："祀五帝，则掌百官之誓戒，与其具修。"郑玄注："祀五帝，谓四郊及明堂。誓戒，要之以刑，重失礼也。《明堂位》所谓'各扬其职，百官废职服大刑'是其辞之略也。"[1]其实今本《礼记·月令》中，尚能见到一些具体的"誓戒"内容：

---

[1]（清）孙诒让：《周礼正义》，第134—135页。

> 仲春之月……是月也，安萌芽，养幼少，存诸孤。择元日，命民社。命有司省囹圄，去桎梏，毋肆掠，止狱讼。是月也，玄鸟至。至之日，以大牢祠于高禖（音méi），天子亲往，后妃帅九嫔御。乃礼天子所御，带以弓韣（音dú），授以弓矢，于高禖之前。
>
> 仲秋之月……乃命有司趣民收敛，务蓄菜，多积聚。乃劝种麦，毋或失时，其有失时，行罪无疑。

除了颁朔，对二月、八月的政事，从农业生产到抚孤养幼、刑狱法政，再到朝廷、民间的祭祀仪节甚至男女婚姻、求子等，都作了明确规定，而所用词汇如"命""省""去""毋""止"以及仲秋之月的"毋或失时，其有失时，行罪无疑"等，显然属于"誓戒"范围。

孔颖达引以上文字指出，"誓"有两种：一种是战争之誓，另一种用于祭祀礼仪，"将祭而号令齐百官，亦谓之誓"[1]。

《胤征》所记录的誓词，不必是战争之誓；从其内容关乎历事看，当如孔颖达所说是用于礼仪之誓。而我们揆诸"征"字本义及相关史实，大致可以确定《胤征》乃是记录上古时代某帝王巡守正行的文本也。巡守之礼，最早见于《尚书·尧典》及《舜典》。《尧典》载尧"乃命羲和，钦若昊天，历象日月星辰，敬授民时"。而舜之"正月上日，受终于文祖"，以及二月、五月、八月、十一月，仲春、仲夏、仲秋、仲冬四时巡守，也是为了正时，实行顺时令而行的月令政治。[2]一

---

[1]《十三经注疏·尚书正义》，第258页。
[2]《尚书·舜典》谈到"五岁一巡守"，关于何以五年进行一次巡守，古人认为亦关乎天道，《白虎通义·巡守》云："所以不岁巡守何？为太烦也。过五年，为太疏也。因天道时有所生，岁有所成，三岁一闰，天道小备，五岁再闰，天道大备，故五年一巡守。"

部历法在运行多年后，必然会出现错违，即出现历法与实际天象不符合的情况，于是就需要修订历法，也就是需要"正"（征）了，新历法的完成之地只能是彼时的"测天之所"，也即"神圣中心"。在我国上古时代，这样的神圣中心被称为"岳山""明堂"等。

由于"征"除了"正""中""巡行"等意义外，又有"征伐"之意；加上《胤征》中因祭祀而"号令百官"的礼仪之"誓"被误读成发动战争的誓师之"誓"，所以《胤征》被解读成一场战争和关乎战争的誓师之言也就在所难免了。

早就有学者指出《尚书》篇章多言"时"，时就是所谓的"道"，明焦竑《焦氏笔乘》续集卷五：

> 杨慈湖言：《书》"畴咨若时登庸""敕天之命，惟时惟几""庶顽谗说，若不在时"，率以时为是，盖古语也。曰：谁乎，嗟哉，有谁顺是者乎？吾将登庸之。盖时即道也。舜之所以光天之下者，此也；黎献所以有功者，此也；丹朱反，此也；禹荒度土功，用此也；皋陶祗叙，叙此也；祖考以此而格，群后以此而让，凤凰因此而来，百兽以此而舞，庶尹由此而谐，敕正天命，惟此而已。惟此为几，谓为庶政之几，盖天下惟有此道而已。得此则吉则治，失此则凶则乱。唐虞君臣朝夕之所谋谟，无出此道。故当时相与诏告，惟曰时，犹曰此也。时即道之异名，此非言意所能名。后乃强名曰道，取道路无所不通之义，初无形体可执。至于曰时，则尤不滞于言意。妙哉，时之为言，非大圣畴能名之？《易》多曰此，此即时也。漆雕开曰："吾斯之未能信"，斯亦时也。帝知若时者，诚未易得，故问其次，谁能

顺予事者？采，事也，次问事，则知时为道无疑。

说得十分正确，对我们理解《胤征》的旨意，亦不无意义。《尚书》，特别是其中所谓的《虞夏书》，所说无非观象授时之事，不惟尧、舜、禹之作为为此，《胤征》之所谓"征伐"，实亦正历正时之举也。

《胤征》与"后羿射日"内涵一致

中国上古，盛传"后羿射日"的故事，《庄子·齐物论》云："昔者十日并出，万物皆照。"《楚辞·天问》："羿焉彃（音bì）日，乌焉解羽？"王逸注曰："羿仰射十日，中其九日，日中九乌皆死，坠其羽翼。"在《淮南子·本经训》中这个故事变得尤为具体了：

> 尧之时，十日并出，焦禾稼，杀草木，而民无所食。猰貐、凿齿、九婴、大风、封豨（音xī）、修蛇皆为民害。尧乃使羿诛凿齿于畴华之野，杀九婴于凶水之上，缴大风于青丘之泽，上射十日而下杀猰貐，断修蛇于洞庭，禽（擒）封豨于桑林，万民皆喜，置尧以为天子。

汉人或传射日者为尧，《论衡·感虚》：

> 儒者传书言："尧之时，十日并出，万物焦枯。尧上射十日，九日去，一日常出。"

王充将射日归之于尧,而不是通常认为的羿,可能缘于羿之射日出于尧指示的传承,所以说尧射日也属自然。射日故事的缘起,王充认为出于《山海经》。《山海经·海内经》:

> 帝俊赐羿彤弓素矰(音zēng),以扶下国;羿是始去恤下地之百艰。

同书《海外南经》云:

> 羿与凿齿战于寿华之野,羿射杀之。在昆仑虚东,羿持弓矢,凿齿持盾。一曰持戈。

今本《山海经》似无羿射日事,然《庄子·秋水》成玄英疏引《山海经》云:

> 羿射九日,落为沃焦。

宋代的《锦绣万花谷》前集卷一引《山海经》也云:

> 尧时十日并出,尧使羿射十日,落沃焦。

可见,羿射十日的故事本出于《山海经》,袁珂先生以为"盖古神话所传"[1],应该没疑问。《山海经》原为图,羿射日之图今日已不

---

[1] 袁珂:《中国神话传说词典》,上海辞书出版社,1985年,第303页。

可知，但今本《山海经》将羿射杀凿齿之象置于"寿华之野"，此"寿华之野"坐落在"昆仑虚东"，可见羿神话也是昆仑神话的组成部分，当与上古时代人们在"神圣中心"即社坛"岳山""明堂"测日的实践有关。箭在上古，写作"矢"，除了作名词用，表示一种武器外，它还可以表示"正"的意思。《说文·工部》"巨"："规巨也。从工象手持之。矩，巨或从木、矢，矢者其中正也。"所以"矢"可以作动词用，表示丈量并使之正直之意。与"矢"组合的规矩之"矩"，它与"规"一起，在古代的画像上，常常是伏羲、女娲所持之物，表示他们的"规天矩地"，规矩实际上就是测天地的仪器。《周髀算经》卷上云：

> 请问用矩之道？商高曰："平矩以正绳，偃矩以望高，覆矩以测深，卧矩以知远，环矩以为圆，合矩以为方。方属地，圆属天，天圆地方。方数为典，以方出圆，笠以写天，天青黑，地黄赤。天数之为笠也，青黑为表，丹黄为里，以象天地之位。是故知地者智，知天者圣。智出于勾，勾出于矩。夫矩之于数，其裁制万物，惟所为耳。

考古学者陆思贤曾指出，矢是史前时代观象授时的专用符号。[1]《山海经》的羿射图，实际上表示羿测天。值得注意的是，古代画像常有射鸟之图，如云南沧源岩画中就有射神一手持弓，一手持矢的形象。随县曾侯乙墓出土箱盖上的漆画，画面上绘有四棵大树，树上是光芒四射的太阳。大树分两组，分列画面两边。一棵树的树冠上站着一对人面

---

[1] 陆思贤：《神话考古》，文物出版社，1995年，第354页。

兽身的怪兽，另一棵树的树冠上站着一对鸟儿。两树之间，一射者正引弓控弦，射出的长箭正中另外一只大鸟。刘宗迪先生认为：

> 这一画面与"扶桑－十日"这一神话主题之间的关系是不言而喻的，长太阳的树只能是扶桑，其原型为测日之表，这一画面明确无误地将羿射十日与立表测影的活动联系了起来。[1]

三星堆一号坑出土的金杖上有平雕纹饰图案，图案下部为两个头戴锯齿形冠的人头，粗眉大眼，大口，有耳饰。在人头上部刻有两对被箭穿颈的鸟，它们的形态与青铜神树上的神鸟极为相似。另有两对被箭射中的鱼，它们被鸟驮负着。三星堆一号青铜大神树高达3.96米，树干残高3.84米。这棵青铜神树，有三层枝叶，每层有三根树枝，树枝的花果或上翘，或下垂。三根上翘树枝的花果上都站立着一只鸟，鸟共九只。这棵青铜神树，与《山海经》中的"扶桑树"极为相似。

这棵神树，《山海经》说它"柱三百里"，可见扶桑树是一棵与太阳升降起落有关的极其巨大的神树，也就是神话学上所说

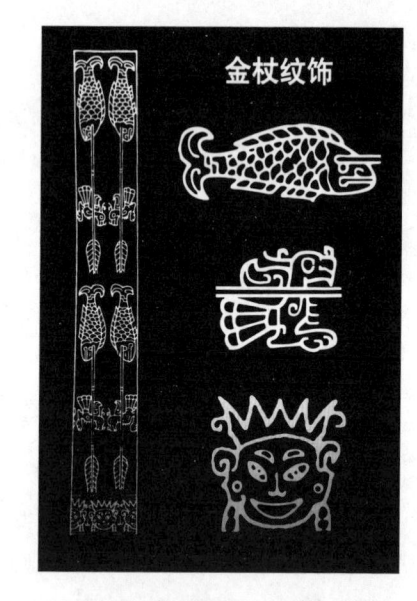

三星堆金手杖纹饰

---

[1] 刘宗迪：《失落的天书——〈山海经〉与古代华夏世界观》，第112页。

坐落于世界中心的"世界树"。青铜神树三层树枝共栖息着九只神鸟，不就是"九日居下枝"的形象说明吗？此九只神鸟，应该就是载日的"日鸟"，同时也就是太阳的象征。在青铜神树的顶部，尚有出土时已经断裂还未复原的部分，专家推测还应有象征"一日居上枝"的另一只神鸟。在二号坑内与青铜神树同时出土的还有人首鸟身像、立在花果上的青铜鸟等，它们其中的某一件很可能与青铜神树原属一体，于是青铜神树与扶桑树及十日神话的远古传承更圆融无间了。三星堆金杖上被箭射颈的鸟和曾侯乙墓漆画中长箭射中大鸟的图像，应该有大体相同的内涵。这都可以说明箭与测天的关联。

早就有学者指出，后羿射日蕴涵的正是一个历法改革的故事。如郑文光先生指出，所谓的十日并出，就是指十天干的错乱，也就是历法的错乱，而"上射十日"，就是改革历法，使历法与天象相符。[1]

"后羿射日"与"胤征羲和"其实是对同一个事件的两种描述。也就是说，胤就是羿。许兆昌先生指出，"后羿射日"与"胤征羲和"两者之间的相同之处有三个方面：一是事同，后羿射日就是为了整顿历法，这与"胤征羲和"的实际意义是相同的。二是时同，后羿活跃于政治舞台，正当夏代早期、太康失国之后。三是事件的主要人物名称发音近似。"胤"字，上古属真部，"羿"则属脂部。脂部与真部正是阴阳对转的关系。另《说文·羽部》，"羿"字作"羿"，上为羽，下为开（音jiān）。徐灏注笺云："从开声，与笄同例。开声古音在元部，转入脂部。隶省作羿。"是知"羿"又本属元部字，与胤字在上古同为阳声韵。而真、元二韵部，在顾炎武那里，仍然还是一个韵部，直到江永才将二者分开。这说明此二字古音是十分相似的。许兆昌先生因

---

[1] 郑文光：《从我国古代神话探索天文学的起源》，载《历史研究》1976年第4期。

此作出结论:

> "后羿射日"与"胤征羲和",虽然前者是上古神话,后者是历史故实,但很多证据表明,它们其实是对同一个事件的两种描述。也就是说,胤就是羿,所谓"胤征羲和",就是"后羿射日"。[1]

许兆昌先生的这一观点可以成立,但我不赞同他将"胤征羲和"看成真实的历史。"后羿射日"实际上就是"胤征羲和",是同一传说的分化。虽然"胤征羲和"历史化的程度较"后羿射日"远为甚,但"胤征羲和"故事所保留的历法错乱而导致战争的内核,为"后羿射日"的真正含义原为历法改革带来了有力的证据。

简短的结论

《胤征》不可能是夏初的"战争誓文",它叙述的其实是夏初的一场历法变革,其内蕴与"后羿射日"相同。说《胤征》不可能是夏初的战争誓文,还可以从文字学中得到证据,夏初尚无文字,不可能有如此完整的叙事记录。包括《尚书·甘誓》,过去也被认为是禹或启讨伐"有扈"的"战争誓文",其实完全与战争无关,隐含的也是正历之事。"有扈"的所谓罪行是"威侮五行,怠弃三正",即扰乱历法,与《胤征》中的羲和相同。[2]《甘誓》与《胤征》一样,都是将正历之事

---

[1] 许兆昌:《先秦史官的制度与文化》,黑龙江人民出版社,2006年,第49—50页。
[2] 尹荣方:《社与中国上古神话》第十章《〈尚书·甘誓〉与社》,上海古籍出版社,2012年;又见《文史知识》2010年第1期所载尹荣方《〈尚书·甘誓〉神话说》一文。

历史化的作品。

无论是被看成神话的"后羿射日",还是被认为是历史的禹或启讨伐有扈和"胤征羲和",其原型或者说其源头,都与《山海经》有关。《山海经·大荒南经》:

> 又有成山,甘水穷焉。……大荒之中,有山名曰天台高山,海水入焉。东南海之外,甘水之间,有羲和之国。有女子名曰羲和,方日浴于甘渊。羲和者,帝俊之妻,生十日。

《大荒西经》则云:

> 有女子方浴月,帝俊妻常羲,生月十有二,此始浴之。

历法未创或错乱时,天象茫昧不合,给人们的生产、生活带来极大的不便,所以要"洗浴",使之清而明。"日浴""浴月",就是要在混沌不分或错乱无章的天象中理出月、日来,也即创制或修订历法。

《山海经》的昆仑丘乃是上古时代的岳山,或曰"神圣中心",已为论者熟知。《山海经》的"昆仑之丘""昆仑之虚",与良渚文化及红山文化祭坛的形制大体相同,而学者们早就发现良渚文化及红山文化祭坛的测天功能。从《山海经》昆仑之神"司天之九部及帝之囿时"的记载看,"昆仑之丘""昆仑之虚"这种人工的坛台也具有测天的功能,古人同时把它作为祭祀天地的场所而使它具有了神圣意义。日本学者白川静先生曾说:

> 把昆仑看成三层或九层之类的高台形式,而且表示祀天

的祀所的看法是正确的，这地方同时也是用以做天数观测的地方。凌氏（指凌纯声）的论文也谈及董作宾氏所报告的周公测影台，在河南偃师县南，登封县西南的山中，有南向的大门，门内有石台，其村人故老说是观星台；台高两丈余，两旁有阶，可上达方形台之上，与《史记·封禅书》所见"为复道，上有楼，从西南入，命曰昆仑"以及"天子从昆仑道入，始拜明堂如郊礼"的构造一致。[1]

昆仑丘的主要功能为测日、祀天地，古人测日、祀天地往往要找寻所谓的"地中"，也就是"世界中心"。而昆仑丘在上古传说中被描写成"中央之山"或"天柱"。如果说登封山中的周公测影台是后世远为成熟的测天、祭天场所，那么，昆仑丘很有可能是它的较为原始的形态了。

《山海经》原本为《山海图》，其图可能极为古老，这些图已经反映出《山海经》时代已形成通过测影、观象以确定四时、四方的方法与制度。这些方法、制度与《尚书·尧典》的"历象日月星辰"的明时制历活动可以互相印证。可见《尚书》（包括《尧典》《皋陶谟》《禹贡》《甘誓》《胤征》等篇）中的仪式舞蹈的源头与《山海经》的图画叙事紧密相应，它们所反映的都是上古先民在昆仑丘这个"神圣中心"制定、修定历法的故事。由于历法在上古农业社会中的极端重要性，所以这样的故事就以图像描绘、仪式舞蹈、传说等诸多形式不断传承。而在形式多样的传承过程中出现的本事分化乃至形成的种种歧义，这原是必然的。

---

[1]［日］白川静：《中国神话》，王孝廉译，长安出版社，1986年，第164页。

06　月中兔探源

月中有兔、蟾蜍的传说在我国家喻户晓。诗文写到月的，常常拉扯上兔、蟾蜍；反之，赋兔、蟾的文字，亦往往牵涉到月，发展到后来，玉兔、金蟾成了月的代名词。

关于月中有兔，两千多年前的屈原就感到难以理解。他在《楚辞·天问》中发问：

夜光何德，死则又育？
厥利维何，而顾菟在腹？

夜光指月，绝无疑问，而"顾菟"，古人多释为"顾望之兔"[1]。我以为，顾、菟为两物，非一物。顾后衍化为蟾，菟即兔。

---

[1] 如东汉王逸的《楚辞章句》中释"顾菟"句云："言月中有菟，何所贪利，居月之腹而顾望乎？"

前人的意见

月中何以有兔？月中之兔到底是怎么来的？人们的意见归纳起来大约有三条：

一、阴影说。认为那是因"原始人仰望月亮，发现里面有阴影（实为月中环形山脉造成），并根据阴影的形状，推测那是某种动物（如兔、蟾蜍），植物（如桂树、阎浮树）。这种玄想，是初民思维的直观性特征造成的结果"[1]。

二、以为"顾菟"乃蟾蜍之异名，以为月中本无兔，是蟾蜍之"蜍"讹变成兔。闻一多先生说："考月中阴影，古者传说不一，《天问》而外，先秦之说，无足征焉。其在两汉，则言蟾蜍者莫早于《淮南》，两言蟾蜍与兔者莫早于刘向，单言兔者莫早于诸纬书。由上观之，传说之起，谅以蟾蜍为最先，蟾与兔次之，兔又次之。更以语音讹变之理推之，盖蟾蜍之'蜍'与'兔'音近易混，蟾蜍变为蟾兔，于是一名析为二物，而两设蟾蜍与兔之说生焉。"[2]

三、释"顾菟"为"於（音wū）菟"。"於菟"为虎的别名。以为月中有兔之说，来自月中有虎之说[3]。

我认为，上述三说皆根据不足。月中有阴影，人所共见。但月中之阴影，其形状绝不同于兔、蟾。我曾多次于月圆之际，翘首细望月之阴影，见其斑驳婆娑。说它有点像树、山什么的，还差强人意。至于月与兔、蟾，则绝无一丝一毫相似之点。所以，根据月中阴影的形状，根本不可能直接推测出兔子与蟾蜍这类动物来。宋人何薳《春渚

---

[1] 冯天瑜：《上古神话纵横谈》，第159页。
[2] 闻一多：《天问释天》。转引自袁珂：《中国神话传说词典》，第87页。
[3] 汤炳正：《屈赋新探》，齐鲁书社，1984年，第263页。

纪闻》卷七云：

> 王荆公言："月中仿佛有物，乃山河影也。"至东坡先生亦有"正如大圆镜，写此山河影。妄言桂兔蟆，俗说皆可屏"之句。

从形状上看，月中阴影类似地上的山河，所以王安石、苏东坡把月亮看成一个大圆镜，认为它映照人间山河，形成阴影。当然，王、苏对于月中阴影的解释并不科学，但月中有兔、蟆的原因，不能用阴影说明，却十分明显。

至于闻一多先生与汤炳正先生的意见，也不能成立，因为月中有兔之说，古人言之凿凿。两汉的壁画中，已有月兔之形象，月中之兔、蟾，并不如闻一多先生所说先蟾后兔。而月中有虎之说，文献记载及民间传说皆微乎其微，实不足为证。倘前世果有此说，而且至屈子时代尚在流行的话，安有屈原之后突然泯灭，绝不见于书传、口头之理？所以，月中有兔、有蟾说，是不能以月中有虎说或蟾蜍析为兔说来取代的。事实上，月中有兔和蟾蜍的传说，都有其存在的理由，这里主要谈前者。

兔子的生理、生育特征与月相应

月中之兔究竟是如何来的？它来源于兔子本身的生理、生育特征，这些特征与月恰恰相应。兔子在生理、生育上有这样一些特点：兔子交配后，大约一个月（29天左右）后即产小兔，产兔后马上能进行交配，再经过一个月左右又能生产，而且，兔子生产时总在晚上。兔子的这些生育上的特点，与月亮晦盈的周期正好一致，而月亮之活动大致亦在晚上。可见，兔之与月，原就有不解之缘。古人把兔与月联系在一起，主要基于兔的怀孕生子同于月的周期这一层关系。因月与兔有此种关系，所以古人常把月与兔相提并论，如称兔为月兔等，进一步就产生了月中有兔的传说。我想，这是可以理解的。我这样说，也是有充分根据的。

第一，从兔子的别名看。兔子有个别名叫"明视"。《礼记·曲礼下》有云："兔曰明视。"为什么叫明视？有两种解释。一种见《曲礼》孔颖达疏："兔肥则目开而视明也。"似较牵强。另一种解释较明了，见陆佃《埤雅·释兽》："兔，吐也。旧说兔者明月之精，视月而孕，故《楚辞》曰：'顾兔在腹'，言顾兔居月之腹，而天下之兔望焉，于是感气。《礼》曰：'兔曰明视'，其以此欤？"罗愿《尔雅翼·释兽》也说："兔视月而有子，其目尤瞭，故牲号谓之明视。"陆、罗两人都以兔之称"明视"，是因为兔视月而生，这自然不够科学，但兔之怀孕生子与月有某种联系，古人肯定是了解的。[1]"明视"的称呼说明了这点。清人钮琇《觚剩》卷六说："余见蒲城原子《兔说》，以为：'兔之雌雄，其挚尾无异他兽。每月一孕。子生则以土培之而壅其穴，出入必然，或窃启其户，子辄不成。'盖古所谓'视月'者，视月之候而孕，又谓'吐生'者，得土而生，'土'讹为'吐'也。"

其引《兔说》以为兔"挚尾无异他兽，每月一孕"，就很符合实际。可见，兔每月一孕的特征，古人十分清楚。兔子别名"明视"或"视月"，反映了古人对这方面的认识，他们之所以把兔与月联系在一

---

[1] 兔如何受孕生子的问题，大约令古人困惑过。除了视月而生的说法，还有兔舔雄毫而孕的意见。如《论衡·奇怪》云："兔吮雄毫而孕，及其子生，从口而出。"但兔望月而孕的观念流传更为深广。

起，正是由此入手的。

第二，从关于兔的一些传说看。《博物志》卷四有"兔舐毫望月而孕，口中吐子"的说法，兔子望月而孕的传说流传极广，过去中秋日乡间搭台演戏，第一出往往就是兔子拜月。兔子望月或拜月而孕，当然是一种传闻，但兔子会望月或拜月，是自然界中实有之事。二十世纪四十年代，尚有人在中秋夜目睹"一只灰褐色兔子，形似小犬，后脚立地，双前脚向上举起，仰起头颈，频频向天上亮月遥拜，时起时伏"[1]。民间还有中秋月明兔必多的传说。《春渚纪闻》卷七载："东坡先生云：中秋月明，则是秋必多兔，野人或言兔无雄者，望月而孕。"清周亮工《书影》卷七亦说："常猎者言中秋无月，则是年兔必少。世传兔望月而孕，蚌望月而胎……若中秋无月，则兔不孕，蚌不胎……以猎者言观之，实有此理。"明人张瀚《松窗梦语》卷五《鸟兽纪》则曰："兔视月孕，以月有顾兔，其目甚瞭。今人卜兔多寡，以八月之望，是夜，深山茂林百十为群，延首林月。月时明则一岁兔多，晦则少，是禀顾兔之气而孕也。"

中秋月明则兔多，反之则稀，这个民间传说的内涵无非是说天上之月对兔的受孕、生长有很大影响。这个传说，把兔与月联系在一起的着眼点，也放在兔的受孕、繁殖上。

第三，从"娩"字的意义看。《尔雅·释兽》说："兔子，娩。"娩的意思为兔之子。《说文·女部》云："㜷（娩），生子齐均也。"我以为，《尔雅》《说文》之解释"娩"很有意思。首先，后来主要指妇女分娩意思的"娩"字，即用兔之子之"娩"字，说明古人对兔怀孕生子的情况相当关注。而"生子齐均"的"娩"字含义，说明古人对兔

---

[1] 吴凯声：《兔子拜月记》，见1994年9月20日《新民晚报》。

每月一孕的"齐均"特性早就有所了解。正因古人对兔的受孕、生子情况有所了解（自然也早就了解其与月亮盈晦周期的一致），所以，后来才慢慢产生了兔系于月的传说。

第四，从民间用兔为药催生的情况看。《本草纲目·兽部第五十一卷》引《博济方》："用腊月兔脑髓一个，摊纸上令匀，阴干剪作符子，于面上书'生'字一个。候母痛极时，用钗股夹定，灯上烧灰，煎丁香酒调下。"这样服下的药名曰"催生散"。《本草纲目》同卷引《经验方》所载"催生丹"更有意思："腊月取兔脑髓二个，涂纸上吹干，入通明乳香末二两，同研令匀。于腊日前夜，安桌子上，露星月下。设茶果，斋戒焚香，望北拜告曰：大道弟子某，修会救世上难生妇人药，愿降威灵，佑助此药，速令生产。祷毕，以纸包药，露一夜，天未明时，以猪肉捣和，丸芡子大，纸袋盛，悬透风处。每服一丸，温醋汤下。良久未下，更用冷酒下一丸，即产。乃神仙方也。"

这两个方子可注意的有两点：一、以兔脑为妇人难产的催生药，而药成要祭拜月亮，是以兔系于月也。二、以兔脑为能治妇人难产之药。此方之实际疗效如何，我们不得而知。但以兔脑合药要兼带祭月的神秘仪式，且兔脑能助妇人生产，是把兔与月、与生子联系在一起。古人总是把这几者按在一道，并不是偶然的。

第五，从"兔崽子"这个俗语看。"兔崽子"是骂人语，意谓"野孩子"。这是从古人关于天下兔皆雌，兔望月而孕这个观念派生出的。

根据上述可知，古人把兔与月联系在一起的着眼点，全与兔的生理、生育情况有关。事实上，如我们已指出的，兔的生理、生育特点的确与月的盈晦周期相应。古人之执着于兔、月，古人之月中有兔的观念，主要是从兔每月一孕这样一个特殊的生理、生育条件生发的。月中动物，为何偏偏是兔，而不是其他常见的动物，如马、牛、羊、猪、鸡、鸭等呢？原因很简单：马、牛、羊等动物都不具有每月一孕的生育特征。

月中有兔的传说，不仅中国有，其他民族亦有。如印度神话说，有一只善跑的兔子，因为无法得到肉来供应天帝，便投身火中，成为焦兔。天帝后来把它放到月亮里，以昭示它的高尚行为。

墨西哥印第安神话也说，原来天上有两个太阳，天神们觉得不好，又不知所措，于是他们聚会商量。突然，一个天神跑出来，捉了一只兔子，朝第二个太阳扔去，使这个太阳失去了一部分光芒，并且，脸上留下伤痕，后来，这个太阳就成了月亮。

世界上好多民族都把月亮与兔联系在一起，这是个有趣的现象。合理的解释只能是：兔子在生理、生育上原本与月的盈晦活动有某种关联，所以，各地的人们不约而同地把它与月联系到一块。

中国最早用文字记载月中兔的，当然是《楚辞》的《天问》。月中有兔说到底起源于何时呢？我以为，这已很难考察，但有一点可以肯定，它的起源要大大早于屈原时代。因为兔是中国土生土长之物，甲骨文字中已有兔字，《诗经》及其他先秦典籍亦屡屡提到兔子。更往前推，距今五万年前的山顶洞里，发现的动物化石中，也以斑鹿与兔为最多，兔至少在五万年前就是中国人猎取的对象了，中国人对兔的观察、认识至少在五万年前就已开始。

07　月中桂的由来

月中有桂的神话，由来甚久。《太平御览》卷九百五十七引《淮南子》："月中有桂树。"同书卷四引虞喜《安天论》："俗传月中仙人桂树，今视其初生，见仙人之足，渐已成形，桂树后生焉。"可见，月桂之说，汉晋时代已有。到了唐代，又传吴刚伐桂之说，唐段成式《酉阳杂俎》前集卷一《天咫》："旧言月中有桂，有蟾蜍，故异书言，月桂高五百丈，下有一人，常斫之，树创随合。人姓吴，名刚，西河人，学仙有过，谪令伐树。"唐以后，月中有树及吴刚伐桂的神话几乎家喻户晓。这个神话是怎么产生的？是从哪儿产生的？本文拟提出自己的看法，以求教于方家。

月桂与月中桂

月中有桂神话的起源，有人也是用阴影说来解释的，月中阴影，斑斑驳驳，硬要比附，说它像一般树影，勉强可以，然先民众口一词地认为月中所有者是桂树，而不是其他什么树，这又是为什么呢？因此，阴影说并不能解决月中桂树的来源问题。

我以为，月中桂树的神话当源于桂花中的一个品种——月桂（又称真桂）的本身特性。桂的品种甚多，常见的银桂、金桂、丹桂大体一年开一次花，开在中秋前后，香气较烈。另有一种四季桂，一年能开几次花，花亦以秋秀一次最繁，而现在相对较为少见的月桂，则有一个与月相应的特点，即月月开花的特点。黄岳渊、黄德邻合著之《花经》说月桂"月月开花，以十月最盛，花香较次"。明王象晋《群芳谱·药谱》说桂"有秋花、春花、四季花、逐月花者"。这种逐月开花的桂，古人即名之以月桂，明代诗人李东阳《月桂》诗："一月一花开，花开应时节。"古人把桂与月联系在一起当是基于月桂的开花同于月的周期这一层关系。语言学派的神话理论认为，构成神话性质的常常是一些与语言学有关的特性，如语言学中的一词多义、多词同义、隐喻等。这一派神话理论虽有不少缺点，但甚至其反对者也不否认从语源入手可以构成神话研究的一部分。我以为，月中有桂的神话，就是因语言中的一词多义引起的。我们的先人根据月桂每月开花的特征赋予它"月桂"之名，而在我们的语言中，"月桂"一词，既可单指这种植物，又可指月中之桂之意，因此，"月桂"一词本身就包含了产生月中有桂神话的因素。像许多神话的产生一样，月中桂神话的产生，也是语言作怪的结果。

据载，前人把这种每月开花的月桂，以及四季开花的桂，称为"真桂"，以与秋季开一次花的一般桂区别。清人汪灏编《广群芳谱》卷四十引《闽部疏》："延平多桂，亦能多瘴。福南四郡桂皆四季花，而反盛于冬。凡桂四季者有子。唐诗所云'桂子月中落'，此真桂也。江南桂八九月盛开，无子，此木犀也。"《广群芳谱》卷四十引《学圃余疏》："又有一种四季开花而结实者，此真桂也，闽中最多，常以春中盛开，吾地亦间有之……花之四季开者，兰桂而外有月桂、长春菊，月桂闽种为佳。"早期与月亮发生关联的当是这种真桂而不是八九月开花的那种桂。这种真桂何以会出现在月中，最合理的解释就是真桂中的一种——月桂，具有逐月开花的特点，最终被附会到月宫上。

真桂，又称"天竺桂"，或以为浙江一带最多。《广群芳谱·药谱》岩桂："天竺桂，即今闽粤浙中山桂，台州天竺最多，生子如莲实，或二或三，离离下垂，天竺僧称为月桂，其花时常不绝。"真桂生于南方，东南一带尤多，关于月中桂的神话，当产生于南方特别是东南一带。《山海经·南山经》曰："招摇之山……多桂。"《吕氏春秋·本味》："招摇之桂。"高诱注："招摇，山名，在桂阳。"桂阳在今湖南郴州一带，《楚辞·远游》："嘉南州之炎德兮，丽桂树之冬荣。"古书中常称桂为"南方奇木"，《说文·木部》曰："桂，江南木。"因此，月中有桂说之首载《淮南子》一书绝非偶然，它很可能是淮南王刘安到南方后听到这个传说而加以记载的。

魏晋南北朝时，常把月与桂联系在一起，或径直以月桂指代月亮，如《乐府诗集·古辞·东飞伯劳歌》："南窗北牖桂月光。"梁庾肩吾《咏桂》："新丛入望苑，旧干别层成。情视今移处，何如月里生。"梁元帝《漏刻铭》也有"宫槐晚合，月桂宵晖"句。这些诗文作者大抵是南方人，此亦可证月中有桂原本当是南方的神话，南方作家或北方南下的作家得闻这个传说，在咏月或咏桂时，自然会把两者联系在一起。相反，较早时期北方作家咏月，少见将桂与月牵涉一起的现象。

道家方士与月中仙人

月中桂神话中，令人困惑的尚有桂与月中仙人并举的问题。晋虞喜《安天论》云："俗传月中仙人桂树。"到唐则有吴刚伐桂故事出现，虞喜说的"仙人桂树",此"仙人"似不是指窃药赴月的嫦娥,也不是指伐桂的吴刚。嫦娥在神话中是"月精",她与月中另一对象蟾蜍的关系较密切(《淮南子》称她进入月后化为蟾蜍),而与桂似没什么因缘。嫦娥奔月渊源有自,这里不谈,至于与桂有关联的月中之仙(包括吴刚),我以为是道家方士杜撰的结果。先秦诸家,儒、墨、法等不谈神仙,月中仙人观念的形成与上述诸家无关。秦汉至魏晋,由于统治阶级求长生的需要,道家方士"成仙""长生"观念弥漫世间,或架炉炼丹,或到自然界中,尤其是深山老林之中,去寻找长生之药。如"灵芝""菖蒲""茯苓"等,在方士眼中,都是可以使人轻身延年、长生不老的灵药。有意思的是,桂在一些道家方士(甚至一些古代医药家)的观念中,与灵芝等"仙药"一样,也是具有特别效能的灵药,古时流传着很多服桂成仙的故事。桂与仙人的这一层关系,现代神话学者们似尚未论及,然而我们透过桂与仙人的这种因缘,似乎可以大致把握到月中仙桂并举传说产生的真正因素。

《文选》载左思《吴都赋》:"桂父练形而易色,赤须蝉蜕而附丽。"唐李善注:"《列仙传》曰:'桂父,象林人也。常服桂叶,以龟脑和之,颜色如童。'"

《艺文类聚·木部下》引《列仙传》:"范蠡好食桂,饮水卖药,人世世见之。"又引《神仙传》:"离娄公服竹汁、饵桂得仙。许由父,箕山得丹石桂英,今在中岳。"

《抱朴子·内篇》:"赵他子服桂二十年,足下生毛,日行五百里,力举千斤。"

《艺文类聚》引《拾遗记》:"闇河之北,有紫桂成林,其实如枣,群仙饵焉。韩终采药四言诗曰:'闇河之桂,实大如枣,得而食之,后天而老。'"

东晋干宝《搜神记》卷一:"彭祖者,殷时大夫也。姓籛名铿,帝颛顼之孙,陆终氏之中子。历夏而至商末,号七百岁,常食桂芝。"

《广群芳谱》卷四十引《天地运度经》中有更为离奇的说法:"泰山北有桂树七十株,天神青腰玉女三千人守之。其实赤如橘,人食之一年,仙官迎之,常有九色飞凤宝光珠雀鸣集于此。"

用现代科学眼光看,说饵桂能使人"成仙""得道""日行五百里"云云,是根本不可能之事,李时珍在《本草纲目·木部》中就将其斥为"方士谬言"。但在这些方士的谬言中,也透露出了这样的古时信息:桂在古代服食求仙的过程中曾扮演过重要角色,在古代一些方士术者的眼里,桂是仙药灵丹。

应当指出,桂之所以能够成为方士术者的"仙药",也不是偶然的,这与桂本身所具的一些特点有关。

首先,桂树常生长于山中,道家术士的修行地点亦常在山间,容易接触。

其次,桂树本身具有药用特性,《说文·木部》:"桂……百药之长。"从前的药书,大体列桂为上品药。《本草纲目·木部》引《本经》说桂的药用价值:"治百病养精神,和颜色,为诸药先聘通使。久服轻身不老,百生光华,媚好常如童子。"其花则具"生津、辟臭、化痰、治风虫牙痛、润发"等功用。桂的另一品种肉桂,也"利肝肺气,止烦止唾,温中,坚筋骨,通血脉,理疏不足,宣导百药,无所畏。久服,神仙不老"。另外,李时珍引一些医家之说,认为肉桂能"补命门不足,益火消阴"。李时珍还补充说明了它的功能:"治塞痹风喑,阴盛失血,泻痢惊痛。"[1]

---

[1] (明)李时珍:《本草纲目》,人民卫生出版社,1982年,第1933页。

07 月中桂的由来

在古代医家眼中,桂是上品佳药,它具有却病、养神、坚筋骨、通血脉等效用。桂的这些药用特性给服用者带来了却病健康、延年益寿的结果,这与古代服食家追求的目标部分相同。因此,它被服食家、方士们选中为服食灵药,并最终被赋予神异功能,乃是十分自然的。然而,桂树之与仙人有缘,原本不仅在月亮之中,它在人世间本来便是如此的。桂树之与仙人结缘,其根源在桂树本身的特性,这是一个无可怀疑的事实。

月中有桂的神话,起先并未涉及仙人。《淮南子》就只记载"月中有桂树"。因此,月中有仙人是较后时期才出现的。月中仙人、桂树并举始见于晋人记载。东汉魏晋时期,服食求仙风气甚盛,桂开始由医家及民间的上药被方士们提升为仙药,为服食者所推重,同时一些服桂成仙的故事也被创造出来。这一时期,桂在一些人心目中是与成仙、仙人紧密联结在一起的。在这种情况下,桂树在月中势必不能继续单独存在了,于是,这些人就按照人间桂与仙人常纠结在一起的现实(其实是他们的愿望与想象),给天上月亮里的桂树旁也安了几个仙人。人们总是按照人间的现实来安排天上的一切,于是月中仙人、桂树的传说就产生了,其产生的时代不可能早于东汉,因为大量服桂成仙的故事最早出现于东汉。

月中仙人、桂树的模糊传说后来故事化为吴刚伐桂,从时间上看,唐以前的载籍中从未提到过月中有什么吴刚。吴刚伐桂的故事,段成式说他得诸"异书",此异书,可能为道家术士所著。道家术士所创之神仙故事,往往都含有某种现实寓意,如有名的"烂柯山"故事。施蛰存先生解释说:"它的主题思想是教人以寂静养生,看人家下棋,最是心无旁骛,持静守默,这正是李耳以来道家所主张的养生延年方法。一部五千字的《道德经》,讲的也无非是这些道理,不过那是道家的理论,一般不会去读，读了也不容易接受，编成烂柯山的故事，就是用形象思维来宣扬这个理论。"[1]

吴刚伐桂作为道家术士所创的神仙故事，可能也有某种寓言，换句话说，它是道家术士为了宣扬某种理论而创作的。在这个故事中，吴刚"学仙有过"四字很值得玩味。吴刚原本是西河人，因为在学仙过程中犯了过失，故被"谪令伐树"，似尚未修炼成真正的天仙。他在月伐桂是被迫的，他的常斫桂树，而树创随合，明明白白说的是他将永远斫不断此树，他也永远不能成为遨游于天上的自由自在的神仙了。故事的目的在于告诫学道者严守学道规则，不得有失，否则就会像吴刚那样永受其苦，再也不能成为真正的仙人。

娑罗树与月中桂

宋代以后，在月中有桂、吴刚伐桂等传说流传日广、深入人心的同时，又冒出了一个新的说法：月中桂是娑罗树。宋洪迈《容斋随笔·四笔》卷六："世俗多指言月中桂为娑罗树，不知所起。"欧阳修诗《定力院七叶木》："伊洛多佳木，娑罗旧得名，常于佛家见，宜在月中生。"元马祖常《送华山隐之宗阳宫》："高谈见明月，为我问娑罗。"

娑罗树为龙脑香料常绿乔木，又作沙罗、莎罗，产于印度。娑罗树与佛教关系密切。佛教传说，释迦牟尼在拘尸那城河边娑罗树下涅槃。其树四方各生二株，称"娑罗林"或"娑罗双树"。又传文殊菩萨曾在福城以东的娑罗林中说法，指点善财童子南行参问"善知识"[2]。又说

---

[1] 施蛰存：《施蛰存散文选集》，百花文艺出版社，1986年，第301—302页。
[2] 见《华严经·入法界品》。

昔有雷音宿王华智佛授记妙庄严王,"当得作佛,号婆罗树王佛"[1]。《南史·扶南国传》称梁武帝天监十八年,扶南国(今柬埔寨)"遣使送天竺旃檀瑞像、婆罗树叶"。

婆罗树是佛家圣树,它何时被指言为月中桂树?我认为是宋时。史籍称言月中婆罗的全为宋及宋以后的人。唐段成式《酉阳杂俎》前集卷十八记有关婆罗的异事:"巴陵有寺,僧房床下忽生一木,随伐随长。外国僧见曰:'此婆罗也。'"[2]段氏博识广闻,好记奇事,他如听到过彼时有月中桂为婆罗之说,肯定会笔之于书的,可见他那时并无这样的说法。

袁珂先生曾引唐天宝初年安西道《进婆罗枝状》"布叶垂阴,邻月中之丹桂;连枝接影,对天上之白榆"之语,说"疑即(洪迈)'世俗指言'之由"[3]。我以为,这里的"月中丹桂""天上白榆"都是骈体文所常用的形容说法,是此文作者对皇家园苑所植丹桂、榆树的赞美。"邻""对"云云,指的是希望所献之婆罗得以与"桂""榆"并植皇家园苑之中,此句不是说婆罗原本亦是月中树,故得与丹桂为邻;是天上树,故得与榆树相对。因此,洪迈"世俗指言"恐非指安西道之状文,唐人尚无指言月中桂为婆罗树的。洪迈是南宋人,比他早生一百多年的欧阳修即已歌咏过月中婆罗,其后歌咏月中婆罗的,代不乏人。则洪迈之"世俗指言"所指的就是早于和在他那个时代普遍流行的这种说法罢了。

必须指出,婆罗原产于印度,中土甚为少见。中国诗人以为婆罗而

---

[1] 见《华严经·妙庄严王本事品》。
[2] (唐)段成式:《酉阳杂俎》,中华书局,1981年,第174页。"巴陵婆罗树"原见盛弘之《荆州记》。见《太平御览》卷九六六十一条引。
[3] 袁珂:《中国神话传说词典》,第327页。

加以歌咏者，实际非娑罗树而是七叶树。中土之人，是把七叶树当作娑罗树的。《江宁府志》："今高座诸寺有娑罗树，干直而多叶，叶必七数，一曰七叶树。……花色白，结实如粟。"[1]又《海昌丛载》谓海宁安国寺"有娑罗二株……皮干黝黑坚致，枝叶茂密，叶多七片。"[2]其描写的正是七叶树的特征。七叶树是我国的庭院树，属于七叶树科的落叶乔，与娑罗树完全不同。七叶树种子脱涩后可食，以前以之入药，称"娑罗子"。七叶树被指称娑罗，盖因此欤！

娑罗树何以会被搬到月中，成为月中神树的呢？可能与佛教徒有关。我国古代历史上，道教与佛教的斗争从来不断，月桂仙人神话的存在，自然对道教的发展有利，于是有心的佛教徒就出来混淆视听，以月中桂树为佛家圣树——娑罗树，目的在于取消道教在这个领域的影响力，扩大佛家的影响。

值得注意的是，七叶树分布于我国黄河流域地区，南方则较为少见。以月中桂为娑罗树的传说也主要在北方地区流传，这里似乎也反映了指月中桂为娑罗树的佛教徒的处心积虑，我们知道，起源于南方的月中桂树、仙人传说在南方早已深入人心，佛教徒要另设月树当然难以措手。而在北方地区，宋代之时，虽说月中有桂说早已广泛流传，但因北方少桂，北方人对此月中树的模样自然不甚了了。而长期流传的月中桂的美丽神话容易使北方人产生躬亲领略的心理，同时，由于佛学的深入人心，佛教徒的指称也会使北方人产生认同感，这就给佛教徒的另设月树创造了条件。我想，指七叶树为娑罗树的人原本可能也是佛教徒，目的在于使他们创造的月中娑罗树说易于被人们接受。

---

[1] 转引自李明权：《佛学典故汇释》，浙江古籍出版社，1990年，第292页。
[2] 同上。

08 刑天神话与上古农业祭礼

刑天神话载于《山海经·海外西经》:"刑天与帝至此争神,帝断其首,葬之常羊之山,乃以乳为目,以脐为口,操干戚以舞。"这个神话故事,古今学者每每赋予它以某种人文意义,如大诗人陶渊明曾称颂故事中的刑天"猛志固常在"。从此以后,刑天就常被看作虽然失败但仍然奋斗不息的典型而获得尊崇。从人文角度研究与欣赏上古神话,固然也是可以的,但我以为,研究古代神话,最重要的恐怕还在于揭示神话所蕴含的原始意义,弄清某个神话人物或神话活动的真正起源,起源明则本质明,如此,这个神话所包含的隐喻才可能真正昭白于天下。

人类学的研究早已表明,在各个农业民族中,构成神话的因素常常是有关自然季节变迁的认识以及与季节密切相关的农业祭礼。举行农业祭礼,从根本上说是人类主体与生存的需要,农业祭礼的信仰层面背后,凝聚的乃是先民的实践经验与直观认识。一些学者曾论证马克思在《〈政治经济学批判〉导言》中谈到的"实践—精神"的思维方式与神话思维密切相关:

正因为神话思维是"实践—精神"的思维,所以它的显著特点之一，就是这种思维在本质上是实践性的。马克思和恩格斯把这种思维的成果称作"现有实践的意识"，意思是说这种思维是直接在物质生产实践中产生并和实践活动交织在一起的，它是一种现存实践的思维。[1]

基于这样的前提性认识，我们重新考察了刑天神话，发现这个故事同样也决不是我们的先民发挥离奇想象力的随意创造，而是与上古农业生产的实践活动，与农业祭祀有非常密切的关系。王孝廉先生说："刑天断首的神话，我们认为与古代杀谷灵（农神）以祈丰穰的农耕仪礼有关。"[2]王先生将刑

刑天舞干戚

天故事与农耕仪礼相联系，无疑是有得之见，但他又认为与这故事相关联的农耕仪礼是杀谷灵，则很值得商榷，因为这与《山海经》中"与帝争神，帝断其首"的内容无法统一。我以为，刑天的形象，是指示晚耕误种意义的一种象征性具象。它的产生具有深刻的农业社会背景，同时，刑天之"象"与上古祭"山川百物"的农业祭仪有密切关系。

刑天"与帝争神"及"断首"的隐喻

刑天神话中有关刑天与天帝争神，及天帝"断其首"的情节，现代的学者大体将其放在现代汉语的意义层面上去理解，而忽略了神话语

---

[1] 武世珍：《神话思维辨析》，载刘魁立、马昌仪、程蔷主编：《神话新论》，上海文艺出版社，1987年，第6页。
[2] 王孝廉：《中国的神话世界》，作家出版社，1991年，第119页。

108

言的隐喻性。不少人类学家、语言学家早就指出过神话语言的象征与隐喻性特征。不能破译神话语言的"密码",那么这个神话的原始含义就难以真正弄清。刑天故事无疑是个神话,因此,我们必须从象征、隐喻这个切合神话特征的角度锲入,才能排除这个故事的现代语言层面的障碍,从而窥见它的初始意蕴。

首先谈谈"帝"。刑天被断首的前提性原因是他与帝争"神"。"帝"较古的一义是天帝而非人王,这一点学术界早已达成共识。因此,刑天神话中的"帝"指天帝、天神那是绝无疑义的。在上古时代,凝结在先民观念中的天帝的主要特质是什么呢?一些古书载,帝"能成命百物"[1],是"生物之主,兴益之宗"[2]。《礼记·郊特牲》:"祭帝勿用也。"孔颖达疏曰:"因其生育之功谓之帝。"从这些记载看,"帝"当是主四时节令、主时气生育的天神。在我国先民的观念中,万物都由四时五行之气所化生,如《淮南子·天文训》上说的:"四时之散精为万物"清代学者孙希旦注《礼记》,对"帝"阐述道:

> 愚谓天以四时五行化生万物,其气之所主谓之帝,《易》所谓"帝出乎震"也。春之帝曰太皞,夏曰炎帝,秋曰少皞,冬曰颛顼,中央曰黄帝,《周礼》所谓"五帝"也。

帝是主时令节气的,时令节气关乎天,于是帝与天就有了同一体的性质,有时帝称天帝,就是这个原因。

再来谈谈"神"。刑天神话中与帝争神的"神",我以为不是指神灵,而是《周易·系辞上》所谓"阴阳不测之谓神"之"神",这里

---

[1]《国语》,上海古籍出版社,1978年,第166页。
[2](清)阮元校刻:《十三经注疏》卷四《周易正义》,中华书局,1980年,第53页。

的神，有神奇、玄妙之意。能"成命百物"，具有"生育之功"，那是天帝的神奇、玄妙力量的体现。因此"争神"二字，已含有对刑天贬抑责备的意味。帝在上古主要是主时气节令的，那么与帝争神，实际上就是意指不用"帝命"，想与帝抗争，也就是违背时令、不顺时而动的意思。

《山海经·大荒西经》云：

有人无首，操戈盾立，名曰夏耕之尸。故成汤伐夏桀于章山，克之，斩耕厥前。耕既立，无首，走（音zǒu）厥咎，乃降于巫山。

郭璞注"夏耕之尸"曰："亦形（刑）天尸之类。"[1]这"夏耕之尸"亦是无首，操戈盾，与刑天的形象完全一致。"夏耕之尸"的形貌与刑天一致，说明两者可能具有相同的特质，因此"夏耕之尸"的特质也可施之于刑天，也可用来说明刑天的某些特质。我以为，上述文字中"夏耕之尸"的名字，是可以用来说明刑天以及该"尸"之所以"无首"的原因的。刑天神话的秘密正存在于"夏耕"这两个字上。农业生产的春播、夏耘、秋收、冬藏，这种顺时而动的生产性运作，在古时被称为"顺帝命""成帝功"。刑天之与帝争神，重违帝命，当是他没有把握住适当的播种时机，没有顺应时令，到了夏季方始播种耕作，这种不时之耕，因为违反农业生产的规律，有违帝命，只能导致作物无法结实，颗粒无收。我们知道，稻、麦、高粱等作物，成熟时的实粒都位于作物的顶部，作物不能结实用"断首"形容是非常形象的，而作物的

---

[1] 袁珂：《山海经校注》，第411页。

"断首"是不顺帝命的结果,它体现了天帝的威力,所以自然地被理解成是天帝砍去了这些作物之头。这是形象化的神话语言,因此刑天与帝争神终被帝断首的神话,讲述的当是违反天时规律、误期耕种而受到惩罚、颗粒无收的故事。当然,我们作这样的结论,也并不排除上古先民由于相信天有意志,因此用敢于违逆天命者加以重惩的天帝信仰观念对刑天故事加以改造,传统的天帝信仰观念是构成上述故事的一个重要方面,这原是显而易见的,但这种信仰观念后面隐藏着上古农业生活的实

夏耕尸神图

践的一面，更是十分清楚的。在农业生产中，顺时播耕至关重要，尤其播种一环，早播或晚播十来天，其后果都将不堪设想，即使在历法已经非常先进，农业科学技术已经非常发达的现代社会，因播种不适时而造成作物歉收的事仍时有所闻，就可以知道在确定播耕时间上，上古先民肯定作过无数次的摸索，付出过相当惨重的代价。由于这种教训与经验对后来的农业实践活动来说仍具有指导与告诫性的意义，所以古人就把它的内涵凝固在一个无头的神像上，把它命名为"夏耕之尸"，命名为"形天"（形或作刑，刑天也就是受天惩罚之意）。这正是古人"立象见意"的意思，让这些象起到不忘过去之经验教训，以利当前农业生产的作用。

刑天故事与上古农业生产，与夏季有密切的联系，这是可以肯定的，这一点，甚至在刑天死后所葬的常羊之山上也可看出端倪。《玉函山房辑佚书》辑《春秋纬·元命苞》云：

> 少典妃安登，游于华阳，有神龙首感之于常羊，生神农。

《宋书·符瑞志》云：

> 有神龙首感女登于常羊山，生炎帝。

常阳山即常羊山。常羊山为炎帝神农氏的生地当是自古流传下来的说法，刑天死葬炎帝神农氏出生之处，炎帝又与夏季相应，这里透露的正是刑天与农业以及夏季有密切联系的远古信息。

执干戚而舞与上古兵舞

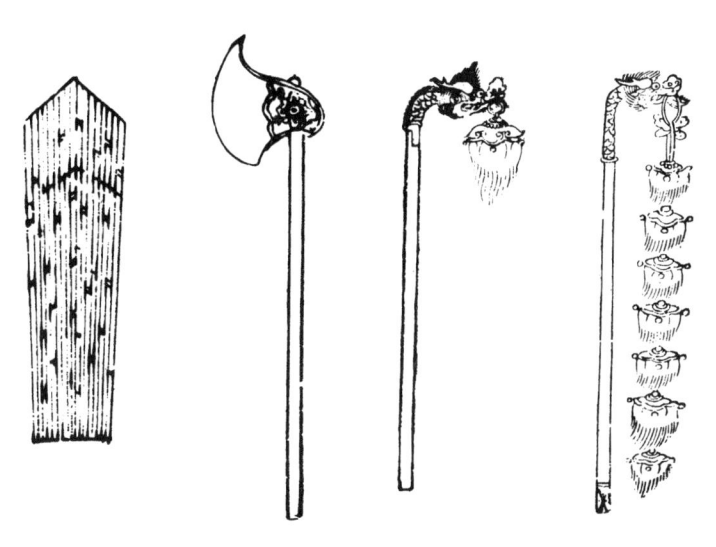

从左至右为干、戚、旄、帗

如果我们上面所揭示的刑天与帝争神而被天帝断首的意蕴不错的话，那么，被不少学者视为表现刑天断首后继续战斗的"操干戚以舞"等字眼也就与"战斗""斗争"等毫不相干，而应当是与农业或农业礼仪有关的事项。干（盾）、戚（斧）都是古代兵器，上古时代，干戚既常用以作战场上的武器，也常用作礼仪中的道具。刑天执干戚而舞，可能与古代兵舞有关，因为上古兵舞的主要特征是手执干戚而舞。《周礼·地官·鼓人》：

> 凡祭祀百物之神，鼓兵舞、帗舞者。

郑玄注曰："兵谓干戚也；帗，列五采缯为之，有秉。皆舞者所执。"

这里指出古代祭祀百物之神时，鼓人击鼓，以协调舞蹈节奏，人们要跳起兵舞、帗舞。所谓"百物之神"，孙诒让在《周礼正义》中称："凡祭祀百物之神者，谓祭物魅及蜡祭也。"物魅是指精怪，祭物魅即是祭百物之神，这点前人无异词。蜡祭是古代年终时答谢众神而行的祭祀仪式，其答谢对象有天地、川泽、虎、猫、昆虫等。大约因为蜡祭的对象有虎、猫、昆虫等物，所以古人将它与祭物魅相提并论。针对古代有的学者将祭物魅等同于蜡祭，孙诒让又指出："盖蜡祭虽兼及百物，而物魅之祭，固不止大蜡也。"[1]这种论断无疑是有道理的。祭百物之神与祭山川是统一的，因为在古人的观念中，百物之神的存身之处正在川泽山林。《左传·宣公三年》：

> 楚子问鼎之大小、轻重焉，（王孙满）对曰："在德不在鼎。昔夏之方有德也，远方图物，贡金九牧，铸鼎象物，百物而为之备，使民知神、奸。故民入川泽山林，不逢不若。螭魅罔两，莫能逢之。"

"螭魅罔两"等物怪是处于山泽林川之中的，它们是山神，也是山中木石等精灵神怪。所谓的百物之神与山川之神所指当是同一对象，所以《周礼·地官·舞师》中又说：

> 舞师，掌教兵舞，帅而舞山川之祭祀；教帗舞，帅而舞

---

[1]（清）孙诒让：《周礼正义》，第1330页。

社稷之祭祀；教羽舞，帅而舞四方之祭祀；教皇舞，帅而舞旱暵（音hàn）之事。

可见，所谓祭百物之神，应当主要指祭山川百物等，这里虽把兵舞所施之对象与帗舞所施之对象区别开来。但无论兵舞、帗舞，抑或羽舞、皇舞，都是农业祭仪上具有宗教意义的仪式性舞蹈，这是没有疑义的。《礼记·月令》："孟春之月……命祀山林川泽。"祭山林川泽与祭社稷一样，都是古代春季农业祭礼的题中应有之义。《月令》中所述孟春之月"命祀山林川泽"与仲春之月"命民社"，其具体祀仪由于记载的缺略而难知详情，但从"命"字语气看，祭山林川泽，以及社祭当是王室所提倡的民间农业祭礼。当然，王室祭山林川泽，祭社稷，其典礼与民间祭仪还是有所区别的。

应当指出的是，上面所述之兵舞、帗舞等，不是用于宗庙宫廷的宫庭礼仪，而是具有浓厚民间祭仪气息的仪式舞蹈。贾公彦疏解《周礼·地官·舞师》时指出：

掌教兵舞，谓教野人使知之。国有祭山川，则舞师还帅领往舞山川之祀，已下皆然。案：《春官·乐师》有六舞，并有旄舞，施于辟雍，人舞，施于宗庙。此无此二者，但卑者之子不得舞宗庙之酎，祭祀之舞，亦不得用卑者之子。彼乐师教国子，故有二者，此教野人，故无旄舞、人舞。

野人指民间人士，贾疏在这里明白地指出了兵舞等舞蹈与旄舞、人舞在人员组成、舞蹈地点等方面的不同：后者是宫庭宗教礼仪舞蹈，在宗庙、辟雍等具有神圣意义的官方宗教场所举行；而兵舞等仪式舞蹈，参加者主要是民间人士，舞蹈地点则在山林川泽等野外宗教场所，虽然疏文说"国有祭山川"，好像兵舞也是官方祭礼中之礼仪舞蹈，但一般的山林川泽，古时官方与民间都可祭祀，因此这种兵舞，我相信在民间春日祈农的祭礼形式中是会存在的。

根据以上所述，我们可以明白，所谓兵舞，乃是上古春季于农事即将开始之时，由官方发动组织或民间自发进行的春季（其他季节有时也进行）农事祭礼——主要是祭山川神灵（包括山川中的各类精怪）时的仪式舞蹈，兵舞的主要形式特点是执干戚而舞，这也是兵舞命名之所由来。

执干戚而舞的刑天与上古农业祭礼中的兵舞

了解了古代兵舞的主要特点以及所施行的主要对象后，我们就可以明白，"操干戚以舞"的刑天与"操戈盾立"的夏耕之尸可能与古代兵舞中的舞者形象有密切关系。上文曾指出，刑天与夏耕之尸的形象当是具有特定内涵的神像，现在我想作些补充说明，这神像大约分别被置于常羊山、巫山等山上（这符合《山海经》一书的体例），被作为神灵祭祀。这里我们须指出，将具有某种巨大破坏作用力的属观念领域的对象抽象化后又具体化为某种恶灵凶煞形象，这种做法在上古时代是屡见不鲜的。比如有名的饕餮，传说称它是一种贪食的恶兽。早有学者指出它乃"贪"的象征，古人将它的形象刻在钟鼎彝器上是用来"戒贪"的。刑天以乳为目，以脐为口，形象也丑怪至极，特别刑天是无头的怪物，它是"误耕无获"的象征，古人将其神灵化，则主要是为了"戒误耕"。夏耕之尸无疑也可作如是之观。

08 刑天神话与上古农业祭礼

> 饕餮羊身而人面其目在腋下虎齿人爪音如婴儿食人如物钩玉之山有之山海經謂之狗鴞

饕餮

  仪式舞蹈作为祭仪的一部分，它与祭祀对象、祭祀内涵是紧密相关的。从后世祭龙神常常舞龙的祭仪看，作为祭仪一部分的仪式舞蹈中的舞者形象，与祭祀对象应当具有性质上的相同之点。祭仪上的仪式舞蹈在某种意义上可说是一种语言，以演示神的起源及说明相关之神的本质特点，这样的例证可以说举不胜举。刑天的最大特征是没有头，这是神像的形象特点也是舞者的形象特点。当然，从《山海经》等古籍的记载看，立刑天断首神像的地区似并不太多，但有迹象表明，刑天形象在古代农业祭仪的兵舞中很可能占据重要席位。《山海经》中明白无误地说刑天在断首并被埋葬在常羊山之后，才"以乳为目，以脐为口，操干戚以舞"的。这些文字若理解成人们鉴于刑天不用帝命（违时耕种），被天帝断首（不能结实）的惨痛教训，在刑天死后，将刑天的故事通过农业仪礼中的仪式舞蹈来复现是最顺理成章的。

宋罗泌写的《路史》卷十二上说："（炎帝）乃命邢天（刑天）作扶犁之乐，制丰年之咏，以荐厘耒，是曰《下谋》。"可见，在宋以前，就有刑天是"扶犁之乐""丰年之咏"这样农歌制作的传承者之说，而这种农歌又是在祭"厘耒"（农业工具）之时所用。古代的农耕祭礼有音乐又有舞蹈。这种音乐可能是配合兵舞时所奏，古人知兵舞与刑天的关系，于是就将这种音乐的发明权归之于刑天了。据《大戴礼记·夏小正》记载，祭耒等农业工具是在初岁即初春时进行。而上文我们已经指出与兵舞相应的祭山林川泽也在初春进行。兵舞既可施之于山林川泽之祭也可施之于祭耒，因为从本质上说，这些祭祀都属初春祈农的农业祭礼范畴。刑天的无首形象在初春农事开始之前的祭礼中出现，是具有指导与告诫性的意义的，它劝农的特征表现得非常突出，这完全合于农业祭祀的目的。大约也正是因为刑天舞蹈形象与舞蹈内容所具有的积极而又重要的告诫性、指导性的意义，因此古人乐意把它的内涵既凝固并外化在神像的形象上，又凝固并外化在春初所进行的农业祭礼的仪式舞蹈之中，以便通过这些经常进行的仪式，让后人永远记住误时耕种而颗粒无收的可怕历史，前事不忘，后事之师。刑天的舞蹈形象，反映出的是上古先民的求实与明智精神，它是中国人智慧的一种表现。这种智慧主要表现为基于生存需要的对"违时"的深刻反省，同时也是对"顺时""顺天"的尊重甚至神化。有意思的是，中国古代各派思想家的思想尽管有种种不同之处，但在讲"则天""天道"时强调"顺"，强调不能"违天"则又几乎如出一辙，如《周易·系辞上》称："天之所助者顺也。"又说："变通者，趣时者也。"《周易》是儒家经典之一，这可看成是儒家的天道观。司马迁评价阴阳家时说："夫春生夏长，秋收冬藏，此天道之大经也，弗顺则无以为天下纲纪。故曰'四时之大顺，不可失也'。"[1]农家的顺天不用多说，道家讲"法自然"，讲"无为"等着眼点也在一个"顺"字。

古代各派思想家"顺天"观念的一致，应引起我们特别注意，这说明"顺天"的不容置疑性很早就定于一尊。事实上，我们中国人在顺时这一点上，早就越出了农业生产的范围，而几乎扩展到了社会生活的各个方面。刑天神话的内在意蕴或曰它的实质，其实也是"顺天"哲学的一种形象化表述，它的出现带有极为深刻的农业社会，以及农业生产实践的背景。

---

[1]（汉）司马迁：《史记》卷一百三十《太史公自序》，中华书局，1959年，第3290页。

09　九尾狐与禹娶"涂山女"传说蕴意考[1]

九尾狐形象出于"尾为九子"星象

青丘国及九尾狐形象,《山海经》已见,《大荒东经》:"有青丘之国,有狐九尾。"《海外东经》:"青丘国在其北,其狐四足九尾。"《南山经》:"青丘之山……有兽焉,其状如狐而九尾。"[2]

被称为"古山海经"的《逸周书·王会》也有"青丘狐九尾"之说。青丘国(又称"青丘山""青丘")的地望一般认为在东方,但《山海经》中的象往往具有时空混一的特点,即这些象既可表示时间也可表示空间。青丘《山海经》置于《海外东经》《大荒东经》,是表示东方与春季的。《淮南子·时则训》云:

---

[1] 原刊《文化遗产》2017年第1期,这里略作了修订。
[2] 袁珂云:"此青丘山地望亦当在东,与'青丘国''青丘泽'同,经乃误记于此。"见袁珂:《中国神话传说词典》,第231页。

九尾狐图

九尾狐

东方之极，自碣石山过朝鲜，贯大人之国，东至日出之次，榑（音fú）木之地，青丘（丘原作土，据王引之说改）树木之野，太皞、句芒之所司者，万二千里。

《淮南子》将包括青丘等地的"东方之极"纳入时则的范畴。什么是"时则"？高诱注："则，法也，四时、寒暑、十二月之常法也，故曰'时则'，因以题篇。"时则就是月令，所以《淮南子》在上述文字之后讲的都是月令之事。打通时空的意味十分明显。

将青丘置于"东方之极"，与"榑木"相提并论，"榑木"，高诱注谓"榑木，榑桑"[1]。"榑桑"也就是有名的扶桑树。"扶桑"生于"旸谷"，"青丘"与"旸谷"相提并论，神话的意味浓重。它们应该都是古人测天时悬拟的地名。《山海经》《淮南子》等是在天人（天地）相应的观念及上古宇宙论的意义上描述地上的地理山河的，在这样的观念下，地上的山河常常关乎"日次"，常常是天上星象的投影或曰象征符号，如《淮南子·时则训》将"日出之次"与"榑木之地"相关联。

"青丘之国"这样的一个国，同样是一个悬拟的地名，它之所以有时又被称为山（或丘），就是因为它原是古人在天象观测的基础上对天地所作出的整体描述的一个符号，而非现实中的真实之国（或山、丘），所以任何将青丘比附地上地名的努力注定无效，[2]而与青丘国对应的天上星宿是东方苍龙七宿中的尾宿，东方苍龙七宿与时空的东方、春季相应，所以青丘国坐落于东方，其月令范围的行事则关乎春季祭礼。

《山海经》原是图，图中的青丘画有一只九尾狐，这是什么意思

---

[1] 何宁：《淮南子集释》，中华书局，2006年，第379页。
[2] 刘文典《淮南鸿烈集解》卷五引庄逵吉云："《御览》此下有注云：'皆日所出之地也。'"王引之云："青土当为青丘，字之误也。（《御览》引此已误。）《本经篇》'缴大风于青丘之野'（今本野误作泽，辩见《本经》。）高注曰：'青丘，东方之丘名。'即此所云'东至青丘之野'也。《吕氏春秋·求人》亦云：'禹东至榑木之地，日出之野，青丘之乡。'《海外东经》云：'青丘国在朝阳北。'《逸周书·王会篇》'青丘狐九尾'，孔晁曰：'青丘，海东地名。'服虔注《汉书·司马相如传》云：'青丘国在海东三百里。'"见刘文典：《淮南鸿烈集解》，第184—185页。"日所出之地""东方之丘""海东地名""海东三百里"云云都无法指实，古代注家不知青丘国关乎天上星象，故只能强为解释了。

呢？郭璞注谓："（九尾狐）太平则出而为瑞。"[1]郭璞此注当然绝非没有根据，九尾狐确有为祥瑞之说，《白虎通·封禅》："德至鸟兽则……狐九尾，百雉降。"《文选》卷五十一王褒《四子讲德论》："昔文王应九尾狐而东夷归周。"李善注引《春秋纬·元命苞》曰："天命文王以九尾狐。"

但细品郭璞此言，郭璞似相信人间有九条尾巴的狐狸，只是它不常出现，要待天下太平才露面。然而现实世界中真有九条尾巴的狐狸吗？显然没有。郭璞不知九尾狐乃是《山海经》中立意的一个象，此象乃是用来象征天上星辰的，换句话说，九尾狐是一种表示星辰的符号。汉代的画像石、画像砖上九尾狐经常与玉兔、蟾蜍、三足乌一起出现，并列于西王母座旁，其星辰的象征意义十分清楚。可惜郭璞等古人没有悟到九尾狐等作为象的星象特征。当然这与他没有真正了解《山海经》一书的本质有关。《山海经》中的许多神灵怪兽乃天上星辰象征，多有学者道及。九尾狐象征的是天上东方苍龙七宿中的尾宿和箕宿等星宿，《史记·天官书》："尾为九子，曰君臣；斥绝，不和。"司马贞《索隐》：

宋均云："属后宫场，故得兼子。子必九者，取尾有九星也。"《元命苞》云："尾九星，箕四星，为后宫之场也。"

尾宿有九颗星，古人就以九尾狐这样的象来表示，后人不知此象之初义，于是关于它的传说生焉，但九尾狐为尾宿、箕宿之象，它们之间的关联，也绝非没有痕迹可循。《开元占经》卷六十引石氏云："箕四

---

[1] 袁珂：《山海经校注》，第257页。

星……一名狐星,主狐貉。一名风口,一名天后也。为天貉府廷,天鸡也,主时。"[1]丁山先生也曾敏锐地发现九尾狐与天象上的"尾为九子"的联系:

  《天问》所见"岐母",是否即古代求子者所祭祀的高禖,今则难征其详。然而,《史记·天官书》东宫苍龙有云:"尾为九子,曰君臣,斥绝不和。"宋衷注:"属后宫场,故得兼子。子必九者,取尾有九星也。"张氏《正义》云:"尾九星,为后宫,亦为九子星。占,均明,大小相承,则后宫叙而多子;不然,则不。"假定尾可读为"鸟兽孳尾",那么,"尾为九子"可能即是九尾狐。……将尾宿九颗星联系起来,这也与弓弧之形相似,所谓九尾狐,可能是弓弧的语音之伪。而"女岐"当是指七、八、九三颗星联系成狐尾的两岐之名。……弧、尾、九尾狐、九子,这一贯的名词,只是求子的寓言。[2]

  剔除"弓弧"之说,丁山以尾宿解释九尾狐的说法不无道理。九尾狐原来应该是《大荒经》《海外经》中象征东方与春季在青丘中的一个象,它最早大约出现于《山海图》中,九尾狐决不是现实中的实有之

---

[1] 石氏这里说的箕四星……一名狐星,主"狐貉",又云"为天貉府廷",此貉,古人以为与狐是同类之兽,故常连类及之,如《诗经·豳风·七月》:"一之日于貉,取彼狐狸,为公子裘。"陆佃《埤雅·释兽》云:"狐性好疑,貉性好睡,又皆藏兽,故狐貉之厚以居,而蜡祭息民以狐裘也。《素问》曰:'其之狐貉,变化不藏。'"见(宋)陆佃:《埤雅》,浙江大学出版社,2008年,第34页。
[2] 丁山:《中国古代宗教与神话考》,第298—299页。刘锡诚先生也认为丁山说的九尾狐即天象上"尾为九子"的论断不无道理。见刘锡诚:《象征——对一种民间文化模式的考察》,学苑出版社,2002年,第110—111页。

象，现实中的狐狸也不可能有九条尾巴，古人创造这个象，最先就是用来象征天上的尾宿、箕宿的，"四足九尾"的九尾狐正好占箕四星、尾九星相应，所以它也就出现于青丘。春天是生育长养的季节，所以古人将它与人间后宫、与生育之事挂钩了。九尾狐的文化内涵随着时间的推移日渐丰富，如"象征子孙繁息""祥瑞"等，但这种意蕴的产生我们不难从天上尾宿的星占功能得到解释，如《史记·天官书》唐张守节《正义》云："尾九星为后宫，亦为九子。星近心第一星为后，次三星妃，次三星嫔，末二星妾。占：均明，大小相承，则后宫叙而多子；不然，则不；金、火守之，后宫兵起；若明暗不常，妃嫡乖乱，妾媵失序。"尾宿、箕宿相连接，其星占意义往往相同，箕宿一名"狐星"，则九尾狐为天上星宿符号的意义越明了。

中国古代的天文学与星占学难解难分，在《山海经》的字里行间中，我们不难发现星占的痕迹，《南山经》九尾狐："能食人，食者不蛊。"九尾狐的"食人"特征。也可以在尾宿、箕宿的星占意义上得到说明。《尔雅·释天》："箕斗之间，汉津也。"郝懿行注云："箕，龙尾；斗，南斗。天汉之津梁。"在上古，箕宿、尾宿相连并称，箕宿也称"龙尾"。而《史记·天官书》张守节《正义》："敖音憿。箕主八风，亦后妃之府也。移徙入河，国人相食；金、火入守，天下乱。"箕宿移徙到银河，则将发生风灾，影响农作物收成，使"国人相食"。《开元占经》卷六十引石氏云："箕星居河边，岁大恶。若中河而居，天下食人。"说得更为明白。

不仅青丘国、九尾狐具有星宿象征意义，《海外东经》《大荒东经》的其他"国""神灵"与东方七宿也可对应。

一、"奢比之尸"与氐宿

《海外东经》:"奢比之尸在其北,兽身、人面、大耳,珥两青蛇。一曰肝榆之尸在大人北。"《大荒东经》称为"奢比尸"。《史记·天官书》:"氐为天根,主疫。"司马贞《索隐》:"宋均云:'疫,病也。三月榆荚落,故主疾疫也。然此时物虽生,而日宿在奎,行毒气,故有疫也。'"吴晓东先生敏锐地注意到"奢比之尸"与氐宿、与榆树之间的关系,"奢比之尸"又名"肝榆之尸",而氐宿又与榆树相关,因此称"奢比之尸"为"榆树之神"。[1]值得注意的是,古代传承天上生榆树之说,乐府古辞有《陇西行》:"天上何所有?历历种白榆,桂树夹道生,青龙对道隅,凤凰鸣啾啾,一母将九雏。"[2]必须指出的是,"奢比之尸""辩乎东方"这一点,袁珂先生引郝懿行之说曰:

> 《管子·五行》云:"黄帝得奢龙而辩于东方。"又云:"奢龙辩乎东方,故使为土师。"此经奢比在东海外,疑即是也。罗泌《路史·后纪五》亦以奢龙即奢比。《三才图会》作奢北。又《淮南·地形训》云:"诸比,凉风之所生。"诸比,神名,或即奢比之异文也。[3]

"奢比之尸"为苍龙七宿中氐宿之符号,则称"龙",且"辩乎东方"就容易理解了。

---

[1] 吴晓东:《〈山海经〉语境重建与神话解读》,中国社会科学出版社,2013年,第75页。
[2] 唐代僧人皎然《寓兴》亦云:"天上生白榆,白榆直上连天根,高枝不知几万丈,世人仰望徒攀援。谁能上天采其子,手向人间笑桃李。因问老仙求种法,老仙嗤我愚不答。始知此道终无成,还如瞽夫学长生。"见(清)汪灏等编:《广群芳谱》,上海书店,1985年,第1765页。
[3] 袁珂:《山海经校注》,第253页。

二、"大人之国"与角宿

《大荒东经》"奢比之尸"附近有"大人国":"有波谷山者,有大人之国。有大人之市,名曰大人之堂。有一大人踆其上,张其两耳。"大人国又见《海外东经》:"大人国在其北,为人大,坐而削船。"此"大人之国"当与天上的大角宿对应,《史记·天官书》张守节《正义》:"大角一星,在两摄提间,人君之象也。"又云:"摄提六星,夹大角,大臣之象也。"吴晓东先生指出:"大角星是一颗非常大而明亮的星,就像一位大人站在一些小人中间,因此它是大人国。它两边是左摄提与右摄提,左摄提由三颗星组成,其连线就像大人的左耳朵;右摄提也由三颗星组成,其连线也像大人的右耳朵,正与'张其两耳'的描述吻合。"[1]可见"大人国"是用来象征角宿的。

禹娶"涂山女"与九尾狐

九尾狐传说中,禹娶"涂山女"是最重要的情节,谈论九尾狐传说,没有不引汉赵晔《吴越春秋》卷六《越王无余外传》的相关记载的:

> 禹三十未娶,行到涂山,恐时之暮,失其度制。乃辞云:"吾娶也,必有应矣。"乃有白狐九尾造于禹。禹曰:"白者,吾之服也;其九尾者,王之证也。涂山之歌曰:'绥绥白狐,九尾厐(音máng)厐。我家嘉夷,来宾为王。成家成室,我造彼昌。天人之际,于兹则行。'明矣哉!"

---

[1] 吴晓东:《〈山海经〉语境重建与神话解读》,第260页。

禹因娶涂山，谓之女娇。取辛、壬、癸、甲，禹行。

这个故事又见《尚书·益稷》：

（禹）娶于涂山，辛、壬、癸、甲，启呱呱而泣，予弗子；惟荒度土功，弼成五服。

《楚辞·天问》：

禹之力献功，降省下土四方，焉得彼嵞（音tú）山女，而通之于台桑？闵妃匹合，厥身是继，胡维嗜不同味，而快鼌饱？

《吕氏春秋·音初》：

禹行功，见塗山之女，禹未之遇而巡省南土。塗山氏之女乃令其妾待禹于塗山之阳。

禹娶"涂山女"被置于禹治洪水的语境中，又关乎"涂山"这个特殊的地方（涂山氏当是以涂山为名而来），虽说《尚书》《楚辞》等古籍描述的禹娶"涂山女"的故事似乎并没有九尾狐掺和，但《吴越春秋》所传之故事的内核与《尚书》《楚辞》所传一致，可见《吴越春秋》所传之九尾狐故事必上古传承无疑。从《吴越春秋》的文本看，九尾狐与涂山氏似乎是叠压一体的关系，我们有理由猜想上古有禹娶九尾狐为妻的传说，后世的狐妻、狐仙故事实源于此。

09 九尾狐与禹娶"涂山女"传说蕴意考

禹治水遇九尾狐,并与"涂山女"结婚其实并不难索解。须知所谓的大禹治水,并非实际的治水活动,而是"规天划地"之举,包括对日月星辰的观察步算,以制定或修订历法及相应的度量制度。《山海经·海外东经》在青丘国之后云:"帝命竖亥步,自东极至于西极,五亿十选(万)九千八百步。竖亥右手把算,左手指青丘北。一曰禹令竖亥,一曰五亿十万九千八百步。""步"是推步、测量的意思,竖亥、大章之"步天",也就是观测步算日月星辰的周天运动情况,分度天周,确立赤道周天的广狭度数,以定天周之大小,以纪日月星辰之行次,就是制定历法。先秦时代广泛流传禹度量天地之事,《国语·周语下》有曰:"其后伯禹念前之非度,厘改制量,象物天地。"韦昭注:"取法天地之物象也。在天成象,在地成形也。"《尚书·大禹谟》说禹使"地平天成"。"地平天成"是指对天上的日月星辰进行观测、步算之后,建立了符合天象运行规律的历法的描述。后来的《周髀算经》卷上具体谈到禹度量天地的方法:"数之法出于圆方,圆出于方,方出于矩,矩出于九九八十一。故折矩,以为勾广三,股修四,径隅五,既方之外,半其一矩。环而共盘,得成三、四、五。两矩共长二十有五,是谓积矩。故禹之所以治天下者,此数之所生也。"

《周髀算经》卷下曰:"立二十八宿,以周天历度之法。术曰:倍正南方,以正勾定之。即平地径二十一步,周六十三步。令其平矩以水正,则位径一百二十一尺七寸五分,因而三之,为三百六十五尺四分尺之一,以应周天三百六十五度四分度之一。"

可见,禹的"平治水土",是用规矩测度天地,《周髀算经》详言步数与度数之换算,犹存古法。值得注意的是,这里说到"立二十八宿以周天历度之法",说明二十八宿在人们观测天象制定历法过程中具有重要意义。这与《尚书·尧典》观察四仲中星以确定季节同一机杼。

129

结合《国语·周语下》说禹"厘改制量，象物天地"之说，根据这种天人合一的观念，我们可以推断禹治水关乎天上的二十八星宿与银河，也就是说银河在二十八星宿中的位置与流向被比附到地上，形成人间大禹的治水路径。而天上银河的起源之地正是在尾、箕之间。

涂山，有时称为会稽山，是极具神话色彩、众说纷纭的地方。唐苏鹗《苏氏演义》云："涂山有四，一者会稽，二者渝州⋯⋯三者濠州⋯⋯四者宣州当涂县。"袁珂先生谓："盖均传闻不同而异辞。自以说会稽山为近正。"[1]说涂山就是今浙江的会稽山，其实也是疑问多多的。所以杨宽先生以为："涂山即会稽，当即三涂，在今河南嵩县，本亦九州之险也。"[2]（太岳会稽等名，由姜氏族携至山东，越之会稽，其名当更由山东传往者。）

涂山也未必就是"三涂"，"涂山"与"榑木"等地一样，原是古人在宇宙论意义上悬拟的地名，后来人们用它为现实中的地方命名，所以形成多处同名的现象。丁山先生以为涂山即此桑林："涂山何以谓之三涂？三之为言桑也。《天问》：'禹之力献功，降省下土四方，焉得彼涂山女，而通之于台桑？'台桑何地？旧注未详。若例以桑林、苞桑、桑山故事，古人祈雨，必于桑林，则'通于台桑'，亦'期我乎桑中'之谓；禹娶涂山故事，亦演自祷雨涂山神话，故谓之三涂。三涂，

---

[1] 袁珂：《中国古代神话》，中华书局，1985年，第226页。《左传·哀公七年》："禹会诸侯于涂山，执玉帛者万国。"《国语·鲁语下》："昔禹致群神于会稽之山，防风氏后至，禹杀而戮之。"所说事例略同，古文家因谓涂山即会稽之山，或说"禹会诸侯"，或谓"禹致群神"，可见是传说。上古又有禹巡守崩于会稽之说，今会稽又有所谓"大禹陵"，人们很容易将会稽山与涂山相联系，然涂山为会稽山之说与其他诸说一样，当如杨伯峻先生所谓"皆传说，不必深究"。然杨先生又据《水经·伊水注》《方舆纪要》等谓涂山即三塗山，在嵩山附近。见杨伯峻：《春秋左传注》，中华书局，1983年，第1642页。
[2] 杨宽：《中国上古史导论》，载顾颉刚《古史辨》七上，上海古籍出版社，1982年，第362页。

犹言桑林之涂矣。"[1]

我们根据一些文献材料，结合禹作为社神的事实，认为禹会诸神（或云诸侯）的会稽山，很有可能就是所谓的"桑山之林"，而所谓的桑山之林，实际就是上古的"社坛"（神圣中心）。它是上古先民敬崇的神圣之地，也是上古先民进行测天、祭祀等活动的重要场所。《释名·释道》云："涂，度也。""度"有计量、测量的意思，又为计量的标准，《汉书·律历志》云："度者，分、寸、尺、丈、引也。"与"度"组词的"躔度""度数"，是表示周天运行宿度的专有名词。《周礼·天官·小宰》郑玄注云："六官之属，三百六十，象天地四时，日月星辰之度数，天道备焉。"贾公彦疏："周天三百六十五度四分度之一，举全数亦得云三百六十也。言地则与天配合四时，言周天亦是地之数"[2]所以《朱子语类》卷二说"度"云："度，却是将天横分成许多度数。"于此亦可见禹在涂（度）山会诸神的传说，演绎的只是在社坛度量天地的故事。

《禹贡》禹导"二十八山"与禹治水的真相

无独有偶，被认为与《山海经》有密切联系的《禹贡》中也载有"二十八山"，这点古今治《禹贡》者皆未加注意，而为古代星占学家发现。《禹贡》所谓的"导山"部分为：

> 导岍（音qiān）及岐，至于荆山，逾于河。壶口、雷首，至于太岳。砥柱、析城，至于王屋。太行、恒山，至

---
[1] 丁山：《古代神话与民族》，商务印书馆，2005年，第198—199页。
[2] （清）孙诒让：《周礼正义》，第161—162页。

于碣石，入于海。西倾、朱圉、鸟鼠，至于太华。熊耳、外方、桐柏，至于陪尾。导嶓冢，至于荆山。内方，至于大别。岷山之阳，至于衡山，过九江，至于敷浅原。

《禹贡》中禹的导山，古代注家也往往将其置于治水背景下加以理解，如孔安国传："更理说所治山川首尾所在。治山通水，故以山名之。"孔颖达疏云："所治之山，本以通水，举其山相连属，言此山之傍，所有水害皆治讫也。"[1]

其实治水何与乎导山？宜乎前人于此志疑者甚多也，如宋人多云"随山通道"，王夫之谓"刊木治道以通行旅"，清人胡渭《禹贡锥指》"导者，循行之谓"。然古代注家以治水说导山，当出于传承，绝非他们的信口开河，只是其中的契机不为他们所解罢了。

从岍山至敷浅原，正好是二十八座山。唐人李淳风《乙巳占》卷三引纬书《洛书》，将此二十八山与天上二十八星宿对应。[2]《禹贡》导山，以地上名山对应于天上二十八星宿，实际上是以二十八星宿为蓝本，以地上一座山对应天上一座星宿，形成天地相应的格局，所谓分星、分野也。那么其"导河"，亦必关乎天文学上的考量。天上有一条银河（又名天河、星河、河汉、长河、星汉、云汉、银汉、天津等），是不是也是禹治水考量的基础呢？正是。我们发现，禹导山的顺序与天

---

[1]《十三经注疏·尚书正义》，第226页。
[2] 纬书《洛书》二十八山与天上二十八星宿的对应关系为：（东方七宿）角，岍山；亢，岐山；氐，荆山；房，壶口山；心，雷首山；尾，太岳山；箕，砥柱山。（北方七宿）斗，析成山；牛，王屋山；女，太行山；虚，恒山；危，碣石山；室，西倾山；壁，朱圉山。（西方七宿）奎，鸟鼠山；娄，太华山；胃，熊耳山；昴，外方山；毕，桐柏山；觜，陪尾山；参，嶓冢山。（南方七宿）井，荆山；鬼，内方山；柳，大别山；星，岷山；张，衡山；翼，九江；轸，敷浅原。转引自江晓原：《历史上的星占学》，上海科技教育出版社，1995年，第301—302页。纬书《洛书》所云，当是古代星占学的传承。

上银河起没的行径一致。《晋书·天文志上》有"天汉起没"的内容，"天汉"指银河，"天汉起没"是以二十八星宿作为天球上的坐标，来明确银河在天上的起没行径，亦包括它的长度、宽度等：

> 天汉起东方，经尾箕之间，谓之汉津。乃分为二道，其南经傅说、鱼、天籥、天弁、河鼓，其北经龟，贯箕下，次络南斗魁、左旗，至天津下而合南道。乃西南行，又分夹匏瓜，络人星、杵、造父、腾蛇、王良、傅路、阁道北端、太陵、天船、卷舌而南行，络五车，经北河之南，入东井水位而东南行，络南河、阙丘、天狗、天纪、天稷，在七星南而没。[1]

将"天汉起没"之行径与《禹贡》导山之次序作一比较，会发现禹导山的顺序与天上银河起没于二十八星宿的行径一致：

> （起东方宿）太岳（尾宿）→砥柱（箕宿）→（北方宿）析成（斗宿）→王屋（牛宿）→太行（女宿）→碣石（危宿）→西倾（室宿）→（西方宿）鸟鼠（奎宿）→熊耳（胃宿）→外方（昴宿）→桐柏（毕宿）→（南方宿）荆山（井宿）→内方（鬼宿）→岷山（星宿）

《禹贡》中禹导山，由东方山而北方山而西方山而南方山，与银河起没之由东方宿而北方宿而西方宿而南方宿一致。禹治水取象天上的

---

[1]（唐）房玄龄等：《晋书》卷十一《天文志上》，中华书局，1974年，第307页。

银河，而天上银河的起源之地，正是"尾箕之间"，青丘国对应于天上的尾宿，此所以步天的竖亥要"左手指青丘北"了。九尾狐是天上"尾箕"的象征，在星占的意义上，"尾箕"关乎后宫，这是禹治水之始得以遇见"涂山女"九尾狐，并与之成婚生子的契机所在。

10　方相氏（黄帝）驱疫傩禳礼俗溯源

周代就有所谓方相氏驱疫的礼俗。《周礼·夏官·方相氏》：

方相氏掌蒙熊皮，黄金四目，玄衣朱裳，执戈扬盾，帅百隶而时难（傩），以索室驱疫。大丧，先匶（音jiù），及墓，入圹（音kuàng），以戈击四隅，驱方良。

郑玄注：

蒙，冒也。冒熊皮者，以惊驱疫厉之鬼，如今魌（音qī）头也。时难，四时作方相氏以难却凶恶也。《月令》："季冬，命国难。"索，廋（音sōu）也。圹，穿地中也。方良，罔两也。天子之椁柏，黄肠为里，而表以石焉。《国语》

曰:"木石之怪夔罔两。"[1]

方相氏及与之相关的傩礼,后代传承不绝,如《后汉书·礼仪志中》云:

先腊一日,大傩,谓之逐疫。其仪:选中黄门子弟年十岁以上,十二以下,百二十人为侲子。皆赤帻皂制,执大鼗(音táo)。方相氏黄金四目,蒙熊皮,玄衣朱裳,执戈扬盾。十二兽有衣毛角。中黄门行之,冗从仆射将之,以逐恶鬼于禁中。

《后汉书·礼仪志下》"大丧":

大驾,太仆御。方相氏黄金四目,蒙熊皮,玄衣朱裳,执戈扬楯,立乘四马先驱。刘昭注引郑玄曰:"方相,放想也,可畏怖之貌。"

---

[1] (清)孙诒让:《周礼正义》,第2493—2495页。除了冬季,傩礼还行于其他季节,《礼记·月令》季春"命国难,九门磔攘,以毕春气"。郑玄注:"此难,难阴气也。阴寒至此不止,害将及人。所以及人者,阴气右行,此月之中,日行历昴,昴有大陵积尸之气,气佚则厉鬼随而出行,命方相氏帅百隶素室驱疫以逐之,又磔牲以攘于四方之神,所以毕止其灾也。"见《十三经注疏·礼记正义》,第571页。又仲秋:"天子乃难,以达秋气。"郑玄注:"此难,难阳气也。阳暑至此不衰,害亦将及人。所以及人者,阳气左行,此月宿直昴毕,昴毕亦得大陵积尸之气,气佚则厉鬼亦随而出行,于是亦命方相氏帅百隶而难之。《王居明堂礼》曰:'仲秋,九门磔禳,以发陈气,御止疾疫。'"见《十三经注疏·礼记正义》,第615页。

这个方相氏戴着金色假面舞具，面具用熊皮蒙制，此面具方头四面，每面有一只眼睛。方相氏上身穿黑衣，下身着红裳，手拿戈、盾这类武器，率领很多人，到人家室内搜索驱逐疫鬼。如有丧事，方相氏就来到墓圹，用戈击刺四周，驱除名为"方良"的恶鬼。据郑玄注，这用熊皮制作的方相氏面具，汉代称为"魌头"。[1]据黄剑华先生说，在汉代，方相氏面具为皇家专用，民间在葬礼上只能使用方相氏的对应神魌头来辟邪驱疫和驱除山川鬼怪。方相氏与魌头的区别在于前者四目，后者二目，汉代画像上刻画的辟邪驱疫之神基本都是两目的形态。[2]此面具看上去十分丑陋恐怖。

此奇异丑陋的方相氏面具为什么要用熊皮来蒙，还要做成"黄金四目"的样子，双手则持戈、盾之类的武器呢？方相氏象征着什么，为什么这样打扮的方相氏就具有逐疫驱凶的能力了呢？我以为，方相氏所蒙熊皮、所戴黄金四目的假面具，包括他手持之戈、盾等武器的形象，乃是天上北斗星的象征。方相氏的逐疫驱凶，其内蕴演绎的乃是北斗（黄帝）的神力，反映了古人的北斗信仰。

---

[1] 孙诒让云："《御览·礼仪部》引《风俗通》云：'俗说亡人魂气飞扬，故作魌头以存之，言头体魌魌然盛大也。或谓魌头为触圹，殊方语也。'案：魌正字当作'䫏'。《说文·页部》云：'䫏，丑也，今逐疫有䫏头。'《淮南子·精神训》'视毛嫱、西施犹䫏丑也'，高注云：'䫏，头也。方相氏黄金四目，衣赭，希世之䫏貌，非生人也，但具像耳目。'字又作倛，《荀子·非相篇》'仲尼之状，面如蒙倛'，杨注云：'倛，方相也。'又引韩侍郎云：'四目为方相，两目为倛。'《慎子》曰：'毛嫱、西施天下之至姣也，衣之以皮倛，则见之者皆走也。'盖周时谓方相所蒙熊皮黄金四目为皮倛。汉魌头，即周之皮倛，故郑援以为证也。"见（清）孙诒让：《周礼正义》，第2494页。
[2] 黄剑华：《略论汉代画像中的方相魌头与门神》，载向宝云主编：《神话研究集刊》第三集，巴蜀书社，2020年，第98页。

方相氏与黄帝及天上之北斗星

先说说黄帝与北斗星及熊的关系，这种关系的存在可以说明方相氏为什么要蒙上熊皮。《穆天子传》卷二："吉日辛酉，天子升于昆仑之丘，以观黄帝之宫。而封丰隆之葬，以诏后世。癸亥，天子具蠲齐牲全，以裡（音yīn）□昆仑之丘。"这里"昆仑之丘"上的"黄帝之宫"，郭璞注："黄帝巡游四海，登昆仑山，起宫室于其上，见《新语》。"

昆仑丘是有名的"宇宙山"，也即大地的中心，与天上的北极对应，而上古是以北斗作为北极的。《重修纬书集成》卷二《尚书纬》云："北斗居天之中，当昆仑之上，运转所指，随二十四气，正十二辰，建十二月。又州国分野年命，莫不政之。"而地上的黄帝名为"有熊氏"，《史记·五帝本纪》云："黄帝者，少典之子，姓公孙，名曰轩辕。"裴骃《集解》引徐广曰："号有熊。"张守节《正义》："黄帝有熊国君，乃少典国君之次子，号曰有熊氏，又曰缙云氏，又曰帝鸿氏，亦曰帝轩氏。母曰附宝，之祁野，见大电绕北斗枢星，感而怀孕，二十四月而生黄帝于寿丘。寿丘在鲁东门之北，今在兖州曲阜县东北六里。生日角龙颜，有景云之瑞，以土德王，故曰黄帝。"所谓黄帝母亲感北斗枢星怀孕生黄帝，是上古的一种传承。有迹象表明，天上的北斗星也曾以熊作为象征，这是黄帝称有熊氏的根源所在，所以上古传承黄帝感生自北斗星。《绎史》卷五引《河图握拒》曰："黄帝名轩，北斗黄神之精，胸文曰黄帝子。"引《拾遗记》："轩辕出自有熊之国，母曰昊枢，以戊己之日生，故以土德称王也。时有黄星之祥。"《重修纬书集成》卷六《河图始开图》云："黄帝名轩辕，北斗神也，以雷精起。"黄帝作为五帝之首，是"中央之帝"，与天上北斗所处位置相同。上博简《容成氏》说到大禹建立五方旗帜制度，以日、月、蛇、鸟代表东南西北四方，而中央旗帜上则是熊：

> 禹听政三年，因民之欲，会天地之利矣。是以近者悦治，而远者自至，四海之内，及四海之外，皆请贡。禹然后始为之旗号，以辨其左右，思民毋惑。东方之旗以日，西方之旗以月，南方之旗以蛇，中正之旗以熊，北方之旗以鸟。禹然后始行以俭。衣不褒美，食不重味。[1]

《楚辞·天问》云："焉有虬龙，负熊以游。"王逸注云："有角曰龙，无角曰虬。"[2]然据《说文》及《广雅》"虬"是指"有角之龙"，[3]乃天上大角星之象，这里的熊是北斗之象。两句正是《史记·天官书》所云"杓携龙角"之象征，杓是斗柄，携有连接之意。斗

---

[1] 马承源主编：《上海博物馆藏战国楚竹书（二）》，上海古籍出版社，2002年，第262—277页。
[2] （宋）洪兴祖：《楚辞补注》，中华书局，1983年，第94页。
[3] 《说文·虫部》："虬，龙子有角者。"龙子之子衍，桂馥云："'龙子有角者'者，李善注《甘泉赋》引无子字。《韵会》引同。《离骚》：'驷玉虬以乘鹥兮。'注云：'有角曰龙，无角曰虬。'《汉书·冯衍传》：'驷素虬而驰骋。'颜注：'虬，龙之无角者。'《广雅》：'有角曰虇龙。'《文选》注引作'虬'。《汉书·司马相如传》：'六玉虬。'张揖曰：'龙子有角曰虬。'"见（清）桂馥：《说文解字义证》，中华书局，1987年，第1174页。虬到底是有角之龙，还是无角之龙，古人有两说，段玉裁主无角说，桂馥主有角说。从虬所象征者为天上大角星的角度看，虬原义当为有角之龙。

柄连接大角星，是上古指时的重要天象[1]，而《楚辞·天问》以有角之龙背负熊的动物形象表现。

北斗星、三台星与轩辕等星组成上古天象上的"中宫"。三台在北斗之南，共六颗星，《史记·天官书》："魁下六星，两两相比者，名曰三能。""能"即熊也。三能之南就是轩辕十七星，《晋书·天文志上》云："轩辕十七星，在七星北。轩辕，黄帝之神，黄龙之体也。"上古取象不一，黄帝有时以"龙象"出现，但熊作为天上之星象，可以

---

[1]《史记·天官书》裴骃《集解》引孟康曰："杓，北斗杓也。龙角，东方宿也。携，连也。"《正义》云："北斗之杓连于龙角。"又《史记·天官书》有"魁枕参首"之语，谓北斗斗魁枕于参星之首。这里我们可以附带谈谈"鲧化熊"的神话传说了。《国语·晋语八》载晋平公有疾，郑国子产曰："昔者鲧违帝命，殛之于羽山，化为黄熊，以入于羽渊，寔为夏郊，三代举之。夫鬼神之所及，非其族类，则绍其同位，是故天子祀上帝，公侯祀百辟，自卿以下，不过其族。今周室少旱，晋实继之，其或者未举夏郊邪？"见徐元诰：《国语集解》（修订本），中华书局，2002年，第437页。晋平公生病，子产以为是鲧作祟所致，鲧传说中为禹父，是夏之祖，而夏人所主之星辰为参宿，参宿以虎为其象征，而参宿之指时功能离不开北斗，北斗以熊为其象征，所以熊虎可以形成一体，正像《周礼·冬官·辀人》熊虎旗所反映的那样。所以鲧化熊的传说，其内蕴，盖关乎北斗及参宿。《史记·赵世家》载赵简子七日昏迷不省，醒来后说："我之帝所甚乐，与百神游于钧天，广乐九奏万舞，不类三代之乐，其声动我心。有一熊欲来援我，帝命我射之，中熊，熊死。又有一罴来，我又射之，中罴，罴死。帝甚喜，赐我而笥，皆有副。"《史记·赵世家》又载赵简子外出，有人挡道，对赵简子说："晋国且有大难，主君首之。帝令主君灭二卿，夫熊与罴皆其祖也。"《正义》云："范氏、中行氏之祖。"参宿是晋人之星，而赵简子梦中射杀熊、罴，挡道者以为象征覆灭晋国范氏、中行氏二卿之兆，大约也是以熊虎连体为说也。这里要指出的是，这类离奇的记载，大抵出于星占家之手，如赵简子之梦，"董安于受言而书藏之。"董安于是赵简子的家臣，当是星家，董氏世为晋史官。《晋语八》"祀夏郊，董伯为尸。"韦昭注："董伯，晋大夫。"又韦昭注《晋语四》云："董因，晋大夫，周太史辛有之后。"辛有为周平王史臣，是武王太史辛甲的后裔，董因出自辛有的次子董，约当晋惠公、文公之世，曾迎晋文公于河，为文公分析星象。董氏世代为史官，也即星官，有名的秉笔直书的董狐也出自董氏家族。

象征黄帝，却无可怀疑。[1]

轩辕是黄帝之星，轩辕十七星前人视之为黄帝之象，故黄帝又称轩辕氏，《山海经·西次三经》："轩辕之丘。"郭注："黄帝居此丘，娶西陵氏女，因号轩辕丘。"[2]《楚辞·远游》："轩辕不可攀援兮。"王逸注："轩辕，黄帝号也；始作车服，天下号之为轩辕氏也。"

黄帝是人格化的北斗星，这种汉人著作中大量存在的明确说法自然有其渊源，这是一种古老的传承。此"北斗"并不与后人眼中的北斗七星等同，它还包括临近的三能（台）六星、轩辕十七星等，它们共同组成天空的"中宫"，是"五象"中最重要的中宫之象。所以上古五帝之说，很有可能反映的是"轩辕"作为天上的一"象"处于中央的位置，与其他四象构成"五象"。张衡《灵宪》"五象"云："苍龙连蜷于左，白虎猛据于右，朱雀奋翼于前，灵龟圈首于后，黄神轩辕于中。"其中"黄神轩辕"说的就是中宫之象。陈久金先生指出："无论是四象

---

[1]《周礼·冬官·辀人》："龙旂九斿，以象大火也；鸟旟七斿，以象鹑火也；熊旗六斿，以象伐也；龟蛇四斿，以象营室也。"《周礼·春官·司常》："交龙为旂，通帛为旜，杂帛为物，熊虎为旗，鸟隼为旟，龟蛇为旐。"是以"熊"或"熊虎"为"四象"之一。在汉代的画像石中，经常可以看到天空中熊的形象，有时同东方苍龙组合，有时同南方朱雀组合，有一幅图表现的是，在布满云彩的天空中，一只体格较大的生有翅膀的虎和两只较小的熊。陕西神木县还发现"熊"与"牛""鸟"组合的画像石，画像两端分别刻有月轮和日轮，月轮施白彩，内有蟾蜍；日轮施红彩，内有金乌，显然是关乎星空的图画。见《中国画像石全集》，山东美术出版社，2000年，图218。而北斗星在古希腊称为大熊星座，斗魁四星为大熊的躯体，斗柄为大熊的尾巴。三台星中的中台一、二和下台一、二，组成了大熊的两只后脚，呈弯曲状的文昌星二、三、四、五，构成了大熊的一条前腿。文昌一与内阶一及三师一，构成大熊的头部。见陈久金：《泄露天机——中西星空对话》，群言出版社，2005年，第14—15页。中西北斗星都取象熊，两者之间是否存在传播的关系？叶舒宪说："北斗在古汉语中又名'帝车'，在巴比伦和古希腊星象神话中被称为'大熊星座'。中国的帝车与西方的大熊的对应关联，看似偶然，实际上可能隐藏着尚不为人知的文化秘密。从夜空的中央天神（帝、帝星）隐喻，看黄帝崇拜的天文神话依据，透视和分析黄帝的两个雅号'轩辕'和'有熊'之间的内在联系，将使得帝车与轩辕、有熊与大熊星座的奇妙吻合现象获得比较研究的契机。"见叶舒宪：《中华文明探源的神话学研究》，社会科学文献出版社，2015年，第383页。叶氏这个意见，值得重视。
[2] 袁珂：《山海经校注》，第51页。

还是五象的观念，都是形成于二十八星宿产生之前。现今看来，如果将黄道带分成苍龙、朱雀、轩辕、白虎、龟蛇，似乎并不完全等分，但在三代以前，北极星在斗魁和左右枢轴之间的时代，当时朱雀、轩辕所占有的赤经范围要更广阔，北方、西方所占天区比现今也要小一些。故将其配为五象应该是大致相合的。"[1]

黄金四目的方相氏，从方相氏的字义看，是四方的，四方的面具上四面各有一只眼睛，而黄帝正有"四面"之说，《吕氏春秋·本味》："故黄帝立四面，尧舜得伯阳、续耳然后成。"《太平御览》卷七十九引《尸子》云："子贡曰：'古者黄帝四面，信乎？'孔子曰：'黄帝取合己者四人，使治四方，不计而耕，不约而成，此之谓四面。'"《史记·天官书》说北斗星"运于中央，临制四乡，分阴阳，建四时"。四方与四时可以对应，黄帝四面说当源自北斗星"临制四乡，分阴阳，建四时"的功能。

黄帝在五色帝系统中属中央，属土，为黄色，方相氏之假面具也是"黄金"之色，即黄色。方相氏所持的武器是戈、盾。而处于北斗斗柄之星座是招摇、玄戈两星，它们正有戈、盾之称。北斗星现在一般认为由七颗星组成，但古代又有北斗九星之说，其九星之说，以第八星为玄戈，第九星为招摇。《史记·天官书》："杓端有两星：一内为矛，招摇；一外为盾，天锋。"裴骃《集解》引晋灼曰："外，远北斗也。在招摇南，一名玄戈。"《开元占经》卷六十五引石氏曰："玄戈一星，在招摇北。"《晋书·天文志上》："其北一星曰招摇，一曰矛楯，其北一星曰玄戈，皆主胡兵，占与梗河略相类也。"方相氏之戴四方黄金面具，手执戈、盾，正是模拟天上北斗九星之象。

---

[1] 陈久金：《星象解码——引领进入神秘的星座世界》，群言出版社，2004年，第83—84页。

北斗星的傩禳逐疫功能及相关习俗

  黄金四目、蒙熊皮的方相氏持戈、盾驱疫，之所以取如此奇特的形象，其模拟者显然是天上的北斗九星，而北斗星在上古的信仰体系中，原是有傩禳、战胜等功能的。处于斗柄的玄戈星，又名"天蜂""天锋"等，为用兵之象，所以很受古人重视，被画于军旗之上。《左传·哀公二年》："郑人击（赵）简子中肩，毙于车中，获其蜂旗。"杜预注："蜂旗，旗名。"《文选》载张衡《西京赋》："建玄弋，树招摇。"薛综注："玄弋，北斗第八星名，为矛头，主胡兵。招摇，第九星名，为盾。今卤簿中画之于旗，建树之以前驱。"这里的玄弋之"弋"，当为"戈"字之误。而北斗九星又称"九魕（音qí）"，《楚辞·九叹·远逝》："合五岳与八灵兮，讯九魕与六神。"王逸注："九魕，谓北斗九星也。"洪兴祖补注："魕，音祈，星名也。北斗七星，辅一星，在第六星旁。又招摇一星，在北斗杓端。"[1] "魕"与"魌"音近，所谓的驱鬼"魌头"，或为此魕所讹，原指北斗之斗魁也。北斗斗魁主杀，上古星家极为关注且多有记载，《后汉书·天文志》："[光武帝建武十年（34）三月癸卯]流星如月，从太微出，入北斗魁第六星，色白。……太微天子庭，北斗魁主杀。星从太微出，抵北斗魁，是天子大使将出，有所伐杀。"[2]

  《汉书·艺文志》"杂占类"有《禳祀天文》十八卷，即后世所

---

[1] （宋）洪兴祖：《楚辞补注》，第293页。
[2] 《后汉书·天文志》类似记载不少，又《晋书·天文志下》北斗星占亦以北斗主杀伐，如晋武帝咸宁二年（276）八月"星孛太微，至翼、北斗、三台。占曰：'太微，天子庭，大人恶之。一曰：有改王。翼，又楚分野。北斗主杀罚，三台为三公'"。晋惠帝元康六年（296年）六月丙午夜，"有枉矢自斗魁东南行。案占曰：'以乱伐乱。北斗主执杀，出斗魁，居中执杀者，不直之象也。'"见（唐）房玄龄等：《晋书》卷十三《天文志下》，第391页、第397页。

谓"拜斗""礼斗"之类的习俗。道家踏斗步罡，以驱除、战胜鬼魅，形成一定的仪轨，也相信北斗具有某种神秘力量。《汉书·王莽传》云："莽亲之南郊，铸作威斗。威斗者，以五石铜为之，若北斗，长二尺五寸，欲以厌胜众兵。"[1] 王莽兵败之际，以北斗为厌胜之具，绝非偶然。

上古常以熊象征北斗星，古代有戴熊皮帽作前驱之俗，或亦寓有以北斗为前驱之意。罗愿《尔雅翼》卷十九云：

> 古以熊配虎为旗，又皆以为王射之侯，又以皮为冠。执罼（音bì）者冠之，谓之旄头。乘舆之出，则前旄头而后豹尾。盖乘舆黄麾内，羽杖班弓前，左罼右罕，执罼者冠熊皮冠，谓之旄头。

戴熊皮帽称为"旄头"，王者乘舆出行而在前面开路，其所象征者，正是北斗星。

年末大傩一直被后世传承，其形式在传承过程中发生了不少变异，但作为年末皇家及民间大礼一直未变。值得注意的是，古代有大傩逐疫情为"出魁"之说。高承《事物纪原》卷八引《礼纬》曰：

> 高阳有三子，生而亡去为疫鬼，二居江水中为虐；一居人宫室区隅中，善惊小儿。于是以正岁十二月，命祀官持傩

---

[1]《南史·何承天传》："张永尝开玄武湖，遇古冢，冢上得一铜斗，有柄，文帝以访朝士，承天曰：'此亡新威斗，王莽三公亡，皆赐之，一在冢外，一在冢内。时三台居江左者，唯甄邯为大司徒，必邯之墓。'"见（清）王先谦：《汉书补注》，上海古籍出版社，2008年，第6164页。

以索室中，而驱疫鬼。《轩辕本纪》曰："东海渡朔山，有神荼、郁垒之神，以御凶鬼，为民除害，因制驱傩之神。子游岛问于雄黄曰：'今人逐疫出魁，击鼓呼噪何也？'雄黄曰：'黔首多疾，黄帝氏立巫，咸使黔首鸣鼓振铎，以动心劳形，发阴阳之气。击鼓呼噪，遂以出魁。黔首不知，以为祟魅也。或记以为驱傩之事。'"按：周礼有大傩，汉仪有侲子，要之虽原始于黄帝，而大抵周之旧制也。《周官》岁终命方相氏率百隶，索室驱疫以逐之，则驱傩之始也。

高阳即颛顼，《礼纬》之记载略同他书，然高承引《轩辕本纪》，有子游岛与雄黄的一问一答，提到"逐疫出魁，击鼓呼噪"和"击鼓呼噪，遂以出魁"。这里说的"出魁"，可以理解为大傩时拿着"魁"之神像，神"魁"是逐疫者，而非驱逐之对象，故雄黄曰："黔首不知，以为祟魅也。"而"魁"正是北斗斗魁之谓。魁或指北斗第一星，即枢星，或谓为天枢、天璇、天玑、天权四星之合称，而四星合称之说，似更普遍。魁又可作为北斗星的代称。逐疫而出魁，与黄金四面之方相氏之驱魅，显然同一机杼。

方相氏逐疫对象关乎时令及虚、危两宿的星占特点

方相氏关乎上古傩礼，这是《周礼·夏官·方相氏》中明说的，郑玄注以为："四时作方相氏以难却凶恶也。"《礼记·月令》只记载春、秋与季冬的傩礼，三时傩礼，以季冬大傩为最盛大。《月令》季冬之月："命有司大难，旁磔，出土牛，以送寒气。"郑玄注："此难，难阴气也。难阴始于此者，阴气右行，此月之中，日历虚危，虚危有

坟墓四司之气，为厉鬼将随强阴出害人也。旁磔于四方之门。磔，攘也。出犹作也。作土牛者，丑为牛，牛可牵止也。送犹毕也。"[1]这里的虚、危指北方七宿的虚、危两宿。"四司"也是指星宿，孔颖达《正义》云：

> 云"日历虚危，虚危有坟墓四司之气"者，熊氏引《石氏星经》云："司命二星，在虚北。司禄二星，在司命北。司危二星，在司禄北。司中二星，在司危北。史迁云："四司，鬼官之长。"又云："坟墓四星，在危东南。"是危虚有坟墓四司之气也。[2]

从郑玄注、孔颖达《正义》可知，季冬之大傩恰逢此月之中，太阳位置正在虚、危两宿，是人间的厉鬼随阴气出来害人的时节，而虚、危两宿及其属星在星占上意味着坟墓与死亡。《史记·天官书》："北宫玄武，虚、危。危为盖屋；虚为哭泣之事。"张守节《正义》曰："虚主死丧哭泣事，又为邑居庙堂祭祀祷祝之事。……危为宗庙祀事，主天市架屋。"《开元占经》卷六十一引黄帝曰："虚二星主坟墓冢宰之官。十一月万物尽，丁虚星主之，故虚旱死丧。"引甘氏曰："虚主丧事，动则有丧。"引石氏曰："虚、危主庙堂，祀考妣，故置坟墓，识先祖茔域。"引甘氏曰："危主架屋，星动则有架屋之事。"今虚宿属星有"哭"二星、"泣"二星；危宿属星有"坟墓"四星、"盖屋"二星。可见，虚、危两宿的星占特征在于死丧哭泣，而虚、危两宿又主宗庙祭祀及"盖屋"之类的事。这大概就是方相氏

---

[1] 《十三经注疏·礼记正义》，第558—559页。
[2] 同上，第559页。

"索室驱疫"的原因了，因为在那时的人们看来，虚、危两宿带来的危害还涉及屋室。上古年终之大傩，不仅宗庙宫殿，百姓之住家屋室也是对象。《论语·乡党》云："乡人傩，（孔子）朝服而立于阼阶。"《礼记·郊特牲》："乡人裼（音shāng），孔子朝服立于阼，存室神也。"郑玄注："裼，强鬼也。谓时傩，索室驱疫，逐强鬼也。"[1]大体是说乡人所扮之方相氏索室驱疫，一家一家而为，到孔子家，孔子穿着朝服立于台阶。孔子将此看成一种礼，所以非常慎重地对待。

这里我们就可以理解关于方相氏逐疫习俗起源的一种解释了，《续汉书·礼仪志》刘注引《汉旧仪》云："颛顼氏有三子，生而亡去为疫鬼，一居江水，是为虐鬼；一居若水，是为罔两蜮（音yù）鬼；一居人宫室区隅，善惊人小儿。方相帅百隶及童子，以桃弧、棘矢、土鼓，鼓且射之，以赤丸五谷播洒之。"《独断》、《搜神记》卷十六等所载略同。《论衡·解除》也云："解逐之法，缘古逐疫之礼也。昔颛顼氏有子三人，生而皆亡，一居江水为虐鬼，一居若水为魍魉，一居区隅之间主疫病人。故岁终事毕，驱逐疫鬼，因以送陈、迎新，内吉也。"《荆楚岁时记》引《玄中记》云："颛顼氏三子俱亡，处人宫室，善惊小儿。汉世以五营千骑自端门传炬送疫，弃洛水中。"

值得注意的是，《汉旧仪》等文献所云颛顼氏三子之传说，与黄帝之子的记载颇有类似之处。《史记·五帝本纪》：

> 黄帝居轩辕之丘，而娶于西陵之女，是为嫘祖。为黄帝正妃，生二子，其后皆有天下：其一曰玄嚣，是为青阳，青

---

[1] 关于"存室神"，孔颖达《正义》云："此明孔子存室神之礼也。傩，索室驱逐疫鬼。恐惊先祖，故孔子朝服而立于庙之阼阶。鬼神依人，庶其依已而安也。所以朝服者，大夫朝服以祭，故用祭服以依神。"

阳降居江水；其二曰昌意，降居若水。司马贞《索隐》："嫘祖，一曰雷祖。"

黄帝所生二子，玄嚣"降居江水"，昌意"降居若水"，与颛顼氏之子"一居江水，是为虐鬼；一居若水，是为罔两蜮鬼"略同。可见颛顼氏子为鬼之说，或源于黄帝之传说。被方相氏所驱逐的疫鬼，是颛顼氏之子，而颛顼与虚、危两宿可以对应，黄帝子曰"玄嚣"，或原指"玄枵"。《尔雅·释天》："玄枵，虚也。颛顼之虚，虚也。北陆，虚也。"郭璞注："虚在正北，北方黑色。枵之言秏（音hào），秏亦虚意。颛顼水德，位在北方。虚星之名凡四。"[1]邢昺疏云：

"玄枵，虚也"者，玄枵，虚之次名也。郭云："虚在正北，北方色黑。枵之言秏，秏亦虚意。"然则以其色黑而虚秏，故名其次曰玄枵。案襄二十八年《左传》云："春，无冰。梓慎曰：'今兹宋、郑其饥乎！岁在星纪而淫于玄枵，以有时菑，阴不堪阳。蛇乘龙；龙，宋、郑之星也。宋郑必饥。玄枵，虚中也。枵，秏名也。土虚而民秏，不饥何为？'"颛顼之虚也。郭云："颛顼水德，位在北方。"然则以北方三次，以玄枵为中，玄枵次有三宿，又虚在其中，以水位在北，颛顼居之，故谓玄枵虚星，为颛顼之虚也。[2]

被驱除之对象是颛顼之子，正是疫鬼关乎虚、危两宿时令及星占特征的曲折传承。张衡《东京赋》说到汉代大傩，有"残、夔、魖

---

[1]《十三经注疏·尔雅注疏》，北京大学出版社，1999年，第175页。
[2] 同上，第178页。

（音xū）与罔象"。薛综注："䏿，犹杀也。夔，木石之怪，如龙有角，鳞甲光如日月，见则其邑大旱。《说文》曰：'魖，耗鬼也。罔象，木石之怪。'"奇怪的"魖"，其义关乎天上之虚星等，天上十二次之玄枵，由女、虚、危三宿组成，虚星为其主星，魖又写作"虚"，本有耗义。[1]然则魖者，当为天上虚星之精，古人想象中在特定季节出而害人者。由于虚宿是北方七宿的中宿，北方宿属水，所以有为疫鬼的颛顼氏之子居江水、若水之说。而罔象为水怪之说，大约也来自虚宿处于"水位"的特点。[2]

在古代，方相又有"开路神""险道神"之说。《三教源流搜神大全》卷七：

> 开路神君，乃是《周礼》之方相氏是也。相传轩辕皇帝周游九垓，元妃嫘祖死于道，召次妃好如（嫫母？）监护，因买（置）相以防夜，盖其始也。俗名险道神，一名阡陌将军，一名开路神君。其神身长丈余，头广三尺，须长三尺五寸，须赤面蓝，头戴束发金冠，身穿红战袍，脚穿皂皮靴，左手执玉印，右手执天方画戟，出柩以先行之。能押诸凶煞恶鬼，藏形行柩之吉神也，留传之于后世矣。

《事物纪原》卷九引《轩辕本纪》曰：

---

[1] 桂馥注《说文解字》曰："耗鬼也者，李善注《东京赋》引同。《集韵》引作秅。《玉篇》：'秅，减也、败也。'《广雅》：'秅，减也。'……本书：'夔，神魖也。'《汉书·扬雄传》：'捎夔魖而抶獝狂。'孟康曰：'魖耗鬼也，通作虚。'王延寿《梦赋》：'批鸑毅，斫魖虚。'"见（清）桂馥：《说文解字义证》，第784—785页。
[2]《左传·昭公十七年》梓慎曰："卫，颛顼之虚也，故为帝丘，其星为大水。"见（西晋）杜预：《春秋左传集解》，凤凰出版社，2010年，第689页。

（黄）帝周游时，元妃嫘祖死于道，令次妃嫫母监护，因置方相，亦曰防丧。此盖其始也。俗号险道神，亦由此故尔？《周礼》有方相氏狂夫四夫，大丧先柩，及墓入圹，以戈击四隅，驱方良。故葬家以方良先驰。

所谓开路神君传说，多关乎黄帝，虽装束及手执之武器有所不同，其为周代方相氏之后世传承之变异，是毫无疑问的。

余　论

从上面的论述可知，上古源远流长的方相氏逐疫驱鬼的习俗，具有浓厚的天文学及星占学的背景。逐疫驱鬼的所谓傩礼，往往发生于季节转换之际，而季节转换必然与天上的星象发生联系。中国上古文化中有许多人们耳熟能详的"精怪"，所谓的木石之怪、水之精等，溯其源，大抵也都关乎天上的星辰。古人的星象信仰有其特点：在傩襀等礼俗中，有将天上的星象神（人）格化及兽（精）格化的倾向。

黄金四目的方相氏，手执戈、盾武器以驱害逐怪的神灵形象，是以天上的北斗九星作为其原型的，它是黄帝的象征。北斗星非常明亮，包括三能六星、轩辕十七星，由于处于恒显圈，几乎一年四季都高悬于空中。它指示时节、方向的独特能力容易使我们的先民形成对它产生崇拜与信仰，古代星占中北斗星杀伐除害的功能大约就是这种崇拜与信仰的反映。方相氏的逐疫驱害之所以要涉及屋室、坟墓等地，也都和相关的星宿，即虚、危及其属星的星占特点有关。这也是源远流长的"天人合一"的表现形式之一吧。

上古肯定存在用禽兽象征天上星宿的文化，而熊曾作为天上北斗等星座的象征或符号也是确定无疑的,但北斗的象征尚有猪及猩猩等,这既反映了古人取象多样的一面,也可能是后世传承致讹造成的。尤其是猪,它作为北斗象征的历史可以追溯到新石器时代。[1]《山海经》等古籍,则以狌狌等象征北斗和南斗。[2]而值得注意的是,熊与猪,其外观形象在古人眼中区别似不是很大。《说文·熊部》:"熊兽,似豕,山居,冬蛰。"罗愿《尔雅翼·释兽》也云:"熊,类大豕,人足,黑色。"又谓:"今猎者云:'熊有两种:猪熊,其形如猪;马熊,其形如马,各有牝牡。'"径称一种熊为"猪熊"。《山海经》《逸周书》上所谓的狌狌(猩猩)除了似猴,还具有似豕的形貌特征,《山海经·海内南经》:"氾林方三百,在狌狌东。狌狌知人名,其为兽如豕而人面。"《逸周书·王会解》:"都郭生生(狌狌)……若黄狗人面能言。"郝懿行笺云:"刘逵注《吴都赋》引此经云,猩猩豕身人面。郭注《尔雅》引此经亦同,亦所见本异也。"[3]然则《王会》之生生(狌狌)亦猪形也。古人在用动物形状表现天上的北斗星时,或视之为猴,或视之为猪,或视之为熊,甚或以其他动物形象视之,都是完全有可能的。

---

[1] 冯时先生指出内蒙古敖汉旗新石器时代的小山遗址、浙江河姆渡文化遗址、内蒙古红山文化遗址、山东大汶口文化遗址出土的陶器、玉器上有猪的图像,用于象征北斗星。如出土于河姆渡遗址的一件黑陶钵,年代大约相当于公元前5000—前4500年,陶体外壁各绘刻一猪,形象逼真,猪的中心特意标示一颗圆形的星饰,说明具乃北斗之象征。陶钵不仅形象酷似斗魁,而且猪纹中央标示的极星也把猪的象征意义限定在斗魁四星。良渚文化出土的一件玉璧猪像,在猪身上明显地刻有呈斗形的四颗星,显然表示猪是斗魁四星的象征。上海博物馆收藏的一件龙山文化玉钺之上也绘有北斗的形象。冯时先生指出:中国东方新石器时代文化中广泛存在的北斗遗迹反映了当时人们普遍进行的北斗观测和对它的祭祀活动,这无疑是先民重视北斗建时的具体表现。安徽含山凌家滩新石器时代遗址出土的太一北斗与猪首合璧的雕塑作品再次表现了二者所具有的密切关系。见冯时:《中国天文考古学》第三章,社会科学文献出版,2001年。
[2] 尹荣方:《〈山海经〉"贰负之尸"传说与"贯索"星座》,载向宝云主编:《神话研究集刊》第三集。
[3] (清)郝懿行:《山海经笺疏》,中国致公出版社,2016年,第343页。

11　颛顼与共工争帝的寓意

中国上古神话中,最为壮丽阔大的大约要数共工与颛顼争帝的故事。《淮南子·天文训》中的这段文字由于毛泽东同志在他所作的一首词的自注中加以引用而人人皆知:

> 昔者共工与颛顼争为帝,怒而触不周之山,天柱折,地维绝。天倾西北,故日月星辰移焉。地不满东南,故水潦尘埃归焉。

对于这个神话,学者们大体认为是先民想象的产物。我觉得这样的观点值得重新检讨。前面我们已经指出,神话反映的是先民的实践认识,这种认识具有实践性,又有想象、幻化的成分。直观与想象幻化和原始信仰结合在一起,经由特定的语言表达,就构成了神话。因此,把神话单单看成想象的产物是难以揭示神话的本质的。我以为,共工与颛顼争帝的神话,反映的是我们的先民对季节变迁的认识,它使用了一种"特殊"的语言。共工与颛顼在这个神话中,分别指代秋神与冬神。各民族的神话中以季节神的斗争为主题的作品举不胜举，共工与颛顼斗争的真实内涵，也是秋神与冬神的斗争。颛顼最后的胜利，意味着冬天取代了秋天。

颛顼是冬神，共工是秋神

中国上古的季节神，常与方位相结合，它们又是方位神，传统的称呼是四方帝或五方帝。《吕氏春秋·十二月》与《礼记·月令》的五方帝系统为：

> 春，其帝太昊，其神勾芒。治东方。
> 夏，其帝炎帝，其神祝融。治南方。
> 中央，其帝黄帝，其神后土。
> 秋，其帝少昊，其神蓐收。治西方。
> 冬，其帝颛顼，其神玄冥。治北方。

《淮南子·天文训》以祝融为朱明，其余略同。这个五方帝系统似乎不包括共工，而颛顼则是地地道道的"执权而治冬"[1]的冬季之神、北方之神。当然，颛顼在古籍中，具有极为复杂的身份，也早就历史化为人皇的五帝之一了，这里不去说他。颛顼作为北方之神、冬季之神，古书中记载甚多。《国语·周语下》："星与日辰之位，皆在北维，颛顼之所建也，帝喾受之。"这里就说颛顼是建"北维"的，天象上的北维与冬季相应。《史记·天官书》："北宫玄武，虚、危。"

---

[1] 刘文典：《淮南鸿烈集释》，中华书局，1989年，第331页。

《尔雅·释天》云："颛顼之虚，虚也。"什么叫"虚"？《史记·律书》说："虚者，能实能虚。言阳气冬则宛藏于虚，日冬至，则一阴下藏，一阳上舒，故曰虚。"这里，颛顼主虚即主冬的意思也十分清楚。丁山先生曾明确断言颛顼"以方位言，他该是北方上帝；以时令言，他该是冬神。他的夫人名䲴（音lù），正是'日行北陆'的寓言"[1]。

颛顼具有冬神的身份绝无疑义。问题是共工，他是否具有作为季节之神秋神的地位呢？答案当是肯定的。我们先看《左传·昭公十七年》中郯（音tán）子所说的一段话：

　　昔者黄帝氏以云纪，故为云师而云名；炎帝氏以火纪，故为火师而火名；共工氏以水纪，故为水师而水名；太皞氏以龙纪，故为龙师而龙名。我高祖少皞挚之立也，凤鸟适至，故纪于鸟，为鸟师而鸟名：凤鸟氏，历正也；玄鸟氏，司分者也……

这段话，古来说者纷纭，郯子眼中，黄帝、炎帝、共工、太皞、少皞是古帝王者流，这且不说。我们特别注重这段话的原因在于：此可说明古时以共工与太皞、少皞、炎帝、黄帝并列，而太皞、少皞、炎帝、黄帝在古时代表季节、方位的五方帝系统中都占有位置。由此推断：共工很有可能较早的时候在代表季节、方位的天帝系统中也占有一席之地。

有意思的是，先秦传说常谓共工是炎帝或祝融的后裔。《山海

---

[1] 丁山：《中国古代宗教与神话考》，第331页。

经·海内经》：

> 祝融降处于江水，生共工。

炎帝与祝融都是主夏季、南方的大神。共工是炎帝之后代，又直接由祝融所生，这很可能蕴含着秋季是夏季后代的喻义。

《山海经·大荒西经》又谓：

> 颛顼生老童，老童生祝融。

《吕氏春秋·孟夏纪》："其神祝融。"高诱注："祝融，颛顼氏后，老童之子吴回也。"祝融为颛顼所生，而共工则是祝融所生，此可证在上古的天神系统中共工曾与颛顼等一起扮演季节、方位的大神角色。如果按上述材料的季节次序排列，正好是颛顼（冬）——老童（春）——祝融（夏）——共工（秋）。

关于共工具有秋神的身份，还有一条非常有说服力的材料。《淮南子·地形训》："共工，景风之所生也。"高诱注："共工，天神也。人面蛇身。离为景风。"中国古代有八风的观念，八风与立春、春分、夏至等八节相应，也是表示季节与节气的。景风表示夏至，景风后之风称"凉风"，所指是立秋。古人还把八风与乾、坤等八卦位相配，景风处离位，离于八方属正南，在时节上与夏至相应。而离位之后是坤位，坤位于八方属西南，在时节上则与立秋相应。因此，景风所生的共工所主当是凉风，即秋天，这与我们前面所引的《山海经》祝融生共工意正相同。

共工、颛顼争帝的喻指

"帝"字,很多学者写过文章讨论,一般多认为,"帝"字较古的一义是天神而非人王。从共工、颛顼争帝的神话结构看,他们显然不是人间帝王之争而是天神之争。"帝"是具有什么特质的天神呢?前面我们谈到在先秦古籍中,它"能成命百物",是"生物之主,兴益之宗"。帝的一个重要功能是主时气节令。如此看来,太皞、颛顼、少皞等,是我们的先民在自然神信仰的基础上赋予季节、方位等的名号,是他们把自然现象喻指化、神格化的结果。考虑到确定季节、方位对原始农业以及人们生活的巨大意义,可以认为,这种对自然季节、自然现象的喻指化、神格化对先民认识自然、掌握季节变化规律,进而对农业生产等实践活动都会产生非常有益的作用。从这个意义上说,看似光怪陆离、难以理喻的太皞、颛顼等五帝,折射的却是我们先民的实践认识。

当然,太皞、炎帝等具有特定意义的名号后来被一些氏族或部落借用为氏族或部落的名号。后世氏族、部落间的争斗十分频繁,神话的五帝间的关系与历史的五帝间的关系被混淆起来,古史系统中五帝极其复杂、矛盾的关系,或许就是这样形成的。

古书中,神话的"五帝"与历史的"五帝"(包括三皇等)绝不是不能区别的。凡涉及"神怪",用现今的常识根本无法加以解释;或涉及天文历法等内容,作为时令、方位象征的"五帝"往往是神话的。合于现今常识的,并不直接与天文历法挂钩,并不作为时节、方位象征的"五帝"则常常是历史的。这两者之间,在古籍中虽有混淆的现象,但它们的这种区分大体说来还是清楚的。

我们先拿黄帝为例来作说明。《淮南子·说林训》云:"黄帝生阴阳。"高诱注:"黄帝,古天神也。始造人之时,化生阴阳。"这里的黄帝是神话的皇帝。所指是"皇天上帝"。再如《淮南子·天文训》云:"中央土也,其帝黄帝,其佐后土,执绳而制四方。"这个黄帝显然也是神话中具有象征意义的黄帝。另外,古书上"习用干戈,以征不享",与炎帝战于阪泉,与蚩尤战于涿鹿,擒杀蚩尤的黄帝,则可能是作为历史人物的黄帝。

争帝的共工与颛顼当是神话的而非历史的人物。共工的怒而触不周之山,使天柱折、地维绝,这种情况我们无法用常识来解释,它们只存在于神话之中。神话中的"帝"是主四时五行之气的神,是季节之神,共工原也是帝,它是秋之帝,颛顼则是冬之帝。两帝相争的原始含义在于:秋去冬来之际,作为秋之帝的共工原该退让了,但他似乎不肯轻易退让,欲与冬之帝最后争斗一番,当然,最后失败的只能是作为秋之帝的共工。因此,共工、颛顼争帝的神话反映了我们的先民对秋去冬来这种季节交替自然天象的认识。这种认识与他们的自然神信仰结合在一起,经由特殊的语言中介,于是就产生了一个动人的神话故事。

共工触不周山的喻指

共工、颛顼争帝喻指秋冬之争的有力根据还在于触不周山的神话细节之中,神话所保存的远古信息往往更有力地体现在细节上。关于不周山,古人大体把它与西北的方位联系在一起,认为它是支撑苍天的八天柱之一。《淮南子·地形训》云:

八纮（音hóng）之外，乃有八极[1]：自东北方曰方土之山，曰苍门；东方曰东极之山，曰开明之门；东南方曰波母之山，曰阳门；南方曰南极之山，曰暑门；西南方曰编驹之山，曰白门；西方曰西极之山，曰阊阖之门；西北方曰不周之山，曰幽都之门；北方曰北极之山，曰寒门。凡八极之云，是雨天下，八门之风，是节寒暑。

很清楚，不周山是我们的古人在构筑天地结构时所设想的八个撑天柱之一，又叫"幽都之门"，是"八门"之一。世上寒暑之季节变化，由八门所吹之"八风"决定。所谓八风，《易纬·通卦验》上说："立春调风至，春分明庶风至，立夏清明风至，夏至景风至，立秋凉风至，秋分阊阖风至，立冬不周风至，冬至广莫风至。"八风的名称，可理解为季节风，其实质是指八种节气。代表立冬的不周风是从不周山上的幽都之门吹出的，则不周山可指代立冬是无疑的。共工怒触不周山，实质上正是怒冬，欲与之争斗一番，也就是"争帝"的意思。

古人还将八风与八卦相配。《淮南子·地形训》："西北曰丽风。"高诱注云："乾气所生也。一作不周风。"服虔注《左传》："乾音石，其风不周。"孙诒让注《周礼·春官·保章氏》引《考异邮》："乾为不周风。"照清代学者俞正燮的说法，"乾位在西北，以天门所在，盖天之说也"[2]。

---

[1] 刘文典《淮南鸿烈集解》卷四引王念孙说："'八极'当为'八柱'。柱与极草书相近，故柱误为极。《初学记·地部上》《太平御览·地部一》及《白帖一》引此，并作'天有九部八纪，地有九州八柱。'……皆其证也。"
[2] （清）俞正燮：《癸巳存稿》卷六，辽宁教育出版社，2003年，第171页。关于八卦与八风相配，服虔注《左传》"八风"时说："八卦之风也。乾音石，其风不周。坎音革，其风广莫。艮音匏，其风融。震音竹，其风明庶。巽音木，其风清明。离音丝，其风景。坤音土，其风凉。兑音金，其风阊阖。"

不周风与乾相配，有意思的是，"帝"运行到乾位时，本就有争战之说。《周易·说卦传》："帝出乎震，齐乎巽，相见乎离，致役乎坤，说言乎兑，战乎乾，劳乎坎，成言乎艮。"这里的帝，与我们前面所释的帝正同。关于帝的"战乎乾"，注谓："乾，西北之卦也，言阴阳相薄也。"又《易纬·通卦验》解释与乾相配的不周风之义说："不周者，不交也。言阴阳未合化矣。"这里意思相当明白，作为掌天时节气的帝运行到乾位（或不周山）或不周风吹拂之时，正是时节上的秋末冬初，此时"阴阳未合化""阴气与阳气相迫相争"。作为季节神的共工与颛顼之争，正是这种现象的喻指。

在古人的观念中，四季的不同气候由阴阳二气的运行、变化所致，《淮南子·天文训》所谓"阴阳之专精为四时"就是一例。因此上述"阴阳未合化""阴阳相薄"等，描述的乃是由秋入冬之际，欲寒未寒、忽暖忽寒的特有的天候气象。我们的先人把这种气象归之于秋之帝与冬之帝的斗争，并把这种斗争与盖天说的宇宙结构模式相结合，于是便有了共工怒撞不周山的神话。

共工撞倒不周山的现实根据

主秋的共工何以竟能撞倒不周山，使天体失去平衡，倾向西北，天柱折断后导致"地维绝"，使"地不满东南"呢？共工在先民眼中，何以会有如此巨大的力量呢？我认为，这里的根源也在共工主秋的性质上。神话既有对某种事实以特殊语言喻指性说明的一面，也有想象、幻化的一面。如果说共工与颛顼的争帝主要是先民对时令到了初冬时"阴阳未合化""阴阳相薄"这种认识的喻指性说明的话，那么"天柱折""地维绝"等内容则主要是想象、幻化的产物了。不过，这种奇异的想象也可能基于先民的另外一些直观认识。这里我们要谈共工与水的问题。

在古籍里，共工与大水有着千丝万缕的联系。他出生于水中："祝融降处于江水，生共工。"他以水为纪："共工氏以水纪，故为水师而水名。"另外，据《管子·揆度》："共工之王，水处什之七，陆处十之三，乘天势以隘制天下。"《淮南子·本经训》："舜之时，共工振滔洪水，以薄空桑。"[1]

共工之与水关系密切，有能力振滔天下，根源在于我国古代中原地区，秋天是发大水的季节。《吕氏春秋·孟秋纪》："完堤防，谨壅塞，以备水潦。"高诱注："是月，月丽于毕，俾雨滂沱，故预完堤防，备水潦。"秋天容易发洪水，至今依然。共工是秋神，于是就有共工发大水的说法，并常把共工与大水联系在一起。古籍中，共工振滔洪水的时间跨度极大，如我们明白共工为秋神，秋与洪水又关联在一起，则这个问题也就迎刃而解了。

共工与洪水的关系清楚了，那么，我们对先民赋予共工以巨大神力的问题就容易理解了。大雨滂沱，洪水泛滥，引起滑坡以至山崩，使河流改道、堵塞……这是秋天常发生的自然现象。我以为，共工折天柱、绝地维的现实基础就在这里。各民族通过洪水改变天地结构的神话极多，这是因为比之其他自然力，洪水"破坏"与"再造"的能力更为强大。

---

[1] 《吕氏春秋·古乐》："帝颛顼生自若水，实处空桑，乃登为帝。"共工之迫空桑，乃共工与颛顼争战之另一说，极有意思。

12　姜嫄履帝迹生稷故事新说

姜嫄履帝迹生稷神话，最早见于《诗经·大雅·生民》：

> 厥初生民，时维姜嫄。生民如何，克禋克祀，以弗无子。履帝武敏歆，攸介攸止，载震载夙，载生载育，时维后稷……诞置之隘巷，牛羊腓字之。诞置之平林，会伐平林。诞置之寒冰，鸟覆翼之……

履帝迹生稷故事的传统解释

虽然《生民》中这些文字的神话性质非常明显，但早在汉代，一些学者就企图将这个故事置于"合理""现实"的框架之中，如《毛传》谓："禋，敬。弗，去也。去无子求有子，古者必立郊禖焉。玄鸟至之日，以大牢祠于郊禖……履，践也。帝，高辛氏之帝也。武，迹。敏，疾也。从于帝而见于天，将事齐敏也。歆，飨。"

《毛传》把"帝"解释成人王的高辛帝，而把"敏"（拇指）解释成"疾也"。于是"履帝武敏歆"就变成了祭祀高禖神求子之际,高辛在前,姜嫄在后踏着高辛帝的足迹,亦步亦趋,恭敬地履行着求子的一系列仪式要求。她之所以能够怀孕,在于她祭祀时恭敬敏捷,为"上帝所歆"。《毛传》的解释曾得到不少人的赞同,但由于与后文的"弃子"之举难以圆通,所以亦有不少学者加以批评。皮锡瑞《经学通论》云:"以诗义推之,《毛传》必不可通,帝既弗无子,生子何又弃之?且一弃再弃三弃,必欲置之死地?"

姜嫄三弃三收后稷

姚际恒也指出："岂有从禋祀所求而得之子,如是多方以弃置之乎?庶民之家尚不如此,奚况帝子!盖弃之者怪之也,怪之者以其非人道之所感也。……大抵上古世事本多奇异,而诗人形容或不无过正,如后人作文,喜取异事妆点,使其文胜耳。"[1]

皮、姚两家对《毛传》的批评,可谓一针见血,《毛传》的说法显然难以成立。比较而言,郑玄的注释较符合《生民》诗的原意:"帝,上帝也。敏,拇也。……祀郊禖之时,时则有大神之迹,姜嫄履之,足不能满,履其拇指之处,心体歆歆然,其左右所止住,如有人道感己者也。于是遂有身,而肃戒不复御,后则生子而养长,名之曰弃。舜臣尧,而举之,是为后稷。"

关于后稷的出身,司马迁在《史记·周本纪》中讲得甚为具体明了:"周后稷,名弃。其母有邰氏女,曰姜原。姜原为帝喾元妃。姜原出野,见巨人迹,心忻然说,欲践之,践之而身动如孕者。居期而生子,以为不祥,弃之隘巷,马牛过者皆辟不践;徙置之林中,适会山林多人,迁之;而弃渠中冰上,飞鸟以其翼覆荐之。姜原以为神,遂收养长之。初欲弃之,因名为弃。"

学者们大体相信,这段文字基本上保存了有关后稷出生以及被弃神话的原貌。这个神话的主要情节,可归结为"履帝迹生子"以及"三弃三收",由于其离奇性而为古代的不少学者所不信,东汉王充《论衡·奇怪》说:"烁一鼎之铜,以灌一钱之形,不能成一鼎,明矣。今谓大人天神,故其迹巨。巨迹之人,一鼎之烁铜也;姜原之身,一钱之形也。使大人施气于姜原,姜原之身小,安能尽得其精?不能尽得其精,则后稷不能成人。"他是从生理角度证明履大人遗迹

---

[1] (清)姚际恒:《诗经通论》,中华书局,1958年,第280页。

生稷不能成立。

神话的语言层面是一回事，神话的内在蕴含又是一回事，如何透过神话的语言层面，揭示它的内蕴，这即使是对承认它是神话的现代学者而言，也决不是一个一蹴而就、不言而明的问题，更不要说不知神话为何物的古代学者了。他们否定履帝迹生稷的古老说法，我们完全可以理解。然而，受过现代神话学洗礼的学者虽不至于把这样的故事视为"怪异""神异"而持拒斥的态度，但要真正弄清这个神话的内涵，仍是摆在他们面前的艰巨任务。

踩着时间的节律而生稷

履帝迹神话的真正蕴含可以从语源入手加以弄清。从思维的发展规律看，抽象概念肯定是较晚才产生的。黑格尔说过："名称是一种普遍的东西，是属于思维的，它把复杂的东西变成简单的东西。"[1]最早出现的词是指具体事物的名词，用具体名词来表达抽象概念是原始思维的特征之一。人们将一系列具体性的实际上表达某种抽象意义的名词组合起来，去表达一种意见或讲述一个故事时，后世人如已经不了解这些名词（概念）的原始抽象意义，那么剩下的就是一些具体名词所表示的意义之间的关系了，在这种情况下，歧义必然产生。我以为，姜嫄履帝迹生稷神话的秘密首先也存在于其语言层面的"密码"之中，运用神话学的某些原理，破译这些"密码"，则这个神话的真正蕴意就可以大白于天下。

---

[1]［苏联］列宁：《哲学笔记》，人民出版社，1993年，第325页。

稷播百谷图

先谈谈"履帝迹"的"帝"。"帝"较古的一义指天帝而非人王,这一点,学术界分歧不大。就《生民》诗而言,二章有"以赫厥灵,上帝不宁"之句,可见履帝迹之"帝"指"上帝""天帝"是没有疑问的,上述《毛传》的曲解,实不值一驳。我们曾指出,帝的神性特点主要表现在其主时气生育、四时节令等功能上,因为在古人的观念中,万物都由四时五行之气所化生,如《淮南子·天文训》上说:"四时之散精为万物。"上古所谓五帝——太皞、炎帝、少皞、颛顼、黄帝,分别与各季节及各方位相应，其作为季节神、时间神的性格无疑更为突出。

如果"帝"的这种含义不错的话，那么，"履帝武敏"即踩着帝的足印，或如司马迁《史记·周本纪》所说的姜原践巨人迹[1]，其原意当是指"踏着时间的足迹"或"踏着生殖的足迹、时节的足迹"的意思。这样的说法，甚至在现代社会仍是常见的。如我们常说"踏着时间老人的脚印"等，很多学者早已指出，稷的本意是指谷物，稷是农业神。那么，履帝迹生稷其实是顺履天时而生稷的意思了，也就是说，周的先民是在顺履天时，即在掌握了播种、耕耘、收获的农业生产的时间节律之后，才在"姜原"（姜水平原）这块土地上生产出"稷"这种粮食作物。我以为，稷、姜原不必有其人，它们原是一种粮食作物与周人赖以生存、发展的居住地被人格化而已，周人供养繁衍他们的"姜原"为始祖之母，这与不少民族尊大地为"地母"如出一辙。

整首《生民》诗讲的都是周始祖如何发明农业的事，因此，履帝迹生稷的故事本身，必包含有关农业起源的远古信息无疑。适时、顺时地播种耕作，是保证农业生产有成效的前提性、必要性的条件，古代先民曾把这看成是"天道"。顺时就是合乎天道，不顺时就是逆天而行，这是从农业生产的春生、夏长、秋收、冬藏中总结出来的经验性观念。这样的规律性认识在今天无疑是属常识范围的，但在上古时代，它却是人们经历无数次失败与教训后才获致的认识，它是从农业实践中总结出来，反过来又给农业生产以巨大促进的"道"。农业生产仰赖于顺时，尤其是播种一环，少播或晚播十几天，其后果都不堪设想，而如能顺时播种力农，则获取好收成就有了前提性的保证。懂得适时播耕、掌握播

---

[1] 或曰践大人迹。大人即"天"亦即帝之意。《说文》："天，颠也。至高无上，从一大。"

耕的时间节律，这是农业生产领域的一次真正飞跃，对农业生产有着巨大意义，农业生产力由此得到飞速的发展，可以从攫取经济向生产经济发展；而原来的采集、渔猎部落也就有可能发展为农业部落。后稷之所以被周人尊为文化英雄与始祖，是因为顺天时的农业发明给周人的生产以及生活方式所带来的巨大变化，正是因为有了这种农业，周人才有了更为稳定的食物来源，才结束了四处漂泊的生活定居下来。这种顺天时农业的发明，乃是一场革命。由于这场革命，在周人聚居的地区出现了全新的文化、形成了全新的时代，也为周民族日后向四周发展奠定了坚实的经济与文化基础。周民族、周文化真正确立并在日后成为中原民族的主导民族与主流文化，是从周人掌握了时间节律后生产出稷（谷物）才开始的，这是后稷被这个民族尊为始祖的直接原因。陈全方先生曾依据考古材料作出推断：大量的考古发掘资料证明，我国的农业生产有着悠久的历史。在宝鸡的斗鸡台和西安半坡村新石器时代遗址中，就发现有谷子粒（稷），这说明黄河流域自古适于农耕，早就是生产稷的好地方。这也是周人种稷并用稷称他们始祖的原因所在[1]。

值得注意的是，《生民》诗中的"履帝武敏歆"之"敏"字，《尔雅》舍人古注本作"畆"，郭璞释云："敏，舍人本作畆。古者姜嫄履天帝之迹于畆亩之中而生后稷。"[2]舍人，指犍为舍人，是汉武帝时人。舍人去古未远，其说当有根据。清人陈奂以为，此"亦出三家诗义，主感天而生说"[3]。这种说法是上古时的传承无疑，它说明履帝迹生稷故事所指确与畆亩，也即与农业生产有关，也即稷是姜嫄在畆亩之中（农业生产的实践中）履天帝之迹（顺履时节足迹）才生下的。我相

---

[1] 陈全方：《周原与周文化》，上海人民出版社，1988年，第70页。
[2] （清）郝懿行：《尔雅义疏》上三《释训第三》，中国书店，1982年。
[3] （清）陈奂：《诗毛氏传疏》卷二十四，中国书店，1984年。

信，《生民》诗中的"敏"字当为"畝"字之误，履帝迹故事赖《尔雅》犍为舍人的古注而越显清晰。

稷的被弃与获救

如果履天帝之迹生稷的故事确是意指周人掌握了天时规律之后才能自由地生产粮食作物的话，那么，所谓弃稷，就显然与字面意义的"弃子"无关，而是指类似今日播种之类的举动了。丁山先生对此曾有非常精彩的说明：

鸟耘象耕（铜山小李村汉画像石）

弃之为弃，是象征寒冬之初，将麦类种籽播散在田地里，仿佛人们捐弃废物似的。诗人言过其实说置之隘巷，置之平林，置之寒冰而已。仿佛捐弃了的种籽，待到来年春风解冻，土气震发，麦苗秀颖，结成穗子，人们都有口食了。追怀去年捐弃在田中的种籽，居然能够熬过冰雪的磨折，一定有个大神在地下庇护它。庇护这个种籽者，应该是"大祖母大地"；于是乎人们要宗功报德祭祀谷神，必先祭祀地母。一篇《大雅·生民》诗，说的是姜嫄生后稷故事，我只看作描写土地产生五谷的寓言。[1]

丁山先生的这个意见无疑可给我们以极大启示。

动物踩踏农业的记录

如果从我们所究明的履帝迹生稷实是按天时种植的内涵出发，显然更将顺理成章地推导出与丁山先生相类似的意见。

关于弃稷故事中的"牛羊腓字之"与"鸟覆翼之"，我以为这可能反映了农业发明过程中，牛、羊、鸟类等各种动物曾经发挥过重要作用的史实。神话意识的源头存在于社会现实的深厚土壤之中，这是历史唯物主义的常识。有意思的是，越来越多的证据证明，古代曾经存在过一种动物踩踏农业。传说"舜葬于苍梧，象为之耕；禹葬于会稽，鸟为之田"。东汉哲学家王充在《论衡》一书中对此解释道："雁、鹄集于会稽，去避碣石之寒，来遭民田之毕，蹈履民田，喙食草粮。粮

---

[1] 丁山：《中国古代宗教与神话考》，第27页。

尽食索，春雨适作，避热北去，复之碣石。象耕灵陵，亦如此焉。"（《偶会》）又曰："天地之情，鸟兽之行也。象自蹈土，鸟自食草，土蹶草尽，若耕田状，壤靡泥易，人随种之，世俗则谓为舜、禹田。海陵麋田，若象耕状。"（《书虚》）关于海陵麋田，据郝懿行《尔雅义疏·释兽》引晋张华《博物志》："海陵县扶江接海，多麋兽，千千为群，掘食草根，其处成泥，名曰麋畯，民人随此畯种稻，不耕而获，其收百倍。"从这些解释与记载看，所谓"象麋田"就是大象、雁鹄、麋鹿等动物践踏觅食之后，不经任何整地就直接用来种植的农田，这就是现在不少农史学家所乐道的"无耕具的动物踩踏农业"。

无耕具的动物踩踏农业，决不是局部地区的个别现象，也不仅限于象、鸟等动物。大量的材料表明，牛踏田当是一种分布更为广泛的动物踩踏农业，成书于公元前1700年以前的苏美尔泥板文书《农人历书》就记载过牛踏田。我国海南黎族、云南傣族、贵州苗族、台湾高山族等少数民族在二十世纪五十年代以前都曾有过牛踏田。据清代《黎岐纪闻》载："生黎不识耕种法，亦无外间农具，春种时用群牛践地中，践成泥，撒种其上，即可有收。"[1]《齐民要术》卷一《耕田》载："菅茅之地，宜纵牛羊践之，践则根浮。七月耕之则死。"菅茅就是茅草。印度有一句农谚则说："羊不踩，地无产。"北非的埃及人则曾存在过"猪田"。[2] 一些农史专家已经认识到，动物踩踏农业与农业起源息息相关。"在农业出现之前，人类是不会为了从事农业而制造农具的，而只能依靠现有的条件，进行简单而又自发的种植。因此，农业起源阶段可能是这样一种情形，即采集和渔猎者在采集和渔猎的过程中，发现一

---

[1] 曾雄生：《没有耕具的动物踩踏农业——另一种农业起源模式》，载《农业考古》1993年第3期，第90—100页。
[2] 同上。

些土地经动物践踏觅食之后，变得疏松，或水土交融，没有杂草。在不借助于任何整地农具的情况下，把采集来的部分种子撒上，任其自然生长，又通过狩猎对其加以保护，以便集中采集，从而开始了植物的驯化，这可能是农业起源的第一个阶段。后来，采集渔猎者为了扩大种植，便开始驯化动物来践踏土地或谷物脱粒。如随着水稻的垦种，以草食为主的水牛已经被驯化为主要用于耕作的牲畜。从这个意义上说，某些动物被驯化的原因之一便是动物踩踏农业。这便是农业起源的第二阶段。最后的阶段则是模仿动物践踏觅食的机理，人类制造出各种农具，如鹤嘴锄、马鹿锄之类，从事整地除草等项事宜。这就标志着无农具的动物踩踏农业的结束。尽管如此，动物踩踏农业的某些因素还一直保留下来，并兼有整地、除草、施肥等功能。"[1]

动物踩踏农业，是由采集、渔猎到农耕过渡阶段的产物，它是农业起源的一种模式。当然，它未必是农业起源的唯一模式，但从现有的考古材料看，西亚、北非的许多地区，都有动物踩踏农业的存在。随着农业生产的发展，动物踩踏农业时代的结束，动物踩踏的事实会渐渐被人们所淡忘，但它也会通过各农业民族的神话、传说等远古记忆而得以保留，由于这种记忆有时会采用"变形"的方式，使得它所意指的原貌在后世会变得难以理喻。姜嫄履帝迹生稷的神话，必定蕴含着有关周民族农业起源的远古记忆与信息。这种记忆与信息的主要内涵，我认为是"履时播种"与"动物踩踏"，没有姜嫄的履帝迹，即不掌握耕种的时间节律，稷就不会生出；同时，没有牛羊、鸟类等动物的"腓字""覆翼"，谷物也不可能茁壮成长。这个神话作为农业起源神话，无疑是孕育在周人农业起源的真实土壤之中的。

---

[1] 曾雄生：《没有耕具的动物踩踏农业——另一种农业起源模式》，载《农业考古》，1993年第3期，第90—100页。

13 天命玄鸟降而生商的意蕴

简狄吞玄鸟卵生契的故事，为神话学家津津乐道。这个神话的完整形态，最早见于《史记·殷本纪》：

> 殷契，母曰简狄，有娀（音sōng）氏之女，为帝喾次妃。三人行浴，见玄鸟堕其卵，简狄取吞之，因孕生契。契长而佐禹治水有功。

《史记》的这个记载，可能本于《诗经·商颂·玄鸟》篇"天命玄鸟，降而生商"之句。大约是觉得《史记》的说法过于神玄，《毛传》解释这两句诗时将其置于较为合理的框架之中：

> 玄鸟，鳦（音yǐ）也。春分玄鸟降，汤之先祖有娀氏女简狄，配高辛氏帝。帝率与之祈于郊禖而生契。故本其为天所命，以玄鸟至而生焉。

13 天命玄鸟降而生商的意蕴

《毛传》把这个神话完全历史化了,这种解释,为号称东汉大儒的郑玄所不取。郑玄注《礼记·月令》:

> 高辛氏之出,玄鸟遗卵,娀简吞之而生契,后王以为媒官嘉祥,而立其祠焉。

郑玄的解释显然本于司马迁,很有可能是先秦以来的一种传承。那么,有娀氏之女吞吃了玄鸟之卵后生子,其真实喻意究竟何指呢?

简狄吞玄鸟卵生契

关于"有娀"的意义

如前所述,神话的秘密往往藏于语源之中。让我们先看看有娀之女的"有娀"。关于"有娀",古人注或谓"简狄母家之国名"[1],显是猜测之词。但这个"有娀",《淮南子·地形训》中曾被提及:

> 有神二人连臂为帝候夜,在其西南方……昆吾丘在南方;轩辕丘在西方;巫咸在其北方……旸谷、榑桑在东方。有娀在不周之北,长女简翟,少女建疵。

将"有娀"与"不周山""昆吾丘""轩辕丘"等联系在一起,可以给我们以极大的启示。上述的很多山丘,并非自然界中的实有之山,如不周山,乃是古人构筑天地结构时所设想的八天柱之一。有娀在不周山之北虽不像"昆吾丘""轩辕丘"等见于今本《山海经》,但从《淮南子》的上述文字看,它很有可能也是《山海经》以来的一种传承。不周山在古代"盖天说"的倡说者那里,既可指代空间方位的西北方,又可指代时间季节的立冬,这是我们已经清楚的了。"有娀"在"不周山"之北,则"有娀"在方位上应是可以指代正北方的了,其在时间上则正可指代冬至。

有意思的是,正北方之方位正为简狄的丈夫高辛氏帝喾所主。《国语·周语下》:

> 星与日辰之位,皆在北维,颛顼之所建也,帝喾受之。

---

[1] (清)陈奂:《诗毛氏传疏》卷三十。

可见，"有娀"与"帝喾"所指代的方位是完全一致的，这绝非偶然。

帝喾是天帝，非人王，帝喾具有与颛顼、祝融等同样的神格。帝喾的伟大神功之一，照《国语·鲁语上》的说法，是"能序三辰以固民"。这句话韦昭解谓："三辰，日、月、星。谓能次序三辰，以治历明时，教民稼穑以安也。"[1]

帝喾的伟大神功在于次序日月，制定历法，使百姓明了时令，按时耕作，使人们收获庄稼，给人间带来安定。帝喾是通过何种途径来完成这种造福于人的大功的呢？我们从文献中似乎找不到直接的答案。然而，我以为，帝喾之"次序三辰，治历明时"的途径正是通过命玄鸟下降人世，以简狄生下契实现的。

帝喾是天神，作为其妃的简狄，应该也不是指凡间的女子，而是具有某种时间或方位喻指意义的对象。他们所生之子，应该也与此有关，而不能指实为人子之子，考虑到"玄鸟"是一种应时而至的候鸟，那么，这个神话的底蕴是不是如《诗经·商颂·长发》说的：

有娀方将，帝立子生商。

"将"是大的意思，"方将"是将强大起来。结合"天命玄鸟，降而生商"等意，是不是可以理解为：天帝（这里指的是帝喾）以玄鸟至之日作为建子之月，创立了一种有利于农业生产、祭祀等活动的历法，商从此获得一种前所未有的生命力量，逐渐强大起来。简狄吞下玄鸟卵所生之子名契，契有"开""明"之意，杨公骥先生曾说过"契为契

---

[1] 徐元诰：《国语集解》（修订本），第156页。

开黑暗，故云'玄王桓拨'"[1]，从此之后云开日出，展现一片光明前景。当然，说"帝立子生商"，把制定历法的大功归之于天，在先民看来是很自然的，其实人们根据候鸟按时而至的特点，确定岁首，用以指导农业活动等，乃是他们自己智慧的创造，这一点也必须认识清楚。

关于"三人行浴"

简狄吞玄鸟卵生契的故事中，"行浴"的细节值得注意。现代多数学者都把"行浴"理解为洗浴，这是值得商榷的。特别应该引起注意的是在"常羲生月"的神话中也有"浴月"的细节。《山海经·大荒西经》：

> 有女子方浴月，帝俊妻常羲，生月十有二，此始浴之。

这里的"浴"，人们一般也理解为洗浴之浴。但我以为，此"浴"当用它的引申义，因洗浴而清，因洗浴而明，这是题中应有之义。历法未创立时，天象茫昧不合，给人们的生产、生活带来了极大的不便，所以要"浴"，使之清而明。如果说"三人行浴"的意思尚不够显豁的话，那么《山海经》里"浴月"的神话则说得再清楚不过。"浴月"就是要在混沌不分的天象中理出年月来，也即创出历法，"生月十有二"不就是说创造了分一年为十二个月的历法吗？这是先民特有的神话语言。历法概念不是从来就有的，英国历史学家赫伯特·乔治·威尔斯（H. G. Wells, 1866—1946）说：

---

[1] 杨公骥：《中国文学》，吉林人民出版社，1980年，第96页。

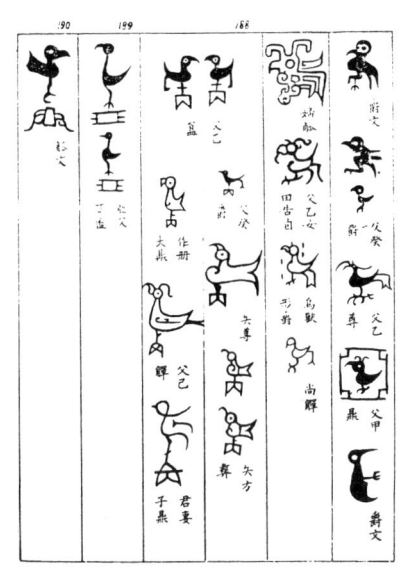

西周青铜器铭文中的玄鸟　　　　所谓玄鸟，可能就是燕子

　　起初，原始人对季节的认识只有着极为模糊的概念，在确定什么时候进行播种的祭献活动更为适当的问题上，他们必曾大伤脑筋。我们有理由认为在最早的年代中，必然存在着一个没有"年"概念的早期阶段。[1]

　　这个说法是有道理的，这且不说。上面所说浴月的常羲，是帝俊之妻。而帝俊与帝喾正是同一人。王国维《殷卜辞中所见先公先王考》云：

---

[1] ［英］赫伯特·乔治·威尔斯：《文明的脚步》，刘大基等译，黑龙江人民出版社，1987年，第13页。

帝喾之名，已见商初之书矣。诸书作喾或俈（音kù）者，与夒（音náo）字声相近。其或作夋者，则又夒字之伪也。《史记·五帝本纪》《索隐》引皇甫谧曰："帝喾名夋。"《初学记》九引《帝王世纪》曰："帝喾生而神灵，自言其名曰夋。"《太平御览》八十引作"逡"，《史记正义》引作"岌"。"逡"为异文，"岌"则讹字也。《山海经》屡称帝俊。郭璞注于《大荒西经》"帝俊生后稷"下云："俊宜为喾。"……《大荒西经》"帝俊妻常羲，生月十有二"。

"生月十有二"不就是制定了分一年为十二个月的历法吗？又《路史·疏仡纪》谓："（高辛氏次妃）常羲生而能言，发迨其踵，是归高辛，生太子庎（音jié）及月十二。"在上古的传承中，帝喾及其妃的确是历法的发明者。

有了确定季节的历法，则先民安排播种、收获、祭祀等生产、生活活动无疑大为便利了。正像履帝迹生稷的神话，事实上是周人掌握了时间节律，特别是懂得适时播种，才使周民族的农业生产得以获得巨大发展，使这个民族逐渐强大起来一样，玄鸟生商故事的内涵也是商人对其先祖发明了"鸟历"，最终推动了农业生产发展的一种远古记忆。我们联系《左传》中郯子对少昊"以鸟名官"的陈述，以及对这种陈述的分析，可知商之先人的确创造并使用过一种"鸟历"。玄鸟所生的契的功业不正是主要表现在农业上吗？

这里，我们可以进一步说说有关秦的先祖类似的神话了。《史记·秦本纪》："秦之先，帝颛顼之苗裔，孙曰女修。女修织，玄鸟陨卵，女修吞之，生子大业。"这个神话在形态上与玄鸟生商神话极为相似。女修吞玄鸟卵生大业,我们以为其意蕴亦为良好的历法体系成就了秦国的大业之意。而秦族正是少昊之后,司马贞《史记·索隐》:"《左传》郯国,少昊之后,而嬴姓盖其族也。"

以玄鸟至之日作为历法之首,这个玄鸟,或谓燕子,或谓大雁,我以为燕子的可能性更大。因为季节性迁飞的燕子是人们借以定时借以确定"分"(春分、秋分)的信物。受到燕子、大雁等候鸟的启示,于是人们创造了物候历。有了历法,生产(主要是农业生产)就会获得长足发展,于是这个民族也就获得了前所未有的生命力。从这个意义上说,这个民族的生命与发展是玄鸟所赐,没有玄鸟也就没有这个民族的繁衍与发展,于是这个民族把自己说成是玄鸟的后代,这也是可以理解的事。但这种"能指"在后人那里被曲解成了"所指",这大约是殷先民所意料不到的吧!

14　西王母与原始织机

西王母是中国神话中一位争议极多、身份与性质都不太明确的大神。西王母的最早记载,见于《山海经》:

玉山,是西王母所居也。西王母其状如人,豹尾虎齿而善啸,蓬发戴胜。是司天之厉及五残。(《西山经》)

西王母梯几而戴胜杖,其南有三青鸟,为西王母取食,在昆仑虚北。(《海内北经》)

(昆仑之丘)有人戴胜,虎齿,有豹尾,穴处,名曰西王母。(《大荒西经》)

学者们大体认为,这些是最接近西王母原型的记载。根据神话学原理,我们知道,《山海经》中关于西王母的这种描述不可能是上古某位老人的凭空想象,而应当是对神灵本质特性的描述与说明。神话中神灵的产生,具有万物有灵观念的背景,这是没有疑义的。在万物有灵观念弥漫的时代,原始人往往不仅把有生命之物,甚至把无生命之物都视为有灵魂有意志的活物。尤其是那些对他们的生活与生存具有重大意义的对象，他们往往赋予其神灵意义，而不管它们是有生命之物抑或无生命之物。因此，《山海经》中的西王母，不一定是"神人"，也不一定是某种"动物神"，而有可能是由无生命之物抽象而成的神灵。根据这种前提性认识以及对《山海经》中有关西王母描述文字的反复解读，我们以为，西王母的初始原型当是原始时代的织机，对西王母的崇拜，从内面层次上说，乃是对织机及纺织之神的崇拜。乍闻这一前无古人的看法，人们或许会大吃一惊，但细细分析，我们不能不认为《山海经》中对西王母所作的描述，其最契合无间的对象，实非织机莫属。

西王母的原型是原始织机

让我们先从西王母的语言描述层面来作一些破解。西王母与织机最为密切相关的是"戴胜"的描述。《山海经》中三条西王母的材料，在西王母"戴胜"这一点上前后一致。汉代的西王母画像，头上也必"戴胜"，"胜"似乎是西王母唯一的饰品，也是识别西王母的重要标志。那么，"胜"到底是什么东西呢？郭璞注《山海经》时说："胜，玉縢（音shèng）也。"可见，胜就是縢。《说文·木部》："縢，机持经者。"所谓"机持经者"，"机"指织机；"持经者"指卷经线的轴，縢是织机的卷经轴。《淮南子·氾论训》："后世为之机杼胜复，以便其用，而民得以掩形御寒。"段玉裁《说文解字注》引此文后谓：

> 胜者，縢之假借字。戴胜之鸟，首有横文似縢，故郑云"织纴之鸟"。《小雅》云："杼轴其空。"縢即轴也。谓之轴者，如车轴也，俗作柚；谓之縢者，胜其任也。

戴胜西王母（山东嘉祥宋山汉画像砖）

可见，"胜"就是指古代织机的经轴，它又写作"滕"，是织机上的主要部件，因而它可作为织机与纺织工作的象征。

作为织机部件的"胜"，后来还作为妇女的发饰得到广泛的使用，称为"华胜"。《后汉书·舆服志》："太皇太后、皇太后入庙服，绀上皂下，蚕青上缥下，皆深衣制……簪以玳瑁为擿（音zhì），长一尺，端为华胜。"华胜在其发展过程中，变得越来越小巧。古代皇家妇女参加庙祭大典时戴"胜"，不仅取盛饰庄重之义，还有劝织的象征意义。

"胜"是织机之经轴，"胜"可象征古代织机乃至纺织工作是毫无疑义的，那么，"戴胜"的西王母很有可能与织机、与纺织有关。日本学者小南一郎曾就此推论说：

在很多场合下，诸神从属的眷属及其身上的服饰往往象征地表明了它们神的机能。因而，如果西王母头上所戴的

"胜"与织机的"滕"有深刻关系，那么这种服饰即表示它本身与养蚕纺织有密切关系。[1]

小南一郎先生的这一意见，无疑是非常精彩且富于启示性的。值得注意的是，古代有名的织女，其文物图像就常与"胜"有关联。如北齐孝子棺线刻的孝子董永的故事，其中降临人间的天孙织女，手中就只拿了一支织机的经轴——"胜"，这便点明了这位女主角纺织专家的身份。其象征意义和在纺织机械中的重要地位于此可见一斑。[2]这样的材料完全可以用来印证小南一郎先生意见的合理性，但小南一郎先生对西王母服饰、形貌的诸多方面，只抓住"胜"进行分析，所以仅仅得出西王母与养蚕纺织有关的推论。在这个推论中，西王母作为"织神"的明晰度并不是很高。我们以为，除了"胜"，《山海经》中其他有关西王母体貌的描写，同样能从上古织机的特点上作出说明，西王母的原始神格通过这种说明可以变得十分清晰。

这里说说"蓬发"，郭璞注曰："蓬头乱发。"古代常以蓬发形容头发乱。《诗经·卫风·伯兮》中有"首如飞蓬"的说法。我以为西王母的"蓬发"，当是对织机上纱线的描述。纱线的原料不管是蚕丝、葛麻纤维抑或野兽的尾毛，它们的形状都细长如人的头发。纱线与作为织布机经轴的"胜"的确有一种"插入"的关系，因为"胜"是用来卷线或丝的，所以，西王母的"蓬发戴胜"实际上是织机工作时的一种喻指性的说明。

---

[1] ［日］小南一郎：《中国的神话传说与古小说》，孙昌武译，中华书局，1993年，第54页。
[2] 王孖：《八角星纹与史前织机》，载《中国文化》1990年第2期，第84—94页。

沂南汉墓西王母戴胜画像砖

关于西王母的"善啸"。啸的本义是吹口哨,引申为发声悠长的鸣叫。织机在工作时,必发出"唧唧"的声音,《木兰诗》:"唧唧复唧唧,木兰当户织。不闻机杼声,唯闻女叹息。"机杼声在古诗中或被拟成"札札",《古诗十九首》有"札札弄机杼"之句。织机的鸣声在古代世界是人人熟闻的,古代诗文以织机之声起兴抒情之作不计其数,它是织机工作时的题中应有之义。《山海经》强调西王母的"善啸",究其实也是对织机主要属性的一种神化描述。

至于对西王母"豹尾"(《庄子释文》引作狗尾)的形容,尾自然是尾巴之意。我们以为,无论豹尾或狗尾,恐是对经纱的描写。经纱或束丝是织布之原料,织布之前要准备好经纱,接着上机,即把经纱安装在机件上,此时的经纱或束丝是成束状的,其样子的确与兽尾相似,这与现在的人们以"马尾巴"形容女子的束发同一机杼。

14 西王母与原始织机

据《山海经·大荒西经》的说法,西王母"人面虎身,有文,有尾,皆白"。关于西王母形貌上的白色,直到汉代似仍为人们所瞩目,如司马相如在《大人赋》中状西王母曰:"暠(音gǎo)然白首,戴胜而穴处兮。"西王母的"白"或"白首"也完全可以从织机所用之原料上得到说明,纱线、蚕丝的颜色正是素白色的。

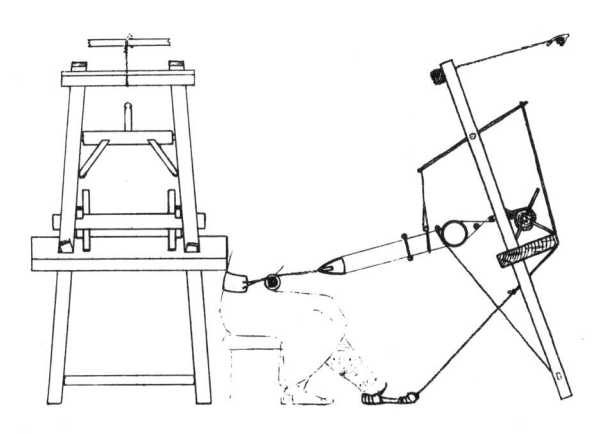

河姆渡文化织机部件装置复原图

西王母的"虎齿",则可能是对织机上梭子的喻指。梭子两头呈尖形,与兽齿在形态上很相似。

有意思的是,《山海经》中西王母"梯几而戴胜杖"的记载,更是极能说明西王母织机的性质。"杖"字是衍字,郝懿行注谓:"如淳注《汉书》司马相如《大人赋》引此经无杖字。"[1]关于"梯",郭璞谓:"梯谓冯也。"冯即"凭"字,于是"梯几"就变成"凭靠着

---

[1] 袁珂:《山海经校注》,第306页。

几"的意思了。这显然是望文生义的解释。"梯"没有凭的意思。《说文·木部》："梯，木阶也。"梯是木制的阶梯，直至今日，梯仍用此义。梯是个名词，与作为动词的"冯（凭）"风马牛不相及。我们要强调并指出的是，所谓"梯几"，正是对织布机的一种直观描述。在我国纺织机械发展史上，首先使用的是原始腰机，然后才出现较先进的有机架的织机。"只有产生了有架的织机之后，经轴才定型化，并且装置在机架上。"[1]有架织机在外形上正是"梯几"型的，它下部有台（几），台上置梯架，梯架用来承置经轴和控制提综。近年于云南文山苗族地区发现的一种"梯架式织机"，据专家们的意见，其形态相当古老[2]，这种织机正是有几有梯的。可见所谓西王母的"梯几而戴胜"，正是对上古时代梯架式织机的一种神化描述或者说是喻指。《山海经》中的西王母形象，可能是以上古的梯架织机作为其"模特儿"描绘或曰神化成的。

至于为西王母"取食"的"三青鸟"，后人常将它们说成是西王母的使者，并将它们与日中乌相提并论，这当然是后起的传说。值得注意的是"三青鸟"所起的作用是"取食"，从字面上看它们是给西王母提供食物的。但如果我们上面所说的西王母的真身为织机的意见不错的话，那么，"取食"也可理解为它们的职能是给织机提供原料。我们知道，纤维要纺成线才能在织机上织，远古时代绩麻、葛等都是用纺锤纺成线，纺锤由纺轮和拈杆构成。将绩麻、葛纺成线时，一手提拈杆，一手不断旋转纺轮，把麻、葛纤维绞成线，待绩到一定长度时，就把纱线缠到拈杆上。只有通过纺锤的工作才能为织机提供原料，因此，神秘的"三青鸟"的原型可能就是纺锤。纺锤上的纺轮工作时旋转如飞，这是

---

[1] 王矛：《八角星纹与史前织机》，载《中国文化》1990年第2期，第84—94页。
[2] 同上。

上古之人将它喻为飞鸟的原因吧！纺锤的工作效率很低，一个纺锤不足以供织机（西王母）的"食用"需要，于是为西王母"取食"的"青鸟"就有三只。

有意思的是，有一种人们常用来织成席子的龙须草，它又名西王母簪、龙刍、龙珠、缙云草、虎须等，而用这种草织成的席子则名叫"西王母席"。《广群芳谱》卷九十二引崔豹《古今注》：

> 孙兴公问曰："世称黄帝炼丹于凿砚山，乃得仙乘龙上天，群臣援龙须，须坠而生草，曰龙须。有之乎？"答曰："无也。有龙须草，一名缙云草，故世人为之妄传，至如今有虎须草，江东亦织以为席，号曰西王母席。可复是西王母乘虎而堕其须也。"

这段文字是以理性的态度否定龙须草为黄帝须坠所变的传说，这且不论，而文中作为佐证的"江东亦织以为席，号曰西王母席"的说法，可能是一种远古的传承，席子织成后称"西王母席"，可能蕴含着将西王母（织机）织成之席称为西王母席的远古信息。席子有编成与织成的两类，因此，这个民间传说可能正透露出了西王母织机的身份。

综上所述，可知西王母的原始神性形象，主要是以上古时的梯架式织机为其原型的。西王母的本质，乃是织机的神格化，因此，我们也可视西王母为纺织之神。神化并崇拜在人们的生产与生活中具有重要作用的工具，这在上古时代是屡见不鲜的，古希腊、古罗马人对犁以及兵器的崇拜就是一例。在中国上古，作为生产工具的"椎"，也曾被认为具有神性而受膜拜，它最终甚至衍为"钟馗"，作为门神而受人崇祀，也是人们所熟悉的。

西王母是上古西方羌戎民族崇奉的神灵

从《山海经》的地域以及穆天子征西戎等战国时的传说看，西王母原来当是西方民族所崇奉的神。西王母有时被理解为西方地名或国名，正是从地域角度加以考虑的。大约因为在《尔雅》等书中，西王母已被认为是属"四荒"之一的极西之地[1]，所以后人曾将西王母所在的地域推得很远。《史记·大宛列传》：

> 安息长老传闻条支有弱水、西王母，而未尝见。

到东汉时，更有将西王母的空间定位在大秦（古代中国对罗马帝国及其附近地区的称呼）的。这显然是囿于西王母位处极西的观念而附会的结果，由于这种说法明显缺少证据，所以后人又出来矫诬，复把它向东边拉，大体置于古代西域一带，但是西王母在空间上位于"极西"观念的影响似甚难消弥，晚近学者丁谦、凌纯声等曾论证西王母乃西亚古迦勒底国之月神。如丁谦先生说：

> 窃谓西王母者，古迦勒底国之月神也。《轩辕黄帝传》言："时有神西王母，太阴之精，天帝之女。"可为月神确证。考迦勒底建都于幼发拉底河西滨，名曰吾耳城，有大月神宫殿，穷极华美，为当时崇拜偶像之中心点。又其国合诸小邦而成，无统一之王，外人但称为月神国。以中国语译之则曰西王母，即称其国为西王母国。[2]

---

[1]（清）郝懿行：《尔雅义疏》中五《释地第九》。
[2] 转引自叶舒宪：《中国神话哲学》，中国社会科学出版社，1991年，第84页。

丁谦先生的意见曾得凌纯声先生附和且加以语言学上之证明。但我们以为，这种说法在获得更为强有力的证据以前似很难成立。从上古中原帝王曾就学西王母的传承看，西王母所在的地域当是与中原地区有所交往的，这样的地域不可能是今日的两河流域，因为凭汉以后的物质力量，中原人的足迹犹难至彼地，更不要说史前的尧、舜、禹或西周时代了。

吴晗先生的《西王母与西戎——西王母与昆仑山之一》一文认为西王母是东周时候由西戎传入中原地区的神之一。吴晗的这个意见，得到很多人的支持，如顾颉刚先生就持与吴晗甚为相近的观点[1]。我们以为，西王母由西戎传入的说法比较接近事实，而且可以找到较多较直接的证据。

王充《论衡·恢国》曰：

> 后至四年（指元始四年），金城塞外羌豪良愿等种献其鱼盐之地，愿内属汉。汉遂得西王母石室，因为西海郡。

金城，郡名，在今甘肃西南部、青海东部。这里明说"羌豪"献地内属之后，汉就得到了西王母石室。这段文字可注意的有两点：一是西王母与羌的关系，羌也就是西戎，此可证西王母原本当是羌戎族的神；二是西王母之神庙当是垒石而成的石室。关于这点，后世有不少材料谈及。《括地志》肃州条曰：

> 昆仑山在肃州酒泉县南八十里。《十六国春秋》云："后

---

[1] 顾颉刚：《〈庄子〉和〈楚辞〉中昆仑和蓬莱两个神话系统的融合》，载《中华文史论丛》1979年第2期，第31—57页。

魏昭成帝建国十年，（前）凉张骏酒泉太守马岌上言：'酒泉南山即昆仑之体，周穆王见西王母，乐而忘归，即谓此。有石室，王母堂，珠玑镂饰，焕若神宫。'"

《列仙传》卷上也载：

赤松子者，神农时雨师也……至昆仑山上，常止西王母石室中，随风雨上下。

西王母石室的传承，大多数学者似未加注意，有的学者则从神话的石头与再生的角度加以解释，认为它暗示了石室与西王母生命力的再生性质有关[1]。但我们以为，西王母石室不过是对西王母神庙建筑特点的说明而已。根据确切的文献资料，可知用石头堆垒成建筑物，为古代河西走廊以及四川一带的羌人所擅长。羌人所居除了毡帐及土屋，便是石头建筑，石头建筑是羌人颇有特色的一种民俗住居及防卫形式。《后汉书·南蛮西南夷列传》"冉駹（音máng）夷者……皆依山居止，累石为室，高者至十余丈，为邛笼。"冉駹是羌族的一支。这种石建筑，冉駹羌人呼为"雕"，可见这是一种雕堡式的石头建筑，邛笼未必是羌人普遍的居住式建筑，前人已指出过这种建筑的防卫功能，这大约是不错的。而将最为珍贵的东西置于具备防卫功能的建筑中是自然而然的考虑，神像之珍贵自不待言，所以它们最有可能被置于邛笼中而成为神庙。因此，所谓"西王母石室"，正是指供奉西王母的石头神庙而已。

---

[1] [日]小南一郎：《中国的神话传说与古小说》，孙昌武译，第117页。

西王母原本是西方羌戎民族所崇奉的神，我们相信没有问题。这里还要指出的是，似乎早在战国甚至更早的时代，西王母就被认为是神山——昆仑山上的神灵。如《山海经·大荒西经》描述西王母的处地：

> 西海之南，流沙之滨，赤水之后，黑水之前，有大山，名曰昆仑之丘……其下有弱水之渊环之，其外有炎火之山，投物辄然。有人，戴胜，虎齿，有豹尾，穴处，名曰西王母。

同书《海内北经》也说西王母"在昆仑虚北"。虽然有迹象表明西王母原先只是西方群山中的普通神灵之一，因为时代较早的《五藏山经》说西王母所居之处名"玉山"，后来的《穆天子传》沿之，称其为"群玉之山"。但大约到战国中期，西王母就与昆仑山相结合，西王母的地位也直线上升，成为极具影响力的大神了。关于昆仑山作为大地中心连接天上与地下的神话宇宙观念，论者已多，这里不拟再多作说明，也不拟从这一角度出发论述处于这座神山中的西王母的"性格"。我们只打算谈谈学者们似从来没有注意到的"西王母石室"是否在神山——昆仑山上存有的问题，因为这也有助于进一步破译西王母的原始神格。虽然上面所引的《括地志》指酒泉南山为昆仑山的说法很难找到确证，但在酒泉南山曾发现过供奉西王母的石头神庙则当是历史事实。值得注意的是，传说中的昆仑山上，似乎是有石头建筑的。《淮南子·地形训》：

> 北门开以内不周之风。倾宫、旋室、县圃、凉风、樊桐在昆仑阊阖之中。

高诱注曰："倾宫，宫满一顷。旋室，以旋玉饰室也。一说：室旋机关，可转旋，故曰旋室。"昆仑山上的"旋室"很值得注意，它可能就是指一种石室。

旋室无论是饰玉还是根本就是以石筑成，这且不说，但旋室又作璇宫，又作琼室，在古代传说中是富丽珍奇的建筑物则无疑。这种建筑物，不是与后世发现的"珠玑镂饰，焕若神宫"的西王母石室极为相似吗？昆仑神话为上古羌人所创，顾颉刚先生说：

> 昆仑的神话所以在战国时期大量地流传到中原：一是由于秦国向西拓地与羌、戎的接触日益密切，从而流传了进来；一是由于这时的楚国疆域，已发展到古代盛产黄金的四川丽水地区，和羌、戎的接触也很频繁，并在云南的楚雄、四川的荣经先后设置官吏，经营黄金的开采和东运，因而昆仑的神话也随着黄金不断运往郢都而在楚国广泛传播。[1]

昆仑神话既为古羌人所创，而以石室为神庙又是羌戎的一种文化传统，则他们在昆仑神山上设置灿烂无比的"旋宫""倾宫"也是十分自然的了。后世把这种建筑物的建造归于纣的名下是不明真相的附会。

我们要特别指出的是，这一旋室很可能与织有关，旧题晋王嘉《拾遗记》卷一云：

> 少昊以金德王，母曰皇娥，处璇宫而夜织。

---

[1] 顾颉刚：《〈庄子〉和〈楚辞〉中昆仑和蓬莱两个神话系统的融合》，载《中华文史论丛》1979年第2期，第31—57页。

少昊是主西方之神，少昊之母处璇宫夜织的故事，说明古代存在主西方的神之母主织的观念。西王母也是西方之神母，那么昆仑山上的旋室，是不是就是供奉西王母这个织神的神宫呢！

我们还要指出的是，旋室之"旋"，可能本来就是指一种纺织机上的器具。《尚书·舜典》上有"璿玑玉衡，以齐七政"的说法。"璿玑"又作"璇玑"，汉人大体认为是上古测天的一种天文仪器的零件。但从出土的符合汉儒描述要求的环形玉器——璇玑看，璇玑似与天文仪器无涉，现在博物馆里陈列的璇玑，几乎没有人认为是天文仪器的零件。郭宝钧认为璇玑是织机上置于经轴（胜）的两端以控制其运转的"胜花"[1]。考虑到郑玄注璇玑时曾说过"璇玑一作旋机"[2]。所以也有人将璇玑理解成"旋机"，即运转织机之意[3]。这一说虽尚未定于一尊，但已为越来越多的人所相信。如果此说果真能够成立的话，那么，所谓的昆仑山上的旋室是必与纺织有关了，它或许就是织室之代名词。少昊母"处璇宫而夜织"，正是上古视璇宫为织室的一种传承。我们已在上文论证西王母的真身正是"织机"与"织神"，那么旋室之与西王母同处昆仑神山就用不着奇怪了。

上古中原圣王与西王母

《山海经》中的西王母，当然是神灵。在《山海经》中，没有任何西王母与中原地区的帝王发生联系的记载，但到战国时代，西王母的形象发生了巨大的变化，她已由一位神灵变成了西方某国的女主和国名。

---

[1] 郭宝钧：《古玉新诠》，载《中央研究院历史语言研究所集刊》第二十册下，1949年。
[2] （清）孙星衍：《尚书今古文注疏》，中华书局，1986年，第36页。
[3] ［日］小南一郎：《中国的神话传说与古小说》，孙昌武译，第53页。

而且她似乎是个非常有能耐的女王，当然她治下的"西王母国"也相当了不起，以至中原地区的一些声名显赫的帝王都曾拜倒在她的脚下，不远万里，向她讨教，求她赐福。《荀子·大略》："尧学于君畴，舜学于务成昭，禹学于西王国。""君畴"与"务成昭"旧注都说是人名，西王国前人注谓即指西王母。禹见西王母求学的传说在汉代仍可见到。《论衡·无形》："禹、益见西王母。"除了禹，其他圣王也有去见西王母的。《易林》卷一"噬嗑"卦曰："稷为尧使，西见王母，拜请百福，赐我善子。"同上述禹见西王母的传说一样，尧使稷见西王母作为一种传说也不绝于后世。

中国中原地区的圣王曾经就学于西王母，可以肯定是上古时的一种传承。它无疑是后来《穆天子传》中穆天子西征会见西王母传说形成的要素之一，当然穆天子见西王母传说的形成还基于他征伐西戎的历史事实，这是形成这一传说的另一要素。

中国先秦时代，的确存在上古中土圣王向西王母求教学习的古老传说，那么，中国古圣王到底要向西王母学习些什么东西呢？

如果我们前面所揭示的西王母是以"织机"作为原型，西王母是纺织之神，以及她原来是羌人所崇奉的神的结论不错的话，如果上古中土帝王向西王母求教的传说中蕴含着某种事实成分的话（从传说形成的原理看，必有事实的因子），那么，上古中原帝王所求教于西王母的可能主要就是有关纺织技术方面的知识。崇奉"西王母神"即纺织神的羌族，可能是一个纺织技术相当发达的民族。当然，一个纺织技术相当发达的民族，在科技的其他方面可能也是发达的，因此这种学习并不排斥其他方面的内容。无疑，这是一个非常大胆而又非常危险的假说，因为在一般人的心目中，中原民族的纺织技术一向举世无双，是世界有名的蚕桑民族，周边民族向来被认为只有受惠与输入的份，所以这个假说一提出似乎就已陷于某种被动的境地。然而，上古神话、传说明白无误地昭示出的信息又是难以否认的，它不能不让人去重新检视上古羌戎与中原民族在文化上的某种关系。检视的结果出乎一般人们的预料，文化上一向被人们认为落后的羌人，在上古时代，其纺织等一些领域的技术处于领先地位，并且影响了中原地区。神话、传说给我们带来的这种新认识，不由得使我们对羌族刮目相看。

羌族上古主要活动于中国西北一带，因地域的关系中原人常称其为"西羌""西戎"或"姜戎"。大约因为"氐"是羌的重要一支的原因，上古时代常将氐与羌连在一起称"氐羌"，如《诗经·商颂·殷武》："昔有成汤，自彼氐羌，莫敢不来享，莫敢不来王。"吕思勉《中国民族史》案《周书·王会解》记成王时"氐羌以鸾鸟"来献。孔晁注曰："氐羌，氐地羌，羌不同，故谓之氐羌，今谓之氐矣。"

关于氐、羌人的纺织技术及服饰，文献记载极少，但从这些极为有限的材料中，我们吃惊地发现他们有不俗的纺织技术与服饰文化。"根据世界许多地方的服饰习俗调查，在热带或亚热带，衣服的制作和使用习俗发展得异常缓慢，而在温带以北的人类集居区，则衣服习俗事象的复杂和配套都十分醒目。"[1]衣裳的最大功能在原始时代无疑是御寒，处于严寒地区的原始人出于保暖卫生也是出于生存的需要，最早开始衣服的制作并积累起相应的技术与文化。氐、羌作为寒冷地区的民族，有条件成为东亚地区创制衣服、发展服饰文化的发起民族。《礼记·王制》："东方曰夷，被发文身。南方曰蛮，雕题交趾。西方曰戎，被发衣皮。北方曰狄，衣羽毛穴居。"柳诒徵先生论及服饰文化的发生时曾说：

---

[1] 乌丙安：《中国民俗学》，辽宁大学出版社，1985年，第84页。

"衣"字之下半，当即"北"字，古代北方开化之人，知有冠服，南方则多裸体文身，故"衣"字像北方之人戴冠者，其说至有思想。衣裳之原，起于御寒。西北气寒，而东南气燠（音yù），故《礼记·王制》述四夷，惟西北之人有衣，东南无衣也。[1]

柳诒徵先生的意见，无疑是极有道理的。但由于资料的缺乏，我们尚不能知道我国西北地区的少数民族创制衣裳和发展服饰文化的详细过程，但从地下发掘的一些织物及有关文献记载判断，其织物非常先进，可见其纺织技术的进步。如1979年，新疆哈密地区出土一具古尸，经碳14测定为距今2900年到3200年，古尸身上穿红、褐、绿、黑四色织成的毛织物，花纹有大小方格和宽窄彩条，色彩很鲜艳。[2]

青海诺木洪遗址（西周早期）中采集的毛织物，与上述出土的织物一样，也是先染后织的典型产品，织物由绵羊毛纺织而成。"可能经过洗毛和染色，织物的颜色以黄、褐为主，也有少数是用灰黑、红、蓝等组成的条纹，编织在黄、褐两色之间。这是我国出土的较早的一批有色毛织物，色彩丰富，显示当时羊毛的染色工艺已有相当高的水平。"[3]

这些织物很有可能就是居住在这个区域的氐羌人所织的。值得注意的是，氐羌人所织之织物很早就受到中土的重视。《说文·糸部》中有个"纰"字，许慎认为："氐人罽（音jì）也。"而《说文》"罽"下则曰："西胡毳布也。"可见，"纰"或"罽"都是一种毛织品，这种织

---

[1] 柳诒徵：《中国文化史》，中国大百科全书出版社，1988年，第38页。
[2] 《新疆日报》，1980年4月26日。
[3] 陈维稷主编：《中国纺织科学技术史》，科学出版社，1984年，第85页。

品,又称"花罽",在汉代以精美及价格昂贵而著名。东汉史家班固给当时在西域的兄弟班超的信中说:"窦侍中前寄人钱八十万,市得杂罽十余张。"[1]据纺织专家的说法,花罽是提花织制的精细毛织物,说明氐羌人的纺织技术相当高超。

除了毛织物,氐人的殊缕布也很著名。《说文·糸部》中有个"绷"(音bēng)字,许慎谓:"绷,氐人殊缕布也。"徐中舒先生说:

> 殊缕布是殊其缕色而相间织之,当即今之条纹布,绷即条文并行之意。[2]

徐先生的说法是正确的。《后汉书·白马氐传》:氐人有"麻",那么这种条纹布当是麻布。氐羌人种麻织布肯定有极为悠久的历史,姜族创世神话《木姐珠与冉必娃》说从前地上无人之时,天爷(木巴)的女儿木姐珠在溪边漂洗麻布,猴子冉必娃把她的手镯挂在树梢上,于是约婚被引上天[3]。氐羌人种麻织布历史既极为悠久,他们后来能织出"殊缕布"这样的条纹布就不是偶然的了。《三国志·魏书·乌丸鲜卑东夷传》注引《魏略·西戎传》:

> 氐人有王,所从来久矣……或号青氐,或号白氐,或号蚺(音rán)氐,此盖虫之类而处中国,人即其服色而名之也。

---

[1] 《北堂书钞》卷一三四引文。
[2] 徐中舒:《巴蜀文化初探》,载《四川大学学报》1959年第2期。
[3] 林向:《羌族的"创世纪"神话——木姐珠与冉必娃》,载中国人类学会编:《人类学研究》,中国社会科学出版社,1984年。

这段话的意思大致为：氐人种类不一，汉人根据他们所穿衣服颜色的不同而分别称呼，或称青氐，即穿青色服装的氐人；或称白氐，即穿白色服装的氐人。至于"蚺氐"，徐中舒先生认为，这与上面所述氐人所织的条纹布有关。蚺是一种大蛇，它的皮是色彩驳杂、条纹相间的，"蚺氐"就是穿着条纹相间的缫缕布的氐人。徐中舒先生还由此进一步指出，古代四川蜀锦的色彩，除五彩相杂之外，还有条纹相间的，这种高级的纺织技术，决不是短期能发展成功的，应有悠久的历史，其中可能就包含着氐族劳动人民的智慧创造。

西方羌戎的服饰为中土人士所宝爱，史书中有记载，《左传·庄公二十一年》："王以后之鞶（音pán）鉴予之。"杜预注云："鞶带而以鉴为饰也。今西方羌胡犹然，古之遗服。"杨伯峻先生注谓："鞶是大带，亦名绅带；鉴，镜也，鞶鉴为一物，大带而饰之以镜者。"这种镜鉴很有可能是羌胡的饰物，其为中土君主宝物，必因其织、制的精美。

综上所述，可知上古氐羌人，在纺织文化的某些方面的确相当先进，他们的纺织物曾给中原民族带来一定影响，然则神话传说中上古中原帝王向西王母求教的内涵不是已经十分清楚了吗？因为西王母的真实身份正是纺织之神。我们相信，中原上古帝王求学于西王母的上古传承，其产生的背景主要当是基于上古中原地区的人民向西方羌戎民族学习纺织等技术的历史事实。因为华夏圣王向西方羌戎族学习是确凿无疑的事实，所以才会有禹、尧等上古中原圣君向西王母求教的传说流传。

上古中原古圣王向西王母求学的传承，其所以会形成绝非偶然。它反映了远古时期羌戎地区的一些纺织品、纺织技术曾输入中原地区的历史事实；反过来，从地下发掘以及古代文献了解到的上古西戎的纺织技术的确发达，他们的一些织物确实早就流入中原并为中原人民宝爱的事实，也可印证西王母是羌戎所崇奉的神，同时也印证西王母与纺织密切关联的"纺织神"性格。当然，正像"求学"的传说是双向性而非单向性的一样，上古中原地区与西方羌戎在纺织等技术领域方面，也并非一味地学习与输入。中原远古的丝织技术，水平之高，影响之大，举世皆知。很多事实表明，中原民族的丝织技术，很早就通过"丝绸之路"流向西亚、流向世界。但这样的事实并不意味着中原民族在纺织技术的所有方面都优于其他民族；也并不意味着所有种类的织物都是中土的水准最高。例如，从出土的一些毛织物来看，西域地区的毛织物的染织等工艺水准恐就非中土可比。再说，纺织民族在技术的水准保持上决不是恒定不变，而是互为消长的。输入技术的民族通过智慧的改进与创造可以在技术上超过输出方，于是，原先的输出方可能就会变成输入方，这样的例子可以举出许多。因此，无论是上古中原帝王去西王母处求教，还是西王母来访中原圣君，都有其产生与存在的现实性理由。从根本上说，这类传承，反映的是上古时期中原民族与羌戎民族在文化上的相互交流与互为影响，由于羌戎等西域民族在技术、文化上受到过西方中亚甚至西亚民族的熏染，所以这种交流与影响并不能被视为只存在于中原民族与羌戎民族之间，它更展现了中原华夏民族与整个"西方"交流学习的原貌。

西王母与七夕传承

西王母的原始神格主要表现为纺织之神，是西方氏羌人的神祇，上古中原帝王向西王母求教的传说，可能蕴含了氏羌等西戎民族的纺织及其他一些技术对中原地区带来影响的史实，这些方面我们已作了论述。随着中土与西土交往的逐渐密切，西王母这个西方之神也很早就传入中土，一方面人化为西土帝王，另一方面则成为立祠享祭的神灵，当然，进入东土后的西王母神的神性已有了不少变化。《汉书·哀帝纪》：

> （建平）四年春，大旱。关东民传行西王母筹，经历郡国，西入关至京师。民又会聚祠西王母，或夜持火上屋，击鼓号呼相惊恐。

西王母   东王公

建平四年春之祠西王母事，《汉书·五行志》也有记载。可见最晚在西汉时代，西王母已是中土民间立庙祭祀的一位重要神灵了。但西汉人心目中的西王母其形貌与神性与《山海经》中的西王母已有很大不同。司马相如《大人赋》：

> 吾乃今日睹西王母，暠然白首，戴胜而穴处兮，亦幸有三足乌为之使。必长生若此而不死兮，虽济万世不足以喜。

颜师古注《汉书》时说："西王母，元后寿考之象。"在西汉人的眼中，西王母是皓然白首，长生不老的老妪，后来传说"羿请不死之药于西王母"，也是基于西王母长生不死的特性。

东汉以降，西王母的神性及外貌继续发生变化，人们给她配了个与之对应的大神——东王公，西王母就有了在道教思想体系里占有重要地位的阴神、西天大神、月神等性格。她的容貌也变成"年三十许，容颜绝世"；而原来"蓬发戴胜"的神人形象则被认为是西王母的使者。西王母后来成为道家构造的天庭世界的主宰者之一——王母娘娘，东王公则成了玉皇大帝，这是大家都清楚的。促使西王母在各个不同时代"变形"的内外诸因素，论者已多，这里不谈。我们在这里要指出的是，在西王母的神格道教化、中土化的过程中，其原始的纺织神性格仍顽强地得到保留。这在中土的一些七夕传承中可以看得很清楚，先看鲁迅先生辑录的《古小说钩沉》之《汉武故事》：

> 西王母遣使谓（汉武）帝曰："七月七日，我当暂来。"帝至日，扫官内，然九华灯。七月七日，上于承华殿斋。日正中，忽见有青鸟从西方来集殿前。上问东方朔，朔对曰："西王母暮必降尊像，上宜洒扫以待之。"……是夜漏七刻，空中无云，隐如雷鸣，竟天紫色。有顷，王母至，乘紫车，玉女夹驭，载"七胜"。

除了七夕，还有西王母正月七日见汉武帝的传说。《荆楚岁时记》：

> 正月七日为人日，以七种菜为羹；剪彩为人，或镂金箔为人，以贴屏风，亦戴之头鬓，又造华胜以相遗，登高赋诗。[1]

隋杜公瞻注曰：

> 华胜起于晋代，见贾充《李夫人典戒》云："像瑞图金胜之形，又取像西王母戴胜也。"

为什么西王母见汉武帝是在七月七日或正月七日呢？种种迹象表明，正月七日与七月七日的有些行事，似乎是建立在某种星象基础上的远古传承。因为不仅西王母，在牛郎、织女的神话故事中，织女与牛郎也是在七夕晚上相会，织女与牛郎的原始神格是天上的星座已无人怀疑。织女是主纺织的天女，民间很早就有七夕向织女神乞巧的习俗，这种习俗可以看成是一种民间的祭礼活动。《石氏星经》：

> 织女三星在天市东。……常以七月、一月六、七日见东方。色赤精明，女功善。

因此，七夕活动最初当与星占、星祭有关。一月七日又称"人日"，它的星占性格更为突出，除了占女功，《岁时广记》卷九谓：

---

[1]（南朝梁）宗懔撰，谭麟译注：《荆楚岁时记译注》，湖北人民出版社，1985年，第25页。

"七日人，从旦至暮日色晴朗，夜见星辰，人民安，君臣和会。"大约因为正月的星占要比七夕的占女功在范围上要广大许多，所以后人在占女功、祈织乞巧时更多地选择七夕，并使七夕成为一个与织事有关的节日。所以，西王母一月七日或七月七日（主要是七月七日）戴"胜"见汉武帝的传说，隐约透露出的正是其主纺织的神性特点。它与织女故事在神性上部分叠合在一起，织女、牛郎的故事产生于中土神话，与西王母故事不属一个系统，因此两者之间神性的这种叠合当是源于其本质的相同。把西王母与纺织联系在一起，还见于一些小说，旧题东汉郭宪撰的《别国洞冥记》卷一云：

> 朔以元封中，游濛鸿之泽，忽见（西）王母采桑于白海之滨。俄有黄翁指阿母以告朔曰："昔为吾妻，托形为太白之精，今汝此星精也。"

采桑是纺织工作的前奏性行动，因此西王母的采桑可以判定为与纺织有关，西王母的采桑是一种类似于皇后采桑的礼仪性活动，其目的是向天下人显示织事的重要性，因而具有劝桑劝织的意义。在这里，西王母主管纺织的意思已经表露无遗。我们在前面曾指出，唐颜师古注《汉书》谓西王母是"元后寿考之象"，这"元后"二字很值得注意，它与上述小说中西王母的采桑一样，也当是基于对西王母本质的某些方面同样认识的产物。

由于传统耕织社会中"织"的工作的异常重要性，"失织"的结果会导致社会生活的贫困化，以致带来社会秩序的混乱。所以作为"元后"的西王母的桑织工作也就被认为既能赋予世界秩序，也能给世界甚至宇宙带来不安与混乱。《淮南子·览冥训》："西老折胜，黄神啸吟,飞鸟铩翼,走兽废脚。"高诱注曰:"西王母折其头上所戴胜,为时无法度。黄帝之神伤道之衰,故啸吟而长叹也。""西老"即"西姥",指西王母,"折胜"是胜断了,也即织事荒废的意思。织事荒废会给现实政治世界、宇宙带来危机肯定是古代所曾有过的一种观念。《易林·无妄之贲》:

织缕未就,胜折无后(一本作"针折不复"),女工多能,乱我政事。

《易林·益之小过》也说:

月削日衰,工女下机。宇宙灭明,不见三光。

根据这些材料可知,西王母"织"的行为很早就被认为其具有维持世界、宇宙秩序的能力,这不仅是西王母织神身份的清楚显现,同时也说明西王母成为统治天上的大神之一——王母娘娘,可能也是基于对她作为织神的认识,至少这种认识是构成西王母向"元后""阴神""月神"直至王母娘娘转化的一个因素。当然,西王母神性之转化尚有其他因素,如地域上处于西方,名称文字层面上的"西方女神"内蕴等,这些因素与中土传统宇宙论中西方与阴、与金相配合相合。这也使道家构筑宇宙的统治体系时乐于引进并抬高西王母,于是中土固有的织神——织女的地位就只好降低了。

最后我们想谈谈西王母"司天之厉及五残"的问题。关于西王母掌管"厉"和"五残",这当是中土人所赋予她的神性特点。"厉"与"五残",郝懿行注《山海经》时说:

案厉及五残，皆星名也。李善注《思玄赋》引此经作司天之属，盖误。《月令》云："季春之月，命国傩。"郑注云："此月之中，日行历昴，昴有大陵积尸之气，气佚则厉鬼随而出行。"是大陵主厉鬼，昴为西方宿，故西王母司之也。五残者，《史记·天官书》云："五残星出正东，东方之野，其星状类辰星，去地可六、七丈。"《正义》云："五残一名五锋，出则见五方毁败之征，大臣诛亡之象。"西王母主刑杀，故又司此也。

为什么中土之人要将西王母与"厉"和"五残"这些刑杀联系在一起？我认为这可能是因为西王母是西戎之神的关系。如果郝懿行指"厉"为昴星的说法不错的话，那么，西王母司"厉"与"五残"的特点是中土之人基于西戎经常向东方用兵，对东土构成威胁这种事实而单方面赋予的。《史记·天官书》：

昴曰髦头，胡星也。

唐张守节《正义》曰：

昴七星为髦头，胡星，亦为狱事。明，天下狱讼平；暗为刑罚滥。六星明与大星等，大水且至，其兵大起；摇动若跳跃者，胡兵大起；一星不见，皆兵之忧也。

天上的星象世界是根据地上的人间现实安排的。由于地上的"胡"的杀伐性质，人们也就将天上主杀伐的星座与胡人相系；西王母既是胡人所崇奉之大神，那么西王母就与"胡"相应的天上的星座关联，因此西王母"主厉及五残"其内面含义与胡人相应的星座主刑残特点对应。无疑，中土之人对西王母作这种神性概括时，并没有涉及西王母纺织神的特点。当然，西王母"刑神"性格的形成，可能还与中土阴阳五行宇宙观中西方主金、秋，主刑杀的观念有关，这一点已有很多学者论及，这里不拟多说。由于西王母主刑杀是基于崇奉"西王母神"的民族好动刀兵的现实特征，也有可能是基于阴阳五行的方位配合原理而生发的，所以它与西王母主纺织的神性之间可以并行不悖。也就是说，西王母这两种看似截然无关的神性特点（主"刑杀"与主"纺织"）在《山海经》中同时出现，其实是从不同视角对不同对象所作出的说明。织神是西王母神的本质属性，刑神是中土人士对西王母所在民族的民族属性的神化性认识。正因为原始西王母有两重神性，所以在论述其神灵属性时若偏废其中之一，就有可能陷入某种困惑之中。譬如丁山先生曾说过这样的话：

> 西荒之外，有如此凶恶的女神（指西王母）时常残害中国人民，为什么国人还是虔诚的为她宣扬呢？其故似乎不解。[1]

丁山先生的这种困惑是由于对原始西王母神的神性认识有欠缺，即他对西王母"主织"的一面缺乏认识。西王母"主织"的神性特点，比她的"刑杀"似更为古代中土之人所瞩目，丁山先生没有看到这一点，所以他才会对中土之人宣扬西王母感到大惑不解。

---

[1] 丁山：《中国古代宗教与神话考》，第71页。

15 杜宇、鳖灵神话分析

望帝杜宇禅位鳖灵，死后化为杜鹃鸟。这个神话，因其凄婉动人，曾在我国古代广泛流传，至今仍脍炙人口。由于这个神话的影响，杜鹃鸟成了中国古代文学中一个非常重要的题材。历代诗人墨客围绕着杜鹃鸟，创作了无数文学作品，尽管这些作品的体裁、风格、时代很不相同，但它们在情思上或多或少都有类似之处。这种现象的产生，无疑与蜀王杜宇的悲剧故事有关。那么，这个影响深远的神话故事的底蕴到底是什么呢？关于这个问题，很少有人加以深究。我在这里提出一种意见，希望读者批评指正。

望帝、鳖灵神话源于四川郫县

从现有典籍看，最早记载杜宇、鳖灵故事的是蜀人扬雄，其《蜀王本纪》云：

> 后有一男子，名曰杜宇，从天堕止朱提；有一女子名

利,从江源井中出,为杜宇妻,乃自立为蜀王,号曰望帝,治汶山下邑曰郫,……望帝积百余岁,荆有一人名鳖灵,其尸亡去,荆人求之不得,鳖灵尸随江水上,至郫遂活,与望帝相见。望帝以鳖灵为相,时玉山出水,若尧之洪水。望帝不能治,使鳖灵决玉山,民得安处。鳖灵治水去后,望帝与其妻通,惭愧,自以德薄,不如鳖灵,乃委国授之而去,如尧之禅舜。鳖灵即位,号曰开明帝;帝生卢保,亦号开明。望帝去时子规鸣,故蜀人悲子规鸣而思望帝。

按扬雄《蜀王本纪》,一称《蜀本纪》或《蜀纪》,原本已佚,散见类书及他书之引文,清严可均《全上古三代秦汉三国六朝文》所辑较为详备。扬雄之后,诸家所记杜宇、鳖灵事,略有异同。《太平寰宇记》卷七十二"益州"条云:"扬雄《蜀王本纪》、来敏《本蜀论》、《华阳国志》、《十三州志》诸言蜀事者,虽不悉同,参伍其说,皆言蜀之先肇于人皇之际……后有王曰杜宇。……时有荆人鳖泠死,其尸随水上,荆人求之不得。鳖泠至汶山下,忽复生,见望帝。立以为相。时巫山壅江,蜀地洪水。望帝使鳖泠凿巫山,蜀得陆处。……遂自亡去,化为子鹃鸟。故蜀人闻子鹃鸣,曰'是我望帝也'。鳖泠,或为鳖灵。子鹃为子雟(音guī)。或云:'杜宇死,子规鸣。'"

关于杜宇、鳖灵的神话,诸家所述或出于扬雄,或出于传闻。值得注意的是,据扬雄所述,该故事发生地在四川郫县(现成都市郫都区)。望帝"治汶山下邑曰郫"是说杜宇建都于此。鳖灵尸也是至郫才活过来。清同治修《郫县志》卷十二:"(杜鹃城)在县北郊。扬雄《蜀纪》:'杜主代鱼凫王蜀,徙都于郫,即杜鹃城也。'"郫县后世仍存杜宇、鳖灵之墓。明傅振商《蜀藻幽胜录》载宋人陈皋《杜宇鳖灵二坟记》曰:"(杜宇、鳖灵)死皆葬于郫。今郫南一里二冢对峙若丘山。"杜宇、鳖灵神话之发源地,一定在郫县一带。

扬雄其人,史称蜀郡成都人,生长于郫。《汉书·扬雄传》说:"扬季官至庐江太守。汉元鼎间避仇复溯江上,处岷山之阳曰郫,有田一廛(音chán),有宅一区,世世以农桑为业。自季至雄,五世而传一子。"颜师古注:"郫,县名也。"扬雄五世祖扬季迁郫,几代都以农为务。扬雄死后仍葬郫县。《蜀中名胜记》引《胜览》云:"郫县有子云读书堂。"又引《本志》:"县南二十里外子云亭,即葬所也。亭北半里有台,相传为拜子云墓而筑。"

学者所记杜宇、鳖灵事以扬雄为先,扬雄所记,显是得之于故老之传说,是郫人记郫地民间所流传的神话故事。扬雄所述,似乎已经有了加工整理的痕迹,有了将此神话历史化的倾向。如杜宇化杜鹃鸟,在他笔下变成"望帝去时子规鸣,故蜀人悲子规而思望帝",而诸家或记望帝死后化为杜鹃。《四川通志》卷二〇一:"望帝自逃之后,欲复位不得,死化为鹃。每春月间,昼夜悲鸣,蜀人闻之曰:'我望帝魂也。'"望帝化杜鹃在传说中是必有之事。扬雄信奉儒学,而孔子不语"怪、力、乱、神",他的这种做法,我们也可以理解。

有意思的是,四川郫县不仅存杜宇、鳖灵之墓,又有杜鹃村。该村一直流传着望帝变杜鹃鸟的故事,那里的老农民说:"杜鹃鸟是杜鹃王变的。万年历就是杜鹃王所造。"他们说的杜鹃王就是望帝杜宇。他们说,望帝生前爱护人民,教人民怎样种庄稼,死了以后,还惦念着人民的生活,所以他的灵魂化作了杜鹃鸟,每到清明、谷雨、立夏、小满等农忙季节,就飞来田间一声声地鸣叫,人们听见这种声音,都说:"这是我们的望帝杜宇啊!"于是互相勉励:"是时候了,快撒种吧!"或者说:"是时候了,快插秧吧!"并且把这种鸟叫作杜宇,或叫望帝,或叫催耕鸟、催工鸟。[1]这个在郫县农村流传的故事当是望帝、鳖灵神话较原始的形态,当然它只有部分内容。它强调的是杜鹃王与历法的关系,认为历法是由杜鹃王所创造;它还强调杜鹃王教民种庄稼的一面。我以为,杜鹃王或者说杜宇王的这个业绩正是来自杜鹃鸟本身。杜宇王化为杜鹃的神话或许恰恰相反,是杜鹃鸟衍化成杜宇王后形成的。

蜀王杜宇的原型是杜鹃鸟

杜宇作为蜀之帝王,出现在传说之中,除了传说,没有切实可靠的证据可证明蜀地曾有个叫杜宇或望帝的帝王,而杜鹃鸟是蜀地很常见的一种鸟类。杜鹃与古代蜀地人民的生产、生活具有非常密切的关系,蜀人认为杜鹃是望帝之魂所化,很可能是蜀地先民根据杜鹃的一些特性创造出来的神话。

照人类学神话学派的意见,神话是原始人所特有的一种心灵特征的产物:它分不清什么是人类的,什么是自然的,而所有自然物都被赋予生命和人的特征。泰勒认为,正是由于所有自然物在原始人看来都是有生命的这一信仰,使他们对自然物进行拟人化,这种拟人化把日常生活经验的事实进行变形和神化,从而变成了神话。[2]杜鹃由望帝所化的神话,很可能是杜鹃鸟拟人化的产物,围绕望帝的传说,则很可能是蜀地先民对杜鹃的经验认识的一种变形与神化。

让我们先来看看杜鹃鸟的指时(历法)功能。历法概念并不是从来就有的,最初的历法当是一种自然物候历。

---

[1] 袁珂:《中国古代神话》,第224页。
[2] 朱狄:《原始文化研究》,三联书店,1988年,第682页。

候鸟因其特殊的性征，在原始历法中肯定扮演过极为重要的角色。如我国古代的少昊氏就"纪于鸟"；古称苗民为"卵民"，据说，古代苗族以鸟命官，使用鸟历纪年；白族的"祭鸟节"传说称：西山白族原来不会种庄稼，生活艰难。山神林音知道后，让他的二十四个儿子变成二十四只候鸟，到村寨提醒人们按时耕种收播，人们按节令种植收割，庄稼丰收，过上了好日子。人们为感激鸟类，相约上山给鸟儿喂食，日子一久，便形成节日。[1]中国古代，见于记载、具有时令意义的候鸟主要有雁、燕、鹈、伯劳、杜鹃等多种。杜鹃鸟不仅春来秋去，而且它的鸣声清越，传地甚远，酷似"布谷"，因此，它在古代物候历中起了较其他候鸟更大的作用。

杜鹃是鹃形目杜鹃科各种鸟类的总称，我国最常见的是大杜鹃与四声杜鹃。杜鹃鸟有许多别名，除了望帝、杜宇、蜀魂、怨鸟外，还有布谷、子归、子规、子鹃、田鹃、子巂、思归、巂周、鸤鸠、阳雀、催耕鸟、春魂鸟等。杜鹃繁杂纷歧的名称，有些源于古代神话，有些源于鸣声，有些则是各处各地的俗称，又因声音讹转的关系，同一名称，写法各异，于是就更显纷繁复杂了。

大杜鹃属夏候鸟，冬天栖息在东南亚一带，每到春季从南方飞来我国繁殖，其时约当农历二、三月间，秋天则飞回原地越冬。杜鹃"与春偕鸣"的性质古人早就清楚。《史记·历书》："（春天）百草奋兴，秭鴂（音zǐ guī）先滜（音háo）。"司马贞《索隐》："言子鴂鸟春气发动，则先出野泽而鸣也。"《广韵》："鹈鴂（音tí jué），鸟名，春分鸣则众芳生。"杜鹃的鸣声好似"喀咕、喀喀咕"，有意思的是，几乎世界各地的杜鹃地方名称，都类似"喀咕"这个音，可见它独

---

[1] 徐华龙、吴菊芬编：《中国民间风俗传说》，云南人民出版社，1985年，第79—81页。

特的叫声非常引人注目。在中国的一些地方，人们拟其声为"布谷"。春天，杜鹃"布谷、布谷"的阵阵啼鸣，像在催人不误农时，及早耕种。杜鹃是"春的信使"。我国农村，农民普遍在"布谷"声中播种耕耘，杜鹃有个"催耕鸟"的别名，不是偶然的。另一种我国常见的四声杜鹃，鸣声清亮，四声一度，民间每谐音为"快快割麦"，或拟其声为"不如归去"。过去文人每取后者，闻声触情，写出过许多情韵深长的好作品。

杜鹃作为候鸟，具有时令意义，是没有疑问的。远古时代的物候历，既是为了计算时间，更重要的是为了合理安排农时。布谷到来的时令，正是农业上适于播种的时间，播种是农业生产极其重要的一环，不适时播种会给农业生产带来巨大灾难。因此，指导人们按时耕种、给人们的耕种以某种参照系数的布谷鸟，在远古农耕社会人民的意识中，占有相当重要的位置。显然，杜鹃鸟与"制定历法""教民种庄稼"这两个命题之间有一种客观关系存在。杜宇王的这两大"业绩"，原来是杜鹃鸟所创，这说明所谓杜宇王或杜鹃王不过是杜鹃鸟的化身罢了。

前面已经指出，人类的先民对人类与自然物的区别知道得并不是很清楚。在万物有灵意识的支配下，自然物与人常常具有同一的性质。人类的先民常常把自然物给以拟人化的说明与解释，尤其是那些给他们的生活带来巨大影响，他们难以离开的对象。杜鹃鸟既然在过去的农耕社会中具有极其重要的地位，人们很自然地会赋予它以人格的特征并加以神化。

杜鹃鸟的拟人化与神化，往往带有民族的与地方的色彩。在蜀地郫县一带，杜鹃鸟以蜀王杜宇的身份出现。而在其他地方，它则被想象、比拟成其他什么人。读一读其他地方的杜鹃故事，对我们认识蜀地的杜宇王神话，会有很大的启示。哈尼族有个"阿罗找布谷鸟"的传说，与杜鹃村农民所传杜鹃王之故事极为相似。这个传说的内容大致如下：

（一）从前有个小伙子阿罗，听说有一种布谷鸟会报日子、分四季，会告诉人过年与栽秧的时间。阿罗找了多时没找到布谷鸟，日子越过越糊涂了。

（二）阿罗得知关布谷鸟的房子在天上，就与天女娥玛上天。他们在天神阿牛的帮助下，放出布谷鸟。布谷鸟最先飞到汉族人住的地方，汉族人说："一年四季的日子都计算出来了，还有了历书。"布谷鸟便飞走了。

（三）它又飞到傣族人住的地方，傣族地方太热，谷子又是一年两熟，不需要它，它又飞走了。

（四）它飞到哈尼族人住的地方，叫了三声，哈尼族人都说："布谷鸟来叫我们种谷啦！"于是人们都到田里去了。布谷鸟说："二月土狗叫。"于是哈尼族人就去耕田。布谷鸟说："三月水满田。"哈尼族人就去栽秧。布谷鸟说："四月生杂草。"哈尼族人就去打埂草。布谷鸟说："五月长青草。"小娃就到山上去放牛。布谷鸟说："六月要翻年。"于是哈尼族人就杀猪、杀牛，准备过六月年。布谷鸟说："七月谷子黄。"哈尼族人就忙着修路，准备收谷子。

（五）有两个人，一个有钱，一个有谷子，自以为不愁吃穿了，不听布谷鸟的话，结果，还没有到收谷子时，有钱的没有谷子吃，有谷子的谷子吃完了。他们都挨饿了。

（六）从此每年布谷鸟都来，告诉人们种田和过年的时间。阿罗没有回来，有人说，本来天上并没有布谷鸟，是他变成的。也有人说，他在天上和娥玛一起过日子了。[1]

---

[1] 中国作家协会云南分会编：《云南民族民间故事选》，云南人民出版社，1982年，第191—193页。

这个哈尼族的民间故事，也把杜鹃鸟与历法的制定联系在一起，还说明是布谷鸟教会哈尼族人种庄稼。人们按布谷鸟指明的节令播种耕耘，安排农时，才能获得好收成。这说明杜鹃鸟在哈尼族人的生产、生活中具有重要的作用。有意思的是，哈尼族人认为杜鹃鸟是他们的英雄阿罗变的，杜鹃鸟在他们的意识中也被神化、被拟人化了。这很可给我们以深刻启示，杜宇王的传说与阿罗的传说，其产生的心理途径应是一致的。

让我们再来看杜宇王的其他传说。关于他的由来与归宿，扬雄等人所记皆为"从天而堕"，后来禅位于鳖灵，"隐于西山"。这个神话的细节，我以为所反映的也是蜀地郫县人民对杜鹃鸟来去的认识，决不是随意编造的胡话，也不是历史真实的记录。它是对杜鹃鸟经验认识的变形与神化，我们完全可以从中找出某种"事实性的根据"。

古代世界的人们，对某些候鸟的移徙现象，尚没有科学的认识。当一种候鸟因节令变化飞来或飞去时，中国古人往往以化生、蛰居等来作解释。不明候鸟的季节迁徙，不独限于中国人。国外古代对鸟类的迁徙也有许多同样的误解。在欧洲，由于候鸟向南飞越地中海，站在岸边看着鸟群逐渐地没入地平线，当时的人们就以为它们在海底越冬。

杜鹃鸟虽然是我们先民所熟悉，并在农业生产中发挥了巨大作用的候鸟，但它们的迁徙特征，古人肯定是不了解的。如李时珍《本草纲目·禽部》中说："杜鹃……冬月则藏蛰。"他以为冬时杜鹃鸟是像龟、蛇那样冬眠藏蛰的。杜鹃鸟的化生说影响更大。《礼记·月令》："仲春，鹰化为鸠。……仲秋，鸠复化为鹰。"鸠就是布谷鸟，郑玄注曰："鸠，搏谷也。"《吕氏春秋》及张华注《禽经》与《月令》所记相同。古人的这种化生说无疑不够科学，但这决不是他们的故意杜撰，而是基于直观与经验观察的产物。

杜鹃的形状似老鹰,且能如鹰那样回翔。贾祖璋先生说:"其体色及飞翔状态,实为鸟类拟态现象的一个适例,它完全模仿着猛鸷的鹰类……'仲春,鹰化为鸠;仲秋,鸠复化为鹰。'即系不知其移徙现象及真实形态而引起的误解。"[1]每年春天,杜鹃从南方飞来,人们由于不了解它们是从异国飞来的候鸟,看到它们那如鹰的形状及鹰样的飞翔状态,便误以为是鹰所化。到了仲秋季节,杜鹃南迁,漂洋过海,到温暖地带去越冬,人们不见了它们的踪影,便误以为杜鹃复化作了鹰。

人们可以用藏蛰与化生来解释杜鹃的春来秋去,也可以用其他原因来解释。春天杜鹃鸟从南方飞来后,蜀人不了解其源于何处,地缘的隔绝又使他们对黄河流域一带的化生说毫无所知,故神秘地以为它们是从天上飞来的。这种解释与哈尼族人的传说一样,也包括了对杜鹃指时劝农特性的神化。天上之物的归宿原应在天上,但杜鹃从天上降临人间后,已经成了人间之物,它们在人间也应该有自己的归宿之处。在蜀地郫县一带,人们似乎用"隐居西山"来说明杜鹃的秋后"失踪"。绝非偶然的是,郫县西面的确有山——平乐山。平乐山在郫县之西,郫县人自可以西山称之。于此可知,杜宇王从天而降及隐居西山,是郫县先民对杜鹃鸟迁徙特征经验认识的一种变形形式。

关于杜宇王的隐居,或说他是自动禅让;或说杜宇王是因淫鳖灵之妻,做了损德之事而被迫让位。《说文·隹部》云:"巂……一曰蜀王望帝淫其相妻,惭亡去。化为子巂鸟。故蜀人闻子巂鸣,皆起云望帝。"这个传说很可能由语言讹传所致。淫与隐、妻与栖,蜀地方音相

---

[1] 贾祖璋:《鸟与文学》,第47页。

同。杜宇因"淫妻"而失位，似乎是由杜鹃鸟秋后的"隐栖"讹成。

杜宇王神话中，还有些细节也值得研究。扬雄等人所载，说这个蜀王从天而降后"堕止朱提"，和一个名叫"利"的女子结合。我以为，所谓"利"，很可能是"犁"的谐音，而"提"字，可能是"啼"的谐音。朱为红，"朱提"恐即指杜鹃"啼血"的特征，"堕止朱提"，指杜鹃从南方飞抵蜀地，即开始彻夜不停地啼鸣，杜鹃啼鸣之时，正是百姓开始犁田之日。杜宇王与"利"成亲结合，正是杜鹃春天飞来、啼鸣与农耕生产同时性的一种喻指。杜鹃的啼鸣与犁田农耕就像夫妻似的结合在一起，这是具体的、神话的语言，它形象、生动地说明了两者的紧密联系。

蜀地先民所创造的杜鹃神话，的确反映了蜀地先民对杜鹃特性的认识，对杜鹃鸟的这种认识来源于他们的生产、生活实践，同时，这种认识给他们的生产、生活带来了积极的影响。当然，这个神话在很大程度上，因受到语言的"侵蚀"，而变得"虚幻"难解了。神话会受到语言的影响，会因语言而变形，这是大家都清楚的。

最后，让我们再从蜀王的名号来看杜鹃鸟与杜宇的关系。杜宇，一号杜主，又号望帝，这两个号都是极可注意的，"杜"字古代与"社"本一字。《史记·秦本纪》云："宁公二年……遣兵伐荡社。"《集解》引徐广曰："社一作'杜'。"丁山先生引金文说"杜"字云："凡此杜字，均是社字或体，而《华阳国志》所谓'杜宇，一号杜主'，确是'杜宇，一号社主'传说之误了。"[1]杜宇号杜主，亦可称社主是无疑的，"社主""社神"的主要宗教功能是保佑风调雨顺，五谷丰登。人们祀"社"之日，一般在农历二月上旬农事活动即将开始之时。显

---

[1] 丁山：《中国古代宗教与神话考》，第40页。

然，杜鹃鸟不仅与"社"的神性相似，而且，杜鹃之始鸣与春社之日，处于同一时间层次。杜鹃之特性，既与社主如此相同，人们以社主之名名之，就完全可以理解了。

再说望帝。《诗经·小雅·甫田》："以我齐明，与我牺羊，以社以方。"《诗经·大雅·云汉》："祈年孔夙，方社不莫。"《毛传》："社，后土也。方，迎四方气于郊也。"方与望可合称方望，《公羊传·僖公三十一年》："天子有方望之事，无所不通。"方，当是四方之神，又是四季时令神，古代祈年，既社又方。丁山先生说："商之旧典，祭四方之神为'方帝'，周初谓之'三方'……，《春秋》谓之'三望'。《华阳国志》称杜宇曰'望帝'，'望帝'正是'方帝'的语转。由是言之，甲骨文所见'方帝'，决是《诗》所谓'方社'，《礼记》所谓'方望之事'，也限于四方之神，不涉山川，也不涉日月星辰之属。"[1]丁山此说大体正确。望帝与方帝意同，但是，方与望，作为四季时令神的意义似乎更重要，四方可与四季相配，《毛传》明言，方是迎四方之气。时令之神，为什么祭于社？可能是因为农业生产依赖于时令节气者甚多，所以古人祈年之际同时祀之，望帝可以作为时令之神的代名词。杜鹃在传说中是历法的创造者，是"司时之神鸟"。给具有这种特性的候鸟冠以望帝（时令神）之名，当然非常合适。

杜宇的两个名号杜主与望帝，恰巧与杜鹃鸟的两大神性（制历与指导人们种庄稼）相应，这决不是偶然的巧合。这个事实的背后隐藏着这样的远古信息：所谓蜀王杜宇，不过是杜鹃鸟的拟人化罢了。

---

[1] 同上，第163页。

鳖灵的原型是龟，
杜宇禅位鳖灵是暖季被寒季代替的喻指

杜宇王的原型是杜鹃鸟，鳖灵开明帝的原型则是龟鳖类动物。成都平原多杜鹃，这个多水低平的地区亦多龟鳖类动物。同治《郫县志》卷四十："邑水中时有此物，特无甚大者。"同书又列"鳖"，指出也是郫县的常有之物。龟鳖类动物的"灵性"使人们很容易对它加以神化，并由此衍成许多奇异的故事。

从字眼上看，鳖灵之灵或作令、泠、冷等，扬雄《蜀王本纪》作鳖灵。丁山先生说："鳖灵，当然是鳖神的雅篆。"[1]灵为神通，鳖灵为龟鳖之神，无疑说得通。

在四川民间传说中，鳖灵正是一只大龟：

> 有一年，在现在湖北的荆州地方，有一位名叫鳖灵的人，据说是一个井里的大龟。从井里出来刚变成人就死了。据说，那死尸在哪里，哪里的河水就会西流，所以他趁着西流水，从荆江沿着长江直往上凫，凫过了三峡，凫过了巴泸，然后到了岷山。这鳖灵凫到岷山山下的时候，突然活了，而且跑去朝拜望帝。……鳖灵治水成功，杜宇禅位，鳖灵继位为丛帝（又叫开明氏）。后来，丛帝居功自满，不体恤百姓。隐居西山的杜宇化成杜鹃鸟飞到蜀宫御花园高叫："民贵呀！民贵呀！"以后，杜鹃鸟就昼夜不息地对千百年来的帝王叫道："民贵呀！民贵呀！"[2]

---

[1] 丁山：《中国古代宗教与神话考》，第35页。
[2] 四川民研会编：《四川民间故事选》，四川人民出版社，1960年，第252页。

这个传说认为鳖灵原是井中大龟，由龟而变成人，保留了古老传说的内容，正可为"鳖灵"之名字做注脚。该传说后面部分融入了孟子"民贵君轻"思想，这大约是对望帝爱民传说加以再创造的另一结果。

鳖灵之流尸复活，流传极广，汉晋间人多乐道之。除了前引材料外，《文选》收张衡《思玄赋》曰："鳖令殪而尸亡兮，取蜀禅而引世。"《抱朴子·辨问》："范蚙见砾而不入，鳖令流尸而更生。"鳖灵流尸更生的神话完全可以从鳖、龟的特性得到说明。鳖是冬眠动物，平时生活在江河湖沼的底部，也常常爬上岸来晒太阳。每年11月至第二年3月间潜伏在河底深处淤泥里冬眠。龟也是冬眠动物，习性与鳖略同，古代龟鳖或不分。鳖灵之流尸复活，当是冬眠之龟鳖重新开始活动的喻指。鳖灵之死指的是其冬眠状态；其"更生""复活"，指冬眠之鳖龟开春的复苏。鳖灵之尸正是从水中出来的，龟鳖类动物冬眠之地正在水下淤泥中。鳖龟"更生"之时期，正当阳春3月（农历二月），这时也恰巧是杜鹃鸟飞来啼鸣之时，这就成了鳖灵与望帝相见的现实基础。

传说中鳖灵是荆人，此"荆"或是"井"之误传，荆、井蜀地方言音同。民间传说，鳖灵原为井中大龟。托名师旷的《禽经》引李膺《蜀志》也说："望帝称王于蜀时，荆州有一人，化从井中出，名曰鳖灵。"鳖灵由井中出而变人，自可称"井人"，由"井人"讹为"荆人"，是顺理成章之事。

在上古先民那里，抽象概念肯定很少，因为抽象概念是随着人们思维能力的提高而不断增加的。先民往往通过一些具体物象来表示抽象的概念，使具体物象具有象征、喻示的性质。春、夏、秋、冬，暖季、寒季等季节时令概念也是抽象概念，古人在没有创造出相应的抽象名词之前，往往是用具体物象来象征、喻指这类概念的。

杜鹃鸟在蜀地出现的时间，是从仲春到仲秋。杜宇作为时令之神，它可以喻指、象征从仲春到仲秋的这个时间段。

中国上古时代，鳖龟类动物因具备按时冬眠的特性更是成为物候取历的重要对象。北方玄武在时令上主冬季，玄武就是龟，后来变成龟、蛇合体。传说中北方、北极之神也是龟，北方、北极之神同时司冬司寒。《列子·汤问》张注引《大荒经》云："北极之神名禺强，灵龟为之使。"萧兵说："坐骑使者往往是本神之化身，这是神话学通例。"[1]

从时间上看，杜鹃鸟约从仲春到仲秋"在位"，而从仲秋到第二年仲春，正是鳖龟冬眠的时候，鳖龟接替杜鹃之位的时间，衔接密合。"杜鹃之时"去了之后，随之而来的是"龟鳖之时"。这种"禅位"，在杜鹃与龟鳖被拟人化、神化为蜀王杜宇与鳖灵后，就变成了帝王之间的禅让。因此，杜宇之禅鳖灵的神话，其实质上当是寒季替代热季的自然现象的象征。

值得注意的是，鳖灵帝号"开明"，开明与望帝一样，具有时令神的含义。《山海经·海内西经》："开明兽身大类虎而九首，皆人面，东向立昆仑上。"开明或名陆吾，同书《西次三经》曰："昆仑之丘，是实惟帝之下都，神陆吾司之。其神状，虎身而九尾，人面而虎爪。是神也，司天之九部及帝之囿时。"开明或曰陆吾神正是时令之神，郭璞注："主九域之部界，天帝苑圃之时节也。"鳖灵号开明，所昭示的正是鳖灵作为时令之神的意义。鳖灵是时令之神，所主乃一年中的寒季。将时令、方位之神拟人化，终至赋予其帝王色彩，是中国传统文化中的常见现象。如东方、春天之神称"东帝"；作为北方、冬季之神的玄

---

[1] 萧兵：《楚辞与神话》，江苏古籍出版社，1986年，第153页。

开明兽

武,被称为"黑帝"。《重修纬书集成》卷六《河图》:"北方黑帝,体为玄武,其人夹面兑头,深目厚耳。"后来在道教那里,玄武则变成真武大帝。古代不仅五方、五季配五帝,即十二时辰亦各有神。因此,蜀地上古居民以杜鹃、龟鳖之类主时之动物为神并进而拟之为帝,是完全有可能的,是符合我们先民的思维习惯的。

鳖灵在传说中曾像大禹那样治水,造福百姓。对于鳖灵治水,丁山先生有个妙解:"开明帝决玉垒、凿巫峡,他不是与禹同功吗?可是,他的本名叫鳖令,《太平寰宇记》引《周地图记》作鼊(音bì)灵。鼊灵,当然即是鳖神的雅篆。鳖三足为能,晋平公所梦见的怪物，显然是这位鳖灵。鳖之大者，可以穿山穴地（俗名穿山甲），巫峡玉垒，在巴蜀一带的古代人传说是大穿山甲神——鳖灵用力凿通的，自然是合乎情理。这位鳖灵，摇身一变而为开明帝，就接上了夏后氏开国史了。"[1]穿山甲穿山穴地的特性很容易使人们对它加以神化。《本草纲目》引《永州记》云："此物不可于堤岸上杀之，恐血入土，则堤岸渗漏。"又引刘伯温《多能鄙事》："凡油笼渗漏，剥穿山甲里面肉靥投入，自至漏处补住。"这两种说法带有原始巫术色彩。李时珍说："（穿山甲）山可使穿，堤可使漏，而又能至渗处，其性之走窜可知矣。"[2]丁山先生之以为鳖灵乃穿山甲，主要根据穿山甲穿山穴地的特性与神话中鳖灵帝凿巫山、开三峡的功业有相同之处。但我以为，鳖灵治水传说的产生，盖另有原因。从鳖灵之名看，当指龟鳖类动物，非指穿山甲。穿山甲亦称鲮鲤，为哺乳类动物，浑身有鳞。龟鳖与穿山甲在形状、习性上差别很大。蜀之先民，不大可能将此两者混同。

鳖灵除水害，在扬雄书中本作"玉山出水，若尧之洪水。鳖灵决玉山，民得安处"。他治水获得成功。但后世又传其凿巫山、开三峡，此或是传记之误。任乃强先生曰："云'巫山壅水'者，来敏以下之伪文。巫山在巴国之东，蜀王何能使人凿通之？"[3]或是因鳖灵治水功同大禹，因此把大禹之功加到了鳖灵身上。

郫县地处成都平原内江地区，距成都仅数十里之地。"成都平原本为四川白垩纪内海之最后遗迹。由龙泉山脉横阻江、湔、雒、绵诸水，蓄积为内湖。大约在地质史新生代开始，浸蚀山脉，成两缺口。两

---

[1] 丁山：《中国古代宗教与神话考》，第35页。
[2] （明）李时珍：《本草纲目》，第2384页。
[3] 任乃强：《华阳国志校补图注》，上海古籍出版社，1987年，第122页。

端由于江水浩大，使今新津天社山与牧马山之间成大缺口，以泄外江之水。而华阳牧马山与龙泉山间之缺口，与金堂之龙泉山与云顶山间之缺口（金堂峡）犹未畅通，故成都平原东部内江地区，每当江、湔（音jiān）、雒、绵水大至时，即成水灾。"[1]

扬雄书所谓"玉山"，所指为玉垒山，又称九顶山，在今茂汶羌族自治县。江、湔、雒、绵诸水皆自玉垒山来。天气暖，玉垒雪融，则内江地区大水。内江地区古多水灾，绝无疑义。李冰父子后来在该地区的灌县修了有名的都江堰，才使这一问题得到了根本解决。鳖灵治水，当是西蜀内江地区古来必有之事，不必凿巫山、开三峡。鳖灵作为龟鳖之神，我们既已阐明可作寒季的象征，则鳖灵治水，其意当指秋冬寒季治水。我国农村，秋收后为农闲时节，彼时水位又较低，农民常在这个季节进行水利建设，至今农村仍有冬修水利的习惯。鳖灵治水，当是古代寒季治水的神话语言。前面提到的四川民间故事说，鳖灵之死尸在哪里，哪里的河水就会西流。扬雄等人所记也说，鳖灵尸能够溯江而上。这类传说当也是冬季治水的一种折射。寒季治水时，人们常兴修河渠，调整水道。在这种情况下，原来向某个方向流注的河流，人们可能给它另引通道，改变方向。因为这一切都是在寒季发生的，而寒季之象征者是龟鳖之神。于是，鳖灵之死尸可使河水倒流，或其尸体能溯江而上等神话就产生了。

余　论

暖季去而寒节临，春夏消逝随之出现秋冬，这是不可移易的自然

---

[1] 任乃强：《华阳国志校补图注》，第122页。

规律。蜀地先民用杜宇禅位于鳖灵的神话，表述自己的认识，它反映了远古时代人们的思维特征。同时，蜀地先民对与这个神话相关对象的认识，也融入了他们的生活经验，使蜀地的这个神话带上明显的地方特色。

　　神话故事中，杜宇之禅让带有浓重的悲剧色彩。早先的传说或说杜宇自动禅位，有的材料却说他是被迫让位。不管是自动或被迫禅让，蜀地人民总觉得杜宇王是个悲剧人物，总觉得他似乎有满腹哀怨，无限悲愁，人们热爱他、同情他。我觉得，使这个神话带上悲剧气氛的根本原因，仍在杜鹃鸟身上。杜鹃鸟在春夏季节常彻夜不停地啼鸣，杜鹃之啼鸣，原为求偶炫耀，但那声音听起来凄凉哀怨，加上它的口腔上皮和舌部都为红色，这在鸟类中极为少见。古人根据直观经验，误以为杜鹃是因啼鸣不休以致满嘴流血。贾祖璋引《格物总论》曰："杜鹃鸟，三四月间，夜啼达旦，其声哀而吻有血。"[1]杜鹃啼血的说法显然是因观察不精所致。但这种观念，在长期的古代社会中，为一般人们所相信，并影响了人们对杜鹃的看法与认识。既然杜鹃鸟的鸣声听上去悲凉哀怨，而且它啼至出血乃止，那么，以它为"模特儿"而创造出的杜宇王，就不能不是悲剧人物了。因为神话的完成要经过对生活经验的变形，这种变形在对神话相关对象的特征有了一定经验认识的基础上才得以完成。从这个意义上说，神话也具有某种实在的性质。

　　关于杜鹃鸟的鸣声，蜀地还流传着另一种说法："从前，杜鹃鸟是不常叫的，偶尔叫几声，也没有现在叫得这样凄楚，这样感动人。自从杜宇把帝位让给鳖灵，自己隐居在西山，而鳖灵乘机霸占了他的妻子，杜宇在西山知道了这件事，但对鳖灵莫可如何，只有每天悲愤哀泣而

---

[1] 贾祖璋：《鸟与文学》，第115页。

已。后来，杜宇临死的时候嘱咐西山的杜鹃鸟说：'杜鹃啊，你叫吧，你把杜宇的心情，叫人民都来听吧！'从此，杜鹃就飞在蜀国境内，日夜哀啼，直到它口中流血。"[1]这个传说，神话专家袁珂以为，"大约是根据李商隐诗'望帝春心托杜鹃'一句演绎而来"[2]。这个传说较为晚出，形态上也有较大变化，如变杜宇淫鳖灵妻为鳖灵霸占杜宇妻。这个传说的中心内容是解释、说明杜鹃鸟何以会叫得如此凄楚的，由此形成的传说、故事等，大体局限在悲剧的范围之内，不管它们在形态上、内容上有多少不同。

杜鹃鸟的传说、故事，各地多有。虽然故事之内容每随地方而不同，但一般总与种谷、收谷等农事活动或与历法关联，带有悲剧成分；而且，故事内容常围绕杜鹃鸟的鸣声展开。这完全符合传说、神话产生的一般规律。神话、传说常常是将自然对象拟人化与神化形成的，这个拟人化与神化的过程是在相关自然对象特性的基础上展开的，所以，由此产生的传说、神话必然会带上相关自然对象的特性。围绕杜鹃鸟的神话、传说不胜枚举。这种情况的存在，无疑也可以说明，蜀地郫县一带的望帝化杜鹃的故事，也是一种关于杜鹃的神话，而不必实有蜀王杜宇其人。蜀王杜宇及鳖灵乃人们想象的产物，他们只存在于神话与传说之中。

---

[1] 袁珂：《中国古代神话》，第85页。
[2] 袁珂：《中国古代神话》，第234页。

16　鲧、禹治水的神话与现实

　　神话、传说不是纯粹想象的产物，它们的发生，不为反映那时人们的美学观念与艺术情趣，而往往关乎人们的生产、生活实践。传说、神话作为一种社会意识，它也是社会存在的产物。鲧、禹及女娲治水传说，无疑与上古人民的治水实践有关，是上古人民在治水实践中生发的。因此，从上古人民治水务农的实际方法入手，或许是疏解鲧、禹治水等不少离奇传说，弄清这些传说得以产生的最有效的途径。

上古农田沟洫工程与禹疏洪水

　　鲧、禹治水传说的中心内容为：上古时，洪水滔天，尧命鲧治水，鲧窃取上帝的息壤，以堙洪水。由于鲧大体采用"堵"的方法，治水最终失败，被尧诛于羽山，化为黄熊。鲧死后，禹继起治水，他主要用"疏"的办法，勤苦治水，花费了十三年时间，三过家门而不入，终于获致成功。传说称禹治水时，得到过"应龙""黄龙""玄龟"的帮助，因为治水的伟大功绩，后来禹受舜的禅让，建立了夏朝。

16 鲧、禹治水的神话与现实

鲧、禹治水的故事,是历史性很强的"传说",但它的不少细节又有较强的神话性,可以说,鲧、禹治水故事是史实与神话杂糅,但这个故事的主干既是历史,作为其枝叶的一些神话式细节当然也不是凭空杜撰出来的,它们仍与"治水"主干有着密不可分的联系。我以为,禹疏导洪水的故事,与上古时的农田沟洫工程有关。《论语·泰伯》中孔子曾赞禹曰:

> 禹,吾无间然矣!……卑宫室而尽力乎沟洫。

试鲧治水图 　　　　　　禹濬畎浍图

《史记·夏本纪》也说禹"浚畎浍(音kuài)而致之川"。"畎浍"就是田间水沟的意思。可见在较古之时,人们就有禹致力开沟通渠

工作的说法,这种说法当是有根据的。

沟洫是古代的行水设施,目的主要在宣泄水涝。前些年考古工作者在洛阳矬李后岗第二期文化煤山类型遗址中,发现了宽2～3米,深约1米的水沟[1],说明夏代确有沟洫的存在。

学术界有不少人认为,夏族是越族的后裔。以禹为中心的越族,其生活中心原在今东南的宁绍平原一带。1973年余姚河姆渡原始社会遗址的发现,说明早在距今7000年以前,越族先民已在宁绍平原创造了灿烂的原始文化。宁绍平原在新石器时代,曾经历过一次海侵,海侵在距今约6000年前达最高峰。当时,宁绍平原西起会稽山北麓,东到四明山北麓,成为了一片浅海。《尚书·尧典》中所说"汤汤洪水方割,荡荡怀山襄陵,浩浩滔天",这是从会稽山冲积扇顶端看到的情况。所谓尧时的大洪水,即是这次海侵的结果。这次海侵已由第四纪古地理研究成果得到证明,后来海水渐退,但整个宁绍平原仍是沼泽遍地、河流短促的低洼之地[2]。面对这种自然环境与水文条件,禹创造了沟洫法,运用疏导的办法,改造了这片土地。后来,禹夏势力扩展到北方,禹的传说也随之北上,同时,越族人民的治水思想也在北方地区得到实践。

夏代有沟洫已见前述,甲骨文中"田""甽""畖"和"畕"等字的出现,反映了在殷商时代,整齐划分的田场上布置有纵横错列的沟洫系统。农业沟洫发展到周代,技术水平有了新的进步,逐渐臻于制度化与规范化。关于沟洫系统的作用,汉代郑玄在为《周礼·地官·遂人》写的注文中说:"遂、沟、洫、浍,皆所以通水于川也。"水利史专家汪家伦、张芳先生认为:

---

[1] 吴汝祚:《夏文化初论》,载《中国史研究》1979年第2期。
[2] 邱志荣、周群:《禹的传说起源于越》,载《水利天地》1990年第6期。

沟洫工程是按照控制范围的大小布置的，其深、宽逐级倍增，从田间的"甽"（音zhèn）到最大一级汇流入天然河川的"浍"，一级比一级深，一级比一级宽，形成脉络贯通，宣泄畅达的自流排水系统，如此，如《孟子》所说，纵使"七月之间雨集，沟浍皆盈，其涸也可立而待也"。[1]

禹之致力沟洫，除了除水患，更是为了发展农业生产，《诗经·鲁颂·閟宫》："是生后稷……缵禹之功。"强调的正是禹的耕稼之功。沟洫工程是中国农业发展史上的一个伟大创造，它是解决农业排水与最大限度利用土地的绝妙方法，向来为后人称道。顾炎武《日知录》卷十二引陈斌《量行沟洫之利》言曰：

> 三代沟洫之利，其小者，民自为也。其大者，官所为也。沟洫所起之土，即以为道路。所通之水，即以备旱潦。故沟洫者，万世之利也。……斌观甽田之法，一尺之甽，二尺之遂，即耕而即成者也。今苏湖之田，九月种麦，必为田轮，两轮中间，深广二尺。其平阔之乡，万轮鳞接，整齐均一，弥月悉成。古之遂迳，岂有异乎。[2]

禹创造了能带来万世之利的沟洫工程，而且他在致力这项工程时"身执耒臿（音léi chā），以为民先"[3]，他后来被称颂乃至被神化的

---

[1] 汪家伦、张芳：《中国农田水利史》，农业出版社，1990年，第47页。
[2]（清）顾炎武著，（清）黄汝成集释，秦克诚点校：《日知录集释》，岳麓书社，1994年，第450页。
[3] 见《淮南子·要略》。刘文典《淮南鸿烈集解》引王念孙曰："藟，谓盛土笼也。垂当为臿。臿，今之锹也。"见刘文典：《淮南鸿烈集解》，第709页。

现实根据都在这里。禹死后被人们奉为保护农业生产的"社"神，也正是着眼于禹平水土、利农业的功勋。

有些学者将鲧、禹治水故事纳入世界起源型的洪水遗民神话，因此禹也成了开天辟地的大神。但我们则以为，大禹治水当是有其真实的历史根据的，它不属洪水遗民型的上古神话。作为历史传说，大禹治水故事中的许多神奇内容，原来也与上古人民的治水实践息息相关，只是在其流传过程中，逐渐变得虚幻化，或曰神化，而使人难识其真面目了。这里我们来谈谈鲧、禹治水神话中人们最津津乐道的息壤问题。

息壤与芦灰

息壤又叫息土，据说是鲧从天帝处窃来以填洪水的。禹在治水过程中也用过这种神奇的东西。《淮南子·地形训》："禹乃以息土填洪水，以为名山。"自从东汉的高诱将息壤解释成"息土不耗减，掘之益多，故以填洪水"之后，古今许多学者都把息壤理解成可以自己生成长高的一种土壤。如郭璞注《山海经·海内经》时说："汉元帝时，临淮徐县地踊长五六里，高二丈，即息壤之类也。"

唐柳宗元写过一篇《永州龙兴寺息壤记》的文章说："永州龙兴寺东北陬（音zōu）有堂，堂之地隆然负砖甓而起者，广四步，高一尺五寸。始之为堂也，夷之而又高；凡持锸者尽死。永州居楚、越间，其人鬼且机，由是寺之人皆神之，人莫敢夷。"

这种自己会高胀起来的土壤，古时在别处也有发现，顾颉刚先生以为这种土壤即是鲧用以填洪水的原型[1]。但这种土壤自行膨胀隆起，是

---

[1] 顾颉刚：《息壤考》，载《顾颉刚古史论文集》第二册，中华书局，1988年。

地下水的作用所致，不是土壤本身具有的性质。柳宗元等人所云之"息壤"都是固定在某些处所的，并没有用来"敷土"的记录。这种会自行隆起的土与治水实践没有发生过什么关系，因此我们认为，在治水过程中发挥过巨大作用的神器——息壤的原型，不是柳宗元等人所描绘的那种土壤，用来填水的息壤一定是在上古治水实践中具有重要地位的对象。那么，这对象是什么呢？我们以为当是平平常常的芦灰。

芦灰，就是芦苇烧成之灰。焚烧芦苇以及用芦苇之灰来堙湿肥田等，肯定是上古农业社会治水、力农过程中的必有之事。《淮南子》里说到女娲"积芦灰以止淫水"，顾颉刚先生以为"也即是鲧、禹父子的'以息土填洪水'的方法"。[1]这说法当是有道理的，可惜顾先生没有进一步从芦灰与上古治水的关系上去加以探究，使得息壤的真身不能在他手里大白于天下。

割芦苇并加以焚毁，是古代防洪治水的题中应有之义，让我们读一篇芦苇与洪水关系的文章：

> 在水利工作者和恤防工作者眼中，芦苇简直是十恶不赦的"敌人"。比如说吧，荆州世世代代的人民不会忘记那可怕的1788年洪灾，《荆州万城堤志》载："乾隆五十三年六月二十日，堤自万城至御路口决口二十二处。水冲荆州西门、水津门两路入城，官廨民房倾圮殆尽，仓库积贮漂流一空。水渍丈余，两月方退，兵民淹毙万余，号泣之声，晓夜不辍，登城全活者露处多日，难苦万状。下乡一带田庐尽被淹没，诚千古奇灾也！"灾后查明，造成这次水灾的一个重

---

[1] 同上。

要原因是当地豪绅肖逢盛私占江心窖金洲种植芦苇,以致沙洲不能刷动,逼洪水北趋,致使万城大堤溃口。时至今日,每年汛期之前,我们都要动员千军万马,组成浩浩荡荡的割苇队伍,在行洪河道内清除苇障。甚至用防化兵的火焰喷射器,火烧灭苇。1984年以来,海河水利委员会还进行了使用化学药物灭苇试验,获得了大面积试验的成功。[1]

这篇文章非常有助于我们理解《淮南子》上"积芦灰以止淫水"的说法。如果说芦苇在距今二百余年前犹能涸止流水而遭致洪灾,那么,距今数千年前的上古时代,无论地处东南的吴越旧地还是中原黄河流域一带,都是沼泽遍地、芦苇成片的。鲧、禹之流要防洪治洪、导水务农,割苇焚芦更是当务之急。割焚芦苇能防洪,同时芦灰还是填水的材料,以近年采集到的一些女娲治水传说看,就与芦苇有密切关系。譬如河南中皇山的女娲故事称:

> 那时的中皇山下,到处是一望无际的芦苇,女娲为了战败康回(共工)的水攻,带领中原的子民,把中皇山的芦苇割下来。然后在中皇山下的索堡、麻堡村一带把芦苇打成捆子。索堡村用葛条捆芦苇,麻堡村用麻捆芦苇,因此得名。芦苇打成捆后,人们扛着送到空条、大陆泽、荷泽等地方,烧成芦灰和泥土拌起来,筑成土堤,阻挡康回放来的洪水。如今那里烧芦苇的村子还叫芦灰窖、灰场、芦苇窖等名字。[2]

---

[1] 曹中柱:《闲话"芦苇"》,载《水利天地》,1990年第1期。
[2] 新文:《中皇山的女娲民俗》,载《民间文学论坛》1994年第1期。

16 鲧、禹治水的神话与现实

芦灰的吸水性能极强，北周庾信《拟连珠》中就有"芦灰缩水"之语，它是最好的填水之物；同时它还可增加土地的肥力。用芦灰掺和泥土所形成的材料，韧性大为增加，是筑堤的好材料。我们以为，所谓息壤，就是指在上古人民治水实践中发挥过巨大作用的芦灰。古人指出，"息"有"生""长"之意，则息壤可理解为"生长之土壤"，芦灰正是长成后的芦苇所焚之灰，当得此称。郭璞谈到息壤的特点时说："言土自长息无限，故可以塞洪水也。"而芦苇割了又可生长，正是"自生长无限"的对象。

我们要特别指出的是：鲧、禹治水传说中，亦有治芦苇等水草的内容，可惜以前的学者，对此似不够重视。《楚辞·天问》有云：

> 咸播秬黍，莆雚（音huán）是营。何繇并投，而鲧疾修盈。

"莆雚是营"即营莆雚之意，莆雚据前人注都谓指水草。这几句话的意思，蒋骥解道：

> 言鲧欲使民播树，故于雚蒲之地，营筑为堤。其心非有不善，何与四凶并投，而咎罚又特重乎。[1]

鲧主要从事治水活动，因此蒋骥的解释无疑是有道理的。其他治《楚辞》者，对上述诗句大体亦作如是解。因此"营水草"，当是鲧，包括后来的禹治水的重要内容。"莆"字通"蒲"，"蒲"在古时可解

---

[1] 蒋骥：《山带阁注楚辞》，上海古籍出版社，1984年，第89页。

233

为芦苇之"苇"。《焦氏笔乘》续集卷三："佛典引《韩诗外传》，有孔子曰'老筐为雀，老蒲为苇'二语……今本俱无之。"于此可证《楚辞·天问》中鲧、禹所经营的恐主要是芦苇等水草了，这于上古的水文、植被等材料中也是容易得到证明的。经营莆、蓲的目的在于"使民播树"，处理芦苇等水草是上古平原沼泽地区治水，进行开沟挖渠的沟洫工程必不可少的环节。传说女娲的"积芦灰"与鲧之"营莆蓲"其内涵当完全一致，都揭示了上古时期人们治水、务农的一种实践活动。古今一些学者对《楚辞·天问》中鲧"营莆蓲"的传说费解，因而在解说时束手无策，这是由于他们不了解上古时代治苇与治水、营农的密切关系。

主要通过割烧芦苇，以芦灰填土，以芦灰和泥作堤（鲧作堤的传说当亦与治苇等水草有关）以及挖沟洫以疏水等上古治水、力农的事实，虽经由人们的口耳代代相传，以传说或"变形"的形式保留了一部分内容，但后世治水的对象与方法与上古已有较大不同，已变为主要是对大江、大河的治理，所以鲧、禹传说也就掺杂上了"凿龙门、通三江"等内容。普普通通的芦灰也变为神力无边的神土息壤，但"营莆蓲""积芦灰""息壤"等传说仍顽固地将一些远古治水信息保留了下来，使我们得以窥见远古人民治水力农的一些真实面貌。

泥鳅与"应龙导水"

应龙佐禹治水也是鲧、禹治水传说中的重要内容，向来为神话学者们所乐道。《楚辞·天问》云："应龙何画？河海何历？"王逸注："禹治洪水时，有神龙以尾画地，导水所注当决者，因而治之也。"晋王嘉《拾遗记》卷二："禹尽力沟洫，导川夷岳，黄龙曳尾于前，玄龟负青泥于后。"这里的黄龙，论者大体以为即是应龙。可见应龙佐禹治水，是战国以来一直流传的传说。

这应龙到底是何物？是纯然子虚乌有的想象之物，抑或也是与禹治水时息息相关的一种生物呢？答案是后者，从传说的发生看，它都是源于某种事实，然后以此事实为契机，附会、幻化而成的。传说的对象，无论如何虚幻离奇，往往都存有某种"原型"。应龙的原型是什么？我们以为是泥鳅。

孙作云先生曾考证应龙为泥鳅氏族。我们以为应龙与氏族无关，但他所论"应龙"之意为泥鳅甚有根据：

第一，"应"有"小"的意思。应龙即小龙。《礼记·礼器》说："县鼓在西，应鼓在东。"郑玄注："小鼓谓之应。"由此，知"应"有"小"的意思，应龙即小龙。泥鳅虽然是鱼类，但其形状很像蛇……蛇就是神话中的龙，泥鳅跟蛇一样，只是小点儿，所以叫应龙。

第二，东汉班固《答宾戏》说："故夫泥蟠而天飞者，应龙之神也。""泥蟠"就是泥鳅，而班固说它是应龙。

第三，泥鳅因为长尾委蛇，所以又名"委蛇"。《庄子·达生》说："若夫以鸟养鸟者（把鸟当成鸟来养活它的人），宜栖之深林，浮之江湖，食之以委蛇。"《庄子释文》引司马彪注云："委蛇，泥鳅。"说应龙是泥鳅，大体是可以成立的，但孙作云先生没有论及泥鳅与治水的关系，而我们从这一角度着笔，也可为应龙乃泥鳅说提供有力的证据。

泥鳅是河沟、稻田里常见的一种小鱼，我国南北各地淡水中都有，一般生活在静水底层有淤泥的地方，秋后河沟干涸之时，泥鳅就钻进泥里，用肠子代替鳃呼吸，以适应无水的不良环境。上面已经指出，鲧、禹治水的主要内容之一乃是开沟挖渠，秋、冬少水季节乃古人兴修水利的大好时节，这种情况下，人们常常会挖掘到伏在泥中的泥鳅、龟鳖等动物。开沟挖渠在古代手工操作的情况下，无疑是十分艰巨的劳动，为了取得事半功倍的效果，选择埋有泥鳅等能钻入泥中的鱼类的干涸水道，加以开拓挖深无疑是明智之举。首先，这样的泥地或为淤泥地，便于挖掘；其次，这样的泥地必是大水来时的行水之地。这种选择当是上古人民治水力农实践中的经验总结，人民在治水力农的过程中客观上仰赖了泥鳅、龟鳖等的指引之力。虽然泥鳅、龟鳖等的"导水"作用是人民智慧的某种发现与运用，而不是泥鳅等物本身具有什么神性功能，但人们在仰赖了泥鳅等物之力后，将它们神化也是可以理解的。旧题西汉焦延寿《易林·大壮之鼎》："长尾委蛇，画地为河。""长尾蜿蛇"就是指泥鳅，直接说是泥鳅画地成河，这种传说的缘起就更为清楚了。

传说中正是应龙或玄龟，而非其他对象佐禹治水，其现实基础正在于这些对象在上古人民治水过程中所扮演的角色。

对人们的生命与存在具有重大意义的动物，人们常赋予其神灵意义，《山海经》中的动物神灵，大体都是那些与我国古人的生活有着密切关系的动物。泥鳅也是这样，它之被人们神化为引导人们治水的"应龙"，也在于它在上古人民治水实践中曾发挥过重要作用。

17　舜与二妃传说及"南方朱鸟"[1]

帝尧将自己的两个女儿嫁给舜的传说,源远流长,《尚书·尧典》中即已述之。大意说帝尧年老时寻找接班人,咨询手下的意见,"四岳"推荐了舜,说舜是瞽叟之子,父母及弟象皆不能善待他,但舜仍能孝敬父母,友爱弟弟,是非常了不起的人。于是尧有意禅位于舜。为慎重起见,尧先对舜作了一番考验。怎么考验呢?他就把自己的两个女儿嫁给他,看他如何对待她俩。今本《尚书·尧典》有云:"女于时,观厥刑于二女。"孔安国的《传》说:"女,妻;刑,法也。尧于是以二女妻舜,观其法度,接二女,以治家观治国。"[2]而舜"厘降二女于妫汭(音guī ruì),嫔于虞"。孔安国《传》曰:"降,下;嫔,妇也。舜为匹夫,能以义理下帝女之心于所居妫水之汭,使以行妇道于虞氏。"[3]意思是舜能够以礼法调教尧之二女,使两女谨守妇道,于是嬴

---

[1] 原刊四川师范大学中华传统文化学院、四川人民政府文史研究馆主编:《国学》第九集,巴蜀书社,2021年。这里略作了修订。
[2] 《十三经注疏·尚书正义》,第58页。
[3] 同上。

得尧的赞赏。司马迁《史记·五帝本纪》说法大体相同："于是尧妻之二女，观其德于二女。舜饬下二女于妫汭，如妇礼。尧善之。"所谓试之夫妇之道，"将使治国，先使治家"，这样的解释明显融入了后世的伦理色彩，迂回牵强，叫人难以接受。

而《孟子·万章上》云："帝使其子九男二女，百官牛羊仓廪备，以事舜于畎亩之中。"《孟子》这里的说法，一般认为出自逸《尚书》。[1]逸《尚书》中，除了两个女儿，尧还让他的九个儿子事舜。《史记·五帝本纪》也说："尧乃以二女妻舜以观其内，使九男与处以观其外。"《吕氏春秋·求人》则云："尧传天下于舜……妻以二女，臣以十子。"同书另一篇《去私》谓："尧有子十人，不与其子而授舜。"这些记载尧让他的九个儿子（或十个儿子）二个女儿服侍舜的传说，当然也不可能是真实的历史，虽然后世还出现了舜两个妃子的名字，甚至将二女与《楚辞·九歌》中的"湘君""湘夫人"牵连。[2]但因为古书记载多有龃龉，"厘降二女于妫汭"的"妫汭"根本无法指实；而古人关于"嫔于虞"的解释也极其牵强；还有尧舜作为上古之圣明天子，其事迹在《山海经》等古籍中多涉神话传说，使我们不能不认为，这些关于尧舜及舜二妃的历史记载，是不能作为信史看的。

---

[1] 赵岐注《孟子》云："帝，尧也。尧使九子事舜以为师，以二女妻舜，百官致牛羊仓廪，致粟米之饩，备具馈礼，以奉事舜于畎亩之中。由是遂赐舜以仓廪牛羊，使得自有之。《尧典》曰：'厘降二女'，不见九男。孟子时，《尚书》凡百二十篇，逸《书》有《舜典》之叙，亡失其文。《孟子》诸所言舜事，皆《尧典》逸《书》所载。"见（清）焦循：《孟子正义》，中华书局，1987年，第611页。赵岐所云舜事，除了《尧典》，还出于逸《尚书》，为古今学者首肯。

[2] 如《大戴礼记·帝系》："帝舜娶于帝尧之子，谓之女匽氏。"刘向《列女传》说得尤为具体："有虞二妃，帝尧之二女也。长曰娥皇，次曰女英。尧举舜为相，摄行王政，舜每事常谋于二女。舜既受禅为天子，娥皇为后，女英为妃，事瞽叟犹若初焉。天下称二妃聪明贞仁。舜陟方，死苍梧，二妃死于江湘之间，故谓之湘君。"这些说法显是掇拾杂糅先秦旧说而成。

17 舜与二妃传说及"南方朱鸟"

尧舜事迹大约早就被误读误解了。现代学者或以天体天象说尧舜事，未必无理，如丁山认为"尧之二女"是日神、月神；尧有"九子"，是"东宫尾宿有九星的天象演来"；尧有"十子"，宜即"'羲和生十日'，也即甲乙至壬癸十干的共名"。[1]又谓舜为"继天立极的南方大神"。[2]

丁山之说，事出有因，可谓真知灼见，然论证尚嫌疏略，所以似也未引起后来学者的特别重视。

"南方朱鸟"之井宿与舜之"刑于二女"

《尚书》所记载的舜事迹，当源自《山海经》。而《山海经》所谈之舜，非人间英雄，而为天上之神人。《山海经》多次谈到的"帝俊"，近世学者如王国维、郭沫若、陈梦家、杨宽等都曾论证过与舜实为一人，其实这点古代注家似也早已明白。《大荒东经》："有中容之国，帝俊生中容。"郭璞注："俊亦舜字，假借音也。"《大荒东经》："有五采之鸟，相乡弃沙。惟帝俊下友。帝下两坛，采鸟是司。"这里的"五采之鸟"指凤鸟，"沙"，郝懿行云："沙疑与娑同，鸟羽娑娑然也。"[3]凤鸟既是帝俊的下友，这里的帝俊是天帝无疑，凤鸟是帝俊的人间之友。郭璞注："言山下有舜二坛，五采鸟主之。"

值得注意的是，帝俊与音乐舞蹈关系密切，也一如虞舜。《山海经·海内经》："帝俊生晏龙，晏龙是为琴瑟。"又云："帝俊有子八人，是始为歌舞。"《世本·作篇》云："萧，舜所造。"《左

---

[1] 丁山：《中国古代宗教与神话考》，第297—299页。
[2] 同上，第310页。
[3] 袁珂：《山海经校注》，第356页。

传·襄公二十九年》记季札观乐云:"见舞《韶箾》者。"杜预注:"舜乐。"[1]凤与风及乐舞的相通,在于它们时常表现为季节符号,关乎历法的制定与传示。而帝俊(舜)与凤鸟及乐舞的这种密不可分的关系,使一些学者相信所谓的帝俊(舜)乃是凤鸟(玄鸟)的人格化。如袁珂先生说:"帝俊之神,本为玄鸟,玄鸟再经神话之夸张,遂为凤凰、鸾鸟之属。《楚辞·天问》:'简狄在台,誉何宜?玄鸟致贻,女何嘉(嘉原作喜,据闻一多《楚辞校补》改)?'《离骚》:'望瑶台之偃蹇兮,见有娀之佚女……凤鸟既受诒兮,恐高辛之我先。'同一作者记同一神话,或为玄鸟,或为凤鸟,可见玄鸟即是凤鸟。此帝俊之所以下友于五采鸟也。"[2]

帝俊与舜是一人,但帝俊与舜似乎也有差别。他们的差别大约在于帝俊是天神,多关乎天事;而舜是帝俊在人间的化身,成了人格化的帝俊,其事迹多关乎人间。

作为凤鸟的化身,而且舜原是天上的"帝俊",那么我们很自然地会联想起天上四象中的"南方朱鸟"。舜的事迹会不会和天上的"鸟宿"相关联呢?舜的事迹往往关乎南方,是不是因为舜原来就是"南方朱鸟"的化身呢?这是完全有可能的。

《尧典》的前面部分讲的纯是天象的观测与历法的制定,如云:"乃命羲和,钦若昊天,历象日月星辰,敬授人时。"而从《尧典》"日中星鸟,以殷仲春"的记载看,"星鸟"与春天相应,春天是一年之始,历法重历元,可以肯定,除了日和月,那时人们还观测"东方苍龙"等四象用以确定时节等,而"南方朱鸟"在彼时之天象观测与历法的制定中发挥了尤为重要的作用。传统的"刑于二女"的解释,既如此

---

[1] (西晋)杜预:《春秋左传集解》,第554页。
[2] 袁珂:《山海经校注》,第356页。

牵强，无法使人相信，则这"刑于二女"之说，原来或讲的是天事，是后来被附会为人间历史的。

"刑"，大约有关乎"井宿"。"南方朱鸟"七宿为：井、鬼、柳、星、张、翼、轸。其首宿为"井"，"井"共八星，井宿又名东陵、天井、东井、天关、天阙、天之南门等。[1]井宿在参宿之东北方，其南则有天狼星和弧矢星。《晋书·天文志上》："南方东井八星，天之南门，黄道所经。"《尧典》所谓"刑于二女"之"刑"，金文大抵作"井"，"井""刑"上古通用。则安知上古非云"井于二女"哉！《开元占经》引石氏曰："日月五星行贯井是中道。秦之分野。"《黄帝占》则谓"井"是"三光之正道"。作为"南方朱鸟"化身的舜，他在人间的行事开始于"井"这个"天之南门"，那么作为他妃子的二女，从这里开始追随舜也十分自然。而井宿又是日月星辰"三光之正道"，从这里开始观测日月星辰，有利于制定符合天时的历法，也就有利于给月令时代的人们提供行事的仪则。《论语·尧曰》载："尔舜！天之历数在尔躬，允执其中。四海困穷，天禄永终。舜亦以命禹。"上古圣人最看重者乃"天之历数"，尧所谆谆于舜者，正是"天之历数"；舜后来也以此告诫禹。《尚书·虞夏书》所言乃天事，于天象寻之，方能得其原委。

汉代以来的经师将舜妻尧二女解释成示天下以夫妇仪则，上古质朴，很多学者认为尧舜时代是所谓的部落时代。但那个时代后世那种夫妇家庭伦理尚未形成，则舜妻尧二女怎么可能用夫妇之伦仪则来示于天下，为天下立榜样！且舜家庭夫妇之事，又如何传示天下？可见这是舜及其二妃传说历史化的结果。这也是为什么与舜及其二妃相关的地

---

[1]（唐）瞿昙悉达：《开元占经》，九州出版社，2012年，第597页。

名、事迹永远讲不清楚的一个原因。

瞽叟害舜与"南方朱鸟"之"七星"

《尧典》中舜的行事包括继尧之后完成人间的历法，所谓"正月上日（元日）"继尧即位为天子云云，以及他的"四时巡守"所内含的历法意义十分清楚。那么，舜传说关乎南方七宿其实也不难索解。

逸《尚书》有舜父瞽叟及弟象令舜治仓、疏井欲害舜之事。《孟子·万章上》引万章云："父母使舜完廪，捐阶，瞽叟焚廪；使浚井，出，从而揜之。"《史记·五帝本纪》的记载更为详尽。这种传说恐怕也是对舜关乎南方七宿的误读讹传所致。瞽叟等欲谋害舜，使舜修缮粮仓，而撤走阶梯，焚烧粮仓，然而舜神奇地躲过危险。张守节《正义》云："《通史》云：'瞽叟使舜涤廪，舜告尧二女，女曰：时其焚汝，鹊汝衣裳，鸟工往。'"[1]《楚辞·天问》洪兴祖补注引《列女传》："瞽叟与象谋杀舜，使涂（仓）廪，舜告二女。二女曰：'时唯其戕汝，时唯其焚汝，鹊如汝裳衣，衣鸟工往。'舜既治廪，戕旋阶，瞽叟焚廪，舜往飞。"瞽叟等见舜在仓廪，用火烧之，企图把舜烧死，但舜用二女之计，穿上鸟纹饰的衣服飞去。今本《竹书纪年》注也云："舜父母憎舜，使其涂廪，自下焚之，舜服鸟工衣服飞去。"这神奇的鸟工衣服，我们能够在"南方朱鸟"之一的"星宿"的星占特点上找到根源。"星宿"有星七颗，故又名"七星"。《开元占经》引《黄帝占》曰："七星，赤帝也，一名天库，一名天御府……主衣裳冠被服绣之属。"又曰："七星正主阳，朱雀心也。星主衣裳，鸟之翅也，以覆

---

[1] 所谓"鸟工"是指饰有鸟纹的衣服，《说文·工部》："工，巧饰也。下面的'龙工'则是指饰有龙纹的衣服了。"

鸟身，以主衣裳也。"又引石氏赞曰："七星主衣裳盖身躯，故置轩辕裁制之。又曰：德归好性信有成，故以衣裳属七星。"

在让舜修缮仓廪害他不成后，瞽叟他们又生一计，欲让舜疏浚水井从而杀死他，就是待舜下井后，用土掩埋水井。但舜同样得到二女的帮助而脱险。《楚辞·天问》洪兴祖补注引《列女传》："（瞽叟）复使浚井。舜告二女，二女曰：'时亦唯其戕汝，时其掩汝，汝去裳衣，龙工往。'"这次舜是穿了有龙的纹饰的衣服躲开的。今本《竹书纪年》注云："舜父母憎舜，使浚井，自上填之，舜服龙工衣，自旁而出。"[1]神奇的龙工的原型，我们也不难在"南方朱鸟"之一的"星宿"即"七星"中找到。"星宿"共有五个星座：星、天相、天稷、轩辕、内平。其中的轩辕共十七星，《史记·天官书》："轩辕，黄龙体。"裴骃《集解》引孟康曰"形如腾龙"。轩辕十七星，蜿蜒如龙蛇之状，《开元占经》卷六十六引石氏曰："轩辕，一名昏昌宫，而龙蛇形，凡十七星。"引《黄帝占》："轩辕十七星，主后妃黄龙之体，以应主。"又引石氏赞曰："轩辕龙体主后妃。"《晋书·天文上》云："轩辕，黄帝之神，黄龙之体也。"蜿蜒似龙蛇体的轩辕星，大约就是龙工的原型。

传说中舜身上的其他很多特点，我们都能在南方七宿的星占功能上找到根源。譬如舜与音乐的关系，《山海经·海内经》曰："帝俊生晏龙，晏龙是为琴瑟。"又云："帝俊有子八人，是始为歌舞。"战国时代，传舜弹五弦琴歌《南风》，[2]《吕氏春秋·察传》："昔者舜欲以

---

[1] 《史记·五帝本纪》张守节《正义》："《通史》云：'舜穿井，又告二女。二女曰：去汝裳衣，龙工往。'入井，瞽叟与象下土实井，舜从他井出去也。"
[2] 如《礼记·乐记》："昔者舜作五弦之琴，以歌《南风》。"清马骕《绎史》卷十引《尸子》云："帝舜弹五弦之琴，以歌《南风》。其诗曰：南风之熏兮，可以解吾民之愠兮；南风之时兮，可以阜吾民之财兮。"皆其例。

乐传教于天下，乃令重黎举夔于草莽之中而进之，舜以为乐正。"说的都是舜与乐律的密切关系。

而加诸于舜的这些不一般的乐器创制与音乐创造能力，与"南方朱鸟"的"翼宿"等的星占功能具有异乎寻常的相似性。《晋书·天文志上》："翼二十二星，天之乐府，主俳倡戏乐。"《开元占经》卷六十三引石氏曰："翼，天乐府也，主辅翼。"引《南官候》曰："翼主天昌，五乐八佾也。一名化宫，一名天都市，一名天徐，以和五音。"所以，舜之擅长音乐之说，不能不认为是"南方朱鸟"特别是翼宿的星占特点的一种投射。而《孟子》及《史记》等古籍所载舜弟象以为舜被烧死，想到要分配舜的财物，据《史记·五帝本纪》象设想的是，牛羊、仓廪等归父母，而他欲占有的是舜的琴及二位嫂嫂。[1]这里特别提到舜的琴，显然也事出有因。

"妫汭"为"嬴内"与"星宿"分野

舜妻尧二女传说出现的"妫汭"一地，照孔安国传的说法，是舜所居住的地方。到底是什么地方，孔安国注《尧典》"厘降二女于妫汭"时，只是模糊地说了句："舜所居妫水之汭。"这个所谓的地名，早期的注家大抵语焉不详。但后来的注家渐渐将"妫汭"的地理位置具体化了，如《史记集解》引皇甫谧曰："妫水在河东虞乡县历山西。汭，水

---

[1] 《史记·五帝本纪》载象以为舜死，于是："舜妻尧二女，与琴，象取之。牛羊仓廪予父母。"与《孟子》所载略同，《孟子·万章上》载象曰："牛羊父母，仓廪父母。干戈朕，琴朕，弤朕，二嫂使治朕栖。"据此象欲占为己有的尚有干戈、雕弓等，而南方朱鸟的"弧矢"九星在"狼星"附近，是重要星座。《史记·天官书》张守节《正义》："弧九星，在狼东南，天之弓也。以伐叛怀远。"则象之所欲，源于此欤？干戈用以"伐叛怀远"也。

涯也。"而《正义》引《括地志》云:"妫汭水源出蒲州河东南山。许慎云:'水涯曰汭。'案《地记》云:'河东郡青山东山中有二泉,下南流者妫水,北流者汭水。二水异源,合流出谷,西注河。妫水北曰汭也。'又云:'河东县二里故蒲坂城,舜所都也。城中有舜庙,城外有舜宅及二妃坛。'"河东郡青山的妫水、汭水显然是附会。妫汭不必是两条河。《尚书》中有"洛汭""渭汭""河汭"等说法,显然不是指两条河。汭,有人解为两水汇合处,有人解为水之南边。或许就是水边之意。上述两说,也都是猜测的结果。古人于"妫汭",又有"汉中说""西北说""浙东余姚说"等多种,也没有什么根据。[1]

值得注意的是,"妫汭"《释文》敦煌本"伯3315"作"嬴内",且分别音义说:"居危反,水名;音汭,如锐反,水之内也。"[2]《尚书》薛氏本亦作"嬴内"。虽说今日治《尚书》者,或以"嬴内"为非,[3]然舜二妃故事本来讲的是天事,此说或保留了传说的某种古义,也未可知。

从星占及分野角度看,"南方朱鸟"之井、鬼两宿,正与秦地对应,《周礼·春官·保章氏》郑玄注:"鹑首,秦也。"鹑首谓"南方

---

[1] (清)桂馥:《说文解字义证》,第1078—1079页。
[2] 臧克和:《尚书文字校诂》,上海教育出版社,1999年,第46—47页。
[3] 如刘起釪认为薛氏本作"……嬴内"。然其训解云:"汭水出解州解县,至河中河东县入河。汭,小水入大水也。"明见其本原是"汭汭"二字。其作"嬴内"是偷袭旧资料与此不相干者故意立异。按《国语·周语下》伶州鸠谓武王"反及嬴内"。韦昭注:"嬴内,地名。"董增龄疏引宋公序《补音》:"嬴音妫,内音汭。"段氏《撰异》云:"本不与《尚书》相涉,而伪作《古文尚书》者(指薛季宣所据家次道家所出之本)遂比附窜改。正陆氏(德明)所谓'穿凿之徒务欲立异'者也。"然唐写《释文》系陆氏据宋齐旧本撰,知宋齐旧本所传东晋初隶古定本已作"嬴""嬴"。见顾颉刚、刘起釪:《尚书校释译论》,中华书局,2005年,第95—96页。刘氏虽以作"嬴内"为非,然亦承认东晋初隶古定本已作"嬴",可见"嬴内"云云,必非所谓伪作者之比附窜改,而是古本必有此说也。清人汪远孙《国语考异》卷一:"旧音上音'妫',下音'汭'。"见《国语》,第142页。

朱鸟"之井、鬼二宿。[1]秦为嬴姓，或其所指正在秦地。所以"嬴内"之说不能轻易否定。这是一条很重要的资料，值得细细研究。又考虑到秦之先祖与鸟之关联，作"嬴内"或更接近《尚书》讲天事、舜原是"南方朱鸟"化身"嬴内"的原意。且让我们看看《史记·秦本纪》有关秦始祖的记载：

秦之先，帝颛顼之苗裔，孙曰女修，女修织，玄鸟陨卵，女修吞之，生子大业。大业取少典之子，曰女华。女华生大费，与禹平水土。已成，帝锡玄圭。禹受曰："非予能成，亦大费为辅。"帝舜曰："咨尔费，赞禹功，其赐尔皂游。尔后嗣将大出。"乃妻之姚姓之玉女。大费拜受，佐舜调驯鸟兽，鸟兽多驯服，是为柏翳。舜赐姓嬴氏。大费生子二人：一曰大廉，实鸟俗氏；二曰若木，实费氏。其玄孙曰费昌，子孙或在中国，或在夷狄。费昌当夏桀之时，去夏归商，为汤御，以败桀于鸣条。大廉玄孙曰孟戏、中衍，鸟身人言。

这段讲秦之先世的文字，与《史记·五帝本纪》多有矛盾处，且

---

[1] 分野之说，由来必久。《国语·周语下》载伶州鸠言曰："昔武王伐殷，岁在鹑火……岁之所在，则我有周之分野。"韦昭注："鹑火，次名，周分野也。"十二次有分野，二十八宿皆有分野，井、鬼为秦之分野，如《乙巳占》云："井、鬼，秦之分野，自井十六度，至柳八度，于辰在未，为鹑首。南方七宿，其形象鸟，以井为冠，以柳为口。鹑，鸟也，首，头也，故曰鹑首。"见（清）孙诒让：《周礼正义》，第2117页。《史记·天官书》则以二十八宿配十二州，井、鬼二宿配雍州，雍州也当秦地。当然上古分野说不必同于后世分野，《周礼·春官·保章氏》："以星土辨九州之地，所封封域，皆有分星，以观妖祥"。郑玄注即有"其书亡矣"之叹，而郑玄云："今其存可言者，十二次之分也。"他以为《史记·天官书》之说，尚可言也。而所谓"以星土辨九州之地"更近于《山海经》《尚书·虞夏书》之"九州"者，可惜没有传下来。

多涉及神话,如"玄鸟陨卵,女修吞之,生子大业",与殷商早期神话类似。又祖先孟戏、中衍,"鸟身人言"等,显是神话传说人物,这我们且不说,我们想指出的是,秦之始祖与舜、禹关系密切,所谓的"大费",助禹治水成功后,舜还将姚姓玉女嫁给他,就是"柏翳"。而且舜还赐给大费姓氏,即嬴氏。

这段文字,是不是舜神话的分化呢,这些神话的背后是否同样关乎"南方朱鸟"呢?这是完全有可能的。秦既是"南方朱鸟"之井、鬼二宿分野之所在,则其祖先传说必多关乎鸟;舜是"南方朱鸟"之化身,所以秦人之上古神话也必牵涉舜。而秦是天上井、鬼二宿的分野所在,作为"南方朱鸟"化身的舜接受尧的两个女儿,理所当然也应该在秦地了。

"洞庭""九江"与 "南方朱鸟"之翼宿、轸宿

《山海经·中山经》云:"洞庭之山……帝之二女居之,是常游于江渊。澧沅之风,交潇湘之渊,是在九江之间[1],出入必以飘风暴雨。是多怪神,状如人而载蛇,左右手操蛇。多怪鸟。"郭璞注:"天帝之二女,而处江为神,即《列仙传》江妃二女也。"《离骚·九歌》所谓湘夫人称帝子者是也。而《河图玉版》曰:"湘夫人者,帝尧女也。秦始皇浮江至湘山,逢大风而问博士:'湘君何神?'博士曰:'闻之尧二女,舜妃也,死而葬此。'[2]"古今盛传的美丽凄婉的舜二妃故事,源

---

[1] 郝懿行曰:"《初学记》引此经作'是在九江之门'。"九江之门意味深长。见(清)郝懿行:《山海经笺疏》,第277页。
[2] (清)郝懿行:《山海经笺疏》,第276页。

头大约就在《山海经》的这段话中。二女所住的山是洞庭山，后人或以为是湖南巴陵洞庭湖中的君山，但这显然是后起的附会之说，不足为凭。值得注意的是，二女常出入的潇湘、澧沅之渊，《山海经》明确指出"是在九江之间（门）"。而古今学者论二妃之居住区域，似少见论及九江者。然九江必是与二妃关系密切的地名。这个九江，虽然在《山海经》中少见，但它在《尚书·禹贡》中常出现，而《禹贡》所述地名，多源自《山海经》，所以《禹贡》之九江与《山海经》之九江必相通无疑。而《禹贡》的九江，有用作水名的，如"江汉朝宗于海，九江孔殷"；也有用作山名的，置于导山部分。这与《中山经》二女居"洞庭之山"的说法无异。由于九江之有"江"字，容易使人视之为江河之名，如孔安国传《禹贡》就以导山的九江为水名。[1]然九江置于导山部分时，必然指山而言。《禹贡》所谓禹导山正好是二十八座，其次序为：

　　导岍及岐，至于荆山，逾于河。壶口、雷首，至于太岳。砥柱、析城，至于王屋。太行、恒山，至于碣石，入于海。西倾、朱圉、鸟鼠，至于太华。熊耳、外方、桐柏，至于陪尾。导嶓冢，至于荆山。内方，至于大别。岷山之阳，至于衡山，过九江，至于敷浅原。

这里的二十八座山，其他似乎都耳熟能详，唯最后两座山，即"九江"与"敷浅原"，后世绝不习见，令人费解。禹所导之二十八山，唐人李淳风《乙巳占》卷三引纬书《洛书》将此二十八山与天上二十八宿星对应：

---

[1]《尚书·禹贡》孔安国传："江于此州界分为九道，甚得地势之中。"见《十三经注疏·尚书正义》，第211页。

东方七宿：

角，岍山；亢，岐山；氐，荆山；房，壶口山；心，雷首山；尾，太岳山；箕，砥柱山。

北方七宿：

斗，析成山；牛，王屋山；女，太行山；虚，恒山；危，碣石山；室，西倾山；壁，朱圉山。

西方七宿：

奎，鸟鼠山；娄，太华山；胃，熊耳山；昴，外方山；毕，桐柏山；觜，陪尾山；参，嶓冢山。

南方七宿：

井，荆山；鬼，内方山；柳，大别山；星，岷山；张，衡山；翼，九江；轸，敷浅原。[1]

禹之治水本非现实世界中的治理洪水，而是历象日月星辰，确立分野，敬授民时（还包括占卜吉凶）之举。这在上古乃是圣人王者的大业。《晋书·天文志上》有"天汉起没"的内容，"天汉"指银河，"天汉起没"以二十八宿作为天球上的坐标，来明确银河在天上的起没行径，亦包括它的长度、阔度等：

天汉起东方，经尾箕之间，谓之汉津。乃分为二道，其南经傅说、鱼、天籥、天弁、河鼓，其北经龟，贯箕下，此络南斗魁、左旗，至天津下而合南道。乃西南行，又分夹瓠瓜，络人星、杵、造父、腾蛇、王良、傅路、阁道北端、太陵、天

---

[1] 江晓原：《历史上的星占学》，第301—302页。

船、卷舌而南行，络五车，经北河之南，入东井水位而东南行，络南河、阙丘、天狗、天纪、天稷，在七星南而没。

《禹贡》导山的次序，与银河流经二十八宿的次序一致。据《晋书·天文志上》"天汉起没"，银河起于东方七宿，经过尾宿、箕宿之间，然后向东北行，分为南北两道。南边的经过傅说星、鱼星和天籥、天弁、河鼓。北边的经过龟星，穿过箕宿，再经过南斗魁和左旗星，在天津星处与南道汇合。汇合前，一路从西南方向斜行而来，中间夹着匏瓜星、人星。二道汇合之后，又经过杵星、造父星、腾蛇星、王良星、傅路星、阁道星，绕过太陵星后，经天船星、卷舌星折而南行。遇五车星，流向北河星，再经过东井、水位星进入参宿。过了水位星后，再次向东南方向流去，最后经过天狗星、天纪星、天稷星，在"星宿"之南，银河没于南方地平线。

根据上面的导山之山与二十八宿及银河流向的对应关系，我们很容易发现，与九江对应的是南方七宿的翼宿。翼宿、轸宿是"南方朱鸟"的末宿，舜是"南方朱鸟"的象征，翼宿、轸宿是他在天上的归宿；而他在地上的归宿自然是"九江""敷浅原"了。这就是所谓的分野。"敷浅原"在东南方，已会同于东方七宿的"箕尾之间"，则舜之二妃，居于九江（与天上翼宿对应），其契机自然也在这里了。

与南方七宿最后之星宿、轸宿对应的是"敷浅原"，也是《禹贡》禹所导的最后一座山，"敷浅原"之名非常奇怪，以致后人对它的地望争论不已，包括它到底是山还是原。我以为古人以"敷浅原"与天上之轸宿对应，盖有深意。它的意思或为"复潜回原地"。古人的宇宙观，天地周流相通，天上银河之水流于地上，潜入地下，又将重回天上，如此周流不息。银河之初流之处，为天上尾、箕之间。而尾宿又名"九江口"、"天九江"[1],正是反映了古人的这种观念。所以九江是具有"南方朱鸟"身份的舜及追随他的二妃在地上的归属地,绝非偶然。

舜事畎亩与"南方朱鸟"之"稷"星

上古载籍多谓舜从事农业生产,《墨子·尚贤中》曰:"古者舜耕历山。"《孟子·万章上》曰:"舜往于田……帝使其子九男二女,百官牛羊仓廪备,以事舜于畎亩之中。"说的都是舜事畎亩之事。这无疑也是天上星宿人格化、人事化的产物。这种人格化、人事化亦可于"南方朱鸟"之天象见之。天上之天稷星,正位于"南方朱鸟"的"星宿"之南。《晋书·天文志上》:"稷五星,在七星南。稷,农正也,取乎百谷之长以为号也。"《新唐书·历志三上》:"鹑火直轩辕之虚,以爰稼穑,稷星系焉。"

《山海经·大荒西经》:"有西周之国,姬姓,食谷。有人方耕,名曰叔均。帝俊生后稷,稷降以百谷。稷之弟曰台玺,生叔均。叔均是代其父及稷播百谷,始作耕。有赤国妻氏。有双山。"[2]

《山海经》这段文字说后稷是帝俊所生,似不可解,这里的"生"不能作生育之"生"解,否则俊(舜)就成了周人的始祖稷的父亲。"生"在这里大约是"星"的意思,《说文》解释"星"的时候,说它"从晶声生","星"的声母是"生"反切而来的,又如"狌狌"即

---

[1] (唐)瞿昙悉达:《开元占经》,第581页。
[2] 这里出现的"叔均",是稷的弟弟台玺所生,他是"播百谷,始作耕"的重要人物,然而除《山海经》,其他书似未谈到过他,所以郝懿行云:"《史记·周本纪》云:'后稷卒,子不窋立。'谯周议其世次误。是也。《史记》又不载稷之弟,所未详。"见(清)郝懿行:《山海经笺疏》,第410页。我怀疑"叔均"之"叔"为菽,是豆类作物,故在上古话语中得为亲属。"均"通"畇",有种植之意。大约作物菽后起于稷,所以它只能作为稷的"晚辈"了。

"猩猩"也。帝俊所主是"南方朱鸟",而天稷位于"南方朱鸟"之"星宿"之南。它自然属于帝俊范围内的星座,说它是帝俊之星(生)十分自然。人们于《山海经》,此类误读误解极多,造成的结果是所谓世系的错乱纷杂,以致不堪卒读,无法理解。

《大荒西经》所云"西周之国,姬姓"云云,也不必是错简或后人增入者。这大约是从分野角度而言的,《开元占经》引石申曰:"七星北十三度是中道,周之分野。"西周之国是可以和天上的稷星对应的。

后稷又见《海内经》:"西南黑水之间,有都广之野,后稷葬焉。爰有膏菽、膏稻、膏黍、膏稷,百谷自生,冬夏播琴。鸾鸟自歌,凤鸟自儛,灵寿实华,草木所聚。爰有百兽,相群爰处。此草也,冬夏不死。南海之外,黑水青水之间,有木名曰若木,若水出焉。"[1]后稷所葬之处,"鸾鸟自歌,凤鸟自儛",切合"南方朱鸟"之象。后稷葬处附近有若木、若水,若木所处乃西南方位,天上之天稷星,在"七星"南,略近于西南角,此其所以出现若木也。而"都广之野"处于"西南黑水之间","南方朱鸟"之"星宿"是天上银河最终流入之处,在古人的宇宙观念中,此河尚将潜回天上,而"黑水"就是这么一条地下潜流之河。

后稷所葬之地,既见《海内西经》,又见《海内南经》,是因为它处于西南角的关系,所以既关乎西,又关乎南了。

后稷又处所谓"泑(音yōu)泽"。《西山经》:"不周之山……东望泑泽,河水所潜也,其原浑浑泡泡。"又云:"又西北四百二十里,曰峚(音mì)山……丹水出焉,西流注于稷泽。"郭注:"后稷神所凭,因名云。"

天上的稷星,处于银河流入处。前面我们已经指出,天上的银河,

---

[1] 郝懿行《山海经笺疏》引《鲁语》云:"稷勤百谷而山死。"韦昭注云:"死于黑水之山。"后稷死于"黑水之山",显是缘于《山海经》后稷葬"黑水之间"之说。

最后经过天狗星、天纪星、天稷星，在"星宿（七星）"之南，银河没于南方地平线。

天稷紧靠"七星"，是银河没处。地上的河水与银河相应，河水流入地下后将重新回到天上，如此循环不已。所以，后稷所处之地上也就是"黑水""渤泽"之类的"河水所潜"之地了。

上古传说，稷似乎曾跟随大禹治水，《孟子·离娄下》："禹、稷当平世，三过其门而不入。孔子贤之。"

因为禹治水"三过其门而不入"影响的深远，后来注家以为这里指的仍是禹。缘于他们不知治水非真实之人间治水，乃是以银河为坐标而"历象日月星辰"，稷星是银河没于南天的重要星座，则他在治水叙事中有其地位，也不奇怪。上古文献，常将禹与稷相提并论，《论语·宪问》："南宫适问于孔子曰：'羿善射，奡（音ào）荡舟，俱不得其死然。禹、稷躬稼而有天下。'夫子不答。"我相信这是因为他们在治水中共同的作用所致。治水成功，意味着符合天时的历法的完成，而一部好的历法对于农业生产具有决定性的意义，古代星家将"七星"南之大星名为稷星，恐非偶然也。

"都广之地"的后稷葬处，当是上古祭祀天稷星的祭地，各种各样好吃的粮食作物大约是祭品。中国是农业国，所以对这位星神一直崇奉有加，奉之为农业的甚至是国家的保护神，对这位"农神"的祭祀，也一直传承于后世。

但后世所谓"农星"，又有"农祥""天田"之说。《国语·周语上》："农祥晨正，日月底于天庙，土乃脉发。"韦昭注："农祥，房星也。晨正，谓立春之日，晨中于午也。农事之候。"司马贞《史记索隐》引石氏云："左角为天田，右角为天门。"

《后汉书·祭祀志下》云："汉兴八年，有言周兴而邑立后稷之祀，于是高帝令天下立灵星祠。言祠后稷而谓之灵星者，以后稷又配食星也。旧说星谓天田星也。一曰龙左角为天田官，主谷。"

何以天上之农星，本在"南方朱鸟"之"七星"之南，而后来似乎以东方苍龙之"房"，或"天田"当之。此盖与天上星辰指示人间种植之时令有关，《齐民要术》卷一《种谷第三》引《尚书考灵曜》云："春，鸟星昏中，以种稷。秋，虚星昏中，以收敛。"《淮南子·主术训》云："昏张中则务种谷，大火中则种黍菽，虚中则种宿麦，昴中则收敛畜积，伐薪木。"高诱注："三月昏，张星中于南方。张，南方朱鸟之宿也。大火，东方苍龙之宿，在四月建巳中南方。"鸟星与大火均有时令功能，恰合于种植某种作物的时间，古人或以稷星昏中之时节种稷，而奉此星为稷星或天稷；后世作物越多，乃于大火中时种黍菽等其他作物，于是又奉"大火"之星（或其旁之星）为"农祥""天田"了。

天稷星之星占功能，《开元占经》"稷星占"引《黄帝占》曰："稷星主五谷丰耗，其星温温而明，岁大熟，五谷成；其星不明，若亡不见，岁不熟，天下饥荒，人民流亡，去其乡。"引石氏曰："稷星不见，岁饥也。"

古代关于炎帝（神农）兴农的传说，大约也与天稷处于南方有关，清马骕《绎史》卷四引《周书》云："神农之时，天雨粟。神农遂耕而种之，作陶冶斧斤，为耒耜锄耨，以垦草莽。然后五谷兴助，百果藏实。"因为炎帝与南方对应，自然他会拥有"神农"的身份了。

"沃焦""尾闾"传说的由来

与"南方朱鸟"中"星宿"对应的地上之山是岷山。据晋人作《华阳国志》载："岷山一名沃焦山。"如果我们以今日之岷山视之，会觉

17 舜与二妃传说及"南方朱鸟"

得非常不解,今日之岷山处于四川境内,是绵延四川、甘肃的一座大山,与传说中的沃焦山似乎风马牛不相及。

然而,岷山之又名沃焦山,自有其来历。沃焦山,又名尾闾。《庄子·秋水》:"天下之水,莫大于海,万川归之,不知何时止而不盈;尾闾泄之不知何时已而不虚。"成玄英疏:"尾闾者,泄海水之所也;在碧海之东,其处有石,阔四万里,厚四万里,居百川之下尾而为闾族,故曰尾闾。海水沃着即焦,亦名沃焦也。《山海经》(今本无)云:'羿射九日,落为沃焦。'此言迂诞,今不详载。"[1]吴任臣《山海经广注》辑《山海经佚文》:"沃焦在碧海之东,有石阔四万里,居百川之下,故又名尾闾。"又《古小说钩沉》辑《玄中记》云:"天下之强者,东海之沃焦焉,水灌之而不已。沃焦者,山名也,在东海南,方三万里,海水灌之而即消,故水东南流而不盈也。"

托名东方朔作的《神异经·东荒经》云:"大荒东极,至鬼府山臂,沃椒(焦)山脚,巨洋海中,升载海日。盖扶桑山有玉鸡,玉鸡鸣则金鸡鸣,金鸡鸣则石鸡鸣,石鸡鸣则天下之鸡悉鸣,潮水应之矣。"

《神异经》这个神话当与古本《山海经》有关,《论衡·订鬼》云:"《山海经》又曰:'沧海之中,有度朔之山,上有大桃木,其屈蟠三千里,其枝间东北曰鬼门,万鬼所出入也。'"[2]除了沃焦、尾闾,古代还有"归墟"之说,《列子·汤问》:"渤海之东,不知几亿万里,有大壑焉。实惟无底之谷,其下无底,名曰归墟。八纮九野之水,天汉之流,莫不注之,而无增无减焉。"此"归墟"是沃焦、尾闾的别名。张湛注:

---

[1] (清)郭庆藩:《庄子集释》,第565页。
[2] 袁珂先生谓:今本《山海经》无此文,只有《大荒北经》有"有槃木千里"语,疑即"曲蟠三千里"之"大桃木"之属。见袁珂:《中国神话传说词典》,第302页。

事见"大荒经"(《大荒东经》)。《诗含神雾》云:"东注无底之谷。"称其无底者,盖举深之极耳。……《庄子》云"尾闾"。八纮,八极也;九野,天之八方中央也。世传天河与海通。[1]

沃焦、尾闾及归墟的来历,其实不难理解,天上之银河至"星宿"南而没,正当东南方位,地上之水正好也归于东海,而无边无际的东海水又流向何处呢?为什么天地之水流入此地而不见其满溢呢?于是古人想象东海之下有一个可以容纳天地之水的巨大的"尾闾"了。[2]

"星宿"之分野山为岷山,当是银河水所没入之处,所以又名之为沃焦山了。《山海经》《尚书》中的岷山,原绝非指今四川、甘肃之岷山。岷山从"民"得意,"民"之原意,当为冥茫之意,郑玄注《尚书·吕刑》"苗民弗用灵"时云:"民者,冥也。"则岷山原意或为"冥山",取冥茫之山之意。后人以今四川之岷山当《尚书·禹贡》导山之"岷",当然是不明上古这种分野说的底细所致。

《禹贡》之山水很多出于《山海经》,而古本《山海经》有"沃焦""归墟"之说,今本《山海经》亦有类似描述,如《大荒南经》:"大荒之中,有山名曰融天,海水南入焉。"又云:"大荒之中,有山名曰天台高山,海水入焉。"海水入山,好像不可能,似乎难以理解,所以袁珂先生说:"海水入山,盖古人臆想,近神话矣。"[3]其实,如

---

[1] 杨伯峻:《列子集释》,中华书局,1979年,第151页。
[2] "尾闾"等名意味深长。尾闾者,盖尾宿之间也。尾宿是银河始流之处,故古人想象其下必有大水也;"归墟",盖取"八纮九野之水,天汉之流,莫不注之"之意,它是天地所有水流的最终注入之处,所以名之曰"归墟"。"沃焦"大约因东南方是扶桑树所在地,日所出之处,所谓"海水灌之而即消,故水东南流而不盈也"。海水流入这里会消解,盖古人想象海水遇日消解也。
[3] 袁珂:《山海经校注》,第372页。

果我们联系天上银河的流向以及银河的最终归宿，就觉得这种说法并不奇怪，这种说法实际上是古代宇宙论的产物，认为天上有水，天上的水通于地上的河，又通于大地所载之水。

《山海经》"大荒经"中有二十八座大荒之山，吴晓东先生极有见地地将天文学上的二十八星宿与"大荒经"二十八座山峰加以对应：

东方苍龙七宿：

角，大言山；亢，合虚山；氐，明星山；房，鞠陵于天山；心，孽摇颓羝山；尾，猗天苏门山；箕，壑明俊疾山。

南方朱鸟七宿：

井，衡石山；鬼，不庭山；柳，不姜山；星，去痊山；张，融天山；翼，歾涂山；轸，天台高山。

西方白虎七宿：

奎，方山；娄，丰沮玉门山；胃，龙山；昴，日月山；毕，鏊鏊钜山；觜，常阳山；参，大荒山。

北方玄武七宿：

斗，不咸山；牛，衡天山；女，先槛大逢山；虚，北极天柜山；危，成都载天山；室，不句山；壁，融父山。[1]

当中融天山对应的是南方七宿中的张宿；"天台高山"对应的是轸宿，都属"南方朱鸟"，正是天上银河所没之处。清人郝懿行敏锐地觉察到这里类似于泄水之地的尾闾、归墟，他说："盖海水所泄处，必有归虚、尾闾之孔穴，地脉潜通，故曰入也。"[2]所以"大荒经"记

---

[1] 吴晓东：《〈山海经〉语境重建与神话解读》，第63页。
[2] （清）郝懿行：《山海经笺疏》，第403页。

载海水入于"融天山""天台高山",不是天方夜谭,也非记载的讹误,而是建立在以银河流向为坐标体系,确定二十八宿方位的叙事方式上的。

根据这样的叙事结构,作为天上的"南方朱鸟",它的巡行次序是从井宿到轸宿,而到轸宿后,它将潜回到银河的始流之处,即尾宿与箕宿之间。这个地方从方位上看,属于东南方。"大荒经"把这里说成舜的葬处,同时它又是羲和之国的所在地。"东南海之外,甘水之间,有羲和之国。有女子名曰羲和,方日浴于甘渊。羲和者,帝俊之妻,生十日。""生十日"不就是制历吗?羲和之国盖即"历山"(成历之山),然则舜之"耕于历山"[1]云云,我们在天象上,也能见其端倪了。

又《山海经·大荒北经》:"大荒之中有衡石山、九阴山、泂(灰)野之山。上有赤树,青叶赤华,名曰若木。"[2]衡石山与井宿对应。"井宿"处于西南方,则"若木"是处于西南方位的神树;而"扶桑"则是处于东南方位的神树,《山海经·大荒东经》有"扶木":"大荒之中,有山名曰孽摇頵羝。上有扶木,柱三百里,其叶如芥。有谷曰温源谷。汤谷上有扶木,一日方至,一日方出。"这就是汤谷上有名的扶桑树,《山海经·海外东经》:"汤谷上有扶桑,十日所浴,在黑齿北。居水中,有大木,九日居下枝,一日居上枝。""孽摇頵羝"对应东方七宿的心宿,心宿与尾宿相连,正是天上的银河始流之处。古

---

[1] 《墨子·尚贤中》:"古者舜耕历山。"《史记·五帝本纪》云"舜耕历山",舜耕于历山,是较普遍的说法。
[2] 吴晓东先生指出:衡石山应属《大荒南经》,今本《大荒北经》之大荒之中有八座山,《大荒南经》大荒之中只有六座山,而《大荒东经》《大荒西经》各有七座山。所以必是《大荒南经》一座山错入《大荒北经》。(见吴晓东:《〈山海经〉语境重建与神话解读》,第二章)此说极是,故衡石山一条,原必在《大荒南经》。

人将东方七宿的房、心、尾三辰合在一起名为"大辰",其在星象系统中的地位十分重要。它们都与"南方朱鸟"有关联。

舜"陟方乃死"与"舜葬"及"南方朱鸟"

一、舜"陟方乃死"的本意

《尚书·舜典》说舜五十载,"陟方乃死",孔安国传:"方,道也。舜即位五十年,升道南方巡守,死于苍梧之野而葬焉。"[1]关于舜的"陟方乃死",刘起釪举了七种解释,即巡守说、巡行说、治水说、征苗说、考绩分北三苗说、升遐说、卒于鸣条说。[2]

这些说法,一条也不能成立。由于古人大多相信《尚书·虞夏书》之叙事,如《舜典》文中有:"舜生三十征庸,三十在位,五十载陟方乃死。"于是古人以为舜活了一百多岁,有的争论说不止一百岁,是一百一十岁,更多人以为是一百一十二岁。其实尧舜历史,本非史实,

---

[1]《十三经注疏·尚书正义》,第111页。
[2] 关于"巡守说"等解释,似乎都能找到文献的根据,如巡守说,《史记·五帝本纪》以为舜:"南巡狩,崩于苍梧之野。"《论衡·书虚》:"舜南治水,死于苍梧。"《淮南子·修务训》:"舜南征三苗,道死苍梧。"《国语·鲁语上》:"舜勤民事而野死。"韦昭注:"野死,谓征有苗死于苍梧之野。"正因为舜之所谓设官、巡守、治水、征苗等非信史,故后人纷纷逞说,没有定准也。升遐说为韩愈提出,韩据《竹书纪年》凡帝王之没皆曰陟,因谓陟者升天也。后人承之驳斥"巡行"等说,如宋人林之奇《尚书全解》曰:"汉儒遂有舜葬苍梧之说,至今苍梧之地有舜庙、冢存焉。……揆之以理,有所甚不可者。夫尧老而舜摄,则不复以庶政自关,而舜实行巡狩之事。舜既耄期倦于勤,而使禹摄矣,则巡狩之事禹实行之。苍梧在舜之时其地在要荒之外,舜已禅位使禹摄矣,岂复巡狩于要荒之外而死,死而葬于苍梧之野,以是禹率天下诸侯以会葬之于要荒无人之境,此理之必不然者。司马温公诗曰:'虞舜在倦勤,荐禹为天子,岂有复南巡,迢迢渡湘水。'此说为得之。'陟方'者,犹云升遐也。'乃死'谓升遐而死,犹云'帝乃殂落'也。韩退之谓'乃死'者以释'陟方'为言耳。"见顾颉刚、刘起釪:《尚书校释译论》,第345—346页。表面看十分有力,但并未脱以尧、舜、禹历史为真实历史的语境,自然也不能得事实之真。

259

尧舜之寿数，又有谁搞得清。若真如前人所说舜百余岁方去世于途中，安有百余岁老人风尘仆仆于南方蛮荒之地去巡守、去治水、去征伐苗人者？

我以为，如从舜以及二妃传说都关乎"南方朱鸟"，关乎上古时代人们之观象授历，探明"天之历数"这样的头等大事的话，或许也并不难解决。一部《虞夏书》虽然已被作历史化处理，但其字里行间，仍时时透露出它谈天数的痕迹。如《尧典》开篇"曰若稽古帝尧"之语，孔安国传："若，顺；稽，考也。能顺考古道而行之者帝尧。"[1] 但郑玄训"稽"为"同"；训"古"为"天"，"言能顺天而行之，与之同功"。郑玄之训，当更符合实际，《诗经·商颂·玄鸟》"古帝命武汤"，"古帝"郑笺："天也。"[2] "曰若稽古"一词，汉人的解释已呈极分歧之状态，如汉代属于小夏侯学派的秦恭，解说"尧典"两字至十万余字，解释"曰若稽古"，花了三万字。可惜秦的解说没有传下来。"稽古"一语，后人的确较多作"考古"解，但以"古"为"天"，亦时见载籍，如《逸周书·周祝解》："天为古，地久。"陈逢衡云："虞翻述八卦逸象亦云：'天为古。'盖本此。"

又"稽"，敦煌唐写本《经典释文》写作"乩"，《尚书》内野本、薛氏本亦作"乩"。[3] "乩"之义为"占"，则"稽古"为"占天"之意也。则《尧典》开篇，点名言天事之实质也。尧的事迹，一言以蔽之，是"历象日月星辰"[4]，即测天明历，包括占卜吉凶。《尧

---

[1]《十三经注疏·尚书正义》，第34页。
[2]《十三经注疏·毛诗正义》，北京大学出版社，1999年，第1445页。
[3] 顾颉刚、刘起釪：《尚书校释译论》，第5页。
[4] "历象"一语，盛百二《尚书释天》引王安石说："历者步其数，象者占其象。"金景芳、吕绍纲《〈尚书·虞夏书〉新解》以为此说"要言不烦，最为得当"。见金景芳、吕绍纲：《〈尚书·虞夏书〉新解》，辽宁古籍出版社，1996年，第47页。彼时观察日月星辰，除了制历，还为星占。

典》载，在尧命羲和等完成测天治历的任务，取得"允厘百工，庶绩咸熙"的成效后。大概历法在使用一段时间后，有了误差等问题，所以尧就向他的手下讨教："畴咨若时登庸？"关于这句话历来主要有两种解释，一种是说尧年老，问谁是贤能之人可以接班。"畴"是"谁"的意思。而马融说："羲和为卿官，尧之末年皆已老死，庶绩多阙，故求贤顺四时之职，欲用以代羲和。"从《虞夏书》叙事的真正内蕴看，确实多关乎历数，故马融之说，值得重视。

孔安国传"陟方乃死"："方，道也。舜即位五十年，升道南方巡守，死于苍梧之野而葬焉。"[1] "陟方乃死"之"陟方"到底为何意？"方"可以训"道"，《易·恒》："君子以立不易方。"孔颖达疏："方，犹道也。"而"陟"是"得"的意思，"得"通"德"，"德"字本义，《说文·彳部》云："升也。"段玉裁注：

> 升当作登。辵部曰："迁，登也。"此当同之。德训登者，《公羊传》："公曷为远而观鱼？登来之也。"何曰："登读言得，得来之者，齐人语。齐人名求得为得来。作登来者，其言大而急，由口授也。"[2]

桂馥《说文解字义证》也说："古升、登、陟、得、德五字义皆同，陟读为德者，古声同。"[3]

然则"陟方"为"得道"，此"道"实际指天道、天时，"陟方乃死"是说从"南方朱鸟"开始的历法，符合天道（天时）。舜最终得天

---

[1]《十三经注疏·尚书正义》，第111页。
[2]（清）段玉裁：《说文解字注》，第135页。
[3]（清）桂馥：《说文解字义证》，中华书局，1998年，第163页。

道、天时,也与前文尧对他的考验形成前后呼应之势。若以为这里讲的是所谓人间天子舜的巡行或治水、征伐等,不免漏洞百出、龃龉难通了。

二、舜葬"苍梧"与"东方岳山"

先秦典籍盛传舜"死葬苍梧",这种传说显然源自《山海经》。

《海内南经》:"苍梧之山,帝舜葬于阳,帝丹朱葬于阴。"

《海内东经》:"西胡白玉山在大夏东,苍梧在白玉山西南,皆在流沙西,昆仑虚东南。昆仑山在西胡西,皆在西北。"

《大荒南经》:"南海之中,有泛天之山,赤水穷焉。赤水之东,有苍梧之野,舜与叔均之所葬也。"

《海内经》:"南方苍梧之丘,苍梧之渊,其中有九嶷山,舜之所葬,在长沙零陵界中。"

舜本无其人,而是"南方朱鸟"的化身,则舜所葬之处当是古人祭祀"南方朱鸟"之处,这且不说。

舜葬苍梧,苍梧究竟在何处?这是古今学者聚讼不已的问题,从前论者大多以为在南方,《史记·五帝本纪》:"(舜)践帝位三十九年,南巡狩,崩于苍梧之野。葬于江南九疑,是为零陵。"《集解》引《皇览》曰:"舜冢在零陵营浦县。其山九谿皆相似,故曰九疑。"这种说法被多数人所接受。然南方的很多地名,都是汉武帝根据古代图书,为新开之地命名的结果。九疑、零陵云云,自然与《山海经》之苍梧毫无关系。[1]从"南方朱鸟"迁移方向言之,由西南而东南,根据分

---

[1] 《水经注·淮水》:"东北海中有大洲,谓之郁洲,《山海经》所谓郁山在海中者也。言是山自苍梧徙此,云山上犹有南方草木。今郁洲治。……郁洲者,故苍梧之山也,心悦而怪之,闻其上有仙士石室也,乃往观焉。"见(清)杨守敬、熊会贞疏:《水经注疏》下册,江苏古籍出版社,1989年,第2564—2565页。此可证苍梧本在东方,因苍梧南方说的深入人心,故前人以郁洲为苍梧之山也怪也。

野原则，舜所葬之处亦当在地上之东南方。

刘宗迪先生以为苍梧之名，由《山海图》图上之树而起，他说：

> "苍者，青也"，《大荒南经》"苍梧之野"之得名，盖因图中此处绘有青色之树木，也就是说，"苍梧之野"只是缘图以为名，所谓苍梧，即绘于古图之东南隅的青木。长沙子弹库帛书的东南隅（春夏之间）即绘有高大的青木，可谓"大荒经"苍梧之旁证。[1]

此说甚新奇，将苍梧置于东南隅，当无问题；唯以为苍梧之名，源于图上之青树，则恐未必。若苍梧源自图上之青树，当云"青木"，试问读图者何从知图上之树其为"梧"也。而《逸周书·王会》作"仓吾"可知，"吾"通"虞""吴"，如"驺虞"又作"驺吾"。《管子·小匡》"西服流沙、西虞"，《国语·齐语》"西虞"作"西吴"。而苍梧之"梧"又作"吾"，亦即"吴"也。

"吴"是有名的岳山。《尔雅·释山》："河西，岳。"郭注："吴岳。""吴"字之本义意味深长，《说文·矢部》曰："姓也。亦郡也。一曰吴，大言也。从矢口。古文如此。"这里"姓也。亦郡也"，显然是"吴"的后起之义，是后人窜入《说文》的。"吴"之本义，就是"大言"。[2]"大"字，《说文·大部》云："天大、地大、人亦

---

[1] 刘宗迪：《失落的天书——山海经与古代华夏世界观》，第380—381页。
[2] 段玉裁注曰："大言之上，各本有'姓也，亦郡也。一曰吴'八字。乃妄人所增。今删正。检《韵会》本正如是。《周颂·丝衣》《鲁颂·泮水》皆曰：'不吴。'传笺皆云：'吴，哗也。'言部曰：'哗者，欢也。'然则大言即为哗也。……大言者，吴字之本义也。引申之为凡大之称。《方言》曰：'吴，大也'"。见（清）段玉裁：《说文解字注》，第863页。

大，故大象人形。"天之与大，实际上是一个字。[1]

然则"大言"，可解为"天"言说之地了，或者反过来，是言说天事的地方。苍梧者，是祭祀"南方朱鸟"之象征舜的地方，这个地方不就是"言天"之圣地吗？然则苍梧，东方之岳山也。

《山海经》正有舜葬岳山之说，《大荒南经》："大荒之中，有山名曰天台高山，海水入焉。"这"天台高山"所对应者，正是"南方朱鸟"七宿中的最末一宿轸宿。而《大荒南经》在这段文字之前所描述的正是舜的葬处岳山："帝尧、帝喾、帝舜葬于岳山。爰有文贝、离俞、鸱久、鹰、延维、视肉、熊、罴、虎、豹、朱木、赤枝、青华、玄实。"作为"南方朱鸟"化身的舜巡行于轸宿，葬于与之对应的"天台高山"旁边的岳山，此岳山也正处于东南之方位，与所谓的苍梧密合无间，则苍梧为东方之岳山十分清楚。

上面已指出，赫赫有名的扶桑树即位于东南方，与苍梧完全可以对应。扶桑树生于"孽摇颠羝山"，而此山又对应天上的心宿，心宿、尾宿距离极近，尾宿地上对应者正是太岳山，则尧舜等死葬岳山，绝非无根据之言。而死葬苍梧云云，当即舜死葬岳山的讹传了。而这座太岳山，实在是应该引起我们注意的"神山"，它大约也就是神话中上古的"世界山"了。

三、舜妃"登比（北）氏"溯源

谈到苍梧，上古典籍常常提到舜二妃是否跟随的问题。《礼记·檀弓上》："舜葬苍梧，盖三妃未之从也。"郑玄注："舜有三妃。"一般典籍都说舜二妃，这里说三妃，大概将《山海经·海内西经》中的

---

[1] 王筠《说文释例》卷一也说："此谓天地之大无由象之以作字，故象人之形以作大字，非谓大字即是人也。"见（清）王筠：《说文释例》，中华书局，1987年，第26页。

"登比氏"算入了。《山海经·海内北经》云："舜妻登比氏生宵明、烛光，处河大泽，二女之灵能照此方百里。一曰登北氏。"郭璞注："（宵明、烛光）即二女字也，以能光照，因名云。"[1]《淮南子·地形训》："宵明、烛光在河洲，所照方千里。"显是因《山海经》为说。宵明、烛光后人亦与"娥皇""女英"相混，固不足怪。"登比"或以"登北"为是，《尚书·舜典》末节有舜"黜陟幽明，庶绩咸熙，分北三苗"之语。古代注家都以舜对官吏的考核解"黜陟"，字面上，"陟"即"登"，也即"升"；"黜"为"退""降"之意。然"黜陟"下置"幽明"，则降升"幽明"实不可解。而宵明、烛光，则与"幽明"可以联属。"北"为"别"，余意舜妃名"登北氏"，"登"通"得"，"得"可解为"能"，则"登北"意为能别幽为明，所谓"二女之灵能照此方百里"也。

《舜典》前文已曰"窜三苗于三危"。古代文献最早提到诛伐三苗的就是《舜典》："流共工于幽州，放欢兜于崇山，窜三苗于三危，殛鲧于羽山。四罪而天下咸服。"《尚书》所传尧、舜、禹诛三苗之事，向为历史学家、民族学家、神话学家关注。他们或谓三苗即今苗族之前身，古人称为"蛮"，有时称作"苗"。由于《尚书》《国语》《墨子》《孟子》等古书的记载，不少学者认为尧、舜、禹时代同三苗国或三苗氏族有过激烈持久的冲突，结果是三苗大败，北方的中原民族就把原来在南方的这个苗蛮族或苗蛮国迁到西北方的"三危"去了。这种历史学的误读使古人或以舜"陟方而死"为征"三苗"。事实上，"三苗"之"苗"音同"毛"，为冥茫不清之意。舜之"分北三苗"意为舜能够在冥茫混沌中"分北三苗"，就是茫昧、混沌得以分别之意！其实

---

[1] 袁珂：《山海经校注》，第320页。

"三危""羽山"等地乃所谓"四极",是古人创建天地结构时运用的概念。[1]若以为这是史实而到神州大地去寻找对应之山,是永远也不会有结果的!

《尚书·禹贡》:"三危既宅,三苗丕叙。"孔颖达疏云:

> 郑玄引《地记书》云:"三危之山在鸟鼠之西,南当岷山。"则在积石之西南。[2]

这条材料很重要,岷山者,"南方朱鸟"之"七星"所分野之山,为银河流入之所。它在以银河为坐标体系,标示二十八宿在天空位置的天地结构中,正是处于"南极"的位置。

《尚书》之三苗国当源自《山海经》,《山海经》有三苗国,此国又作"毛民之国"及"毛民",而其所处之地为"大泽",也即舜妃"登北氏"所处之地。《西次三经》云:"槐江之山……南望昆仑,其光熊熊,其气魂魂。西望大泽,后稷所潜也。西南四百里,曰昆仑之丘,是实惟帝之下都。"大泽这个地方,又与后稷有关,上引《西次三经》说是"后稷所潜",《海内西经》则谓"后稷之葬":"大泽方百里,群鸟所生及所解。在雁门北……后稷之葬,山水环之,在氐国西。"然则舜妃所处之地,在天象上与天稷星所处临近,皆在"南方朱鸟"之"星宿"的南边。

---

[1] 参阅尹荣方:《社与中国上古神话》第四章《尧、舜、禹征三苗》。
[2] 孔颖达不相信《地记》之说,云:"《地记》乃妄书,其言未必可信。要知三危之山,必在河之南也。禹治水未已,窜三苗,水灾既除,彼得安定,故云:'三危之山已可居,三苗之族大有次叙,此记事以美禹治之功也。'"盖因孔颖达不知《尚书·虞夏书》多记天事,《山海经》多言分野,故以《地记》为妄,《地记》以三危山南当岷山,此岷山自是南方之山。孔氏以后世所认为的西方之岷山当之,自然觉得不可信了,因为从孔安国以下,皆以三危为西裔之山。

四、舜葬"南己之市"与天纪星座

舜死葬苍梧，《山海经》言之凿凿，然战国时人似视而不见，博学如墨子、孟子等无苍梧之说，这是什么原因？《墨子·节葬》："舜西教乎七戎，道死，葬南己之市。"墨子这里讲的舜葬"南己"，与葬苍梧之说或相通，盖"南己"，《吕氏春秋·安死》："舜葬于纪市，不变其肆。""纪"，毕沅校《吕氏春秋》"葬南己之市"云："《后汉书》注又一引作'葬南巴之中'。"王念孙驳斥毕氏之说云："巴即己之误。"他引诸书或作"南纪"，或作"纪市"，而云："则己非误字也。若是巴字，则不得与纪通矣。……至谓九疑为古巴地，以牵合南巴，则显与上文'西教乎七戎'不合，此无庸辩也。"[1]"纪"当指天纪星，天狗星、天纪星与天稷星，银河经过这些星座后，在七星南畔没入地平线。可见，"天纪""天稷"与"七星"一样，都是银河最后流经之处，则舜之归葬于此，也即舜之没于此，就是可以理解的了。

舜的传说，似乎关乎"市肆"，《吕氏春秋·安死》的"不变其肆"高诱注即谓："市肆如故，言不烦民也。"《墨子》云舜"葬南己之市"云云，可以说明舜与市肆的关联。《史记·五帝本纪》说舜耕历山"一年而所居成聚，二年成邑，三年成都"，大约即由此而来。舜之善聚人民，使所居终成都市的能力，也能从天纪星的市肆星占功能得到解释，古代天文学有所谓"紫微垣""太微垣""天市垣"三垣之说。天纪星是其中"天市垣"中的主要星座之一。《开元占经》卷六十五引《诗纬》曰："天市主聚众。"引郗萌曰："天市者，天子之市也。"

又翼宿的星占功能也关乎"都市"，《开元占经》卷六十三"翼宿占六"引《南官候》曰："翼……一名天都市。"又引《百二十占》：

---
[1] （清）孙诒让：《墨子间诂》，第166—167页。

"翼为天倡，倍海也，天旗天都也。""天纪"临近"翼宿"，或所占原都包括都市也。而从"天纪"之"纪"，可知其必为重要星座。[1]

五、"舜生于诸冯，迁于负夏，卒于鸣条"与"翼宿"

《孟子·离娄下》："舜生于诸冯，迁于负夏，卒于鸣条，东夷之人也。"这里的"诸冯""负夏"等所谓地名，也是人们猜测纷纷而难得其解的。孟子关于舜的地望之说，必有来历。如"鸣条"，人们耳熟能详，它又是商汤打败夏桀之处。《尚书·汤誓》序："伊尹相汤伐桀，升自陑（音ér），遂与桀战于鸣条之野，作《汤誓》。"《荀子·议兵篇》："故汤之放桀也，非其逐之鸣条之时也。"汤伐桀之所谓历史，也充满了神话色彩，鸣条看上去像个地名，古人之解释，大抵也从地名着手，然同样陷入各讲各的，永远也讲不清的困惑境地。我们今天从天象及分野角度加以解释，或许能带来一些新的认识。和鸣条联系在一起的，还有"巢门""焦门"。《尚书·仲虺之诰》："成汤放桀于南巢。"《吕氏春秋·简选》："殷汤……登自鸣条，乃入巢门，遂有夏，桀既奔走。"同书《论威》："此夏桀之所以死于南巢也。"《淮南子·主术训》："汤革车三百乘困之鸣条，擒之焦门。"上古又有桀败于"历山"之说，《淮南子·修务训》："（汤）乃整兵鸣条，困夏南巢，谯以其过，放之历山。"《史记·律书》："成汤有南巢之伐，以珍夏乱。"张守节《正义》引《淮南子》曰："汤伐桀，放之历山，与末喜同舟浮江，奔南巢之山而死。"《史记·夏本纪》张守节

---

[1] 陈久金先生引《论谶》曰："天纪星，以表九州定图位。天纪星，主历、音律。"谓"可见天纪星，是定图位、主律历的起始点的标志，即计算天体行程的历元。从天纪星所处的方位看，它大致位于斗宿的北方，而斗宿在上古时曾作为冬至点使用，天纪即星纪也。"见陈久金：《星象解码——引领进入神秘的星座世界》，群言出版社，2004年，第134页。

17 舜与二妃传说及"南方朱鸟"

《正义》引《淮南子》曰："汤败桀于历山。"

舜之死于鸣条·苍梧与汤放桀于鸣条·苍梧无疑具有内在逻辑上的相似性。"焦门"与"巢门",《淮南鸿烈集解》引庄逵吉云："焦与巢古字通。"这个"(巢)焦门",又叫"南巢",使我们很容易联想起神奇的"沃焦""尾闾","闾"就是门的意思。盖"焦门""南巢"乃"沃焦""尾闾"之讹也。

值得注意的是,《孟子》赵岐注："诸冯、负夏、鸣条,皆地名,负海也。在东方夷服之地,故曰东夷之人也。"赵注非常奇怪,以诸冯、负夏、鸣条统名之"负海",乃"东方夷服之地",而清人孙诒让以为赵注"必有所本"[1]。

舜本"南方朱鸟"之化身,则这令人费解的"负海"还要到"南方朱鸟"的星象上去寻找。《开元占经》卷六十三引巫咸曰："翼,天羽翼,又为负海。"又引《百二十占》："翼为天倡,倍(负)海也。"又引郗萌曰："将有负海之事,则占于翼也。"《晋书·天文志上》云："翼二十二星,天之乐府,主俳倡戏乐,又主夷狄远客、负海之宾。"然则赵注之"负海",此"负海"也。《尚书》之类的典籍,原为史官所掌,而上古史官,例为天官。《周礼·春官·保章氏》云："掌天星,以志星辰日月之变动,以观天下之迁,辨其吉凶。"《礼记·月令》也说："乃命太史,守典奉法,司天日月星辰之行。"所纪事每关乎天,后人不知,以人间事况天书,于是离事实不啻相差十万八千里,以致连孟子这样的博学者也不明底细,径以舜为"东夷"之人了。

---

[1] (清)孙诒让:《墨子间诂》,第42页。

18　王亥故事与星辰传说[1]

《山海经》等文献中的王亥形象

中国古代的很多神话、传说，是由于先民对某事物"立象"后，后人对其"象"所指代的意义失却了解而加以附会解释的结果。我们的先民对星辰的观测很早就已开始，他们对一些星辰的"立象"活动也很早就会开始，星辰之"象"的离奇性，很容易会相应地产生出一些离奇的故事与传说。有名的王亥故事很有可能就是一种星辰传说。王亥故事的由来，除了直接对星辰认识的传承变异，还很有可能是人们对天上星宿"营室"立象后，后人产生不同解读的结果。王亥故事，《山海经·大荒东经》云：

有困民国，勾姓而食。有人曰王亥，两手操鸟，方食其头。王亥托于有易、河伯仆牛。有易杀王亥，取仆牛。河

---

[1] 原刊《华东师范大学学报》，2005年第4期。这里略作了修订。

念有易，有易潜出，为国于兽，方食之，名曰摇民，帝舜生戏，戏生摇民。

《山海经·海内北经》则有"王子夜之尸"的记载：

王子夜之尸，两手、两股、胸、首、齿，皆断异处。

袁珂先生以为："日本小川琢治《穆天子传地名考》谓'夜'即'亥'之形伪，疑是。若果如此，则此节亦王亥故事之片段，即《大荒东经》郭璞注引古本《竹书纪年》所谓'殷王子亥宾于有易而淫焉，有易之君绵臣杀而放之'、王亥惨遭杀戮以后之景象也。"[1]关于王亥与王子夜的同源性质，学者们大体无异词。王亥与王子夜作为一种图像，这点值得我们注意。"王子夜之尸"肯定是图像，所以郭璞为之作《图赞》："子夜之尸，体分成七。"王亥的图像则是令人费解的"两手操鸟，方食其头"。王亥的这两种图像作为先民"立象见意"的一种"象"，是一种符号，其指代与象征的究竟是什么对象呢？而"王亥托于有易，河伯仆牛。有易杀王亥，取仆牛"云云，又应该如何解读呢？起源明则本质明，解读王亥传说的关键在于对其图像象征意义的了解。

王亥原型与营室星象

让我们先从王亥的"亥"字说起，很多学者早已指出，十二辰中的"亥"，当与王亥有关联。关于"亥"的起源，《左传·襄公三十年》

---

[1] 袁珂：《山海经校注》，第319页。

保存了一个有趣的传说，即史赵所云"亥有二首六身"，古今学者对此作解释者甚众，然大抵是从字体笔画的角度求合，故杨伯峻先生认为"近似穿凿"[1]。郭沫若先生云：

> 亥为怪兽形而当于射手座。巴比仑之射手座每与临近之天蝎座相并，其星象每不一定，然其最可注意者有Meli-sipak所出土之界碑（约当西元前一二〇〇年代之物），上有射手象最为奇殊，今摹录如次（图从略）此像二首，一人一犬，身则上体为人，下体为马，而有鸟翼、犬阴、牛尾、蝎尾。二者合计，恰当于"二首六身"……故亥有二手六身之说，当即属于王亥，而王亥则十二宫中之射手座（箕斗）也。岁名之"大渊献"。[2]

郭沫若先生的意见可以给我们以极大的启示。他的"亥有二首六身之说，当即属于王亥"的意见，十分正确，然谓王亥源于射手座（箕斗），似找不到任何文献的或传说的支持，并不能成立。郑文光先生认为王亥象征毕、昴两宿。[3]但我们结合众多的传承，以为"亥二首六身"的传说，很有可能是缘于先民对天上室宿的认识。室宿为二十八宿之一，又称营室、定星、水星等。《尔雅·释天》："营室谓之定，娵觜（音 jū zī）之口，营室东壁也。"清人郝懿行疏解道：

> 营室者，二星相对出，旁缀离宫六星，两两而居。《律

---

[1] 杨伯峻：《春秋左传注》，第1171页。
[2] 郭沫若：《甲骨文字研究》，大东书局，1931年，第60页。
[3] 郑文光：《中国天文学源流》，科学出版社，1979年，第132页。

书》云:"营室者,主营胎阳气而产之。"《天官书》云:"营室为清庙,曰离宫、阁道。"东壁者,二星上下相掣曳,与营室连体而正方。《月令》云:"孟春之月,日在营室。仲冬之月,昏,东壁中。"按,壁曰东者,据昏中视之,壁在营室东也。二宿皆值北方水位,故又谓之水。《左氏庄廿九年传》:"水昏正而栽",是也。又谓之天庙。《周语》云:"日月底于天庙。"韦昭注:"天庙,营室是也。"定者,《诗·定之方中》传:"定,营室也。方中,昏正四方。"笺云:"定星昏中而正,于是可以营制宫室,故谓之营室。定昏中而正,谓小雪时,其体与东壁连正四方。"……娵觜,玄武宿也。营室、东壁,北方宿名。孙炎曰:"娵觜之叹,则口开方,营室、东壁四方似口,故因名也。"《分野略例》云:"自危十六度至奎四度,于辰在亥,为娵觜。"[1]

《史记·律书》:

营室者,主营胎阳气而产之。东至于危。危,垝也。言阳气之(危)垝,故曰危。十月也,律中应钟,应钟者,阳气之应,不用事也。其于十二子为亥,亥者,该也,言阳气藏于下,故该也。

《史记·律书》及郝懿行所引之《分野略例》皆明白无误地指出营室"于十二子为亥"及"于辰在亥"。我们的古人对天上星辰的认识,

---

[1] (清)郝懿行:《尔雅义疏》中四《释天第八》。

虽说笼罩着浓厚的阴阳五行的色彩，但他们通过对星辰的观测认识首先是为了确定时节，是没有疑问的。中国天文学向来有"观象授时"的传统，从人们将营室星对应于"亥"以及营室星在天体的形貌特征看，上述"亥有二首六身"应该是对营室二星及围绕其旁的离宫六星的一种描述，因为在彼时人们的心目中，营室是"亥"的象征。营室星在天体上的形貌特征，如郝懿行描述的："二星相对出，旁缀离宫六星，两两而居。"《宋书·天文志三》："离宫六星，两两相对为一坐，夹附室宿上星，天子之别宫也。"营室二星与离宫六星亦可统称"营室"，《汉书·天文志》："营室为清庙，曰离宫、阁道。"《开元占经》卷六十一引黄帝曰："营室二星主军粮，离宫六星主隐藏。"引石氏曰："营室二星、离宫六星，十六度。"或称室二星，绕室为离宫，统称为营室。于此我们可以作出合理的推断："亥"的"二首"可能就是源于营室的"二星相对出"，"亥"的"六身"则可能源于两两居之的离宫六星。营室二星加上它两旁的离宫六星的星体特征不正好是"二首六身"吗！在人人都懂天文的上古时代，"亥有二首六身"的陈述应该是人们容易明白的。将天上的星辰拟人化，也符合彼时人们的思维习惯。

这里我们再来看《山海经》中所谓的"王子夜之尸"，如果王子夜之"夜"确是"亥"字之误，那么，这"王子夜之尸"自然很有可能是"亥"亦即营室星的一种早期形象符号，是古人为见"意"所立的一种"象"了。王子夜之尸，郭璞说"体分为七"，似与"二首六身"不合，但江绍原先生认为《山海经》描写王子夜之尸之"两手、两股、胸、首、齿，皆断异处"，其中的"齿字与首字形近而衍"。这个意见，袁珂先生十分赞同，他在引用了江绍原先生的说法后说："如此，则王亥惨遭杀戮，系尸分为八，合于'亥有二首六身'（首二、胸二、两手、两股）之古代民间传说。"[1]

为天上的星辰"立象"，将其符号化，可以说是中国文化的一种传统，如我们的先人以东方苍龙、西方白虎、南方朱雀、北方玄武象征四方二十八星宿象，这是大家都清楚的。营室星"二星相对出"以及旁缀的离宫六星"两两而居"的形象，用一个头、胸、手、股一截为二，两两相分的"刑余之人"拟指、象征之，应该说是十分聪明的，这反映了先民的一种智慧。

正像高辛氏二子神话的源头在天上的参、商两星；牛郎、织女的传说源于牵牛、织女星。王亥的故事，是我们的先人通过营室星推衍出来的，王亥故事的源头出于天上的营室星。根据《山海经》，王亥传说可分两部分：图像与陈述。其图像主要是"王子夜之尸"及"两手操鸟，方食其头"的怪异形象。其陈述部分，则包括"仆牛"，被"有易"所杀等。作为王亥故事中心内容的他的被杀，我相信是源于营室星"两两分离"的形象，营室星的如此"拟人"，是很自然的。因为先民根据营室星的形状、特点为之立象后，这象的奇异性会进一步激发先民的想象力，于是营室星传说的内涵也会不断得到丰富。

王亥"食鸟头"与室宿的"营胎阳气"

正像中国古代的神话传说常常被后人历史化一样，王亥故事也被人们相信演绎的是真实的历史故事。然而，相信王亥故事为真实历史的论者对《山海经》图像所描述的王亥形象，似从未作出过合理的解释。例如，"两手操鸟，方食其头"的神奇王亥形象，论者就往往避而不谈，

---

[1] 江绍原：《江绍原民俗学论集》，上海文艺出版社，1998年，第351页。

不是他们不愿谈论，而是他们囿于历史事实的成见，不明白王亥之原型原为天上的星宿，不明白他是天上星宿的人格化，故无法对这种神奇图像作出合理解释。

王亥传说乃是天上星宿人格化的产物，根据神话、传说学的原理，王亥故事作为一种传承，其内容必定带有其原型的某些特质和先民的相关认识。我们联系先民对营室星特质的认识，对王亥的某些神奇形象及传衍的某些故事，就可以作出较为合理的解释。"观象授时"的时代，营室星显然也是作为重要的星辰被人们观测并被作为"授时"的重要依据。《史记·律书》所谓"营室者，主营胎阳气而产之"；而《诗经·鄘风·定之方中》郑笺则明白谓："定昏中而正，谓小雪时。"当然，将定星的"昏中而正"与二十四节气的小雪相联系，必是二十四节气概念形成后的推断，因此可能是较为后起的陈述，但这种说法其实是由营室"主营胎阳气而产之"引申出来的。从天地间阴阳二气消长的角度言，夏历十月为亥时，正是仲冬季节，是阳气藏于下，阴气用事的时节。到冬至方"一阳来复"，阳气慢慢用事，许慎《说文解字·亥部》释"亥"："亥也。十月微阳起，接盛阴。"段玉裁注曰：

> 许云荄也者，荄，根也。阳气根于下也。十月于卦为坤，微阳从地中起，接盛阴，即壬下所云："阴极阳生。"故《易》曰：龙战于野，战者，接也。

"营胎"有"养育形成"之意，是对"亥"所主的这个虽"盛阴用事"，仍属寒冷的冬季，但"阳气藏于下"，春天已经不远的气象时节的描述。我们可以设想，对这样一种气象上的时节，在没有文字的时代，先民如用"象"来表达，一定是件不容易的事。然而这个时节的重要又使他们不能不考虑为之"立象"，于是，他们创造了王亥食鸟头的神奇图像来象征之。"鸟"是阴阳二气中阳气的象征，这一点，我们可以找到无数的例证。王亥所食者不是鸟身鸟腿等鸟的其他部位，而是鸟头，这正是立此象的先民的匠心所在。鸟象征阳气，鸟头象征的乃是阳之所由起的"微阳"，应是顺理成章的。"微阳"在王亥口中，而"营室、东壁四方似口"，然则王亥食鸟头的神奇形象，不正是可以表达营室星"营胎阳气"的意思吗？如果不从象征的角度，不承认王亥的原型是天上的营室星，那么，对王亥食鸟头的离奇图像，是找不到任何合理解释的。

王亥"托于有易""仆牛"与室宿

王亥神话中，关于其托于有易，有易杀王亥，以及其"仆牛"或曰"服牛"的情节，也是人们津津乐道的。历史学家据此演绎出种种历史故事，表面看，似乎也言之成理。但是，如果王亥传说乃是源于人们对营室星的认识的说法能够成立的话，那么，关于王亥的历史化演绎的前提性根据就是不牢靠的了。也就是说，将王亥视作历史人物是没有根据的，因此演绎的历史故事也完全是子虚乌有的。

中国古代的神话、传说有个"符号""语言"的解读问题。对神话、传说中一些特定的"符号""语言"的不同理解必然造成对整个神话、传说旨意解释的大相径庭。

王亥托于有易之"有易"，不必是国名或地名，而是"日月之为易"之"易"。王亥托于有易，说的是王亥乃是天地间时间序列中的过客。《竹书纪年》说王亥"宾于有易"，这个"宾"字说得再明白不过。先民之所以将某个星辰符号化，其最重视者，乃在它的指时意义。有意思的是《竹书纪年》"殷王子亥宾于有易，而淫焉"之语。这个"淫"，我想乃是"隐"之谐音。营室（王亥）在"易"即天上日月星辰指时体系中，所指示者乃阴尽阳萌之时节，此时节过后，营室（王亥）即在特定的天象地区隐没不彰。它似乎是天上的一个过客，所以说它托于有易或宾于有易。刘师培曾说过："古说互歧，恒由语凭口说，易由同音之字横生殊解。"[1]此可为一例。

营室（王亥）之"隐"讹为"淫"，与杜宇、鳖灵神话中杜宇"淫鳖灵之妻"的形成机制正同。鳖灵神话中，杜宇（其原型是杜鹃鸟）象征的是春夏季节；鳖灵（其原型是龟鳖）象征的是秋冬季节。杜宇（杜鹃鸟）的隐去，鳖灵（龟鳖）的登位正是春夏季节过去，秋冬季节来临的喻指。然而，这个神话历史化后，是以杜宇王淫鳖灵妻被逼去位来传承的。这一神话称杜宇被鳖灵所杀，与王亥被有易所杀亦有异曲同工之妙。有意思的是，《楚辞·天问》："眩弟并淫。"论者或谓"眩"指王亥。[2]"眩弟并淫"指王亥、王恒兄弟并行淫乱之事。如此说能成立，也是很容易得到解释的。天上的室宿二星，其东面的壁宿亦二星，它们共同组成"娵觜之口"；而室宿与壁宿星占上都为"主土功"，则王亥为室宿象征，王恒为壁宿象征，室、壁两宿"两星相对出"，以兄弟拟之，在先民那里，是顺理成章的。

关于王亥的"仆牛"或"服牛"，研究者大体以为，"仆""服"

---

[1] 杨宽：《中国上古史导论》引刘师培《伊尹为庖说》，载顾颉刚《古史辨》七上，第92页。
[2] 袁珂："王亥一名，在古书中最为分歧：卜辞、《古本竹书纪年》及此经均作王亥；《楚辞·天问》作该，又作眩，云'该秉季德''眩弟并淫'；《吕氏春秋·勿躬》作王冰，云'王冰作服牛'；《初学记》卷二十九引《世本·作篇》作胲，云'胲作服牛'；《御览》卷八百九十九引同书则作鲧：知胲可误鲧，胲亦可误为'眩弟并淫'之眩矣。"见袁珂：《山海经校注》，第352页。

音近可通,"服牛"前人解为"驯牛"。王亥因驯服牛,被人们视为"制作圣人"。然而,王亥之原始神格既为营室之星,而非如人们所认为的是殷之先王,因此,"服牛"云云,恐非指驯牛之事,驯牛一定是人间"制作圣人"的功业,天上星宿如何能与驯牛相联系?我们既证明所谓王亥乃是天上营室星的化身,那么,其"服牛"云云,当从天上的营室星与人间的牛所具有的某种关系来寻找。前面我们已经指出,《国语·周语上》:"营室之中,土功其始。"土功指治水筑城等工程。《诗经·鄘风·定之方中》:"定之方中,作于楚宫;揆之以日,作于楚室。"《毛传》:"定,营室也。方中,昏正四方。楚宫,楚丘之宫。仲梁子曰:'初立楚宫也。'"《国语·周语上》谓:"农祥晨正,日月底于天庙,土乃脉发。"此处的天庙,也指的是营室。营室又名定星,什么叫"定"?《尔雅·释器》:"斪斸(音qú zhú)谓之定。"什么叫"斪斸"?斪斸就是锄头,所以营室星(定星)俗称"锄头星"。照郝懿行的看法,"锄头星"当是营室星最古的名称。因为"凡诸星名,起于古之田父,多取物象为名,营室名定,义盖本此"[1]。然则营室星在上古当是"土功开始之候"为无疑。钱宝琮先生谓:"定星在西周时期于立冬前后初昏时见于南中。农事已毕,可从事于建筑矣,故定星又有营室之称。"[2]而上古土功开始之时亦是用牛力之时,因此,所谓"王亥服牛",原当是指营室星主时之际,开始使用牛力之意。王亥被人格化及历史化后,他才摇身一变,成了所谓的"制作圣人"。

---

[1] (清)郝懿行:《尔雅义疏》中四《释天第八》。
[2] 钱宝琮:《科学史论文选集·论二十八宿之来历》,科学出版社,1983年,第331页。

"豕韦"传说与室宿星象

王亥在传说中,被称为殷之高祖,这也可能与营室星在时空中的象征地位有关。让我们先谈谈营室星与猪的关系。《广雅·释天》云:"营室谓之豕韦也。"由营室星的这个"豕韦"别称,我们可以联想到《庄子·大宗师》中"狶韦氏得之,以挈天地"的"狶韦氏"。这个"狶韦氏",成玄英疏以为是"文字以前远古帝王号也"。但从其"挈(开)天地"的伟力看,他似乎是一位开辟大神。"狶韦"之"狶",《庄子·知北游》"监市履狶"句郭象注曰:"狶,大豕也。"《说文·豕部》:"豨,读与狶同。"可以认为,所谓的"狶韦"也就是"豕韦"。所谓远古帝王狶韦氏的原型应当就是"豕韦"了。赖有韦昭等古注,我们知道"豕韦"是营室星的又一别名。营室星之与"豕"相关,可以找到一些有趣的传承。《本草纲目·兽部》:"猪孕四月而生,在畜属水,在卦属坎,在禽应室星。"《周易·说卦》:"坎为豕。"坎为水,于后天四时卦为北方之属。上古天数观以一主坎位水,属豕,配北方。古人以猪与水及北方相应,故在传说中,猪常以水神的形象出现:山西霍山龙泉之神在传说中是头黑猪。宜兴人传说,古时天上银河里有只猪婆龙逃到凡间,钻入海底,又从海底钻至山涧,钻出无数地道,使山山俱有泉水,百姓饮水不愁。[1]《礼记·月令》:"孟冬之月……其帝颛顼,其神玄冥。"而营室又一别名也称"玄冥"。《观象玩占》:"室二星一曰玄宫,一曰玄冥。"这绝不是巧合,颛顼与玄冥都是主天时的时令神、季节神的代名词。《庄子·大宗师》:"夫道,颛顼得之,以处玄宫。"《左传·昭公十七年》:"卫,颛顼

---

[1] 袁珂:《中国民族神话词典》,四川社会科学院出版社,1989年,第32页。

之虚也，故为帝丘，其星为大水。"杜预注："卫星，营室；营室，水也，又谓之天庙。"把室宿（大水）与颛顼相应，室宿又名"玄冥"，皆可见在上古传承中，室宿很有可能是作为代表空间的北方，以及时间的冬季的主要星宿而存在的。室宿的象征物是猪，然则猪也可代表空间的北方和时间的冬季了。《说文》谓："亥为豕，与豕同。"贾谊《新书·胎教》："悬弧之礼义，北方之弧以枣，其牲以彘，彘者，北方之牲也。"耐人寻味的是，作为北方及冬季之大帝的颛顼，与猪也有不解之缘。《山海经·海内经》云：

　　流沙之东，黑水之西，有朝云之国、司彘之国。黄帝妻雷祖，生昌意，昌意降处若水，生韩流，韩流擢首、谨耳、人面、豕喙、麟身、渠股、豚止，取淖子曰阿女，生帝颛顼。

颛顼不仅出生于所谓的"司彘之国"，而且作为其生父的韩流，具有"豕喙""豚止"（止即趾）等形貌特征，这绝不是偶然的。我相信这里面蕴藏着猪作为北方、冬季以及水的象征的远古信息，而这与具有"豕韦"之称的室宿有着密不可分的关系。陆思贤先生指出："目前已知出土新石器时代的猪形装饰品不少，例如红山文化的猪首碧玉龙，大汶口文化的猪彝。更古老的如河姆渡文化遗址出土的陶猪，该遗址还出土了一件猪纹陶钵，猪的腹部刻画了表示天象的重圈纹，等等。这些猪形器，应是最古老的彝器……在商周彝器及动物形装饰中，却也少见猪形物，说明到了青铜时代，猪在装饰与信仰中的位置已下降。但在古神话中，猪的地位还可以。"[1]《史记·天官书》"奎曰封豕"，奎

---

[1] 陆思贤：《神话考古》，第255页。

宿为西方白虎第一星座,以大猪的形象象征奎宿;《初学记》卷二十九引《春秋说题辞》:"斗星时散精为彘,四月生,应天理。"我相信这些都是后起的说法。猪最早是室宿的象征,但这些说法也反映了猪与北方之宿相联系的传承。《国语·周语下》云:"星与日辰之位,皆在北维,颛顼之所建也。"在古代传说中,颛顼还具有"绝地天通"的神力,是开辟天地的大神,这与"豨韦氏"的"挈天地"是同一传承的分化,它们的原型都可以追溯到天上的室宿。王亥的真身是室宿,然则王亥在传说中,被人们尊崇为商的高祖,不是很容易理解的吗!

19　少皞与鸟历

《左传·昭公十七年》记载郯子朝见鲁昭公，鲁昭公在宴会上问郯子："少皞氏鸟名官，何故也？"郯子回答："吾祖也，我知之。昔者黄帝氏以云纪，故为云师而云名；炎帝氏以火纪，故为火师而火名；共工氏以水纪，故为水师而水名；太皞氏以龙纪，故为龙师而龙名。我高祖少皞挚之立也，凤鸟适至，故纪于鸟，为鸟师而鸟名：凤鸟氏，历正也；玄鸟氏，司分者也；伯赵氏，司至者也；青鸟氏，司启者也；丹鸟氏，司闭者也；祝鸠氏，司徒也；雎鸠氏，司马也；鸤鸠氏，司空也；鹴（音shuāng）鸠氏，司寇也；鹘（音gǔ）鸠氏，司事也。五鸠，鸠民者也。五雉为五工正，利器用，正度量，夷民者也。九扈为九农正，扈民无淫者也。"

关于郯子所述少皞氏以鸟名官，大约历史上实有其事。从郯子所述看，当时的少皞氏已是一个具有相当规模的农业部落。农业生产与历法有密切关系，少皞氏大约已能通过地上的物候变化特别是候鸟的季节性来往鸣叫确定季节。少皞氏不仅有掌管四时的鸟官，还有凤作为历正总管，形成了一个非常严密的指导农业生产的司时管理机关。少皞氏以鸟名官的事实有着什么样的文化隐义呢？我以为，这可能是因为鸟类（尤其是候鸟）在少皞氏族的农业生活中发挥过巨大作用，少皞氏很有可能使用过一种鸟历，即主要通过观察各种候鸟的来去、鸣叫以确定季节，从而安排播种、收获等生产和生活活动的自然物候历法。

农业部落的鸟历

农业部落使用鸟历等物候历，见诸记载的不少，如北婆罗洲沙捞越的深山密林中，有一个叫克拉比特斯的部族。这个部族就编制了一个比较完整的鸟历。他们的一年从北方的黄鹡鸰（音 jí líng）到此地越冬开始（相当于公历的八、九月），家家户户就做好下田的准备。大约到十月至十一月，一种叫"棕伯劳"的鸟飞来了。棕伯劳一出现，他们就紧锣密鼓地耕作了。再过个把月后，松雀鹰到来了，这就告诉人们种植再也不能延误了。在收割后，假如最后一只黄鹡鸰离去，那就意味着要准备又一茬的耕种了。[1]

中国的一些少数民族地区，通过鸟类来分别季节是常见的。《后汉书·乌桓鲜卑列传》载，古代乌桓"见鸟兽孕乳，以别四节"。云南鹤庆西山的白族，有一种"祭鸟"的农祭节日。关于这个节日的形成，有这样的传说：很早的时候，鹤庆西山的白族，不会种庄稼，生活十分困苦。林音山神同情人们的疾苦，将他的二十四个儿子变成了二十四只候鸟，让它们到村寨提醒人们按时耕种、收获。于是人们知道了一年有二十四个节令，照节令栽种、收获，庄稼得到丰收，人们过上了好日子。为了感谢鸟儿带来的好处，人们相约走进山间给鸟儿喂食，天

---

[1] 高明强：《远古回声》，浙江人民出版社，1991年，第155页。

长日久，便成了节日。[1]

从这个传说看，鹤庆西山的白族古时可能也使用过"鸟历"。原始农业先民，由于耕种的需要，所制定的是以物候定农时的自然历。充当物候的对象很多，如草木、鸟兽、虫鱼等。有迹象表明，各个民族的原始农业先民对作为定时的物候，往往具有自己的特定对象，这当与一定的环境与习惯有关，如古代宕昌羌人"候草木荣落，记其岁时"[2]。彝族史诗《梅葛》里这样划分季节：河边杨柳发芽了；大山梁子松树上，布谷鸟儿声声叫……春天就到了。河边水田里，蛤蟆叫三声，大山水箐里，青蛙叫三声，夏季就到了，天上雁鹅飞，飞飞地上歇，雁鹅叫三声，冬季就到了。云南西双版纳景洪县的基诺人，当"借宝"（树）叶落完了，"吉个老"（鸟）叫了，就该上山在待种土地上砍树芟草，以便晒干放火；当苦笋发芽，"拉查巴布"（鸟）叫了，就该烧荒；"借宝"盛开白花，就撒苞谷，"法宝"花开种玉米和棉花。[3]

少皞氏"鸟历"的考证

物候历的形态多样，主要根据候鸟的来去、鸣叫来确定季节以指导农事的物候历，我们名之为"鸟历"，这是自然物候历中较为独特的一种。使用鸟历的原始部落，一定是农业部落，而且这些部落是处于候鸟迁飞较频繁且较稳定的地区。少皞氏的地望，《左传·定公四年》祝鮀（音tuó）言伯禽封于少皞之虚，杜预注："少皞虚，曲阜也，在鲁城

---

[1] 中国民间文艺研究会云南分会编：《云南民俗集刊》第四集，第102页。
[2] （北齐）魏收：《魏书》卷一百零一《宕昌传》，中华书局，1974年，第2242页。
[3] 李根蟠、卢勋：《中国南方少数民族原始农业形态》，农业出版社，1987年，第95页。

内。"《史记·鲁世家》亦云:"封周公旦于少昊(同"皞")之虚曲阜。"郯国是少皞后裔,其封地在今山东郯城县。莒国也是少皞后代,故地在今山东莒县。因此,原始少皞部落在今山东一带,这是为大多数学者所确认的。山东这个地方,有丘陵、有平原,河流众多且又两面环海,古来就是各类鸟儿的乐地,无论是喜欢山居的雉类,还是喜欢水居的水禽,抑或是海鸟,都可以在这一地区找到理想的栖身之所。山东大汶口文化遗址曾出土不少鸟骨,这不是偶然的。少皞氏所用之鸟历,比起后来《尚书·尧典》所示之历法,当然较为简单,但这种鸟历对指导农事有相当大的效用。下面让我们看看与少皞氏的历法关系密切的候鸟以及它们与季节的关系。

司"分"的玄鸟,旧注谓指燕子;"分",各家注皆谓指春分、秋分。家燕是候鸟,过冬地在东南亚及印度等地,每年二月间它们开始从南向北迁徙,先到广东,三月初到长江中下游一带,到山东南部的时间约在三月底。九、十月间飞回南方越冬。以玄鸟的燕司春分、秋分,所说大体符合实际。

司"至"的伯赵,"至",杜预注谓夏至、冬至。伯赵又作"博劳""伯劳"等,究竟是何鸟?后世歧说纷出。《诗经·豳风·七月》:"七月鸣鵙(音jú)。"《毛传》:"鵙,伯劳也。"此"鵙"字,或作"䴂"(音jú),关于此"䴂",李时珍在《本草纲目·禽部》中总结了前人的多种说法:

> 伯劳即鵙也。夏鸣冬止,乃月令候时之鸟。本草不著形状,而后人无识之者。郭璞注《尔雅》云:鵙似鸘鶷(音xiá yà)而大。服虔云:鸘鶷,白项鸦也。张华注《禽经》云:伯劳形似鸲鹆(音qú yù),鸲鹆喙黄,伯劳喙黑。许慎《说文》云:

鸲鹠似鹍而有帻。颜师古注《汉书》谓鹍为子规。王逸注《楚辞》谓鹍为巧妇。扬雄《方言》谓鹍为鹖鴠（音 hé dàn）。陈正敏《遁斋闲览》谓鹍为枭。李肇《国史补》谓鹍为布谷。杨慎《丹铅录》谓鹍为驾犁。九说各异。窃谓鹍既可以候时，必非稀见之鸟。今通考其得失：王说已谬，不必致辩。据郭说，则似今苦鸟……苦鸟，大如鸠，黑色，以四月鸣，其鸣曰苦苦，又名姑恶，人多恶之。

伯劳（鹍）

据李时珍所述，则前人关于伯劳（鹍），或谓是鸱鸮（猫头鹰），或谓是子规（大杜鹃），或谓是鹖鴠（寒号虫），或谓是苦鸟（秧鸡），或谓是百舌［乌鸫（音 dōng）］。

伯赵既是司"至"之鸟，其必为候鸟，而且它当是并不稀见的夏至前后飞来秋冬离开的候鸟,所以谓鹝为鸲鹆显然有错,鸲鹆不是候鸟;谓鹝为布谷(子规、布谷异名同鸟)亦误,布谷虽是候鸟,但它到达黄河流域的时间是春天,它是"春的信使",不能主夏、秋;鹝鴠古又写作"曷旦",李时珍认为即是寒号虫,寒号以今分类乃属蝙蝠,亦误;乌鸫在我国大部分地区为留鸟,恐亦误。李时珍综合诸家之说,抓住"伯劳"夏鸣冬止及郭璞等人形容的形色特征,作出其为苦鸟的结论。苦鸟古时又有苦荻、姑荻之称,即今秧鸡科苦恶鸟属之白胸秧鸡。白胸秧鸡虽有"夏至后,夜鸣达旦,秋后即止"的特点,但它分布在长江流域以南地区[1],所以此苦鸟恐亦非少皞氏司至的伯赵。我以为司至的伯赵,当如杜预所言是伯劳。伯劳大多数为我国的候鸟,其中最常见的是红尾伯劳。伯劳"在云南、海南岛越冬""分布在东北全境、新疆、华北"[2]。伯劳飞到山东南部的时间正是春末夏初。入秋,伯劳不时发出"知卡、知卡"的鸣声,是很容易被识别的候时之鸟,秋后它就飞回南方越冬。

司"启"的青鸟,杜预注为:"鸧鴳(音cāng yàn)也,以立春鸣,立夏止。"唐孔颖达疏:"立春立夏谓之启。"《文选·西京赋》李善注引杜预注则谓:"青鸟,鸧鹒(音gēng)。"鸧鹒又作"仓庚",现在叫黄鹂。黄鹂在古代异名迭起,《诗义疏》总结道:"黄莺,鹒鹠(音liú)也;或谓黄栗留;幽州谓之黄莺,或谓之黄鸟;一名仓庚,一名商庚,一名鵹(音lí)黄,一名楚雀;齐人谓之搏黍,关西谓之黄鸟。"

黄鹂"每年三四月从东南亚地区北返我国东部一带繁殖。四月上旬到广东,四月下旬到达长江下游一带,五月中旬,则为最早到达河北

---

[1] 傅桐生、高玮、宋榆钧编著:《鸟类分类及生态学》,第60页。
[2] 傅桐生、高玮、宋榆钧编著:《鸟类分类及生态学》,第113页。

东北部的秦皇岛等处的时期"[1]。据此推测，黄鹂到达山东中南部一带时间当在五月上旬前后，正相当于农历立夏期间。从此鸟所主时看，主要是立夏而与立春无涉，杜预注谓"立春鸣，立夏止"，恐是望文生义所致。

黄鹂

司"闭"的丹鸟，杜预注谓："鷩（音bì）雉也，以立秋来，立冬去。"孔颖达疏："立秋立冬谓之闭。此鸟以秋来冬去，故以名官。"鷩雉后人或以为就是锦鸡（亦名天鸡），但雉科锦鸡属只有两种，白腹锦鸡分布在我国西南地区，红腹锦鸡分布在我国中部与西部山区，鲁地未必有之，所以鷩雉恐不是现在的锦鸡。古人或谓鷩雉是鵕（音jùn）。从玄雉的各称及主时的特点看，它很可能是现在称为环颈雉的一种野鸡。环颈雉与古书中说的鵕形色近似。环颈雉"喜栖于蔓

---

[1] 贾祖璋：《鸟与文学》，第33页。

生草莽的丘陵中……冬时迁至山脚草原及田野间"[1]。它虽不是候鸟，但具有垂直迁移的特征，所以具有指时的意义。因为它冬时出现在田野间，所以正可与上述指示其他季节的鸟相应。

关于"五鸠"，可考为候鸟的有鸤鸠、鹈鸠与祝鸠。

鸤鸠在古代异名亦非常之多：尸鸠、鸣鸠、鵠鵴（音 jiá jú）、布谷、拨谷、郭公、子规、杜鹃、催耕鸟、怨鸟、阳雀等。现知鸤鸠为杜鹃科的大杜鹃。大杜鹃属夏候鸟，冬天栖息于东南亚一带，每到春季从南方飞来我国繁殖，秋天飞回原地，是有名的农业候鸟。

鸤鸠

鹈鸠，杜预注谓是鹰，《尔雅》亦谓是鹰。鹰又称鸢，俗称老鹰，是冬候鸟，秋时从我国北方黑龙江及俄罗斯西伯利亚地区南下，到我国中原地区越冬，春时则飞回原地。

---

[1] 冯德培等编：《简明生物学词典》，第1509页。

祝鸠，或谓斑鸠，《本草纲目》引罗愿说以为是戴胜，因它头耸羽冠，如戴花胜，故有此名。民间则称它"花蒲扇""臭姑鸪"等。戴胜分布地区较广，长江以北地区的戴胜为夏候鸟，长江以南的戴胜为留鸟。《礼记·月令》："三月戴胜降于桑。"戴胜喜单独生活在农田或村边的树木上，在长江以北又是候鸟，故它在少皞氏的鸟历中亦占有一席之地。

作为"五工正"的"五雉"，现在似较难考证。而作为"农正"的扈，可考乃一重要农事候鸟——黄脚三趾鹑。"扈"字《说文·隹部》作"雇"云："九雇，农桑候鸟。"又《鸟部》："鷍，雇也。"《尔雅·释鸟》作"鳸"（音hù），以"鷍"解之。"鷍"同"鹌"，鹌又有駕（音rú）、鶜（音móu）母、鷣（音níng）等异名。《大戴礼记·夏小正》："（三月）田鼠化为駕……（八月）駕为鼠。"注云："駕，鹌也。"《礼记·月令》记载同。《列子·天瑞》也有"田鼠为鹑"的记述。根据古书之注释及所记载之形态习性，少皞氏作为农正的扈鸟，当为三趾鹑科的"黄脚三趾鹑"。黄脚三趾鹑，俗称水鹌鹑，非雉科的鹌鹑（古书中常把此鸟与鹌鹑相混），它的形体大小和羽色都和鹌鹑相似，但腿较长，呈黄色，尤其特殊的是它只生有三个朝前的脚趾，很容易与鹌鹑区别开来。黄脚三趾鹑每年春季从南方迁来，其巢并不筑在树上，而是在麦田、稻田中筑巢产卵。收割小麦时，人们在庄稼地里经常遇到它的巢。古人因不解三趾鹑为迁徙的候鸟，加上其筑巢常在田野，而鼠常穴田间，故误以为其是鼠所化。秋季天寒，三趾鹑告别自己的巢穴飞回南方。在古人眼中，原来熟悉的鸟儿突然消失了，然后他们又发现原来的三趾鹑巢中，时有老鼠的活动痕迹，于是就直观地以为这些三趾鹑又化成了鼠。有意思的是，古代还有蛙、蛤蟆与鹑互化之说。《列子·天瑞》："夫蛙为鹑。"《淮南子·齐俗》："虾蟆为鹑。"此鹑或谓鹌鹑，其实亦当是黄脚三趾鹑，因其常在稻田埂上繁殖，稻田乃蛙、蟾之生殖地，故有此说。

黄脚三趾鹑是巢于田间的候鸟，少皞氏以它为"农正"是可以理解的。关于"扈"，古人据郯子之说以为有九种，证据多不足。蔡邕《独断》："春扈氏农正，趣民耕种；夏扈氏农正，趣民芸除；秋扈氏农正，趣民收敛；冬扈氏农正，趣民盖藏；棘扈氏农正，常谓茅氏，一曰掌人百果；行扈氏农正，昼为民驱鸟；宵扈氏农正，夜为民驱兽；桑扈氏农正，趣民养蚕；老扈氏农正，趣民收麦。""九扈"说法极多，杨伯峻先生认为"皆不足凭"[1]。

这里再来谈谈作为"历正"的凤。凤在后世，当然早已变成离奇的神鸟，但从郯子所述看，他似乎是肯定有凤这种鸟的，这鸟似与其他"知时"之鸟一样，并不神奇。据此我们可推断，郯子所指之凤，当亦为一种鸟类，后世作为神鸟的"凤凰"的原始意象之一亦当为一种普通的鸟而已。那么，郯子所谓的凤是什么呢？我以为当是雁。雁有许多种，我国常见的种类有鸿雁、豆雁与白额雁等，它们都是冬候鸟，南来北往严格按照季节变化进行，所以雁在古代的物候历中占有重要地位。《礼记·月令》有"孟春之月，雁北""孟秋之日，鸿雁来"的记载，《吕氏春秋》记载相同。《夏小正》："正月，雁北乡。"凤之所以得为"历正"，就是因为雁具有指示正月的特点。值得注意的是，《尔雅·释鸟》："鹍（音yǎn），凤。"可见凤一名"鹍"，而"鹍"音与"雁"古音相同。于此可知古人以雁为凤，后世凤被神化，人们已不知凤即凡鸟雁，故另造"鹍"字指凤。后世神化后的凤的形状特征中，仍具雁的面貌，许慎《说文》引天老之说曰："凤之象也，鸿前麟

---

[1] 杨伯峻：《春秋左传注》，第1388页。

后……凤飞,群鸟从以万数。"而雁之迁飞,必千百成群,由头雁领航,排成人字形或一字形,集体飞翔。因此,古人所指之凤,可能就是指领头带队之雁。

据上所述,我们可以知道,被少皞氏命官的鸟类,可考者有雁、燕、黄鹂、杜鹃、伯劳、鹰、戴胜、黄脚三趾鹑、野鸡等。这些鸟类基本上都是季节性的候鸟,少皞氏据以形成指示季节的鸟历。雁(凤)所主是正月。燕(玄鸟)主春,黄鹂(青鸟)主夏,伯劳(伯赵)主秋,

> 戴鵀
> 戴鵀似山鵲而尾短青色尾冠俱有文綠如戴花故呼戴鵀又稱戴勝月令謂戴勝降于桑即此

戴胜

野鸡（丹鸟）主冬，这些"历正"的"属官"正好主四季。凤与它的"属官"以及杜鹃、黄脚三趾鹑、鹰、戴胜等其他许多鸟类，一定在少皞氏的原始农业生产活动中发挥过重要作用。值得注意的是，这些鸟类都是我们的先民候时与安排农业活动时作为重要参考系数的对象。像雁、燕等作为非常重要的指时物候是人人清楚的。而如大杜鹃，有催耕鸟的身份，人们拟其声为"布谷"。春天，杜鹃鸟"布谷、布谷"的啼鸣，像在催人不误农时，及早耕耘。在我国农村，农民普遍在"布谷"声中播种耕耘，正如宋代蔡襄诗所说的："布谷声中雨满犁，催耕不独野人知。荷锄莫道春耘早，正是披蓑叱犊时。"再如戴胜鸟，它喜生活在农田或村边的树木上，春时其鸣声特别，也像是在催人及时耕种，欧阳修有诗："陂田绕郭白水满，戴胜谷谷催春耕。"再如黄鹂，与农业生产亦甚有缘，郝懿行《尔雅义疏》下五："齐人谓之搏黍，当葚熟时来在桑间，故里语曰：'黄栗留，看我麦黄葚熟否。'是应节趋时之鸟也。"

以鸟（主要是以候鸟）的到来及其鸣叫声作为参照系数来安排农事活动，在我国农村十分普遍。大诗人陆游有首《鸟鸣》诗，生动具体地描述道："野人无历日，鸟啼知四时，二月闻子规，春耕不可迟。三月闻黄鹂，幼妇悯蚕饥。四月鸣布谷，家家蚕上簇。五月鸣鸦舅，苗稚忧草茂……"这显然是将鸟类作为主要物候与农事活动联系起来的真实记录。这种民间鸟历的历史可上溯到五六千年前的少皞时代，少皞时代对季节、鸟候已有了相当的了解，并拥有一个以鸟候指导农事的严密机关。他们这种对鸟候的重视，超出了原始宗教范围内的动、植物崇拜意识，可证少皞族当是一个发达的农业民族。

值得注意的是，根据地下考古材料，我们知道，上古山东地区，早在北辛文化时期，原始农业就进入了锄耕阶段，狩猎经济也有了发展。

滕县北辛遗址出土陶器的底部曾发现印有粟糠的痕迹。到大汶口文化时期，粮食作物增多，发现炭化了的大量粟粒。1974年至1975年，考古工作者在胶县（今胶州市）三里河遗址大汶口文化层发现了一座贮藏粮食的库房，库房内有一个椭圆形窖穴，东西径长1.85米，南北径宽1.7米，深1.4米，直径1.5米。此窖穴内还遗留有1.2立方米的已炭化的粟粒。[1] 这样大量积贮粮食，不是发达的农业社会，决不可能。除粟子外，大汶口文化还曾出土黍子的皮壳，可见大汶口文化居民亦已种黍。粟、黍等粮食作物都是需要适时播种、耕作、收获的作物，不然的话就会导致歉收甚至颗粒无收。所以，掌握天时以使农业生产丰收，是大汶口文化居民必须解决的问题。学界一般认为少皞文化属大汶口文化，然则少皞文化中的鸟历，实是由于农业生产的需要而在农业生产实践的基础上创造的。

　　古代观测鸟候不会仅限于少皞氏，但少皞氏在观测鸟候方面，经验最丰、成就最高这不容置疑。中国作为农业国家，向来有"观象授时"的传统，这"象"指天象、物象两方面。少皞氏鸟历的史实说明，观象授时的早期阶段可能是观物象授时，它在古代山东地区主要表现为观鸟候授时。观鸟候授时对农业生产可以发挥积极作用，但它也存在着缺陷。物候的变化要受经纬度、地势等因素的影响，所以，物候授时十分粗疏，为了弥补物候授时之不足，古人开始谋求天象观测，并且把天象观测与物象观测结合起来。从现存材料看，《大戴礼记·夏小正》《礼记·月令》《淮南子·时则训》《逸周书·时则》等都既有星象，又有物象作为候时之对象，如此构成的历法，其特点是与农业生产等活动更紧密结合。

---

[1] 逄振镐：《史前东夷饮食生活方式》，载《中国农史》1994年第13卷第4期。

少皞氏的鸟历及其地望

少皞又作昊氏鸟历的存在，对搞清历史上少皞氏的地望、文化及少皞氏与其他氏族间的关系可提供一定佐证。上文已指出，《左传》等先秦古籍谓少皞之地望在今山东一带，属东方。但《山海经·大荒南经》有"少昊（皞）生倍伐"的记载，则以少皞的地望为南方了。有的学者以为这当是简编散乱所致[1]。我们从候鸟特征这个角度看，亦可证少皞氏之地望不当在南方。比如戴胜鸟在长江以北是候鸟，在长江以南则是留鸟，所以北方地区可以据以候时，南方则否，少皞"鸟官"中祝鸠是戴胜，则可见其为长江以北之部落，谓在南方则必非矣。

《山海经·西山经》又有"少昊居之"的记载。以少皞地望为西方。我们也可从少皞司农的三趾鹑身上证其为非。三趾鹑"夏季在我国东北、河北、山东和长江中下游一带繁殖；秋季迁华南以及泰国、越南等地越冬"[2]，似与西方无涉，由此可证少皞为西方部族说是无根据的。《山海经·大荒东经》有"少昊之国"，又以少昊之国在东部，关于这点，我们从候鸟这个角度也可加以佐证。少皞氏鸟官中可考之鸟，山东地区是必有之物，由此可证《山海经·大荒东经》之记载是正确的，而《大荒南经》及《西山经》有关少皞的记载，确有可能是错简。

少皞氏作为东夷人，曾与中原的黄帝集团有过一次大的斗争，这就是作为少皞民族英雄的蚩尤与黄帝的涿鹿之战。《逸周书·尝麦解》："昔天之初，诞作二后，乃设建典，命赤帝分正二卿，命蚩尤宇于少昊，以临四方。司□□上天末成之庆。蚩尤乃逐帝，争于涿鹿之河，

---

[1] 严文明：《大汶口文化居民的拔牙风俗和族属问题》，载《大汶口文化讨论文集》，齐鲁书社，1979年，第255页。
[2] 冯德培等编：《简明生物学词典》，第39页。

九隅无遗。赤帝大慑，乃说于黄帝，执蚩尤，杀之于中冀，以甲兵释怒。"蚩尤虽败，但他仍是英雄，少皞民族仍祀他为神：战国以后齐地有八神，第三就是祀为"兵主"的蚩尤。直到汉高祖刘邦起义，还"祠黄帝，祭蚩尤于沛庭"[1]，可见其影响之大。少皞东夷文化对中华民族发生过较大影响是无疑的，远的难考，西周初年大封建，吕尚初到营丘，就与莱夷发生了一场遭遇战，他有鉴于此，后来"因其俗，简其礼"。《左传·僖公二十七年》也讲到杞桓公用夷礼。杜预注曰："杞，先代之后，而迫于东夷，风俗杂坏，言语衣服有时而夷。"这是阶级社会的事，氏族社会肯定也会有影响，唐兰先生曾断言："以蚩尤为首的少昊民族，文化比黄帝民族要高得多。"[2]这虽较难得到确证，但少皞族的历法文化比黄帝民族先进则完全有可能，黄帝族可能借鉴过少皞族的测天文化。《管子·五行》中曾说："昔者黄帝得蚩尤而明于天道……蚩尤明乎天道，故使当时。"少皞族以助农事为主的鸟历可能也为中华民族所借鉴。从后世夏后氏的历书《夏小正》看，虽有天象的记录，但主要是一部物候历，其中鸟候占有相当地位，作为鸟候的鸟类有雁、燕、杜鹃、黄脚三趾鹑、黄鹂、鹰、野鸡等，与少皞氏之鸟历如出一辙。《夏小正》作为一部较完整的物候天象历，很有可能是融合了少皞族历法成果的产物。

---

[1]（汉）司马迁：《史记》卷八《高祖本纪》，第350页。
[2] 唐兰：《中国奴隶制社会的上限远在五六千年前》，载《大汶口文化讨论文集》，第128页。

20　鲤鱼跳龙门索解

鲤鱼跳龙门的传说,在我国可谓老幼皆知。传说黄河流经陕西、山西交界的龙门山时,水流湍急,每年春季,有大批鲤鱼从江海游来,跳跃龙门。一年之中,登上龙门的鱼只是少数,而鱼一登龙门,即有云雨随之,天火自后烧其尾,鱼就变成龙了,而那些登不上龙门的鱼只能仍然做鱼。唐李白《赠崔侍郎》:"黄河三尺鲤,本在孟津居。点额不成龙,归来伴凡鱼。"用的正是此典。后世"登龙门"成了身价地位提高的代用词。

影响深远的鲤鱼跳龙门的传说是如何产生的呢?这是个值得研究的问题,我在这里提出一种意见,希望读者指正。

跳龙门化龙的鱼

根据一些古籍的记载,跳龙门化龙的鱼当是鲔(音wěi)鱼与鱣(音zhān)鱼。高诱注《淮南子·氾论训》曰:"鲔,大鱼,亦长丈余。仲春二月,从西河上,得过龙门,便为龙。先师说云也。"《汉书》李奇注曰:"鲔出巩县穴中,三月溯河上,能渡龙门之浪,则得为龙矣。"郦道元《水经注·河水》:"河水又南得鲤鱼(涧),历涧东入穷溪首,便其源也,《尔雅》曰:'鳣,鲔也。'出巩穴。三月,则上渡龙门,得渡,为龙矣,否则点额而还。"《本草纲目·鳞部》引陈藏器《本草拾遗》则云:"鳣鱼长二三丈,纯灰色,体有三行甲,逆上龙门,能化为龙也。"

旧说河南巩县东北崖(一说西北)山腹有个洞穴,与江湖相通[1]。鳣、鲔从南方江中来至此穴,然后北入河西,上龙门,化为龙。除了高诱、李奇、郦道元、薛综、陆玑诸人亦有此说,这里不烦赘引。在魏晋以前,化龙之鱼一般流传的是鳣、鲔一类的大鱼,而非鲤鱼。

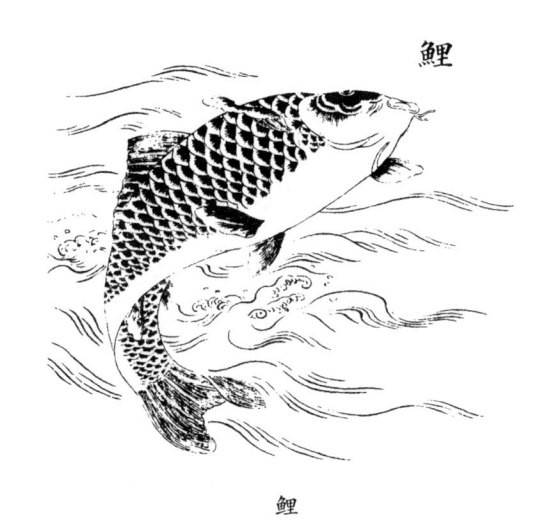

鲤

鲤

---

[1] 巩穴,宋以前尚存,现已经消失,宋人所编《集韵》曰:"鲔,一曰水名,巩县西北临河有周武山,武王伐纣,使胶革御之鲔水上,盖其处也。相传,山下有穴通江,穴有黄鱼,春则赴龙门,故曰鲔岫。今为河所侵,不知穴之所在。"按,文中所言"黄鱼",即鲟鱼也。

鳣鱼、鲔鱼，载籍常常并称，古人一般认为它们是同类之鱼，《诗经·周颂·潜》："有鳣有鲔。"又《诗经·卫风·硕人》："鳣、鲔发发。"郝懿行以为："《诗》以鳣、鲔并称，实同类之物也。"[1]段玉裁《说文解字注》也指出："古人言鳣、鲔多有不别者，如《山海经》传亦云：'鲔即鳣也。'当是以为一类而浑言之。"

鳣、鲔现在称鲟鱼，是江海洄游性鱼类，体长约2米，最长的可达5米以上。这种鱼亚洲、欧洲、美洲皆有分布，我国有东北鲟、中华鲟和长江鲟等，生活在沿海各地以及南北各大水域。在古书中，除了鳣、鲔，鲟鱼还有其他种种称呼：鳇、鲟鳇、王鳣、王鲔、叔鲔、黄鱼、黄鳣等。一物多名，尤其是动物，在古代是常见的现象。

洄游性鱼类之洄游活动具有季节性，所以，我国最早的历书《夏小正》就记载了鲟鱼的出现月份。"二月，祭鲔。"卢辩注曰："祭不必记，记鲔何也？鲔之至有时，美物也，鲔者，鱼之先至者也。而其至有时，谨记其时。"《春秋穀梁传·成公十七年》亦云："祭者，荐其时也，荐其敬也，荐其美也，非享味也。"《礼记·月令》则有"季春之月……荐鲔于寝庙"之语。郝懿行疏《尔雅·释鱼》曰："《月令》以季春荐鲔；《夏小正》二月祭鲔，皆以其新来重之也。"

现在已经清楚，有些种类的鲟鱼在春季或秋季要溯河产卵，因此，古书上所称鳣、鲔春季逆上龙门之事，符合鳣、鲔即鲟鱼的习性，当是实有之事，但洄游巩穴的说法现已无法证实。

那么，鳣、鲔化龙的传说又是怎么产生的呢？中国古代的传说，往往反映了人们对传说对象的认识，换句话说，传说是在人们对传说对象的特性的认识基础上形成的。

---

[1]（清）郝懿行：《尔雅义疏》下四《释鱼第十六》。

我以为，鲟鱼形体似龙，可能是产生该传说的因素之一。陆玑《毛诗草木鸟兽虫鱼疏》："鳣身形似龙，锐头、口在颔下，背上腹下皆有甲。"《本草纲目·鳞部》引陈藏器《本草拾遗》亦云："鲟生江中，背如龙，长一二丈。"这种鲟鱼从前广东亦有，黄佐《粤会赋》："鲟鳇龙喙。"以其嘴似龙。广东人或径呼鲟为"鲟龙鱼"。屈大均《广东新语》卷二十二："鲟鱼多产端州，以春时出浮阳……一曰鲟龙鱼，长至丈。"有意思的是，如今作为珍贵保护动物的中华鲟，其嘴与背确与龙有几分相像。可见，古人的记载当有根据，鳣、鲟与龙原本就很有"缘分"。

无疑"长至一二丈"嘴、身似龙的庞然大物，每年游入黄河，上溯龙门（恰恰又叫龙门），这很容易使古人的想象力长上翅膀。

其次，鳣、鲟上溯龙门的时间是春季，传说中的"图腾"龙，也与春天相应。民间广泛有"二月二，龙抬头"的传说；东方苍龙也象征春季；《说文解字》中说得更明白："龙，春分而登天，秋分而潜渊。"龙常被叫作"春龙"，它与春季相应是没有疑问的。鳣、鲟出现在黄河与龙的"抬头"或"登天"在时间上正好吻合，这可能是人们把这种鱼与龙联系在一起的又一因素。

再次，从地理环境看，龙门这个地方，是黄河绝险之地，早就名闻天下。它在今陕西韩城市与山西河津市之间，据说为大禹治水时所凿，两岸峭壁对峙形如阙门，故名。据《慎子》一书形容那里的水势："河下龙门，其流，驶如竹箭，驷马追之不及。"郦道元曾经过此地，对《慎子》所言深有体会，他注《水经·河水》时说："其水尚崩浪万寻，悬流千丈，浑洪赑怒，鼓若山腾，浚波颓叠，迄于下口，方知慎子下龙门，流浮竹，非驷马之追也。"

龙门之水如此迅急，一般鱼类根本无法通过，包括那些大鱼。

《艺文类聚》引《三秦记》曰："龙门水，悬船而行，两傍有山，水陆不通。鳖、鱼集龙门下数千不得上，上则为龙。"按，"鳖、鱼集龙门下数千不得上"，他书引或作"大鱼集龙门数千不得上"。乾隆元年修《同州府志》引《名山记》："河水至此山，直下千仞，其下湍澜惊波，如山如沸。两岸皆断山绝壁，相对如门，惟神龙可越，故曰龙门。"

如此湍急的河水，成了上溯鱼儿的难关，反映了在当时人们的意识中，他们相信龙门是一般鱼儿难以逾越的天险。在这种意识的指引下，那些溯流而上，腾跃龙门之浪的鱼儿，人们就会赋予其神灵色彩，认为它们已非一般凡鱼。"惟神龙可越"的说法，正反映了人们的这种心理。凑巧的是，腾跃龙门的大鱼，不仅与龙有几分相似，而且它们腾跃龙门的时间正是春天，春天是"龙抬头""龙升天"的季节。于是，人们就把这种腾越天险的鱼与龙联系在一起了。

应当指出，鲟鱼最喜生活在急流漩涡之中。它们"生活于大的河流中，多栖息于两江汇合，支流入口及急流的漩涡处，捕食其他鱼类"[1]。而且，更有意思的是，鱼类学家对长江中中华鲟的观测研究发现，中华鲟在产卵前雌雄追逐，时常跃出水面。"特别是临产前二三天内，跳跃更为频繁，跃出水面的鲟鳍充血发红。"[2]因此，一般看作传说的"大鱼集龙门下数千不得上"以及它们"跳跃龙门"的记载，当是有根据的，但古人不知这是鲟鱼产卵前的特有活动，而想象成它们欲腾跃化龙。

鲟鱼因产卵繁殖的需要，每年春天出现在黄河中上游地区。鲟鱼

---

[1] 四川省长江水产资源调查组著：《长江鲟鱼类生物学及人工繁殖研究》，四川科技出版社，1988年，第90页。
[2] 同上。

产卵"多在江河上游水温较低、流速较大、流态复杂、河道宽窄相间并具石砾底质的急滩地带"[1]。龙门一带的地理环境正具有以上特征。因此，我们有理由推断，龙门水域是古时鲟鱼的一个产场。龙门一带的先民目睹了鲟鱼每年春天在龙门水域的集结、跳跃等活动，以为鲟鱼是想跳渡龙门，于是创造出了渡过龙门化龙的美丽传说。黄河流域是中华民族的发祥地之一，文化较为发达，随着黄河流域文化向四周地区传播，这个传说也扩散到了其他地区。

传说的产生，往往既与人们对传说对象属性的认识和理解有关，也与相应的地理环境相联系。鳣、鲔化龙传说产生的主要因素有以下三条：第一，鳣、鲔形状似龙，临产前雌雄追逐，常跃出水面；第二，它们出现在黄河流域龙门水区的时间是春天；第三，龙门的名称与特殊的地理环境。三个因素加在一起，经由一定的心理途径，终至形成化龙的传说。

"鲤鱼跳龙门"是古人把鳣与鲤混为一谈的结果

鳣、鲔跃龙门化龙的传说，又怎会变成"鲤鱼跳龙门"了呢？这当是古人把鳣与鲤混为一谈后所造成的结果。《诗经·周颂·潜》毛传："鳣，鲤也。"许慎《说文解字·鱼部》释"鳣"亦云："鲤也。"而其"鲤"下则曰："鳣也。"汉人大体把鳣、鲤视为一物。段玉裁注《说文解字》指出："《诗经》中鳣、鲤并言，似非一物。或曰'鳣，大鲤也'。然则凡鲤曰鲤，大鲤曰鳣。"不管以鳣即鲤或以大鲤为鳣，前人曾将两者混同，则无疑义。陈奇猷先生说："考鳣、鲤混为一物，

---

[1] 同上，第2页。

始于舍人注《尔雅》及《诗·硕人》篇《毛传》，许氏《说文》从之。自高注《淮南》《吕览》，陆疏《毛诗》，郭注《尔雅》，乃分鱣、鲤为二，今本《吕览》作鲤者，亦或后人据《毛传》《说文》而妄改之。"[1]

陈奇猷先生此说很为精当。鱣、鲤既混而为一，则鱣、鲔跳龙门移为鲤鱼跳龙门也就不足为奇了。段玉裁《说文解字注》又说："古人多云鱣、鲔，出巩穴，渡龙门为龙，今俗语云鲤鱼跳龙门，盖牵合为一，非一日矣。"段玉裁的这个推断，无疑是有道理的。

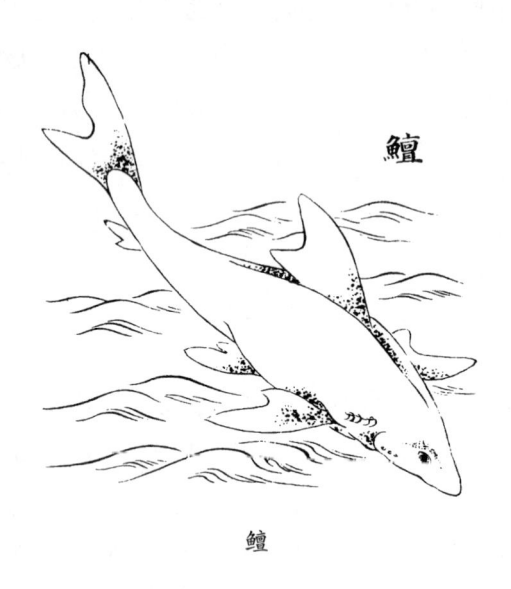

鱣

传说的取材大多与现实有关，传说具有现实性的特点，同时，它也常常伴有幻想的成分，带有传奇色彩。鱣、鲔（或鲤鱼）渡龙门化龙的

---

[1] 陈奇猷：《吕氏春秋校释》，学林出版社，1984年，第126页。

传说，显然既带有现实的根据，又包含古人的幻想，如渡过龙门的鱼化成了龙就带有较多幻想的成分。随着这个传说流传地域的扩大与时间的延伸，虚构与幻想的成分逐渐增多。汉魏间人只说鳣、鲔三月出巩穴，得渡龙门则为龙，这种说法当渊源有自，甚为古老。而《太平广记》引《三秦记》则云："龙门山，在河东界……每岁季春，有黄鲤鱼，自海及诸川，争来赴之，一岁中，登龙门者，不过七十二。初登龙门，即有云雨随之，天火自后烧其尾，乃化为龙矣。"此说虚构与幻想的地方较多，或较为晚出。

说一年中登龙门的黄鲤鱼不超过七十二尾；初登龙门之鱼，在天火自后烧鱼尾才能化为龙。前者不说，后者可能与跃出水面的鲟鱼之鳍充血发红有关，人们见了跳跃龙门之鱼其鳍充血通红，无法解释，遂有火烧之说。

火烧说既有现实的根据，又是在原来传说的基础上进一步虚构与幻想的产物。当然，它也可能与特殊的传统意识有关，即这种虚构与幻想可能是在传统意识的涵盖下进行的，因而使这种说法另具一种深刻的文化内涵。

中国传统的、影响深远的阴阳学说认为，不仅世上万物的生长与发展由阴阳两种势力所制约，事物的变化也是通过阴阳的交感作用完成的。五行学说则是阴阳学说的展开。鱼，用阴阳学说来观照，当然属阴，因为鱼生活在水中，水属阴，鱼亦属阴。龙，一般认为属阳，《周易大传》："潜龙勿用，阳在下也。"就以龙为阳。阴鱼变为阳龙，当然需要阳的作用，火是纯阳，所以鱼经天火烧后才能化龙。那么，为什么鲤鱼难变者在尾，必经天火烧尾之后才能化龙呢？清梁绍壬《两般秋雨庵随笔》卷八云："烧尾之义，向但知鲤鱼将化龙，过龙门，惟尾不化，天火自后烧之，乃成龙去。"这可能是因为古人用天上的鱼尾星作为"水精""至阴之物"的象征所致。

古代宫殿屋脊上常饰"鸱吻",或称"蚩尾",又称"鱼尾"。"鸱吻"是什么?为什么古建筑屋脊上要以它为饰物?《事物纪原》卷八引吴处厚《青箱杂记》:"海有鱼,虬尾似鸱,用以喷浪则降雨。汉柏梁台灾,越巫上厌胜之法。起建章宫,设鸱鱼之像于屋脊,以厌火灾,即今世鸱吻是也。"唐苏鹗《苏氏演义》卷上亦云:"蚩者,海兽也。汉武帝作柏梁殿,有上疏者云:'蚩尾,水之精,能辟火灾,可置之堂殿。'今人多作'鸱'字,见其吻如鸱鸢,遂呼之为鸱吻。"

或以"鸱吻"为海鱼,或以为乃"海兽",这两者都可能是传闻之误,因为能辟火灾的鱼或兽是没有的。有人以为,"鸱吻""鱼尾"是天上鱼尾星的象征物,汉时因宫殿多火灾,据术者之说,为鱼尾星之象以禳之[1]。这个说法很有道理。鱼又可作为星名,鱼星属尾宿。《汉书·五行志》:"其在天文,鱼星中河而处。"《晋书·天文志上》:"天汉起东方,经尾、箕之间,谓之汉津。"天上处于银河中间的尾宿,在阴阳五行、天人感应观念盛行的汉代,被看作"水精""至阴之物"是很自然的。水能克火,所以古代的术士把它的象征物作为巫术中防火灾的厌胜之物。

在古人的观念中,星象与人间万物之间具有神秘的联系,尾宿的"水精""至阴之物"的特性也会影响到人们对现实世界上"尾"的看法。天上尾宿的特性会被人们自觉不自觉地转移到地上来,于是,人间的鱼类之尾,甚至其他动物之尾,有时也会具有类似尾宿的特性。过龙门的大鱼,唯尾不化,此尾所表现的特性,与尾宿相同,是"至阴之物",以鱼尾直接象征"至阴之物",我想与天上的尾宿有关。

---

[1] (宋)彭乘:《墨客挥犀》卷五"汉宫为鱼尾星象冠于屋"条,中华书局,2002年,第337页。

尾巴难以变化并不限于鱼类，唐封演《封氏闻见记·烧尾》："说者谓虎变为人，惟尾不化，须为焚除，乃得成人。"梁绍壬《两般秋雨庵随笔》卷八也说："虎豹化人，惟尾不化，必以火烧之，乃成人。"这类传说的形成，显然基于上述的原因。它们有力地向我们显示：传说与传统哲学之间具有的紧密联系。

21　比目鱼、比翼鸟、比肩兽、两头蛇与上古形象符号

在中国文化中，比目鱼、比翼鸟、比肩兽、两头蛇等意象是文学、民俗等事项中经常涉及的对象。对于这类对象，古今之人往往坐实去理解，以为自然界本有这类动物，有不少人甚至不惮词费，去考证这些动物的真身，说明它们的来源，由此衍生出不少有趣的传说、故事。这种考证、说明及由此产生的种种传说、故事是基于对对象的错误认识，所以其讹误性不言可知，虽说因之产生的很多离奇、幻怪的传说和故事也可给我们带来一定的审美愉悦，但它们无助于我们对这些对象的本质进行真正的理解。懂得起源便能懂得本质，欲了解比目鱼、比翼鸟、比肩兽、两头蛇的本质，唯有从了解其起源与原型入手。我以为，比目鱼、比翼鸟、比肩兽、两头蛇决不是古人绘摹、记载的实象，作为动物，它们是自然界中决不存在的。古人描摹这些虚无之物，原是为了立象取意，即借这些形象表达某种抽象的含义。为了便于理解，我们先谈谈古代的"铸鼎象物"。

关于"铸鼎象物"

《左传·宣公三年》云：

> 楚子伐陆浑之戎，遂至于雒，观兵于周疆。定王使王孙满劳楚子。楚子问鼎之大小、轻重焉。对曰："在德不在鼎。昔夏之方有德也，远方图物，贡金九牧，铸鼎象物，百物而为之备，使民知神、奸。故民入川泽山林，不逢不若，螭魅罔两，莫能逢之。用能协于上下，以承天休。桀有昏德，鼎迁于商，载祀六百。商纣暴虐，鼎迁于周。"

关于古先王在鼎上铸物象，通过鼎上物象符号所传达的信息，以使民知神、奸，即有鉴别，以趋吉避凶，当为必有之事。关于在鼎上铸物象，上引《左传》说是禹夏之事，《吕氏春秋》则说是周之鼎。《吕氏春秋·先识览》云：

> 周鼎著饕餮，有首无身，食人未咽，害及其身，以言报更也。

饕餮并非自然界所存有的什么动物，乃"贪"的符号，"贪"是不易表达的抽象意义。对统治者来说，"贪"之结果将害及其身，饕餮形象主要将"贪"的属性特别是其危害性作了表述。这种表述是通过形象而非抽象的文字来完成的。周统治者将这个有首无身的饕餮形象铸于鼎上，置于宗庙，显然具有告诫、警醒后代子孙之意。

鼎上之物象，大抵皆寓告诫、警醒之意。《吕氏春秋·离谓》云：

> 周鼎著倕而龁（音hé）其指，先王有以见大巧之不可为也。

高诱注："倕，尧之巧工也，以巧闻天下。周家铸鼎，著倕于鼎，使自啮其指，明不当大巧为也。"高诱此注，古今学者大多首肯。陈奇猷先生注《吕氏春秋》谓：

> 此鼎盖欲著为巧诈之不可为以戒人，然巧诈不可象，因著为巧倕，倕之巧乃巧于其指，故使啮其指以示巧之不可为。此假巧倕啮其指之图形以示巧诈之不可为。亦是《左传》所云"铸鼎象物，使民知神、奸"之意。

陈奇猷先生的意见，无疑是正确的。

周鼎著象，《吕氏春秋》共五见。据《史记·秦本纪》，知周九鼎于秦昭襄王五十二年入秦，吕不韦很有可能是亲眼看到周九鼎及鼎上之图像的。王孙满所论之夏鼎，学者们大体认为即《吕氏春秋》所言之周鼎。周鼎著象，照吕不韦及后代学者的意见，其著象全是以具体之象表抽象之义，主要是表统治者总结统治经验的"法戒"。其"法戒"铸于鼎上，作为国之重器代代相传，以使国祚长久。

周鼎著象以寓"法戒"的事实给我们以极大的启示，使我联想起古代一些图经、传说中的"怪兽""奇禽"等。它们很有可能也不是对实物的图绘描摹，而是一种喻指，是古人用以传达某种"意"的象。这种"象"，如西方的"独角兽"一类意象一样，乃是现实生活中并不存在的纯粹"语义外投"的结果。我以为，中国古代传说中的比目鱼、比翼鸟、比肩兽、两头蛇等"象"，即是寓有"法戒"的创造物，它们决不是对自然界实有之物的描摹与记述。

比目鱼、比翼鸟、比肩兽、两头蛇皆图上之物

比目鱼、比翼鸟、比肩兽、两头蛇之较完整的记载，见于《尔雅·释地》：

> 东方有比目鱼焉，不比不行，其名谓之鲽。南方有比翼鸟焉，不比不飞，其名谓之鹣鹣。西方有比肩兽焉，与邛邛岠虚比，为邛邛岠虚啮甘草，即有难，邛邛岠虚负而走，其名谓之蟨（音jué）。北方有比肩民焉，迭食而迭望。中有枳首蛇焉。

《尔雅·释地》将上述诸对象置于地部，可能也是《尔雅》编者对这些对象误读所致。从郭璞《尔雅图赞》对比目鱼、比翼鸟、枳首蛇等所作之赞可见，上述诸物也都是《尔雅图》上之画像。比目鱼、比翼鸟、比肩兽等象，必是远古传承之画像无疑。如所谓的比翼鸟，在《山海经·西次三经》中被称为"蛮蛮"：

> 有鸟焉，其状如凫，而一翼一目，相得乃飞，名曰蛮蛮，见则天下大水。郭注：比翼鸟也，色青赤，不比不能飞，《尔雅》作鹣鹣鸟也。

《山海经·海外南经》：

中国神话求原

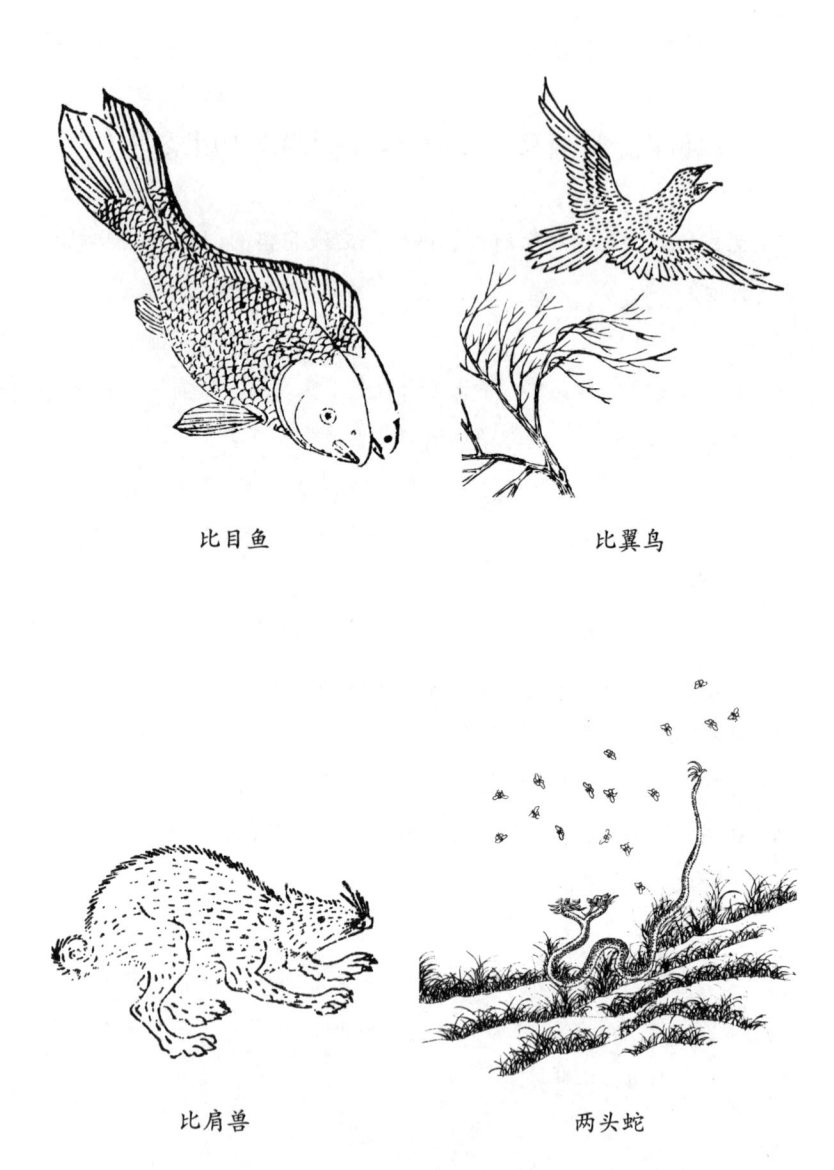

比目鱼　　　　　　比翼鸟

比肩兽　　　　　　两头蛇

> 比翼鸟在（结匈国）其东，其为鸟青赤，两鸟比翼，一曰在南山东。

《山海经·大荒西经》：

> 有金门之山，有人名曰黄姖（音jù）之尸。有比翼之鸟。

与比翼鸟一样，被称为比肩兽的邛邛岠虚，也见于《山海经·海外北经》：

> 北海内……有素兽焉，状如马，名曰蛩蛩。郭注：即蛩蛩钜虚也，一走百里，见《穆天子传》。

《山海经》一书，原来也当是以图像为主的。晋陶渊明《读山海经》诗云："泛览《周王传》，流观《山海图》。"古今很多学者，都把禹九鼎之图像与《山海图》相联系，以为禹九鼎图像之内容保存于《山海图》中。明代杨慎《升庵集·山海经后叙》：

> 夏后氏之世，虽曰尚忠，而文反过于成周。太史终古藏古今之图，至桀焚黄图，终古乃抱之以归殷。又史言孔甲，于黄帝、姚姒盘盂之铭，皆缉之以为书。则九鼎之图，其传固出于终古、孔甲之流也，谓之曰《山海图》，其文则谓之《山海经》。至秦而九鼎亡，独图与经存，晋陶潜诗"流观《山海图》"，阮氏《七录》有张僧繇《山海图》可证已。

丁福保《陶渊明诗旧注》说得更直截了当：

> 毕沅曰：《山海经》有古图，有汉所传图。十三篇中，《海内》《海外》所说之图，当是禹鼎也。《大荒经》已下五篇所说之图，当是汉时所传图也。汉时所传，亦有《山海经图》，颇与古异。刘秀又依之为说，即郭璞、张骏见而作注者也。

杨慎主要根据上古历史传说及《左传》王孙满之言，断言《山海图》即九鼎图。毕沅的意见与杨慎略有不同，他以为《山海图》中部分图，即"海内""海外"之图，出于禹鼎，其余则是汉人传图。何以会有如此分别，毕沅没有明言。杨、毕之意见虽略有差异，但以为《山海图》与九鼎图有联系则又相一致。他们的这种论断是有相当道理的，这里且不论。而我们所要重点讨论的比目鱼、比翼鸟、比肩兽、两头蛇等所谓的动物，起初当是以图像的面目出现的，其最早所载图籍为《山海图》及《尔雅图》。它们必有相当古老的历史，而且很有可能都是鼎上之物。然而问题来了，作为图上之物的比目鱼、比翼鸟、比肩兽、两头蛇，我们的先人将它们绘之于图上或铸之于鼎上，是因为上古时物种多于今日，我们的先人见多识多，验证四方有这样的动物故郑重加以图录的呢，抑或这些动物如《吕氏春秋》周鼎上的饕餮等图像那样，是要表达某种抽象的理念呢？此两者必居其一。后世学者，似乎都是从坐实一路去对比目鱼等图像加以理解，还有不少学者煞费苦心地对这些奇禽异兽进行考证，如宋代学者沈括考证"邛邛岠虚"是所谓"跳兔"，而现在则有人考证"邛邛岠虚"是驴。比目鱼、比翼鸟、两头蛇等也被人们一一指证。然而我们从古图古籍对这些对象的特征所作的摹绘描写可知,根据生物学原理,这些特性不可能在动物身上出现,也就是说,自然界绝不可能存在这些特性的动物。如比目鱼的特性,《尔雅·释地》谓"不比不行"。郭璞注曰:

> 状似牛脾,鳞细,紫黑色,一眼,两片相合,乃得行。今水中所在有之,江东又呼为王余鱼。

比目鱼最大的特点是"两片相合,乃得行"。比目鱼的这个特征,必是古来的一种传承。《史记·封禅书》云:"东海致比目之鱼。"《集解》引韦昭曰:"各有一目,不比不行,其名曰鲽。"

比目鱼名鲽,一名鲚(音jiè)。《文选·吴都赋》有"罩两鲚",刘逵注云:

> 鲚,左右各一目,所谓比目鱼也。云须两鱼并合乃能游,若单行落魄著物,为人所得,故曰两鲚。丹阳吴会有之。

《北户录》《广韵》诸书以比目鱼为鳒,显然取"兼二为一"的意思。而"鲚"之"介",亦有"合二者"之意。比目鱼的这些名字,是切合传说中比目鱼特点的。

自然界中,有没有两鱼合并在一起,不合并它们就动弹不得的鱼呢? 绝对没有。郭璞注《尔雅》将比目鱼附会为王余鱼。但王余鱼之特性与比目鱼相去甚远,它并不具"不比不行",即两片相合才能游行的特性,所以李时珍在《本草纲目·鳞部》中明言:"刘渊林以为王余鱼,盖不然。"

《文选·吴都赋》又云："双则比目，片则王余。"刘逵注云：

> 比目鱼，东海所出；王余鱼，其身半也。俗云："越王鲙鱼未尽，因以残半弃水中为鱼，遂无其一面，故曰王余也。"

郝懿行注《尔雅》引上文后断言：

> 然则王余、比目非一鱼，赋及注甚明。王余今登莱人谓之偏口鱼，与比目相似而有异，其鱼单行，非两两相合。郭以比目即王余，误矣。

王余鱼没有图籍中所云比目鱼的特性，它不可能是比目鱼。郝懿行辨之甚明，然郝氏犹声称：

> 比目海鱼，今出日照，故《封禅书》谓出东海，非水中所在皆有也。[1]

这是囿于思维定式的揣测之词，出于日照的比目海鱼，又岂有两两相合之后方能游行的特性呢？可见，"不比不行"的比目鱼，既不是王余鱼和日照的比目海鱼，也不是古代其他载籍中所比附的版鱼、鞋底鱼[2]等自然界中实有之鱼。它不过是一种图像符号，古人创造这样的鱼形符号，原是为了表达某种抽象理念。后人因不知古人立此象以表意的

---

[1]（清）郝懿行：《尔雅义疏》中五《释地第九》。
[2]（明）李时珍：《本草纲目》，第2467页。

初衷，遂有种种附会以及传说出现。

再来看比翼鸟。比翼鸟的特性与比目鱼有相似之处：比目鱼"不比不行"，它则是"不比不飞"。这个比翼鸟，郭璞注《尔雅》谓：

似凫，青赤色，一目一翼，相得乃飞。

《周书·王会》：

巴人以比翼鸟是鸟出西南方也。孔晁注曰：巴人，在南者；比翼鸟，不比不飞，其名曰鹔鹴。

《博物志》卷三：

比翼鸟，一青一赤，在参嵎（音yú）山。

根据这些材料以及前引《山海经》对比翼鸟的描述，可知它的特性是两鸟相合才能飞：每鸟只有一目一翼，而且在颜色上一鸟为青色，一鸟为赤色，两鸟合起来呈半边青半边赤的色状。

这种性状的鸟，自然界中有乎？大约因为这种性状的比翼鸟，殊难比附，所以较之比目鱼，比翼鸟被坐实者要少得多，它的异名也因此较少，这种鸟显然太虚，所以《本草纲目》一类书籍不加罗列。然则古人图录比翼鸟，是为录实，抑为图像以表意乎？

再看比肩兽。比肩兽有二，一又称"比肩民"。关于"迭食而迭望"的北方比肩民，郭璞注《尔雅》：

> 此即半体之人，各有一目、一鼻、一孔、一臂、一脚，亦犹鱼、鸟之相合，更望备惊急。

世上有如此性状之人乎？《山海经·海外西经》："一臂国。一臂、一目、一鼻孔。"显为此注之本。

此"比肩民"之图像，大约因为从人的角度实在无法喻解，所以一些古人径直称之为"兽"。郝懿行注《尔雅·释地》说：

> 比肩民者，名娄。《韩诗外传》五云："北方有兽，名曰娄，更食而更视，不相得不能饱。"然则此亦兽属。

把比肩民说成兽，无非是使某种图像及其传闻离事理近一些。殊不知，世上绝无这种性状的"民"或"兽"，古人创造比肩民或比肩兽"娄"之象，原是为传达一种"意"也。

关于被称为"蛩蛩距虚"的比肩兽，其特点是两兽相互帮助，各用所长。《吕氏春秋·不广》：

> 北方有兽，名曰蹶，鼠前而兔后，趋则跲，走则颠。常为蛩蛩距虚取甘草以与之。蹶有患害也，蛩蛩距虚必负而走。

袁珂先生认为：蹶（或作蟨）与蛩蛩距虚二兽合称"比肩兽"。[1]
前人或以为蛩蛩与距虚为二兽。郝懿行注《尔雅》：

---

[1] 袁珂：《中国神话传说词典》，第373页。

21 比目鱼、比翼鸟、比肩兽、两头蛇与上古形象符号

邛、岠本二兽，故《王会篇》云："独鹿，邛邛，善走也。"孔晁注："邛邛，兽，似距虚，负蹶而走也。"又云："孤竹，距虚。"孔注："距虚，野兽，驴骡之属。"《穆天子传》云："邛邛距虚走百里。"郭注"亦马属"。又引《尸子》曰："距虚不择地而走。"则皆以为二兽。《子虚赋》张揖注曰："蛩蛩，青兽，状如马。距虚，似蠃而小。"其说是矣。

以蛩蛩、距虚为二兽皆传闻也。这个传闻的中心内容，我以为在"蹶"（或蹷）与蛩蛩、距虚相互依赖帮助的关系。这种特殊的相互依赖、帮助的关系，很有点寓言故事的意味，秦汉间人多乐道之。《淮南子·道应训》：

北方有兽，其名曰蹶，鼠前而兔后，趋则顿，走则颠，常为蛩蛩駏驉（音 jù xū）取甘草以与之。蹶有患害，蛩蛩駏驉必负而走。

《韩诗外传》卷五：

西方有兽，名曰蹶，前足鼠，后足兔，得甘草必衔以遗蛩蛩距虚。其性非能蛩蛩距虚，将为假足之故也。

刘向《说苑·复恩》：

孔子曰："北方有兽，其名曰蹶，前足鼠，后足兔，是兽

也，甚矣其爱蛩蛩巨虚也，食得甘草，必啮以遗蛩蛩巨虚；蛩蛩巨虚见人将来，必负蹷以走。蹷非性之爱蛩蛩巨虚也，为其假足之故也。二兽者亦非性之爱蹷也，为其得甘草而遗之故也。"

"趋则顿，走则颠"，这是传说中"蹷"的主要特点，然则不能行不能奔的动物，自然界何从可见！蛩蛩距虚在传说中善跑、善避人害而不善取食，自然界中有不会取食，全赖其他动物的动物乎？生物皆为自然进化之产物，生物进化的原则是"适者生存"，在生物进化的过程中，有这类动物的存身之地吗？自然界中当然存在各用所长、相互依存的动物，但如所谓"蹷"与"蛩蛩距虚"这种特性，如此帮助、依存的动物则断断没有。

我以为，蛩蛩距虚乃两兽者必非，其名当为"蛩蛩"，《山海经·海外北经》正称为"蛩蛩"，这名字从体例上亦与䴅䴅、蛮蛮、鹣鹣等相应。至于"距虚"，我以为是"俱虚"之意，乃言上述动物皆虚无之物，是以象见意之"象物"也。前面已经说过，蛩蛩等皆是图上之物，蛩蛩在《尔雅》上虽处西方，但《山海经》则置《海外北经》；反之，比肩民《尔雅》处北方，《山海经》则置《海外西经》。《山海经》无疑早于《尔雅》，因此，很有可能是《尔雅》的编者将比肩民与蛩蛩的方位搞错了。蛩蛩处于北面，从顺序上是最末的方位，上古作书者作书毕了，心知这些对象皆非实有，故加"距虚"二字，后人不解，囿于思维定式坐实理解这些动物，将蛩蛩与距虚连读，遂有"蛩蛩距虚"之名。一物而四字呼之，显然不符合汉人呼物之习惯，故又有后人将蛩蛩与距虚分别说成两种兽也。

最后看"枳首蛇"，亦即两头蛇。郭璞注《尔雅·释地》：

21 比目鱼、比翼鸟、比肩兽、两头蛇与上古形象符号

岐头蛇也,或曰今江东呼两头蛇,为越王约发,亦名弩弦。

枳首蛇又名枝首蛇。枳、岐、枝音皆近。关于枳首蛇的性状,先秦时人言之较多。《楚辞·天问》:"中央共牧,后何怒?"王逸注:"言中央之州,有岐首之蛇,争共食牧草之实,自相啄啮。"[1]《颜氏家训·勉学》:

吾初读《庄子》"螝(音huǐ)二首",《韩非子》曰:"虫有螝者,一身两口,争食相啮,遂相杀也。"茫然不识此字何音,逢人辄问,了无解者。案《尔雅》诸书,蚕蛹名螝,又非二首两口贪害之物。后见《古今字诂》,此亦古之"虺"字,积年凝滞,豁然雾解。[2]

一身两头两口,自己争食相啮,以致相杀的蛇类动物,自然界中有乎无乎,那是决不可能有的。陈藏器《本草拾遗》:"两头蛇,大如指,一头无口目,两头俱能行。"郝懿行注《尔雅》时引上文驳曰:

此说非也,若一头无口目,何以能争食而相龁也。

"两头蛇"是寓意之象,后人对两头蛇的指认,究其实质,乃是对古人图像信息或符号的一种误读而已。

---

[1] (宋)洪兴祖:《楚辞补注》,第116页。
[2] (北齐)颜之推撰,王利器集解:《颜氏家训》集解,上海古籍出版社,1980年,第212页。

比目鱼、比翼鸟、比肩兽、两头蛇等象乃表和合、团结之意

上面我们已说明《山海经》《尔雅》等古书上所描述的比目鱼、比翼鸟、比肩兽、两头蛇等都决不是自然界所能有之动物。我们又反复说明古人绘这类图像是以此为符号，以表达抽象之理念。《尔雅》比目鱼、比翼鸟、比肩民、比肩兽、枳首蛇分属东南西北中。然则后人是以图上位置附会为东方有某某南方有某某也。比目鱼、比翼鸟等五方之象乃"组象"，即以一组"象"来表达相似的或曰共同的"义"。

这类象，所寓之意是什么呢？我以为，其所寓者乃合则两全、散则两败之意，即"和合"也。引申之可为互相帮助、团结共存诸意。正如《韩诗外传》所云："鸟兽犹知相假，而况万乘之主乎？"

在《尔雅》方位中处于中间的枳首蛇的性状与处于四方的比目鱼、比翼鸟、比肩民、比肩兽（蛩蛩）有所不同。比目鱼等四方之象，强调的是它们的不可分，两者结合成整体，或各用所长，互相依存，才能发挥自然的功能，才能在水中游、空中飞，才能获取食物、避免危害，取得在自然界的生存权利。而枳首蛇"一身两口，争食相啮，遂相杀也"，强调的是它相争即不和所带来"相杀"的严重后果。因此，这些"象"，可以说是从正、反两方面来表达必须"和合""团结"之意的。

必须指出的是，"和"在中国向来是统治者为维护自家利益，为使家统、国统永续的治家治国的法宝。统治阶级的思想总是占统治地位，这种"和合"的早期观念，后来在礼制中被凝固了起来，成为中国人一种根深蒂固的人生信条与人际关系的最高目标。所谓"礼之用，和为贵

也"[1]。《尉缭子·战威第四》：

> 天时不如地利，地利不如人和。圣人所贵，人事而已。

比目鱼等意象，乃是"和"的象征，它反映了上古帝王重人事的现实理智精神，表现了中国人民务实的传统智慧。即使在今天，比目鱼、比翼鸟等象所昭示的理念仍不失其意义。

前面已指出，饕餮图像铸于鼎上，置放宗庙，既可作为祭器，对统治者本身及其后代子孙又有昭示告诫作用，我相信后者的作用不能忽视。比目鱼、比翼鸟等象，我以为最初很有可能也是鼎上之图像，以此寓"法戒"，昭示和合、团结，以永保社稷。在宗庙重地用鼎象或实物来寓"法戒"，肯定是尧、舜、禹三代帝王的一种传统，如"欹（音qī）器"就是具有类似功能的一例。《荀子·宥坐》称：孔子一次去鲁桓公庙，见一欹器，不知其名，问守庙人，答是宥坐之器。宥义为劝诫。孔子说："听说这宥坐之器，虚则欹，中则正，满则覆，果真如此吗？"遂让弟子取水试验，果然如是。孔子甚感慨地说："恶有满而不覆者哉！"[2]欹器，原先为先民汲水之器，何时成为劝诫之物殊难知晓，但历史甚悠久为无疑。与夏禹同一时代的伯益就说过"满招损，谦受益"的话。甲骨文中有一个字，形状像两手捧着一个顶尖瓶，瓶呈倾斜之状，于省吾先生释为"欹"。[3]欹器在周代已成罕见之物，被供奉于庙堂之上，以训示子孙。然春秋时人已对其感到陌生，连博学的孔子也不例外。然则鼎图以及其他图像之劝诫之意，后人难晓，如比目鱼、

---

[1] 杨伯峻：《论语译注》，中华书局，1980年，第8页。
[2] 章诗同：《荀子简注》，上海人民出版社，1974年，第317页。
[3] 郭伯南：《文物纵横谈》，文物出版社，1990年，第24—25页。

比翼鸟、比肩兽、两头蛇之类，比附以自然界之实物，也是不奇怪的。

用图画、图像来表达抽象意义，让它们发挥类似于语言、文字的功能，这在初民社会是常见的，人类学家言之已多。在北美洲，"鄂吉布瓦（Ojibwa）印第安人为了记载仪式歌的次序，便在桦树皮上画出神祇、鸟兽的图像。西部平原印第安人在他们的帐幕外面画上故事图画，记载那些值得记忆的狩猎和战争的胜利。象征性的色彩和形象甚至能刻画出微小的细节。苏兹（Sioux）印第安人更创造出一种编年图画史录来记载全部落的历史大事件。观看这种图画史录能使他们回想起曾经发生过特殊降生、死亡、战争和瘟疫的年代。"[1] 人类学家还向我们报告：

印第安人的图画文字

---

[1] 俞建章、叶舒宪：《符号·语言与艺术》，上海人民出版社，1988年，第101页。

21　比目鱼、比翼鸟、比肩兽、两头蛇与上古形象符号

　　有些地方的原始人在说话时会在沙土上画上这些事物的轮廓。"阿拉斯加印第安人在交谈时常常把左手当作一个本子，用右手在上面比划。另一些旅行者曾惊奇地发现图画怎样在影响着原始人的表达，以至于他们不能单独通过说话来进行明晰的思想传达，他们的图画经常表现的是他们的观念而非现实事物的复写。这样，一种可视的信息发展为会意的书写和解意的画，或发展为一种小型图画和书中的插画那样的东西，甚至发展为一种肖像之类的东西，它们告诉我们在形状和色彩的语言阶段，人的肖像的构成方式是作画者才能和情绪的表现。"[1]

　　人类学家赫尔梅斯写道："人类在运用词来记录其思想和经验之前，是用图画来行使这种功能的。许多只有从考古发掘才为世人所知的人种，除了他们的艺术之外，尚没有能够清晰表达的语言。"[2]

　　人类学家所提供的事实，以及他们对原始图画的上述看法，给我们对比目鱼、比翼鸟等图像所持的意见提供了坚实的依据。比目鱼、比翼鸟等是自然界不存在之物，它们是先民用来表意的虚象。我相信同时代的人们对这些虚象的含义是极易理解的，他们决不会把它们看成是现实中的动物。按一般规律，以图像来表意较之用抽象文字表意在阶段上为早，那么，比目鱼、比翼鸟等图像（包括饕餮）出于夏禹时代的说法可能更为合理。因为到了周代，我国文字早已成熟，从出土的商周铜器看，大多具铭文而少图画了。

　　承载思维内容的图像作为思维的创造物，它们可以是虚拟之象，也

---

[1] 同上，第102页。
[2] 俞建章、叶舒宪：《符号·语言与艺术》，第100页。

可以是实在之象。用虚拟之象来表达义理与用实在之象来表达义理，其功能是一样的。无论是虚拟之象还是实在之象，其产生都在于先民表达抽象意义，传达信息的需要，立虚拟之象以尽意的传统，在后来的卦象及其爻辞中得到发展与进一步表现。

孔颖达疏《周易·乾卦》说：

> 象辞或有实象或有假象，实象者，若地上有水，比也；地中生木，升也，皆非虚，故言实也。假象者，若天在山中，风自火出，如此之类实无此象，假而为义，故谓之假也。虽有实象，假象，皆以义示人，总谓之象也。

在孔氏眼中，实象、虚象并无先后高下之别，其目的只为达意。王弼曾说过：

> 言者所以明象，得象而忘言；象者，所以存意，得意而忘象。[1]

王氏谈到取象的办法以及象的实质，但他似没有提及虚、实问题。清代学者章学诚申论道：

> 有天地自然之象，有人心营构之象。……意之所至，无不可也。

---

[1]（魏）王弼：《周易略例·明象》，《汉魏丛书》本。

这就是说，关键在"意"，为了将意思表达清楚，"象"无论怎样虚构，超乎寻常，也是能够成立的。

孔颖达、章学诚等人对《周易》取象的这种说明，可以给我们以极大启示。以"假象"来寓"意"，是我们民族的一种文化传统，它体现了我国先民的智慧，《周易》用虚象来寓意，很多情况下表现为用会意的办法取"义"。比目鱼、比翼鸟等"假象"，其实质也是用会意法取"义"，用会意的图像可表达概念，也可表达判断甚至推理。比目鱼、比翼鸟等"假象"，表达的是先民的一种人生体验与经验性认识，属判断与推理的范畴。用会意的办法传达某种判断与推理，既需要形象思维，又不能离开理性思维。"合则两全，散则两败"等理念本身就是理性思维的结晶，它透过一种图画的、类似神话的文字形式来显现，无疑能加强其形象性，使这种抽象的理念变得具体可感，从而加强了它的警示告诫意义。

用具体图像或事物指代、表达概念或进行判断甚至推理，是我们的先民曾经经历过的一个思维阶段。这个思维阶段留下的光怪陆离的神灵精怪背后，同样有着先民的理性思维成果。如果这个阶段的思维形式可以称为神话思维的话，那么我总觉得，所谓神话思维及其神秘性，绝没有人们想象的那么大，吕西安·列维-布留尔等学者的观点是很难站得住脚的。神话思维的神秘性，来源于人们对象及相应的神话故事的不明底细，一旦某象及相应故事的底蕴昭然于天下，则人们会惊异地发现这种思维形式与今人谈艺时常用的"形象思维"极为接近。形象思维以抽象思维能力作为基础，先民的神话思维同样如此，它可以而且总是反映先民的抽象思考能力。我总觉得，人们在解读中国上古神话、传说时，存在着太多的误区。我国先民务实的一面，他们崇尚实践经验，总结经验以指导生产与人事的理性精神，由于其寄寓之象常被人们误读而不为人们所知，正像比目鱼、比翼鸟等象中寄寓的理性、务实的主旨不为人们所知一样。我敢大胆地说一句，《山海经》以及其他一些古籍中所记载的光怪陆离的神灵精怪，很多都可能具有如比目鱼、比翼鸟等一样的品格，很可能都是一种寓意的象，是我们先民理性思维的结晶。如我们顺着这样的思路去重新审视、研究《山海经》及其他古籍中的神灵精怪，我们就一定能获得新的、更为科学的符合这些神灵精怪的创造者创作意图的正确认识。

22 麒麟的原型

麟、凤、龟、龙,古人称为四灵。四灵之中的麟,又叫麒麟,论者或以为是长颈鹿。《明史·外国传》:"麒麟,前足高九尺,后足六尺,颈长丈六尺有二,有二短角,牛尾,鹿身,食粟豆饼饵。"又,麒麟在日语中,即指长颈鹿,这是麒麟为长颈鹿说的主要证据。

我以为,麒麟的原型不可能是长颈鹿。麒麟是中国特有的神兽,麒麟的原型应当是古代中国曾经存在过的动物。长颈鹿只生长在非洲,没有任何证据证明上古时我国中原及其周围地区有过长颈鹿活动的痕迹,长颈鹿的性征与古书中记载麒麟的性征也很不相符。在宗教领域,人们所崇拜的往往是与自己的生命和生存息息相关的对象,动物崇拜也是如此。从《山海经》等古籍看,其所列举的群山动物神,朱天顺以为:"都是两种动物合体或动物与人合体的,这些奇特的动物在世界上是找不到的,但是构成其合体之基础的每一种动物,都是常见的普通动物。这一点完全和《山海经》中所描写的那些未被神化的奇禽怪兽不相同。构成合体的动物种类有:龙、马、牛、羊、虎、豹、蛇、猪、犬,另外还有未说明什么种类的鸟。这些动物中,只有龙是个神秘的动物,其他都是我国古代北方常见的、与人的生活有密切关系的动物。猪、马、牛、羊、犬是狩猎的对象,后来又成为饲养的对象,是我国古人的重要食物和生产资料。虎、豹、蛇是对我国古人生命安全威胁很大,使人害怕的动物。我国几千种动物种类中只有上面几种普通的、常见的动物被神化受崇拜。"[1]

无疑,只有对人们的生命和存在具有重大意义的动物,人们才会赋予其神灵意义。《山海经》中的动物神灵,大体是那些与我国古人的生活有着非常密切关系的动物。"狮子虽然很凶猛,但是它不在我国北方出现,不威胁人们的安全,我国古代就没有狮神崇拜。"[2]同样道理,既然长颈鹿与我们的祖先毫无关系,怎能设想他们会神化、崇拜长颈鹿呢?因此,以麒麟为长颈鹿的说法缺少事实与理论的根据。

那么,脍炙人口,与龙、凤齐名的灵兽麒麟,到底是什么东西呢?我以为,麒麟的原型本是古代普普通通的鹿类动物——麋鹿。在当今之世,麋鹿因其形貌的奇特与数量的稀少,是令人瞩目的珍贵动物。

从文字角度看麒麟原型

从文字角度看,"麒""麟"二字皆从鹿。《说文·鹿部》:"麒,仁兽也。麋身、牛尾、一角。""麟"字,《说文·鹿部》曰:"大牝鹿也。"《说文·鹿部》中还有个"麐(音lín)"字,许慎解为"牝麒也"。"麐""麟"古书相通,但一般都用"麟"字,清代文字训诂学家朱骏声《说文通训定声》:"麐,经传皆以麟为之。"在汉人看来,麒麟是一种鹿类动物,麒与麟的区别只在雌雄的不同,其中麟

---

[1] 朱天顺:《中国古代宗教初探》,上海人民出版社,1982年,第109—110页。
[2] 同上。

大约是雄性的。段玉裁解释《说文》"麟，大牝鹿也"时说："牝，各本及《集韵》《类篇》皆伪'牝'，今正。《玉篇》曰'麟，大麚（音jiā）也'是也。《说文》：'麚，牡鹿。'"段玉裁以文字学家的独到眼光，看出"麟"字原表大牡鹿之意，很令人钦佩。因为在古书中，常有"雄曰麒，雌曰麟"[1]的说法。在古籍中，单言"麟"，也可表达麒麟之意。

麒麟

麟是一种大鹿，古人看法基本一致。《文选·东京赋》："解罘放麟。"薛综注也说："大鹿曰麟。"关于麒麟的形状，《尔雅·释兽》"麔"下云："麕（音jūn）身、牛尾、一角。"这与《说文·鹿部》中

---

[1]《史记·司马相如传》司马贞《索隐》引张揖语。

"麒"的解释一致,唯"麋身"作"麕身"。按,麕即麃(音páo),《史记·孝武本纪》云:"其明年郊雍,获一角兽,若麃然。"裴骃《集解》引韦昭曰:"楚人谓麋为麃。"因此,"麕身"亦可视为"麋身"。

先秦时代,未见有对麒麟形貌作具体描述者,描述麒麟形貌较具体的是汉人,汉人去古未远,所述当有根据。从汉人的有关记述看,麒麟的形貌特征主要有以下几点:

一、体型较一般鹿为大。

二、身体似麋。

三、尾似牛,较长。

四、头上生有一只角。

与这些特征最接近的鹿类动物是麋鹿。麋鹿俗称"四不像"。因其尾似驴非驴、蹄似牛非牛、角似鹿非鹿、颈似驼非驼,故有此名。它在分类上为哺乳纲,偶蹄目,鹿科,麋鹿属,是鹿类中比较特殊的一属。这种动物过去为我国所特有。

在形体上,麋鹿一般长约2米,肩高1米有余,比常见的梅花鹿、驯鹿、白唇鹿、獐等鹿类动物来得高大,如同样在黄河流域经常出现的梅花鹿,体长一般约1.5米,肩高80～90厘米。麋鹿当得"大鹿"的称号。

麋鹿的尾巴也很有特色,它是尾巴最长的鹿类动物。一般的鹿尾巴都极短。民间说四不像"尾似驴",正是说明它的尾巴长。古书上说麒麟的尾巴似牛,而现实中牛尾较长,这种比喻,也是为了说明麒麟的尾巴不同于一般鹿类,突出其长尾的特点。

麋鹿的角,也与一般的鹿不同,"角无眉枝,且第一分枝颇长,所有侧枝向后,主干与第一枝角杈间大致近似直角,并在角干的顶端分权，一前一后，前面较直的权又能分权，而后面的权则长而直，角基部光滑无突物。这种类型的角在鹿类中是独一无二的"。[1] 一般的鹿角侧枝向两旁分开，看上去枝权纷歧，麋鹿角的侧枝不向两旁分开，而是向后生的。因此，这种角从麋鹿正面看，很像一个竖起的"一"字。所谓麒麟"一角"，很可能是对这种独特鹿角的描述，而不必指麟头部只生有一只角。

麋

从文字训诂反映的特征看，传说中的麒麟与麋鹿惊人地相似，这绝不是偶然的巧合。这里面隐藏着这样的信息：神兽麒麟的原型是麋鹿，因为麒麟是由麋鹿抽象而成，所以，才在麒麟身上保留了麋鹿的特征。

---

[1] 东北农业大学主编：《养鹿学》，中国林业出版社，1986年，第27页。

令人惊奇的是，麋鹿的上古名字与麒麟一样，也有雌雄之别，雌雄之麋鹿，读音有的也与麒麟相同。《尔雅·释兽》："麋。牡，麔（音jiù）；牝，麎（音chén）。"《说文》说同，表雌麋的"麎"字，在汉时读音与"祁"同。《诗经·小雅·吉日》："其祁孔有。"郑玄笺："祁当作麎。麎，麋牝也。""其祁孔有"句，乃言：原野之中雌麋甚多。段玉裁注《说文·鹿部》云："麎，汉时必读与祁音同，故后郑得定诗之祁为麎。《字林》麎读上尸反，宋本不误，俗改为上刃反。盖古书之难读如此。"

段玉裁此说非常确当。"祁"与"麒"音同，然则雌麋本应读为"麒"，麒不就是雌麋吗！

"麔"字表雄麋，应该注意的是它与麟的异体字"麖"极其相似，尤其是篆写，区别之处不很明显。"麔"很有可能是"麖"误写。《尔雅·释兽》之"麔""麎"，而《玉篇》曰："麟，大麎也。"麔、麎、麟义同。无疑，这些字的存在，为麒麟原型是麋鹿提供了一条有力证据。

考古发现与麒麟原型

麋鹿是一种喜爱平原沼泽地的鹿科动物，它在我国存在的时间非常悠久。麋鹿祖先遗留下来的化石地点，据不完全统计，至少达四十多处，而且个体数量之多，令人瞩目，如圩墩新石器时代出土的麋鹿骨架，就有百余具之多[1]。这些化石地点，大部分分布于河南、河北、陕西、浙江、江苏等地。有证据说明，麋鹿在商代及周初时曾大量存在。

---

[1] 黄文几：《圩墩新石器时代遗址出土动物遗骨的鉴定》，载《考古》1978年第4期。

据杨钟健、刘东生《安阳殷墟之哺乳动物群补遗》一文所述："在殷墟前十五次发掘所出的动物骨骼6000余件中，共含哺乳类动物29种。其中在一千具以上的有肿面猪、圣水牛、四不像鹿三种。"[1]又说："此等动物，无疑为当时捕获或饲养之对象。"

麋鹿要成为中国上古先民的崇拜对象，首要的条件是它曾在中国文明的发源地黄河流域存在过，并给人们的生活带来过较大影响。显然，麋鹿符合这样的条件。同时，我们要指出，中国虽是世界上产鹿种类最多的国家，但从化石等地下资料看，从新石器时代开始直到殷周时期，活动在黄河流域的鹿类动物，除了麋鹿，还有梅花鹿、獐等。这些鹿类动物中，唯有麋鹿才与后人描述的麒麟的特征相符。梅花鹿、獐等鹿类动物，不仅体型较小，而且尾巴都很短，与麒麟的有关特征明显不合。

谭邦杰所著《中国的珍禽异兽》中说："《封神演义》里讲到过四不像，说这是武王伐纣大军主帅姜子牙的坐骑。小说把四不像描述成'麟头豸尾体如龙'，这当然与真实形象相去十万八千里，但这书中所说并不是纯粹出自想象。从化石资料可以知道，武王伐纣的时代，正是麋鹿最为繁盛的时代。长江南北出土的麋鹿化石，以商末周初最为丰富，之后逐渐稀少，周朝以后更急剧减少，至秦汉时已经变得极少了。有人认为，麋鹿作为一种野生动物，可能在汉朝时就已经灭亡了。但也有人考证说，直至明朝，甚至清初，在长江以北的苏北地区，还有残存的麋鹿生存，只是数目已微不足道了。"

麒麟在我国历史的早期作品，如《诗经·周南·麟之趾》中，就受到赞美，被视为吉祥、美好的动物。《周南》中的诗歌，一般都认为

---

[1] 杨钟健、刘东生：《安阳殷墟之哺乳动物群补遗》，载《中国考古学报》1949年第4册。

是西周初年的作品。彼时麋鹿尚多，人们常用这种驯良、给人们生活带来诸多好处的动物作为祝祷的对象。随着荒原泽地的不断开垦与人们的猎取，这种动物逐渐减少。大约在春秋前期，麋鹿已经在黄河中下游地区消失，至少那时这些地区的城邑周围已难觅它们的踪影。因此，麒麟的形貌特性渐渐为一般人所不了解。据《史记·孔子世家》载，鲁哀公十四年春，鲁国叔孙氏手下人鉏（音chú）商猎获一兽，人们都叫不出它的名字，以为不祥。孔子看过后，说："麟也。"这就是有名的"西狩获麟"的故事。孔子为学，主张多识于鸟兽草木之名，他又做过乘田（主持畜牧者），且曾周游列国，博学多识，因此，他知道当时别人所不知道的事情是很自然的。从捕获地点看，"狩大野"，《史记·孔子世家》《集解》引服虔之语曰："大野，薮名，鲁田圃之常处，盖今钜野是也。"薮，指少水低平的沼泽地，这正是麋鹿喜欢游居的地方。因此，从地下化石资料以及捕获地点看，叔孙氏手下人鉏商西狩所捕获的野兽，最有可能的就是后世称为麋鹿（四不像）的那种动物。这种动物，孔子称为"麟"，这是麒麟真实身份是麋鹿的又一证据。

麒麟神性与麋鹿特征的一致

麒麟在古籍中，还常被说成是"仁兽"，讲信懂礼，《公羊传·哀公十四年》："麟者，仁兽也。"麟何以为仁？古人或释曰："状如麕，一角而戴肉，设武备而不为害，所以为仁也。"[1]《抱朴子·广譬》："麟角凤爪，不必为斗设。"毛晋《毛诗陆疏广要》卷下说得更为全

---

[1]《春秋公羊传·哀公十四年》何休注语。

面:"有足者宜踶(踢),唯麟之足可以踶而不踶……有额者宜抵,唯麟之额可以抵而不抵;有角者宜触,唯麟之角可以触而不触。"

麒麟之仁,可能也来自麋鹿的性情特征。麋鹿虽然形体较大,是"有毛之虫",但它们一般以树叶、瓜果、草之茎、根等为食,性情善良而温驯,不伤害人类及其他动物。如此和平驯良的动物,自可以"仁"呼之。麒麟在传说中,又是长寿的神兽,《抱朴子·对俗》:"骐麟,寿二千岁。"古人常言"仁者寿",麒麟寿长的传说,可能由其"仁"的特性生发而成。

传说仙家所食之麟脯,味极珍美。《列仙传》卷三云王方平住胥门蔡经家,召麻姑至:"行厨,……擘脯而食之,云是麟脯也。"无独有偶,以麋鹿肉做成之麋脯,同样妙不可言,是仙家之物。《礼记·内则》:"……麋脯、麇脯。"注:"皆人君燕食庶羞也。"在前人的观念中,有时则径把麋脯和仙家联在一起,苏辙《巫山庙》诗:"神仙洁清非世人,瓦盎倾醪荐麋脯。"

麒麟在传说中,还有奔跑如飞的特性。《尔雅翼·释兽》曰:"麒麟善走,故良马因之亦名为骐骥也。"蒙古族至今有"飞快的麒麟"的说法。现在人工饲养的麋鹿,行动固然变得缓慢,这是经过千百年驯养后习性发生变化的结果。鹿类动物一般都善奔,古代野生的麋鹿肯定行走如飞,因此,麒麟善走的习性,仍可从麋鹿身上找到起因。

麋鹿还有一个非常有意思的特性,喜成群掘食草根,土地掘松之后,百姓在上面种植粮食,往往会获得好收成。过去把麋鹿"所耕之田"称为"麋田"或"麋畯"。《论衡·书虚》曰:"海陵麋田,若象耕状。"海陵在今苏北泰州。《后汉书·郡国志三》"(广陵郡)东阳故属临淮"注:"县多麋。《博物记》曰:'千千为群,掘食草根,其处成泥,名曰麋畯。民人随此畯种稻,不耕而获,其收百倍。'"

"畯"是草野的意思,草野泽地经麋群践踏,肥沃平整,适于耕种。我们可以想象,在人口稀少、人力畜力非常不足的古代,麋鹿的到来一定极其受人欢迎。

麒麟的出现,常被当作祥瑞。《左传·哀公十四年》:"西狩获麟。"杜预注:"麟者,仁兽,圣王之嘉瑞也。"后世有的地方,还经常祭祀麒麟,祈求它带来丰年。麒麟之出现为祥瑞、主丰的观念,很可能由麋鹿的上述特性引起。麋鹿的出现,带来的是"不耕而获",成倍增长的收成。它们不是吉祥、助丰之物又是什么?如果说"麋田""麋畯"在东汉时期尚可见到,那么,在东汉以前的时期,尤其是在社会经济不太发达、人口较少的时期,如殷及周初的时期,在广阔平坦的黄河流域地区,这类现象一定会更多地出现。麒麟为祥瑞、主丰的观念,其现实根据或许就源于麋鹿的这个特征。

后世传说也把麒麟与牛联系在一起,方以智《物理小识·鸟兽》有云:"牛感龙而生麟。"后人更有麒麟"皆牛生也"[1]的说法。苗族人民这样描述麒麟:"它身子好像水牛,脑袋好像狮子,尾巴好像棕叶,四脚好像钉耙。"[2]在苗族人眼中,麒麟的主要特征与牛相似,说麒麟四脚像钉耙,所着眼者,正在麒麟犁田的特点,钉耙正是翻田犁田的工具。有意思的是,麋鹿的蹄非常宽大,即使踩在泥泞的泽地,也不会下陷,仍然行动自如,它的蹄与钉耙确有几分相像。

把麒麟与牛联系在一起的意识,当由作为麒麟原型的麋鹿所具的"犁田"特性所引起。麋鹿的这种特性与牛相似,它具有牛的特殊功

---

[1] (明)郎瑛:《七修类稿》卷四十三《事物类》,文化艺术出版社,1998年,第519页。
[2] 苗族《金银歌》,载《民间文学》1965年第8期。

能，于是，在前人的意识中就把麋鹿看成牛的化身。麋鹿成了麒麟后，这种意识就被转移到这个神兽身上了。

麒麟、麋鹿与历法

关于麒麟，过去还常把它与天上的星象联系在一起，有过不少奇怪的说法。如《古今图书集成》引《春秋纬·保乾图》："岁星散为麟。"《艺文类聚》引《鹖冠子》曰："麟者玄枵之兽，阴之精也。德能致之，其精毕至。"又引《春秋运斗枢》曰："机星得其所，则麒麟生。"关于麒麟的这些离奇的意见，很少有人加以诠释。它们是古代人们为了神化麒麟而虚拟出来的，还是这些说法中包含着古人对麒麟特性的一种理解，从而具有深刻的文化内涵呢？我以为答案是后者。值得注意的是，与麒麟有联系的星体，全是那些在古代世界里具有指时性质的星体。岁星，即木星。《史记·天官书》："察日、月之行以揆岁星顺逆。"古人很早就开始对岁星观察并有了较为深入的认识。岁星大约十二年运行一周天。周天分十二次，岁星行一次则为一年，古代因而用以纪年。玄枵是古代天文学上的十二星次之一。《汉书·律历志·岁术》："玄枵，初婺女八度，小寒。中危初，大寒。终于危十五度。"机星是北斗七星中的第三星。古书中，机、衡（北斗七星中第五星）常并称，以代指北斗。北斗七星之纪时作用，更是人人皆知。古人常以斗柄方向所指来判明时令，所谓"斗柄东指，天下皆春；斗柄南指，天下皆夏；斗柄西指，天下皆秋；斗柄北指，天下皆冬"。

尽管古人把不同的星体与麒麟搅在一起，但这些星体都具有指明时令的功能，这是无可置疑的。这个事实启示我们，很有可能是地上的麒麟本身具有时令意义，所以后人才把它附会成天上指时的星体，因为不少星体都有指时的功能，所以古人或说麒麟是岁星散成的精灵，或说它是机星得所的产物，或说它是玄枵之兽。

这种种说法也是有现实依据的，其根源在于麋鹿所具有的一种指时特性与人们对它的认识。《说文·鹿部》："麋，……冬至解其角。"《礼记·月令》："仲冬之月，……麋角解。"《大戴礼记·夏小正》十一月："陨麋角。"卢辩注曰："陨，坠也。日冬至，阳气至始动，诸向生皆蒙蒙符矣。故麋角陨，记时焉尔。"[1]

麋鹿之角解于冬至，一般的鹿其角则解于夏至。关于两者的这种区别，古人认识得很清楚。《礼记·月令》："仲夏之月，……鹿角解。蝉始鸣。"李时珍《本草纲目·兽部》卷五十一说："鹿喜山而属阳，故夏至角解；麋喜泽而属阴，故冬至角解。"有意思的是，清朝的乾隆皇帝在皇家花园亲自检验过四不像的解角情况。段玉裁注《说文·鹿部》云：

> 麈（音zhǔ），麋属。《说文》自麋至麈，皆说麋属。乾隆三十一年，纯皇帝目验，御园麈角于冬至皆解，而麋角不解。敕改《时宪书》"麋角解"之"麋"为"麈"。臣因知今所谓麈，正古所谓麋也。

麋鹿因具有冬至期间解角的特征，故而在古代世界具有时令意义。首先，麋鹿所主之季节为冬季，冬季是阴盛阳弱的季节，前引《鹖冠子》就说麒麟是"阴之精也"。玄枵所主，亦是寒节，所以，麒麟为玄枵之兽的说法也不难索解。

---

[1]（清）王聘珍：《大戴礼记解诂》，中华书局，1983年，第46页。

冬至在二十四节气中居于首要地位，实际上，在过去的某些时代，冬至是新年的元日。《周礼·春官·大宗伯》有"祀昊天上帝"之语，郑玄注谓"冬至于圆丘所祀天皇大帝"。《史记·封禅书》："冬至，得天之纪，终而复始。"可见，冬至确实具有新年的性质。现在民间不少地方仍极重冬至节，有"冬至大如年""过了冬至大一岁"之说。

麋鹿解角所主之时令是冬至这样一个重要节候，这肯定会给古人留下深刻的印象。麒麟被说成是岁星之精散成，或是机星得所而生，其契机正在麋鹿的这种主时特征中。

麒麟在古代，曾与龙、凤、龟一同被称为四灵。《礼记·礼运》："麟凤龟龙，谓之四灵。"孔颖达疏引方氏悫之释语："麟体信厚，凤知治乱，龟兆吉凶，龙能变化，故谓之四灵。"四灵形状、神性各异，但在主时这一点上，四灵又有一致之处。古代岁星又称龙星，龙具有岁神的身份，古代的太昊氏就"纪于龙"，而东方苍龙则主春季。凤凰在古人心目中是"历正"，历书可称"凤历"，于五行序列或属中央，后来在二十八宿中，凤凰作为"南方朱鸟"主夏季。龟，在古代作为占卜的神物受到重视，同时它也具有历法意义。龟、蛇组合成的玄武，称为"北方玄武"，主冬季，有时古人以之主春。四灵中，麒麟与龙、凤一样，具有"历正"的意义。在五行序列中，麒麟或为中央土兽，有时，它也作为北方玄枵之兽主冬，或作为东方木精主春，也有人以麒麟为西方之兽。四灵主时的多样性，原因在古人"取象既多，理非一概"[1]。

麒麟曾在古代世界作为历法的象征物是绝无疑义的，而鹿类动物

---

[1] 《礼记·礼运》孔颖达疏语。

中，正是麋鹿具有主冬至这样重要的历法功能。无疑，麒麟的原型是麋鹿，于此又获得了重要的证据。

传说中麒麟的另外一些神性，显然由麒麟主历的意义衍生而成。《说苑·辨物》："麒麟，麕身、牛尾、圆顶、一角。含仁怀义。音中律吕，行步中规，折旋中矩。"《广雅·释兽》亦有类似说法："麐，……音中钟吕，行步中规，折还中矩。"

先来谈谈麒麟的所谓"音中律吕"（钟吕与律吕意同）的问题。"律吕"可作为乐律的统称，在古代，律吕又与"历"附合，作为定音的乐管同时又是候气（测定节气）的仪器。《吕氏春秋》中就将十二律对应于十二月。《后汉书·律历志上》提到候气的方法："候气之法，为室三重，户闭，涂衅必周，密布缇缦。室中以木为案，每律各一，内庳（音bì）外高，从其方位，加律其上，以葭莩灰抑其内端，案历而候之，气至者灰去，其为气所动者其灰散，人及风所动者其灰聚。殿中候，用玉律十二。"

葭莩，即芦苇茎中薄膜，把它制成灰置于十二律管内，到一定节气则相应律管内的灰会散去，古人以此定各个重要节气的到来。因此，麒麟"音中律吕"传说的深层蕴意，无非是指麒麟可以定节候而已。由于律与历相合，麒麟"音中律吕"的认识也被理解成麒麟之鸣声合于音律。当然，关于这一点，是找不到任何其他现实根据的。

至于麒麟的"行步中规，折旋中矩"，则完全由"音中律吕"而来。《礼记·玉藻》："古之君子必佩玉，右徵角，左宫羽。趋以采齐，行以肆夏。周还中规，折还中矩。进则揖之，退则扬之。然后玉锵鸣也。"

《采齐》《肆夏》都是古乐章之名，为古帝王出入时或迎送宾客时所奏。《礼记》中所谓"周还中规,折还中矩"等语,据前人注,是说陪侍大臣之进退举止合于一定的节奏,使身上所佩之玉器亦能应合《采齐》《肆夏》的乐律,因而和鸣铿锵。因此,麒麟"行步中规,折旋中矩"的传说,是说麒麟的鸣叫合于一定的音律节奏,它与"音中律吕"的说法大同小异,皆由麒麟主历的功能附会而成。

非常有意思的是,古代有"律主禽鹿"的观念。《孔子家语·执辔》:"律主鹿,故鹿六月而生。"《大戴礼记·易本命》:"六主律,律主禽鹿,故禽鹿六月而生也。""律主鹿"的观念大约很早即已产生,后来它曾令古人困惑不解。《易本命》卢辩注:"麋鹿角长短大小似律,麏(音jūn)麋之属皆以六月生也。"这段话,是解释"律主禽鹿"问题的,但麋鹿角的长短大小与律并无什么内在联系,所以此说纯属猜测。那么,鹿类动物的孕期与"律主禽鹿"有没有什么关系呢?古人在长期饲养家畜的过程中,对各类家畜的性征有了较深入的认识,如了解不少家畜的孕期,并由此形成了一些传说与神话。如因兔的孕期恰好为一个月左右,于是古人就把兔与月联系在一起,终至形成了月中有兔的神话。如果鹿类动物孕期真是六个月的话,当然也不失为解释它主律的一个理由。因为"六"这个数字,在传统观念中,常与律关联。十二律分为六阳律、六阴律,《汉书·律历志》:"地之中数六,六为律。"然而事实上,鹿类动物孕期并非六个月,驯鹿、马鹿、梅花鹿的孕期为八个月左右;麋鹿的孕期约八至九个月。因此,用鹿类动物的孕期并不能说明"律主鹿"的问题。"律主鹿"这个观念产生的根源,在鹿类动物所具有的指时特性之中。而传说中麒麟与律相应的神性,显然也是来自鹿类动物尤其是麋鹿的历法功能。

绝非偶然的是,传说中的凤、龙也与律、音乐关系密切。《吕氏春秋·古乐》:"昔黄帝令伶伦作为律,……取竹于嶰(音xiè)溪之谷……听凤皇之鸣，以别十二律。其雄鸣为六，雌鸣亦六，以此黄钟之宫，适合。黄钟之宫，皆可以生之，故曰黄钟之宫，律吕之本。"《汉书·律历志》记载近似。《吕氏春秋·古乐》又记："帝颛顼乃命飞龙作乐，效八风之音。"八风与八节相应，八节即立春、春分、立夏、夏至、立秋、秋分、立冬、冬至。

因此，凤凰"别十二律""飞龙作乐，效八风之音"与麒麟"音中律吕"的说法略同，都是从它们主历的特征中生发出来的。

前面我们谈到，麋"犁田"的特性，是麒麟作为祥瑞的一种现实根据。关于麒麟兆瑞、象征太平的观念，在古代世界深入人心，老幼皆晓。《论衡·讲瑞》："（麒麟）太平之际，见来至也。"《艺文类聚》卷九十八引《麟颂》："懿哉麒麟，惟兽之伯。世平规景，否则戢足。"麒麟兆太平、为祥瑞的观念可能既与它的原型"犁田"的特性有关，也与麒麟主历的功能有联系。农业社会最重历法，亦离不开历法，好的、准确的历法能够帮助农业劳动者及时播种耕耘，使农业获得丰收。农业的丰产能使天下太平。麒麟与太平之世之间原本就有着一种客观关系，很可能正是这种客观关系的存在，才使麒麟兆太平、为祥瑞的观念得以产生。

在古书中，麒麟常与凤凰双双作为瑞物出现。《礼记·礼运》："凤凰麒麟，皆在郊棷。"《管子·封禅》："今凤凰麒麟不来，嘉谷不生。"凤凰之所以会成为瑞鸟，其深层因素主要也在它主历的一面。孔子既曾为"西狩获麟"而叹息，也曾为"凤鸟不至"而悲感。这是因为"麟""凤"的出现是天下太平、治世的象征。"麟""凤"兆瑞的观念，在我国古代社会具有深远的影响，在孔子时代，甚至在孔子之前的很长时期内，这种观念已经弥漫世间了。

孔子泣麟　　　　　　　　　　有凤来仪

简短的结论

　　传说中麒麟的形貌与神性，我们都能在麋鹿身上找到，这个事实告诉我们，麋鹿正是麒麟的原型。麋鹿在古人的生活中肯定扮演过重要角色。麋鹿曾经大量存在于我国黄河及长江流域一带，它是我们的先人狩猎与驯养的对象。麋鹿肉是食物资源，麋鹿皮可以制衣，麋鹿角则可做成工具。它性情和驯，不会给人类带来伤害，它特有的犁田、指时的功能更给人们带来巨大利益与方便。在一定时期内，麋鹿成了我们先人生命与存在所必须依靠的对象，"而人的生命和存在所依靠的东西，对于人来说就是神"[1]。于是，平常的动物成了瑞兽麒麟。

---

[1]［德］路德维希·安德列斯·费尔巴哈：《费尔巴哈哲学著作选集》，荣振华译，三联书店，1962年，第438页。

有关麒麟的神话与传说，来源于我们的先人对其原型——麋鹿的性征的认识，这种认识在传播的过程中，或因语言表达、记录的歧异；或因附会、误传；或因有意无意的夸大，使麒麟与它原型的距离越来越远，终于完全脱离其原型而成为独立的、虚幻的神灵实体。这时，麒麟的神性仍会在人们的观念中继续得到发展。麒麟的外貌与神力，随着时间的推移，越变越奇，这不是偶然的。无疑，时期越早的关于麒麟的传说与神话，所留下的它的原型的印证也会越多。

麒麟作为瑞兽甚或神兽受到人们赞美，大约始于周人。夏、商、周三代，夏人与龙、殷人与凤的关系较为密切，而麒麟似乎更受周人垂青。周人活动地域主要在黄河流域，周朝初年，麋鹿尚多，人们大受其惠，加上周王朝以十一月为正月，冬至之日正在十一月，于是，麋鹿这种性情和平的动物对周人来说就具有了特别的意义，因此以其为原型的麒麟成了周朝历法的象征物，龙、凤则分别是夏人历法与商人历法的象征物。麒麟作为灵物能够与龙、凤并足而立，其深层根源主要在它们主历意义的一致性。

23　凤凰与"风神""音乐之鸟"

在前文中我已指出，凤凰的原型应是大雁。凤凰被神化，主要应是基于大雁的"指时"，以及它作为"历正"的功能。后世人们心目中凤凰的很多神性，是在凤凰概念形成后比附成的。具有众多神性的凤凰概念形成后，它的原型慢慢地被分离出来，甚至湮没无闻，所以后世的人们根本无法想象将平凡、普通的大雁与神秘高贵的凤凰联系在一起。然而，不管凤凰的概念在后世离大雁的形象有多远，毕竟它还不能完全摆脱它原型残存的影响，多少会留下它原型的一些印痕甚至标志。有意思的是，凤凰的很多神话、传说，都可以从历法这个角度加以说明，凤凰与历法的关系值得我们深入研究，因为这对进一步验明凤凰的"真身"至关重要。

凤凰与"风神"

古代传承中，凤凰与风关系密切，《说文·鸟部》说凤"暮宿风穴"。《淮南子·览冥训》："羽翼弱水，暮宿风穴。"高诱注谓："北方寒风从地出也。"晋张华《博物志》卷九:"风山之首,方高三百里,风穴如电突,深三十里,春风自此而出也。"风穴所出之为风,明矣。所以,凤宿风穴之说,亦寓风为凤之意。旧题晋代师旷《禽经》曰:"风翔则风。"张华注:"风禽,鸢类,越人谓之风伯,飞翔则天大风。"[1]

凤凰

将凤与风联系起来,甚至认为凤是风的神话寓意,其实可以从凤与历法的关系中得到阐明。凤与历法的关系清楚了,我们就可以理解

---

[1] 上海古籍出版社编:《禽鱼虫兽编》,上海古籍出版社,1993年,第7页。

将风与凤相提并论根本上也是基于它们的历法特点与意义的。中国至少有八千年的农业历史，农业与历法的关系最为密切。农业生产，尤其是播种一环，不能先时，亦不能后时。以历法指导农业生产，"使民以时"，乃古代帝王的神圣责任。古人在实践中，逐渐认识到季节的变化与风向的转换有关，姚配中《周易姚氏学》引荀爽《九家易》："风，应节而变，变不失时。"据一些典籍记载，古代有专门负责听风以判定时节的人。《国语·郑语》："虞幕能听协风，以成乐物生者也。"《国语·周语上》："先时五日，瞽告，有协风至。"韦昭注谓"协风"即立春之日的融风，所以协风、融风当为立春的符号。上古还有候风器，观察风的强弱与风向的转换。殷代甲骨文中有四方风名，学者已多指出"确涵有四时节会的意义"[1]。古时还有八风之说，八风之名虽诸家互有异同，但八风为季节风亦表季节之义，显而易见。如《淮南子·天文训》云：

何谓八风？距日冬至四十五日条风至；条风至四十五日明庶风至；明庶风至四十五日清明风至；清明风至四十五日景风至；景风至四十五日凉风至；凉风至四十五日阊阖风至；阊阖风至四十五日不周风至；不周风至四十五日广莫风至。

古人已指出，八风与立春、春分、立夏、夏至、立秋、秋分、立冬、冬至八节相应。每节主四十五日，后来每节一分为三，则成二十四节气。八风同时亦与八音、八方相应。而八音、八方概念也与时节相应，同样以别风声为先。蔡邕《月令章句》："上古圣人本阴阳，别风

---

[1] 丁山：《中国古代宗教与神话考》，第95页。

声。"古人以风的方向、冷暖等判定节令变化为无疑也。故丁山先生曰:"是少皞氏以凤鸟氏为历正,即以风的方向考察时令的推移,尚未脱尽'花开知春,木落知秋'的原始历法。然则,历正当为'凤正',即是'木正'。"[1]

甲骨文"凤"字

值得注意的是,甲骨文"凤"字头上有"䇂"形物。商承祚以为是凤冠,但龙头上亦有这样的东西,或作干、且形。可见,凤冠说不准确,安有凤冠、龙角为一物之理?有人以为龙头、凤头上的这种东西乃斧类兵器或为宰杀工具。但陈绶祥教授认为:"龙角与时令有关,龙角是表。表是最最古老的天文仪器,一根特殊形状的杆子,上有刻度。……表是中华民族最古老的东西,是对自然的观察上升到理性的把握这样的一种仪器,产生时代大概在殷商之前。表为什么受重视?因为表是测天的,与天发生关系。"[2]陈绶祥教授所说如能成立,则凤头上之物,亦当为圭表无疑。事实上,龙与历法的关系亦十分密切。岁星又名龙星,古代"岁次"亦可写成"龙次",《左传·昭公十七年》郯子

---

[1] 丁山:《中国古代宗教与神话考》,第92页。
[2] 张紫晨等:《龙与民间文化(五人谈)》,载《民间文学论坛》,1988年第4期。

说"太皞氏以龙纪",都是证明。龙、凤甲骨文上这唯一相似的地方（都在头上）,所昭示的可能就是它们的历法意义。龙、凤有可能是两种不同历法系统的抽象物,它们之所以受到中国人的崇拜,其深层原因当在这里。

凤凰的一些别名,亦大体与风、历法有关。先说《庄子·秋水》中的鹓（音yuān）,注家或谓"凤子",但以鹓为凤则无异说。无独有偶,《山海经·大荒东经》有个䴅（音wǎn）。"有女和月母之国。有人名曰䴅,北方曰䴅,来之风曰𤟤（音yǎn）,是处东极隅以止日月,使无相间出没,司其短长。"丁山先生曰："《大荒东经》之古本当为'北方曰𤟤,风曰䴅',庄子书中亦有坚证,其《天地篇》有曰：'谆芒将之大壑,适遇苑风于东海之滨。'苑风曰：'子将奚之？'曰：'将大壑。'苑风,当即《大荒东经》所谓'来之风曰䴅'。"这里可注意的有三点：一、明指为北方风名。二、已知鹓为凤之别名。三、《山海经》之䴅,其职务是"言察日月出入,不令得相间错,知景之短长"。通过日影长短判断时令,正是圭的职能,风有表时令之义,故鹓与凤一样,实都为风神之名。其有区别者,乃风为历正,而鹓则司一方（一个时节）之风。

凤凰又名鹫鷟（音yuè zhuó）。《说文》："鹫鷟,凤族,神鸟也。"鹫鷟当由"玉烛"二字变来。《尔雅·释天》："四气和谓之玉烛。"𤟤与玉、烛与族,上古韵、声相同。四气即四时、四季,"四气和"是四季气候调和的意思。传说中历正的凤凰,也是掌管四季,使历正时和的。

传说凤鸟飞翔,凡鸟成千上万相随。这里的意象,也能从风与历法的角度说明。如春分这个节候,古人以"明庶风"称之。春分前后,成千上万的燕、鹭等候鸟就从遥远的越冬地返回它们的故乡。而一当"凉风"（秋分）吹至时，无数燕、鹭又"不恋雕梁万里归"。杜鹃也是秋去春来的夏候鸟。而大雁、野鸭等禽鸟则于深秋季节从北方南下，来年春天又重返北方。"孟春之月雁北""孟秋之月鸿雁来"，它们属冬候鸟。可见，"凤飞，群鸟从以万数"[1]中的"凤飞"，也可为"凤至"即季节转换的神话说明，"群鸟从以万数"也可看成随着季节转换而出现的候鸟的迁飞活动。

凤凰与音乐

凤凰与音乐关联甚多。《吕氏春秋·古乐》："昔黄帝令伶伦作为律……取竹于嶰溪之谷……而吹之……听凤皇之鸣，以别十二律。其雄鸣为六，雌鸣亦六，以此黄钟之宫，适合，黄钟之宫，皆可以生之。"张岱《夜航船》卷十七："凤知天时，故以名历。凤鸣而天下之鸡皆鸣。凤尾十二翎，遇闰岁生十三翎。今乐府调尾声十二板，以象鸟尾，故曰尾声。或增四字，亦加一板，以象闰。"

说凤凰之鸣声可别十二律，还有什么"雄鸣为六，雌鸣亦六"，什么"凤尾十二翎，遇闰岁生十三翎"等。此神话何由以生？我以为，当产生于笙簧一类管乐器的形状与特性。应劭《风俗通义·声音》引《世本》："（笙）长四寸，十二簧，像凤之身，正月之音也。"《说文·竹部》笙条，惟十二簧作十三簧，其余说法大体相同。《说文·竹部》"簧"云："笙中簧也，古者女娲作簧。"簧现在一般指乐器中的薄片，用以振动发声。但在古代，它可自为一乐器，以竹为之，又专用在笙、管一类管乐器中，尤其是笙中。清代学者俞正燮《癸巳类

---

[1] （东汉）许慎：《说文解字》四上，中华书局，1963年，第79页。

稿》卷二"簧考"云:"簧可无笙,笙不可无簧,故当先作簧。簧即今啸子,《通俗文》为哨子。……《旧唐书·音乐志》有'啸叶,衔叶而啸'。"《诗经·小雅·鹿鸣》:"吹笙鼓簧,承筐是将。"《毛传》曰:"簧,笙簧也。吹笙则簧鼓矣。"古籍中,单言簧,亦可指笙。《诗经·国风·王风》:"左执簧。"《毛传》曰:"簧,笙也。"

凤尾十二翎的传说,则因笙之簧为十二也。笙之簧或作十三,于是也就有凤凰"遇闰岁生十三翎"的神话。

笙是正月之音,刘熙《释名·释乐器》:"笙者,生也。象物贯地而生。"而古人治历的基本观念,首先注重的正是岁首(正月),岁首指"历年"的第一个月份。据说夏、商、周三代岁首各不相同。古人既重岁首,则作为正月之音的笙,也就具有了特别重要的意义。

笙管参差不齐,于是有凤翼参差之说。另一古乐器箫,大者二十四管,小者十六管,也有"象凤之翼"的传说。这也不难理解。古者笙箫并称,笙箫本有不少类似之处。

凤凰鸣叫之声,传说也与笙箫一类乐器相似。《文选》注引刘向《列仙传》曰:"王子乔,周宣王太子晋也。好吹笙作凤鸣,游伊洛之间。"《释名·释乐器》:"箫,肃也。其声肃肃然清也。"《荀子·解蔽》云:"凤凰秋秋,其翼若干,其声若箫。"笙箫之声如凤声,古人多有此说。所以笙曰"凤笙",箫曰"凤箫"。箫吹又可曰"凤

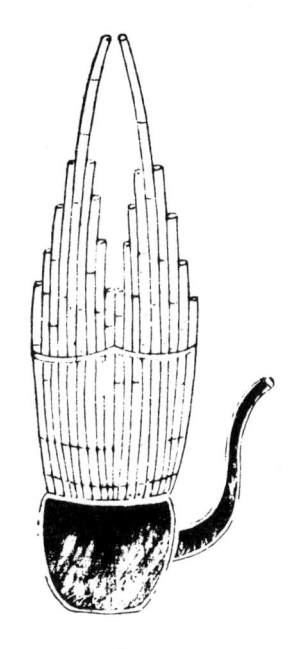

笙

吹"。而凤凰另有个别名为"鹔"（音sù）[1]，这些都不是偶然的。

至于听凤鸣别十二律，《吕氏春秋·音律》又曰："大圣至理之世，天地之气合而生风，日至则月钟其风，以生十二律。仲冬，日短至则生黄钟。……仲夏，日长至则生蕤宾……天地之风正，则十二律定矣。"可见，听风声方能别十二律，听风声其实就是吹律管。作为别音律的定音器，最早以竹管为之。《汉书·律历志上》："黄帝使泠纶，自大夏之西，昆仑之阴，取竹之解谷生，其窍厚均者，断两节间而吹之，以为黄钟之宫。制十二箇（音tǒng，意为断竹）以听凤之鸣。"蔡邕《月令章句》说："黄钟之宫长九寸，孔径三分，围九分，其余皆稍（渐）短，但大小不增减。"一律一管，管有长短，所以声分高低。黄钟管长定下之后，以三分损益方法，产生宫、商、角、徵、羽五音，后加变宫、变徵为七音。三分损益继续作下去，可得六律、七律至十二律。十二律是十二个不完全相等的半音律制，分为六阳律（黄钟、太簇、姑洗、蕤宾、夷则、无射）和六阴律（大吕、夹钟、中吕、林钟、南吕、应钟）。前者称为"六律"，后者称为"六吕"，合称"律吕"。古人用竹管定律，不成问题。据长沙马王堆一号汉墓发掘简报，就有十二律管，竹质，最短10.2厘米，最长的17.65厘米，孔径约0.65厘米，每管墨书十二律名。

据此，我们可以明白，听凤凰之鸣以别十二律云云，当是制十二箇吹之以别音律的神话语言。"雄鸣为六，雌鸣亦六"者，即六律、六吕的别样说明。《庄子》中的鹓"非梧桐不止，非竹实不食"。《韩诗外传》卷八："黄帝时，凤乃止帝东国，集帝梧桐，食帝竹实。"古人认为梧桐树是做琴瑟等乐器的上佳材料，凤凰非梧桐不止传说的产生，其

---

[1]（东汉）许慎：《说文解字》四上，第79页。

契机也正在其音乐性上。至于凤凰"非竹实不食",其来源当然更容易理解。

竹管定律,既是合乐的需要,更是为了确定历法时令。古代中国人将乐律与月象相配,古代有候气之术,乐律本亦有历法意义。传说中的凤凰,为"知历之神鸟""风神""音乐之鸟",这三者"历"显然是中心。无论凤凰以"风神"抑或"音乐之鸟"的身份出现,它都与"历"紧紧联系在一起。而在历法(原始物候历)中具有历正功能并在岁首位置的正是大雁。所以,凤凰作为"风神""音乐之鸟"的种种功能与特征,恰恰为我们弄清它的本来面目,提供了有力的旁证。

24 火凤凰与三足乌的起源

古代天文学有二十八宿之说,二十八宿又分四大星区,古人用动物命名,叫作"四象",即东方苍龙、南方朱雀(鸟)、西方白虎、北方玄武。四象中,龙、虎尽人皆知,玄武乃龟、蛇合体,朱雀,前人常把它与传说中的凤凰联系在一起。《艺文类聚》卷九十九引《春秋元命苞》云:"火离为凤皇。"《鹖冠子·度万第八》也有类似说法:"凤凰者,鹑火之禽,阳之精也。"凤凰的原型之一来源朱雀,当无问题。如果弄清了朱雀的真正身份,则我们对于神鸟凤凰,无疑可以多增加几分认识。

南方朱鸟取象于黄脚三趾鹑

有迹象表明,南方朱鸟取象于鹑。南方七宿井、鬼、柳、星、张、翼、轸分属十二次中鹑首、鹑火、鹑尾三次。"鹑"字在古书中,又可作为南方朱鸟七宿的总称,这都是明证。此七宿之星名,大多与鸟的身体部位有关。鬼宿,《史记·天官书》张守节《正义》:"舆鬼四星,主祠事，天目也。"旧题唐李淳风作《观象玩占》："一曰天目，朱雀头眼。"鬼宿乃朱雀之目或首。柳宿，《尔雅·释天》："咮（音zhòu）谓之柳。"郭璞注："咮，朱鸟之口。"[1]可见，柳宿是朱鸟之口。关于星、张、翼三宿，《史记·天官书》云"七星，颈……张，素……翼为羽翮"，七星（星宿）是朱鸟的颈，素即咮，前人注谓鸟受食之处，张宿当是朱鸟的胃，翼宿则为朱鸟的羽翅。

南方朱鸟取象于鹑，前人已经明确指出，沈括《梦溪笔谈·象数一》云："天文家朱鸟，乃取象于鹑，故南方朱鸟七宿，曰鹑首、鹑火、鹑尾是也……天文东方苍龙七宿，有角、亢，有尾；南方朱鸟七宿，有喙，有嗉，有翼而无尾，此其取于鹑欤？"类似的话，另有一个宋人马永卿在《懒真子》卷四也说："《汉书·天文志》：'柳为鸟咮，星为鸟颈，张为鸟嗉，翼为鸟翼。'或问：'朱鸟而独取于鹑，何也？'仆对曰：'朱鸟之象止于翼宿，而不言尾，有似于鹑，故以名之。'"

沈、马两人以为，南方朱鸟取象鹑的重要证据在于此七宿有首、喙、翼等而无尾，而现实中的鹑尾巴恰恰非常之短。这种说法，未必可信。因为十二次中有鹑尾，《广雅·释天》也有"张为鹑尾"的说法。那么，南方朱鸟为何取象鹑呢？这是个很有意思的问题。古代天文学家把冬至日出前的黄道周分成东、南、西、北四组，因为这个时刻角、亢七宿正处在东方；井、鬼等七宿正处于南方；奎、娄等七宿正处于西方；斗、牛等七宿正处在北方，便称为东方苍龙、南方朱雀、西方白虎、北方玄武。上古用北斗斗柄所指方向来定季节，《鹖冠子·环流第五》所谓"斗柄东指，天下皆春；斗柄南指，天下皆夏；斗柄西指，天下皆秋；斗柄北指，天下皆冬"。东、南、西、北四个方向之与春、

---

[1]《十三经注疏·尔雅注疏》，第176页。

东方苍龙　北方玄武

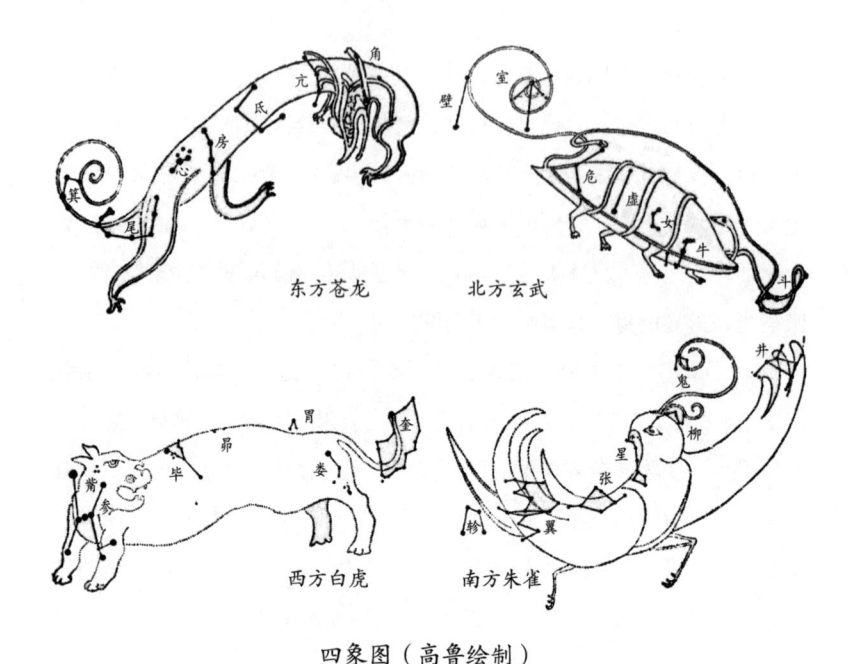

西方白虎　南方朱雀

四象图（高鲁绘制）

夏、秋、冬四个季节相应，可能即源于此。四方与四季相当也与南方炎热像夏，北方寒冷似冬，东方为日出之地像春，西方为日入之处似秋这些实际情况有关。所以四方与四季相应的观念得以广泛流传，不是偶然的。我认为，四象苍龙、朱雀、白虎、玄武作为春、夏、秋、冬四季的象征在古代农业社会具有更重要的意义。《鹖冠子·天权》云："春用苍龙，夏用赤鸟，秋用白虎，冬用玄武。"古人观察天象最重要的目的是辨别时令、节气，是为了掌握时间。二十八宿的设立，其主要目的正在于此。《周礼·春官·冯相氏》：冯相氏"掌十有二岁……二十八星位，辨其叙事以会天位。冬夏致日，春秋致月，以辨四时之叙"。考虑到这一点，我相信，南方朱雀取象于鹑，恐并非因为鹑具有尾巴短的特点，而在于鹑作为夏候鸟，其本身所具有的时令意义。鹑是夏有冬无的候鸟，与南方朱鸟之主夏正相一致。这个"鹑"字，古籍中主要指两种鸟，一为黄脚三趾鹑，一为鹌鹑。前人常把两者相混。南方朱鸟取象的鹑当是鹤形目三趾鹑科的黄脚三趾鹑，不是雉科的鹌鹑。黄脚三趾鹑，古籍中或名鴽、鷃、鹌等。古代，此鹑被作为定时的重要物候而受到重视。我国最早的历书《夏小正》上说："（三月）田鼠化为鴽，……（八月）鴽为鼠。"注云："鴽，鹑也。"鹌与鹑则可通。《礼记·月令》记载略同。《列子·天瑞》也有"田鼠为鹑"的记述。古籍中，还有蛙为鹑、蟾变鹑的说法。《列子·天瑞》："夫蛙为鹑。"《淮南子·齐俗训》："虾蟆为鹑。"这种生物化生的观念，是古人不了解候鸟的迁飞特征所致，它正可证明具有这种特征的鸟类必为一种候鸟。黄脚三趾鹑每年春季从南方两广、福建的南部迁来，其巢并不筑在树上，三趾鹑喜欢在麦田或稻田上筑巢。收割小麦时，人们经常在田里遇到它的巢，古人因不了解三趾鹑为迁飞的候鸟，加上其筑巢常在田野，而鼠常穴田间，故误以为是鼠所化。秋季天寒，鹑告别自己的巢穴，飞回南方。在古人眼中，原来熟悉的鸟类突然消失了。他们自然难以理解，但他们又发现，原来的鹑巢中时有老鼠活动的痕迹（老鼠原在田野大量存在），于是，就直观地以为这些鹑化成了鼠。因为三趾鹑还经常在稻田梗上筑巢，稻田乃蛙、蟾之生殖地，故又有了蛙变、蟾化的说法。鹑在中原及其周围地区出现的时间主要是夏季。《夏小正》谓是三月至八月。李时珍《本草纲目·禽部》云："鷃也，始由鼠化，终复为鼠，故无斑而夏有冬无焉。"沈括也说鹑"色赤黄而文，锐上秃下，夏出秋藏"。鹑的确具有与夏相应的特点，同时，太阳位于井、鬼、柳等南方七宿时为夏季。所以，鹑之成为南方朱鸟的原型起因在于鹑是夏时之物。

在我看来，"四象"的取象，主要都着眼于对象的意义。如北方玄武是龟、蛇合体，冬眠是这类动物最显著的特点。在《夏小正》《月令》等古代历书中，蛇之蛰与启，常被作为重要物候。太阳位于斗、牛等北方七宿时为冬季，北方七宿以龟、蛇为象，正是以冬眠的龟、蛇象征冬季。

西方白虎的取象也是如此。古代常以立秋日祭兽，所祭之兽常为虎属。秋日祭兽，名曰貙膢（音chū lóu），或曰貙刘。郝懿行疏《尔雅·释兽》云："貙，虎属。以立秋杀兽，故汉有貙刘之祭。"为何祭虎？这可能与虎在古代农业生产中所起的作用有关。《礼记·郊特牲》："迎猫，为其食田鼠也；迎虎，为其食田豕也。""田豕"就是野猪，是农业的大害兽，虎食野猪，对农业丰收有功，所以人们要祭。因祭兽常在秋天，于是此兽在人们的观念中，就获得了时令意义。因此，天上主秋的西方七宿，就以虎名之了。

东方苍龙的春季意义比较复杂，因为龙的含义早已扑朔迷离，费人索解了。据我的研究，龙是树神，是植物之神。王充《论衡·龙虚》中说到汉时有龙藏于树中的传说。天上之龙星，亦名木星，龙与木也相应。而民间"二月二，龙抬头"的传说，其蕴意亦当指植物的重披绿装。植物大体在春天绽芽见绿，植物的绽芽见绿常被作为定时的物候。可见，东方七宿之取象龙，亦在龙主春的时令意义。当然，东方苍龙之"龙"，已经从植物中抽象出来成为动物龙了。但因为龙的本来身份是树，是植物，所以动物龙的特点中也必然会保留植物的特点。了解了这点，则我们对以龙为春季象征的传统意识就不会感到奇怪了。

三足乌的原型是黄脚三趾鹑

弄清了南方朱鸟的原型是鹑，也就明白鹑这种普通的候鸟为什么具有凤凰的身份了。陆佃《埤雅》卷八引《禽经》曰:"赤凤谓之鹑。"《山海经·西次三经》:"昆仑之丘……有鸟焉,其名曰鹑鸟,是司帝之百服。"郝懿行云:"鹑鸟,凤也。《海内西经》云,昆仑开明西北皆有凤凰,此是也。"[1]

凤凰有个别名叫鶠,《尔雅·释鸟》:"鶠,凤,其雌皇。"凤凰的这个别名大约也由鹑而来。三趾鹑又名鷃,而"鷃"与"鶠"声韵皆同。鷃可为鹑,则鶠亦可为鹑、凤矣。

东汉三足乌画像石　　　　黄脚三趾鹑

因为鸡形状似鹑,所以古籍中,凤凰的形状也常与鸡相似。《山海经·南次三经》:"丹穴之山……有鸟焉,其状如鸡,五彩而文,名曰凤凰。"刘向《孝子传》:"舜父夜卧,梦见一凤凰,自名为鸡。"类似记载尚多,都可说明鹑是传说中凤凰的原型之一。我在前面已经指出,作为"历正"与"音乐鸟"的凤凰,其原型乃是大雁,而传说中

---

[1] 袁珂:《山海经校注》,第48页。

"火凤凰"的来源，则非鹖莫属。《艺文类聚》卷九十引《鹖冠子》曰："凤，鹖火禽，阳之精也，德能致之，其精毕至。"夏季，南方于五行属火，"火凤凰"的起因应该说并不神秘。

由属火的凤凰，我们十分自然地会想到日中那只奇怪的乌鸟。日乌的传说在我国人人皆知。有人以为日乌乃乌鸦，但在古人的观念里，此乌很多时候似乎并不是黑色的，它的名字有赤乌、阳乌、金乌、踆乌等。"乌"前的限定词大体与日有关而与黑无缘。有人以为，日乌的传说与古人观测到的太阳黑子有关，此也纯属猜测。根据古文献的记载可以断言，日乌的源头，仍在南方朱鸟。《艺文类聚》卷九十二引《古今注》："所谓赤乌者，朱鸟也。"神话学家袁珂校注《山海经》时，也举了不少例子说明日乌即南方朱鸟。朱鸟代表夏季，南方、属火，而太阳正为火精，因此，朱鸟自然可为太阳的图像符号。朱鸟取象于三趾鹑，则日乌的原型亦当为三趾鹑。日中之乌，最显著的特点是它有三足。《论衡·说日》："日中有三足乌。"《淮南子·精神训》："日中有踆乌。"高诱注："踆，犹蹲也。谓三足乌。"日中之乌，为何有三足？这是太阳黑子论者无法解释的，但它若为黄脚三趾鹑则为日乌三足提供了一个重要的证据。黄脚三趾鹑的重要特征是，"它只生有三个朝前的脚趾，很容易与鹑鹌区分开来"[1]。日乌取象三趾鹑，故日乌也就有了三趾的特点。三足当由三趾讹成，一些古书谈到日乌时，指出的原就是乌三趾的特点。如张衡《灵宪》曰："日者，阳精之宗，积而成鸟，象乌而有三趾，阳之类，故数奇。"[2] "趾"本字为"止"，可指足趾，亦可指足。日乌之原始图像必为三趾，后讹为三足，又足讹为头，所以传说或有三头离珠（朱）于服常树上，递卧递

---

[1] 郑光美：《鸟之巢》，第111页。
[2] （南朝宋）范晔：《后汉书》，中华书局，1965年，第3216页。

起，以伺琅玕也。

三足乌这样奇怪的对象，只有在作为南方朱雀的鹌身上才能找到存在的合理根据。否则的话，日乌之三足总叫人摸不着头脑。

从时间看，鹌作为凤凰的原型之一和作为日乌的原型相对较晚，它只在四象二十八宿的观念形成后才会出现。凤最原始的意象，由雁而起，这已为学术界不少人所相信。我以为，鹌成为凤以前，关于凤的传说已经在民间流行。一方面，当普通的鹌鸟被搬到天上成了朱雀后，它的本来面目就慢慢被人们淡忘了，人们渐渐赋予它以神奇意义，终至把它与神鸟凤凰合二为一；另一方面，鹌的夏候鸟的特征，使它与太阳结下不解之缘，终至使它又获得了日乌的身份。

通过以上所述，我们可以得到以下几点认识：

一、火凤凰与三足乌的原型为同一之物，即黄脚三趾鹌。

二、研究中国古代神话传说，不能光凭文学想象。中国古代神话传说大抵不是想象，而是附会而成，它们往往存在某个原型。理解中国神话传说创作的根本途径，是综合运用多种方法，找出神话传说中的这个原型。

三、中国古代不少神话、传说的产生与发展常常跟中国独特的天文历法紧密相关，而中国古代历法的制定是把观测天上日月星辰的运行与地上物候的变化结合起来的。因此，研究中国古代神话、传说，既要探究具有历法意义的天上的日月星辰，也要把注意力放在同样具有历法意义的地上的草木、花鸟、虫鱼身上，研究它们本身的特点、习性等。只有这样，我们才终能找到某个神话、传说的原型，揭开许多扑朔迷离的中国文化之谜。

25　慈乌及其文化蕴含[1]

慈乌与孝

有一种反哺的乌鸦，也就是慈乌，在中国的民俗文化中地位很高，因为它和传统中国社会最看重的"孝"相关联。《说文·鸟部》："乌，孝鸟也。"古代有一种深入人心的说法，乌鸟能衔食反哺其母，所以乌鸟被称为孝乌、仁鸟、慈乌。传统说法中，乌有两种，一种就是平时所说的乌鸦，又叫老鸦。乌鸦因为兆凶的缘故，人们都不喜欢。脖项白（或说嘴白）的那种才是反哺的孝乌。乌鸟反哺之说，或许是古人观察不精所致，未必有科学根据，有些种类的乌鸦如寒鸦在自己饱食后，确实会将一些食物与同类分享，不只自己的父母，也包括兄弟姐妹。另有一种情况，作为晚成鸟类，寒鸦离巢后仍需父母喂食，由于此时它们的形体较为相似，古人或误以为是反哺行为。乌鸦反哺并非事实，但乌鸦反哺的故事被用来彰显孝道，影响深

---

[1] 原刊《寻根》2012年第6期，这里略作了修订。

远。晋王嘉《拾遗记》卷三云：

> 僖公十四年，晋文公焚林以求介之推。有白鸦绕烟而噪，或集之推之侧，火不能焚。……或云戒所焚之山数百里居人不得设网罗，呼曰"仁鸟"。俗亦谓乌白臆者为慈乌，则其类也。

李时珍《本草纲目·禽部》有"慈乌"条，他将乌分为四种：

> 小而纯黑，小嘴反哺者，慈乌也；似慈乌而大嘴，腹下白，不反哺者，雅乌也；似雅乌而大，白项者，燕乌也；似雅乌而小，赤嘴穴居者，山乌也。

李时珍又说慈乌："此乌初生，母哺六十日，长则反哺六十日，可谓慈孝矣。北人谓之寒鸦，冬月尤甚也。"[1]六十日云云，亦见宋人罗愿的《尔雅翼》卷十三：

> 乌，孝鸟也。始生，母哺之六十日，至子稍长，则母处而子反哺，其日如母哺子之数，故乌一名哺公。

唐代诗人元稹《大嘴乌》诗云："阳乌有二类，嘴白者名慈。求食哺慈母，因以此名之。饮啄颇廉俭，音响亦柔雌。百巢同一树，栖宿不复疑。得食先反哺，一身长苦羸。缘知五常性，翻被众禽欺。"《水经

---

[1] （明）李时珍：《本草纲目》，第2665页。

注》卷四十引南朝宋刘敬叔《异苑》，说东阳人颜乌，以孝闻名，父亡，他负土筑墓，天上的群乌都用嘴衔泥帮他，乌的嘴部皆受伤。乡人命其县曰"乌伤"，也就是今天浙江义乌。这个传说很美丽，反映了民间对孝的伦理观念的认同。类似的传说又见《艺文类聚》引王韶的《孝子传》："李陶，交阯人，母终，陶居于墓侧，躬自治墓，不受邻人助，群乌衔块，助成坟。"《北史》卷十七则记载："（齐萧放）居丧以孝闻，所居庐室前，有二慈乌来集。"《宋史·何保之传》："（保之）有至行，母卒，负土成坟，庐于其侧。日游群乌飞集坟上，哀鸣不去。"

乌鸟是孝的象征，"乌哺"一词用以喻指儿女奉养父母亲属；"乌鸟私情"则用来比喻儿女的孝思。晋代束皙《补亡诗·南陔》："嗷嗷林乌，受哺于子。"晋人傅咸《申怀赋》："尽乌鸟之至情，竭欢敬于膝下。"李密《陈情表》："乌鸟私情，愿乞终养。"唐孟浩然《送王五昆季省觐》："斜日催乌鸟，清江照采衣。"白居易《谢官状》："乌鸟私情，得尽欢于展养；犬马微力，誓效死以酬恩。"清人钱彩《说岳全传》第四十五回"臣已离家日久，老母现在抱病垂危，望陛下赐臣还乡，少遂乌鸟私情"等，都以"乌鸟私情""乌情"来比喻孝情。

古代赋咏乌鸟的作品极多，不少着眼于乌鸟孝的品性，如尹湾6号汉墓出土的竹简中，就有一篇较完整的《神乌传（赋）》，其中对神乌的描写有："其姓（性）好仁，反铺（哺）于亲。行义淑茂，颇得人道。"[1]白居易《慈乌夜啼》诗："慈乌失其母，哑哑吐哀音。……声中如告诉，未尽反哺心。"宋张先《巢乌》："乌啼东南枝，危巢雏五六。心在安巢枝，一日千往复。脱网得群食，入口不入腹。穷生俾反

---

[1] 裘锡圭：《中国出土古文献十讲》，复旦大学出版社，2004年，第409页。

哺,岂能报成育。"老乌为了衔枝补巢,为了觅食养子,一日千回,甚至甘冒生命危险。如此母爱实难报答。此诗诗旨与孟郊"谁言寸草心,报得三春晖"相同。

清人黄仲则《饥乌》:"哑哑啼乌翅倒垂,托身偏择最高枝。向人不是轻开口,为有区区反哺私。"诗人以饥乌自喻,之所以开口向人求助,是因为有反哺之情,需要奉养父母的缘故。

关于慈乌为什么竟能反哺其母,《艺文类聚》卷九十三引《春秋纬·元命苞》云:"乌,孝乌,阳精。……阳天之意,乌在日中,从天,以昭孝也。"这个说法将慈乌等同于日中三足乌,并认为乌是天要彰明孝道的产物,是谶纬家的说法,虽然目的是要提高乌的地位,但离事实很远了。重孝的社会需要能够承载孝的伦理观念的对象,慈乌以其反哺的特性恰逢其会,才成为一种民俗文化象征。

慈乌与七夕

七夕习俗关乎乞巧、求子等,言者已多,而其与孝的关系,论者似少。七夕传说中最神奇、浪漫的属牛郎、织女鹊桥相会的故事了。据说每年七月七日晚上,有无数喜鹊填河,搭成鹊桥,让织女渡过银河与牛郎相会。

现在一般认为填河搭桥的是喜鹊,然在古代传说中,填河搭桥的原为乌鹊。宋代陈元靓《岁时广记》引《淮南子》(今本无)云:"乌鹊填河成桥而渡织女。"我们对这条材料极感兴趣,不仅因为它或许是鹊桥的最早记录,还在于它记录填河成桥的鸟类是乌鹊。后世类似的说法不绝如缕,唐李邕《奉和初春幸太平公主》:"织女桥边乌鹊起,仙人楼上凤凰飞。"李商隐《辛未七夕》:"岂能无意酬乌鹊,惟与蜘蛛乞巧丝。"李郢《乌鹊桥》诗:"乌鹊桥头双扇开,年年一度过河来。"不仅唐人,宋以后的人们说起七夕搭桥,常常还是说的乌鹊。如宋人赵师侠词《鹧鸪天·七夕》"人逢役鹊飞乌夜,桥渡牵牛织女星";明人何景明《织女赋》"凤凰翼以翳车兮,命乌鹊以筑梁",都视七夕架桥的是乌鹊。

乌鹊可兼指乌鸦与喜鹊,乌的种类不少,这里的乌应该就是慈乌之类的鸟类,它与喜鹊是两种不同的鸟类。但乌又可指乌鸦,乌鸦在后世成了不吉之鸟,喜鹊则是深受人们喜爱的兆喜之鸟。搭桥的鹊鸟,后来锁定在喜鹊,大约和这种民间的意见传承有关吧。

我读古书,发现天上的织女星与孝也似乎彼此纠结。《晋书·天文志》:"织女三星,在天纪东端,天女也,主果瓜蓏(音luǒ)丝帛珍宝也。王者至孝,神祇咸喜,则织女星俱明,天下和平。"《史记·天官书》张守节《正义》也说:"王者至孝于神明,则(织女)三星俱明;不然,则暗而微,天下女工废;明,则理。"

这些记载都具有浓烈的天人感应及星占的色彩。人间帝王的孝行会感动天上的神明,织女星会因此明亮,并使天下太平。人间孝行与天象具有的这种神秘对应关系,大概也是彼时统治者"以孝治天下"的一种投影,它会不会对民间风俗产生影响呢?答案应该是肯定的。

有名的孝子董永的故事与织女也有关。唐道世《法苑珠林》引刘向《孝子传》,是这个故事的较古老的形态:董永是肆力于田亩的农夫,与父亲住一起。父亲死,无钱安葬,董永就将自己卖给富公以供丧事。途中遇一女子,女子将董永叫住,对他说:"我愿做你的妻子。"于是两人一起来到富公家。富公问女子:"你是什么人?"她回答:"董永之妻,想帮助他还债。"富公就说:"你能织三百匹布,我就放了你们。"结果她只花了十天就织成三百匹布。走出富公家门后,她对董永说:"我是天女,是天叫我帮你偿债的。"说完此话,女子忽然不知所在。董永是农民,他不就是牛郎吗,这个善织的天女不就是织女么!有人将这个广泛流传、具有众多版本的故事看成牛郎织女传说的别种形态,原不偶然。但在这个故事中将天女与董永连接起来的是孝,这在后世牛郎织女的传说中似乎没有表现出来。然而,那可能是后世人们倾心喜鹊,厌恶乌鸦导致的结果。早期的传说中,明明说的是"乌鹊填河成桥而渡织女"。织女之渡河首先是因乌这种孝鸟的指引与成就,否则就没有她与牛郎的七七相会。我相信,孝感天动地的伟大力量,原来应该是在这个传说中占有一席之地的。然而,由于人们对乌鸦的不正确认识,使它退出七夕民俗,这对乌鸦是极不公正的。虽说是民众的选择,但它让七夕的习俗中缺失了孝的内涵,是令人遗憾的。

慈乌的其他象征意义

据说从前有古歌《乌鹊歌》,此歌传说为韩凭的妻子何氏所作,明人所著《天中记》卷十八引宋路振《九国志》云:"韩凭,战国时为宋康王舍人,妻何氏美,王欲之。捕舍人筑青陵台。何氏作《乌鹊歌》以见志,遂自缢死:'南山有乌,北山张罗。乌自高飞,罗当奈何。乌鹊双飞,不乐凤凰。妾是庶民,不乐宋王。'"韩凭夫妇死后传说化为鸳鸯,这里称何氏希望乌鹊双飞,可见民间对于乌鹊,除了孝,与鸳鸯一样,还赋予其情意深长的含义。清代李璧《乌栖曲》诗云:"花影参差覆辘轳,空房泪滴一灯孤。无端金井梧桐月,偏照双栖白项乌。"该诗就以乌的双栖与情意深长反衬作诗者的孤独。《易林·随之大壮》中"慈乌鸣鸠,执一无尤"之语,说的也是慈乌坚执的品性。孝与义原就具有相通的伦理意义,所以孝义常组合成词,《隋书·孝义传·郭儁》:"郭儁字弘义,太原文水人也。家门雍睦,七叶共居,犬豕同乳,乌鹊通巢,时人以为义感之应。"郭儁家门前的树上,乌鸟与喜鹊同巢,当时人都认为这是郭儁孝义的感应。可见,乌鸟与喜鹊、鸳鸯一样,都是民间所喜爱之鸟。

晋代成公绥《乌赋》序云:

> 有孝乌集余之庐,乃喟然而叹曰:"余无仁惠之德,祥禽曷为而至哉!夫乌之为瑞久矣,以其反哺识养,故为吉乌。……国有道则见,国无道则隐。斯乃凤鸟之德,何以加焉。鹏(音fú)恶鸟而贾生惧之,乌善禽而吾嘉焉。惧恶而作歌,嘉善而赋之,不亦可乎。"

因为慈乌集聚在成公绥家周围,引发了主人很多感想,他说自己并无什么仁惠之德,也没有给百姓带来什么好处,为什么慈乌就聚集在自己的家门口呢?成公绥又说,乌鸟是吉鸟,与凤凰一样,"国有道则见,国无道则隐",则慈乌在古代是被视作祥瑞的,慈乌之所以被视作祥瑞,自然也是与它们反哺的特征有关联的。

26 龙为树神说

长期以来，中外研究者对龙的原型进行了广泛、深入的探讨，产生过"恐龙说""外来物说""龙卷风说""扬子鳄说""雷电说""华夏图腾说"等不同说法，其中"华夏图腾"说流行最广。最早持此说的闻一多先生认为："（龙）是一种图腾，并且是只存在于图腾中而不存在于生物界中的一种虚拟的生物，因为它是由许多不同的图腾糅合成的一种综合体。"[1]这种说法自有其难以置信之处：一、从人类学报告与论著看，图腾物总是自然界中实有的物体，尚未见到以虚拟生物作为图腾的例子。二、在原始社会，不同的图腾部落合并后，一般是人数较少或较弱的氏族接受另一方的图腾物，并不存在两种或多种图腾相融的事实。三、一般认为龙的定型是在汉代而不在原始社会，而且汉以后，龙的形象仍在不断变化、发展。因此，它与图腾说是根本矛盾的。

闻一多的龙图腾说，虽说为人们的研究开拓了思路，有其一定意

---

[1] 闻一多：《伏羲考》，载闻一多：《神话与诗》，上海人民出版社，2005年，第20页。

义，但它并未在现代考古学、民族学、人类学、历史学的研究成果中获得任何证据。相反，它作为一种理论的不足之处与纯属臆测的性质已经日益清楚。

那么，龙这个千古之谜是否有可能真正揭开呢？龙的本质与原型到底是什么？这里提出一种新的看法，希望得到广大读者批评。

从传统与文字看龙与树

著名人类学家弗雷泽在《金枝》一书中指出：树神崇拜是与人类早期农业社会相应的宗教崇拜，它存在于所有农业民族。那么像华夏民族这样一个农业民族，是否也盛行过树神崇拜？答案是肯定的。我以为，中国人传说中的龙，原是树神的化身。中国人对龙的崇拜，是树神崇拜的曲折反映，龙是树神，是植物之神。龙的原型是四季常青的松、柏（主要是松）一类乔木。

先让我们看东汉哲学家王充《论衡·龙虚》里的一段话："盛夏之时，雷电击折树木，发坏室屋，俗谓天取龙。谓龙藏于树木之中，匿于屋室之间也。雷电未折树木，发坏屋室，则龙见于外。龙见，雷取以升天。世无愚智贤不肖，皆谓之然。"

汉画像砖上的神树与腾龙图

龙藏于树木之中，正是龙作为树神的一个明证。匿于屋室之间是龙藏于树中的衍伸，因为中国古代的屋室大体为木结构。"世无愚智贤不肖，皆谓之然。"可见，它在汉代是个流传极广、人人皆知的传说。王充在同一篇文章里又说："《短书》言：'龙无尺木，无以升天。'又曰'升天'，又言'尺木'，谓龙从木中升天也。"这里《短书》中的两句话意为：龙如果没有小树那样的凭借，就不能升天。

龙藏于树木中，龙从树中升天，这个汉人"皆谓之然"的传说，很可能是上古时流传下来的。有意思的是，汉以后，龙藏在树中或屋中的传说在继续流传。宋人黄休复说："世传乖龙者，苦于行雨，而多方逃匿，藏人身中，或在古木楹柱之内，及楼阁鸱甍中，须为雷神捕之。若在旷野，无处逃避，即入牛角。"[1]宋人刘子翚《咏松》诗云："曾映月明留鹤宿，近经雷霹带龙腥。"雷霹松树而带龙腥，显然他以松、龙为同体之物，此与王充、黄休复所引之传说有相通之处。元王冕《孤松叹》诗，更直截了当地说："孤松倚云青亭亭，故老谓是苍龙精。"可见，以龙为树神的传说一脉相承，在民间很有影响。

再从"龙"字的字形看。"龙"字，金文或写为🐉、🐉，上部从"立"。《释名·释姿容》："立，林也，如林木森然各驻其所也。"《康熙字典》引"龙"字的古文共有八个：竜、龍、龗、龕、龒、龔、龘、龖。其中第二、五字从草、从木；第一、四、六字从"立"。另三字显为会意而成。于此可见，龙字与木、草等植物当有关联。

正像世界上其他地方的树神常同时表现为谷神或植物神一样，中国的龙，有时也以谷神及植物神的身份出现。清王念孙《广雅疏证》卷十七曰："秀，龙巢也。未详。"谷类抽穗开花曰"秀"。我们若知道

---

[1]（宋）黄休复：《茅亭客话》卷五。

龙有谷神或植物神的身份，则对此就很容易理解了。有意思的是，考古学家曾在晋西南的夏墟中发现一个彩陶盘，其中绘有一条盘曲的双身单头螭龙，口中含有一穗粟。[1]这里，龙的谷神身份就更为明显了。

作为植物神的龙是从土里生长出来的，因此，我们的文字中，就把高出地面种植作物的窄土埂称为"垄"或"陇"。把作物种植于垄上的就称"垄作"。耕地、田野则被称为"垄亩"。

各地民间"二月二，龙抬头"的传说，春龙节（或称龙头节、青龙节）的习俗等，似乎也能够说明视龙为植物神的远古意识。农历二月初二，正是春分前后的农令时节，寒冬已去，大地回暖，草木萌绿。龙抬头，正是草木萌动见绿的神话说明。这与许慎《说文·龙部》里所说的龙"春分而登天，秋分而潜渊"的特点正相符合。

此外，大量存在于我国少数民族地区的风俗、传说也为龙即树神说提供了有力佐证。据佘仁树的叙述："云南宣威彝族崇拜米塞树，每年旧历二月属龙的头一天开始祭祀米塞树，也称'祭龙'，由大毕摩主持，向米塞树献羊血、鸡血，全村一起杀牲饮宴。"[2]《傣族简史》一书曾讲到傣族的树神崇拜，"元江、新平等地的傣族，普遍崇拜龙树、龙神……龙神、龙树都在每逢农历的二月春耕前进行祭祀，由村寨中公推的寨老主持"，目的在于祈求风调雨顺，保护庄稼茂盛生长。红河南岸的哈尼族，至今还保留了一种较原始和秘密的祭祀活动，本地俗称"祭龙"，实际是祭祀"龙树"与"龙树林"。

有趣的是，这种活动中，即使当事人也并不一定理解龙与树之间的深刻联系。比如哈尼族作者毛佑全在《叶车人的"灵魂"观念与原始宗教的调查》一文中说："过去，有人一直称树林神为'龙树'，祭祀树

---

[1] 参见《人民画报》1985年第3期。
[2] 中国民间文艺研究会云南分会编：《云南民俗集刊》第一集，1984年，第49页。

林神为'祭龙',其实树林神与'龙'毫无联系,无半点有关'龙'的含义,这是一种牵强附会的理解,应予以更正。"[1]其实这恰恰从客观上证明龙即树神的观念由来已久,同时也说明,囿于图腾龙的见解,是根本无法解释现在还留存着的"祭龙"活动的。

上面已经指出,汉族的龙,可以表现为谷神,这种观念在少数民族中也存在。如西双版纳哈尼族人,每年秋天收完稻谷后,"各家要举行'拜龙别',即收谷以家长收回留在地棚处的最后一丛稻谷而告终"[2]。

以上只是少数民族祭龙习俗中的一小部分,民俗学家乌丙安指出:"至今我国纳西族、傈僳族、佤族、景颇族、彝族、傣族、壮族、哈尼族、土族、鄂伦春族、达斡尔族、赫哲族、鄂温克族、满族的村寨中多有神树或神林。"[3]需要指出的是,其中绝大多数神树或神林被人们以龙呼之或在传说中与龙有关。

龙住在树中;龙离开树不能升天;谷穗是龙巢;"二月二,龙抬头"等传说,以及少数民族地区直呼神树、神树林为龙,直呼谷物为龙,而且,他们的龙与传说中的图腾龙毫无关系……这一切道出了一个事实:树、谷本身即龙,龙是树、谷之神,是植物之神。

比较树神与龙的功能

弗雷泽研究了世界各地大量树神崇拜的事实后,发现树神的能力、神性常常表现为三个方面:一、能行云施雨;二、能保护庄稼,使其丰收;三、能保护六畜,使其兴旺,使妇人多子。令人惊奇的是,传说

---

[1] 同上,第42页。
[2] 宋恩常:《中国少数民族宗教初编》,云南人民出版社,1985年,第241页。
[3] 乌丙安:《中国民俗学》,第203页。

中的龙，同样具有树神的这些能力，也相合于我国少数民族龙树的基本神力。

先看第一方面。传说中的图腾龙在中国朝野被人们普遍相信具有的神力之一，是能兴云作雨。汉朝祈雨常用土龙，这是大家都知道的。我国民间，龙王庙极多，遇旱即祷，更是明证。龙和世界上其他地区的树神，以及少数民族的"龙树"降雨神性一致，我认为这不是一种巧合，它正是龙为树神的一种曲折反映。

树神具有降雨的神性，祭树神的目的之一就是祈雨，这种情况在我前面提到的我国少数民族中也很常见。楚雄境内的彝族，"祭龙"时由"龙头"（主持祭龙仪式的人）在龙树上洒水和摆放祭品。旱天向龙树祷雨，在西南少数民族地区也是常见的。

再看树神第二方面的神力，即保护庄稼丰收的神力。古代的人们普遍认为，树神或森林之神是主管农业收成的神，树神能够促成草木繁盛、五谷丰登。我国一些少数民族中普遍存在的"祭龙"活动，其主要目的也在于祈农求雨。人类学家都认为：许多民族一致遵循的风俗，足以说明这些风俗所依据的观念不会限于某一种族，而是所有农业民族在其一定发展进程中自然产生的。因此，像我国这样一个素来重农、以农立国的国家，如果历史上不曾出现过大规模的、普遍的树神（植物神）崇拜，这就让人根本无法理解。事实上，在我国上古时代，中原及其周围的汉族聚居区，和世界上其他农业民族一样，也普遍存在祭祀树神以祈农的风俗；古代汉人也像其他民族一样，相信祭祀树神能促使农业丰收。只是这样的事实，人们未及揭示出来罢了。

上古汉人祀农，主要是通过祭社来实现的。"社"在上古时的真实内涵，我认为并非祭土，而正是祭"树神"或"植物之神"。

"社"字金文写作礻。所祀对象正是树木。《说文·示部》也说社的古文是"祦",所本正是金文之社。古书里谈到的社,离不开树木,离不开丛林,显然也向后人透露了"社"的真正信息。《论语·八佾》里有段话:"哀公问社于宰我。宰我对曰:'夏后氏以松,殷人以柏,周人以栗。'"宰我指出夏人以松为社,殷人以柏为社,周人以栗为社。他谈社没有涉及土地,此正说明,社的对象是树,社祭是祭作为"植物之神"的树神的活动。

古代在建邦立国之初,必首先建社,社的象征就是一棵、几棵树或一片丛林。《墨子·明鬼》谈到建社"必择林木之修茂者立以为丛位"。丛位即社丛,社也。《白虎通义·社稷》引《尚书·逸编》:"大社,唯松;东社,唯柏;南社,唯梓;西社,唯栗;北社,唯槐。"

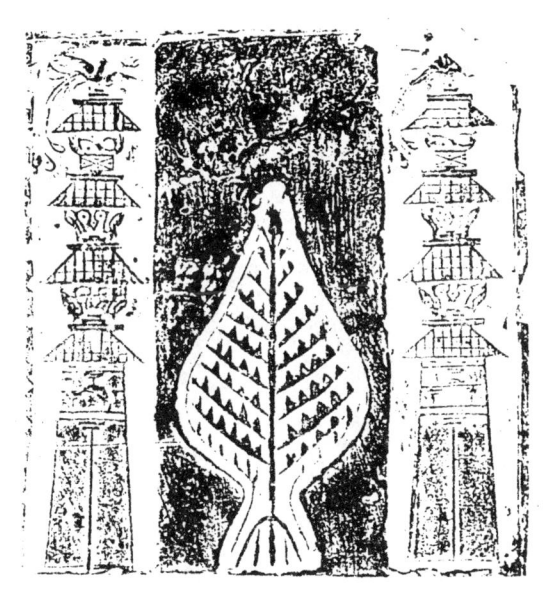

以"树"为图案中心的汉画像砖

以树为社，古书中记载极多。《庄子·人间世》说："匠石之齐，至于曲辕，见栎社树，其大蔽数千牛，絜之百围，其高临山十仞而后有枝，其可以为舟者旁十数。"庄子的描写，想来有夸张之处，但作为社标志的树，往往硕大无比，这是事实。庄子还说此栎是社神依托之所，栎神能托梦给人。这样的神树，在一些少数民族地区就被称作"龙"或"龙树"。

因此汉人远古时的社祭，主要是祭树神或植物之神。他们相信它有使植物茂盛、五谷丰登的神性。后来，随着原始社会单纯的植物崇拜向多神崇拜发展，社的神性也发展起来了，它同时成了土地神，成了邦国守护神等。这同少数民族地区的"龙树""龙林"，往往既是树神，又是寨神，又是土地神（或是山神）一样，也是单纯植物崇拜向多神崇拜发展的产物。

要强调指出的是，社祭之日虽古无定日，但大体都在二月二日前后，民间则以二月二日为土地诞日。清顾禄《清嘉录》卷二谈到过江苏的情况："二日为土地神诞，俗称土地公公，大小官廨皆有其祠。……村农亦家户壶浆以祝神厘，俗称田公田婆。"顾禄认为，民间二月二祭土地的风俗，源于古代的社祭，这很有道理。

我国民间除了以二月二日为土地诞辰外，还把这天定为"龙头节"（或春龙节、青龙节等）。江苏民谚有云："二月二，龙抬头，家家接女诉冤仇。"过去安徽寿春一带，二月二日这天，民间常在江边水畔焚香设供祭龙。广东潮阳二月二日亦有迎青龙之举。山东惠民过去以二月朔日为青龙节，该日人们常取灶灰围屋如龙蛇状，名曰引钱龙。陕西岐山民间，二月二日早上，人们在房屋四围洒灰，谓之"围龙"。陕西其他一些地方也有此俗。"迎龙""围龙"和一些地方二日的"填仓"活动，其心理动机当是祈求岁成丰足。有的民谚说得十分明了："二月二，龙抬头，大仓满，小仓流。"

无独有偶，西南一些少数民族"祭龙"的时间，亦往往选在二月二日。"从每年二月二'龙抬头'起，聚居在红河南岸哀牢山中的哈尼族人，便陆续开始'祭龙'了。"[1]其他一些民族，有不少也在二月二日或二月朔日祭龙的。这是巧合吗？不大可能。对这种现象我们可以作出合乎逻辑的推断：我们的"龙头节""春龙节"与少数民族的"祭龙"有个相同的源头，原先祭祀的内容与性质也相同。也就是说，我们上古时代也存在与现在一些少数民族地区相同的"祭龙"活动，即社祭。他们的龙以树（龙树）为标志，我们的龙也以树（社树）为标志，然而，在中原及其周围地区，"祭龙"与"祀土地"逐渐融合，以至于后来祭龙（祭社）的初始意义渐渐湮没。原来祭龙的二月二日，变成了祭土地的日子，甚至变成了土地诞日。然而，祭社以木的记载又保存了社祭原来是祭"龙"（树）的本义。而在民间，它以"龙头节""青龙节"等形式继续顽强地保持了它的一部分本来面目。当然，在漫长的流传过程中，各地"龙头节"的面目与上古时相比出现了不少差异，比如一些地方由原来祭龙（树神）的形式变成了迎水中的蛇（这种变化的历史原因不难考察）。也有些地方这天的民俗似乎相对接近于远古面目。如"围龙"的活动，在房屋四周洒灰，这与王充说的龙住在屋内的汉代传说就不谋而合。

无疑，民间二月二日龙头节的存在，为我所说的古代的社实际就是祭树神（龙），提供了一个强有力的证据。

耐人寻味的是，我国上古掌社的神灵后土，其名字就叫句龙。《左传·昭公二十九年》："共工氏有子曰句龙，为后土。"孔颖达疏云：

---

[1] 中国民间文艺研究会云南分会编：《云南民俗集刊》第一集，第49页。

"《祭法》曰：'共工氏之霸九州也，其子曰后土，能平九州，故祀以为社。'"指明掌社的后土为句龙，是社为祭龙之另一证据。后世之社树称为龙树，其源于此欤？

再说树神神力的第三方面，即保佑六畜兴旺、妇人多子的神力。和前两种神力一样，树神在这方面的特性，也是原始时代人们的普遍看法，其影响曾遍及世界各地。

居住在滇南元江一带的腊鲁颇，是元江彝族的一个支系。千百年来一直崇拜龙，他们挑选村旁的香面树为龙树。他们认为，龙能保佑彝家五谷丰登、六畜兴旺。腊鲁颇人还认为，妇人生男生女的权利也由龙神掌管，无论要男要女都必须到龙树下磕头祈求。

在我国少数民族地区，类似例子极多。而汉族地区，龙或者"土地"往往也具有使妇人得子，使六畜兴旺的能力。旧时代，到龙王庙、土地庙去祈求人丁、家畜兴旺的事可说司空见惯。

龙能使妇人得子的观念，在我国民间很有影响，如一些地方，扮神者用纸龙绕妇女一周，认为这样就可使妇女受胎，称为"麒麟送子"。

通过上面的阐述，可以清楚看出，弗雷泽在《金枝》中谈到的世界各地先民普遍崇拜树神的三方面能力，与我国龙及一些少数民族地区的"龙树""龙树林"的神力正相吻合，这是巧合吗？不是，这正是龙即树神的又一证明。

龙及其"象"

根据《论语》及其他典籍的记载，我们知道松、柏、栗等四季常青的树种很早就成为受祀的神树，尤其是松树，它是夏人的社神，也是后世"大社"所用之树。我认为松是最早具有龙的身份的植物。后世之龙作为一种动物，固然子虚乌有，但"动物龙"的形象是如何产生的呢？

古人心目中龙的具体形象，现在可从一些古文字、古建筑、古代图案及古人的描述中约略探知。关于龙的文字描述，较具体形象的当推王充《论衡·龙虚》所言："世俗画龙之象，马首蛇尾。由此言之，马、蛇之类也。"《说文·龙部》云："龙，鳞虫之长。"古之类书，每归龙入鳞介类。又《史记·封禅书》说："黄帝采首山铜，铸鼎于荆山下。鼎既成，有龙垂胡髯，下迎黄帝。黄帝上骑，群臣后宫从上者七十余人，龙乃上去。余小臣不得上，乃悉持龙髯，龙髯拔，堕，堕黄帝之弓。百姓仰望黄帝既上天，乃抱其弓与胡髯号。"按古人的描述，再参照出土文物中龙的图案，我们便约略可知，汉以前人们想象中的龙，大体具有这样一些形貌特点：一、头部似马（或以为鳄），颈部有鬣（鬣是马首的重要特征之一）。二、身体似蛇，而又有鳞。三、形体上有足，头上似乎还有角。

当然龙还有一些其他属性，且看古人的描述：

《周易》："飞龙在天。""潜龙勿用。""云从龙、风从虎。"《左传》："深山大泽，实生龙蛇。"《山海经》："不食不寝不息，风雨是谒，是谓烛龙。"《吕氏春秋》："令飞龙作效八风之音，名曰承云。"《淮南子》："龙举而景云属。"《大戴礼记》："龙非风不举。"《说文》："龙，鳞虫之长，能幽能明，能细能巨，能短能长，春分而登天，秋分而潜渊。"

关于龙特性的材料极多，这里不能多引。我们据以推断，可知龙的特性约有如下数端：

一、与云相属，能升天。

二、与水相依，能潜渊。

三、生于深山大泽之中。

四、从风、能长吟。

五、不吃不睡不息，常与风雨为伍。

基于古代文献描写的龙的特征，古今很多学者对龙的原型提出了种种假说，如鳄鱼说、蛇说、马说（马说可能源于鳄鱼说，因为鳄鱼的长面在图写时容易与马面相混）、牛说、猪说、龙卷风说等。其中以鳄鱼说、蛇说尤为人们所知，而龙的原型是鳄鱼或蛇的假说似也能找到不少民俗上的证据。然而，如果我们对照龙与鳄鱼及蛇的特征，就能发现它们之间相同之处甚少，虽说龙的主干部分及其基本形态和鳄鱼、蛇有些相像。正如朱天顺先生所说："鳄和蛇虽然比较像古铜器和古陶器塑造的龙，可是它们的生活习性和迷信中的龙的习性不符合。鳄和蛇主要生活在地上，不能升空，龙主要生活在天上或水中。"[1] 蛇、鳄的习性不合龙的地方何止这点。蛇、鳄和吟何尝有什么关系？蛇、鳄又何尝能长吟？蛇、鳄并非龙的原型，它们可能是在后来才被理解成龙的。

作为植物之神、树神的龙，正像我们在前面已经述及的，它与历法、时令具有非常密切的关系。"东方苍龙"蕴含着春季的意义，龙具有时令之神的身份，是十分显然的。龙按照我们的论证，应该就是各邦国宗族都崇奉的"社树"。社树在远古曾作为测天的"树表"而获得通天的神性（这一点，我们在下一章还将进一步论述）。作为植物之神社神的龙，与一般植物自然不能相同对待，它们是两个概念。一般的树要"立象"是容易的，但作为社神、树神的龙，要将它抽象化并非易

---

[1] 朱天顺：《中国古代宗教初探》，第102页。

事。我相信龙的鳄头蛇尾之"象"是先人的一大创造,创出这样的"虚象",就是要将龙与其他生物区分开来。自然界绝无鳄头蛇尾的动物,这样的"象"是树神、社神、时令之神之象。植物的一大特征是春天发芽(抬头),而鳄与蛇都是冬眠动物,此时亦要"抬头",所以用此两种动物的合体来象征龙的神性是十分聪明的。上古有的龙形象中,还有龙角,鳄头上无角,更能说明此象乃"虚象"。

龙的许多属性或曰神性,之所以在自然界中的实有动物如鳄、蛇等身上找不到,是因为古人赋予其神性的对象本来就不是这些动物,而是他们依据自己的信仰传统与生活经验抽象出来的树神、时令之神。而我们用树神(社神)、时令之神所具有的神性去检验龙的属性,马上就会发现它们之间的圆融无间。如"云从龙""能幽能明,能细能巨,能长能短,春分而登天,秋分而潜渊"等龙的特性,我们很容易通过龙的时令神的身份加以说明。

作为社神、时令之神的龙之"象"被创造出来后,在流传的过程中,它的形象也变得越来越多样化,同时由于这个"象"与自然界中的实在动物在形象上的某些近似,使这个象慢慢地被分离出来。也就是说,当初立象者的旨意已慢慢不为人们所知,就像我们前面说到的比翼鸟等象的初始意义不为人所知一样。从此,这条神秘的龙开始引起人们的想象与拟测,长躯蜿蜒的蛇与长面巨身、鳞甲斑斑的鳄因其形体与人们所创造出来的龙之象有某些相似之处,于是蛇、鳄是龙的观念也就渐渐产生了。

植物之神以动物之象出现,这种情况也不奇怪。西方的植物之神,就常以牛、猪、羊的形象出现。如希腊神话中的森林之神萨蒂罗斯,就是长有公羊的角、腿和尾巴的半人半山羊怪物。俄罗斯的树精叫作列斯奇(由列斯"树林"一词变来),人们认为他们都是半人半山羊的形象,长了山羊角、山羊耳朵与山羊腿。[1]

中国古代,龙常作天子、皇帝的象征,皇帝的子孙则被称作龙子龙孙。值得注意的是,西方人(不仅西方人)有崇拜橡树的习俗。希腊人和意大利人都把橡树同他们最高的神宙斯或朱庇特(天神、雨神和雷神)联系在一起。"一位希腊作家说:克尔特人崇奉宙斯,他们心目中的宙斯的形象就是一棵大橡树。"[2]我国一些少数民族地区的人们,也把龙树看作寨子的守护神,或看作自己的祖先。在一些祭龙仪式中,"龙头"要爬上树念诵祝祷,这正是以"龙头"作为神树的代表与象征。而我们所谓的"真龙天子",其原始蕴意,也无非是真正的树神的意思,即代表社的那棵大树。社的标志是树,社又是国家的标志。甲骨文、金文中的邦国之"邦"字,写作 、 :前一字像树从田出;后一字像有人俯拜于社木之下。俯拜树木的意思也十分清楚。天子是国家的代表,那么社树理所当然成了天子的象征。《广群芳谱》卷七十引《梦书》中说得很明白:"松为人君,梦见松者见人君也。"维吾尔族神话"树的儿子"中也称大可汗不可的斤为神树所生育:

在土拉和色楞格两河汇流的忽木阑术地方,有两棵树相连生着。一名费丝图克(Fistuk),形状极似松树,如扁柏一样经常带着青色,结的果实也似松实。另外一棵是野松,两树中间出现了一个小土堆,土堆长大后,开了一门,里面现出类似帐幕的五个小室,每个室内悬有一张银网,每张网内坐着一个婴儿。维吾尔各部落长看了非常惊奇,以为是灵异,都向前参

---

[1] [英]詹·乔·弗雷泽著,徐育新、汪培基、张泽石译:《金枝》,中国民间文艺出版社,1987年,第673页。
[2] 同上,第242页。

拜。婴儿与空气接触后，即能行动，维吾尔人特命奶母哺养他们。小儿能说话时，询问他们的父母，维吾尔人告以两树，于是小儿乃对树下拜。树教他们努力充实自己，搞好事业，并祝他们长寿，永垂不朽。维吾尔人以为这几个小儿是天赐给他们的，决定推举一人为自己的领袖。不可的斤（BuKuTekin）年龄最小，聪明而又能干，乃被推为"汗"。不可汗即位后，将国内治理得非常好，户口也日渐增多。[1]

可见，天子为树神（最早当以松为标志）的观念，虽然后世为天子是龙的观念所隐，但其蛛丝马迹还是明显的。

弗雷泽指出，原始社会常常把树木看作神，认为它们是帝王神人的体现，这种树神崇拜，是原始时代万物有灵观与巫术信仰结合的产物。万物有灵观使原始人相信植物也具有自己的灵魂，植物冬天"死亡"，春夏"复活"的情景，使原始人觉得只有那些四季常绿的乔木才是植物精灵的永久住所。无论是在中国还是外国，具有神灵意义的树种一般总是经冬不凋的树种，这不是偶然的。原始巫术信仰又使原始人相信树神的生命会对植物生长产生极大影响，并相信帝王的神圣力量来自树神，于是帝王与树神就有了同一体的性质。

---

[1] 谷德明编：《中国少数民族神话》，中国民间文艺出版社，1987年，第736页。

27 龙与历法

传说中的"图腾龙",其真实身份是树神,是植物之神,证据尚多。如有名的"九隆神话"称:

> 哀牢国……其先有一妇人,名曰沙壶,依哀牢山下居,以捕鱼自给,忽于水中触一沉木,遂感而有娠。度十月,产子男十人。后沉木化为龙。[1]

"沉木化为龙"当是"龙"乃木的一种曲折反映。刘尧汉先生说:

> 楚雄彝族自治州南华县摩哈苴彝村供奉一种龙树,这种树分泌一种液体,是壁虎的美食,壁虎常居其上。龙树不能随便碰,很神圣,在龙树上的东西也都不能碰,但离开了龙树就没有禁忌了。遇上天灾人祸,便去向龙树祭祀,我问过

---

[1] (东晋)常璩:《华阳国志》卷四《南中志》。

当地人,到底树是龙,还是树上的东西算龙?他们说树可算龙,爬在树上的动物都可叫龙。[1]

云南阿细人"祭龙",在水塘边的龙树下举行。龙树前供有猪头猪脚与美酒佳肴。主祭者跪地向龙树祈祷:尊贵的天龙哟!拜托你把雨来降。大塘小塘装满水,人畜饮水不用愁,万物生长就有希望,整个大地才有生机。[2]

浙江金华一带,至今将砍有些特定地方的树木叫作"伏龙",这是极能说明问题的民俗传承:

所谓"伏龙",即由砍第一斧的斧手,用"利市"纸,分别压在这棵树预计的倒伏处,先压树身倒伏处,叫"伏主龙";再压树梢倒伏处,叫"伏龙尾";最后压两旁枝权倒伏处,叫"伏龙手"。然后先砍三斧,再由第二人继续砍伐。此时,先砍的人要随时注意所伏的龙身、龙尾、龙手是否准确,如有不妥,要重新"伏龙"。

金华各县还有"迎龙灯"风俗,龙灯的龙头一般要选择樟木或柏树雕制,并可以偷砍选中的树木。在迎龙灯前,要抬着雕好的龙头到砍过的树桩前"谢娘"。[3]

这个风俗显然也蕴含了龙源于树的远古观念,都可证龙树即龙。

---

[1] 张紫晨等:《龙与民间文化(五人谈)》,载《民间文学论坛》,1988年第4期,第62页。
[2] 曾德奎:《弥勒县阿细祭仪四则》,载《云南民俗集刊》第四集,第90页。
[3] 黄子奇:《金华树种崇拜习俗考略》,载《中国民间文化》1994年第2期,第179页。

西汉马王堆帛画上的扶桑树，也用龙来缠绕。王大有先生对此解释道："这就是说，龙和扶桑树可互换。"[1]扶桑树与龙有时是一个概念。

传说中的图腾龙，其最早的原型之一是树，所谓的龙神，当是植物之神，这个认识的获得，可以帮助我们理解不少原先难以解释的问题。

龙与时节

前面我们已经指出，龙与历法关系密切。《左传·昭公十七年》有"太皞氏以龙纪"之说，班固《汉书·律历志》以为是言历法之事。古代曾有岁星纪年法，岁星或名木星，又叫龙星。《左传·襄公二十八年》："蛇乘龙。"杜预注："蛇，玄武之宿，虚危之星。龙，岁星。岁星，木也。木为青龙。失次出虚危下，为蛇所乘。"《周礼·春官·冯相氏》"掌十有二岁"唐贾公彦疏："以岁星本在东方，谓之龙。以辰为天门，故以岁、日跳度为龙度天门也。"古代"岁次"又可称"龙集"。《续古文苑·新莽量铭》："岁在大梁，龙集戊辰。"南朝何承天《天赞》："龙集有次，星纪乃分。"

龙星、木星、岁星可互换，既透露了龙、木一体的远古信息，也证明了龙与历法的确密不可分。

龙在早期社会记时的职能，很多研究者都已注意到。有学者指出："所谓'飞龙在天'就是反映春分时的天象；而'潜龙'或'跃在渊'则是对秋分时天象的描述。《周易·乾卦》中的六龙都是对天象

---

[1] 张紫晨等：《龙与民间文化（五人谈）》，载《民间文学论坛》，1988年第4期，第64页。

规律的总结。"[1]

刘敦励先生也曾指出龙与季节、与方向紧密相关。"龙常与四方或四季有关，每一方或一季由一种龙来代表，并有其特殊的颜色或特性（见《神农求雨书》）。"[2]

龙与年月等历法概念具有密切的关系，龙具有时令神的身份，这一点还能在一些少数民族的历法中找到证据。例如独龙族的历法，其年月的概念就与龙密不可分。《祭龙调》是独龙人在"祭龙"仪式中必唱的，由甲、乙两人，一问一答地唱。内容是把十二月的属相冠以"龙名"加以歌唱，从属虎月开始，到属牛月为止。例如，甲：一年十二月，每月有三节，正月有一龙，不知什么节，不知什么龙，请你告诉我？乙：正月这个月，立春雨水节。正月有一龙，胡须实在长，嘴唇又很大，它是兽中王，它是老虎龙。接着按月述说演唱：二月是兔龙，三月是真龙，四月是蛇龙，五月是马龙，六月是羊龙，七月是猴龙，八月是鸡龙，九月是狗龙，十月是猪龙，冬月是鼠龙，腊月是牛龙。[3]

独龙族的历法将一年十二月分二十四节气，显然受到汉族影响，但又以十二属相系于月，同时又系于龙，龙作为时令神的意义十分明显。

树木、植物与历法

龙是树神，是植物之神，龙与历法关系的秘密，可以从树木、植物与历法的关系中去寻找。历法概念不是从来就有的，我们在本书的前面

---

[1] 张福山：《我国原始神话中的原始经济色彩》，载《思想战线》1988年第4期。
[2] 刘敦励：《古代中国与中美那马人的祈雨与雨神崇拜》，台湾省民族学研究所《集刊》第4辑，1957年，第104页。
[3] 云南省编辑组：《云南少数民族社会历史资料调查汇编》，云南人民出版社，1986年，第222页。

部分引英国历史学家威尔斯的话[1]，说明在远古时代，必然存在着一个没有"年"概念的早期阶段。年的概念及原始的历法是如何产生的呢？在我国，当是源于树木、花草的荣枯周期，因为这种周期与地球围绕太阳公转一次的周期相应。最早的历法，当是一种自然历、物候历。前面我们已经指出古代宕昌羌人"候草木荣落，记其岁时"。高山族以粟之收获周期为一年。古代藏族以"麦熟为岁首"。

在东巴经神话中，有一棵神树叫"含英包达树"，神话中说：上面的声音和下面的气交合，出现了一朵白云和一股白风，白云白风交合，产生一滴白露，白露作变化，出现了"米利达吉海"，海中长出了"含英包达树"。这棵大树长出十二片叶，十二根枝杈，开出十二朵花，于是阴阳十二月由此产生，天地十二属由此产生。[2]

这棵神树"相传为众树之母"。东巴文字作三级神坛上有阔叶高树之状。"字从树从神座，叶子十二片，象征一年十二月，十二生肖也。"[3]

类似的历法起源传说，其他民族也存在，如我们在前面提到的哈尼族"砍大树"的传说，这些传说至少包含着两层文化隐义：一、从前曾有过没有历法，分不清年、四季、月，使人们难以安排农事活动的时期；二、最初的历法，是根据树及其他植物的生长情况制定的。

一些少数民族所传称的"日、月神树"，其内涵显然也与以树主历的原始历法有关。彝族民间史诗《查姆》上说：

---

[1] 见本书第177页。——编者注
[2] 和志武：《纳西东巴经选译》，云南人民出版社，1994年，第34页。
[3] 方国瑜编撰，和志武参订：《纳西象形文字谱》，云南人民出版社，1981年，第162页。

> 到一千重天上，种棵梭罗树……
> 树花白天开，日日花开照虚空。……
> 白日开花是太阳，夜晚开花是月亮。[1]

阿昌族民间史诗《遮帕麻和遮米麻》也以梭罗为日、月神树：

> 遮帕麻找来一棵梭罗树，
> 种在太阴山和太阳山中间。
> 告诉勾娄（日神）和毛鹤（月神）：
> 太阴和太阳要绕梭罗树旋转。[2]

梭罗树主日、月，日、月绕此树旋转的传说，所蕴含的正是以梭罗树为历的意思。这些少数民族，还以梭罗树为"粮食树"，说它能生产粮食。人们只有在准确历法的指导下，适时播种耕耘，才能获得好收成。因此，梭罗树能生产粮食的传说，反映的也正是梭罗的"历树"身份。

树木等植物主历的观念不仅限于少数民族地区，汉族先民其实也有类似的观念。在汉字中，年的概念可以用不同的词表示，《尔雅·释天》："夏曰岁，商曰祀，周曰年，唐虞曰载。"这个最早的唐虞时代表示"年"概念的"载"字，清人郝懿行在《尔雅义疏》中，引用大量例证，论证"才"字为"载、哉、栽"等字的本字，近人黄侃也以"才"为"载、哉"诸字的语根。而"才"字，《说文·才部》解其本义为："草木之初也。"尧舜是传说中原始社会的人物，说"载"为尧

---

[1] 楚雄州文学艺术联合会编：《查姆》，云南人民出版社，1982年。
[2] 兰克等整理：《遮帕麻和遮米麻》，云南人民出版社，1983年，第5—6页。

舜时代的年符号，虽然不一定可靠，但"载"字在《尚书》等古籍中已屡见，的确比"岁、祀、年"等为早出。

"年"概念的形成始因既明，"月"的概念呢？当然，"月"概念的最后形成与月亮的盈晦周期有关，这从"月"字即天上月亮之"月"可以证实，但古人最初之时，必然会在年的前提下，形成季节月的概念。月的概念包括两个方面：一、指月亮盈晦一周的日期。二、指一年分为若干时间段中的一个时间段，如把一年分为十个月，一年为三百六十天，则三十六天为一月。季节月的划分是原始社会经济活动所必需的，年的观念出现后，人们进一步就要解决给年分段，即分月的问题了。那么，古人根据什么来给一年的时间分段呢？有迹象表明，最初季节月的划分很不严格，它与原始人的经济活动、与植物等自然物候的生长情况关系甚密。如独龙族就是根据物候的变化，把一年分成十二个时间多少不等的节令，冠以龙名，据此安排生产活动。大凉山彝族，虽已有了彝历，但一般还是习惯于看柳树发芽、折耳根出土、布谷鸟叫了等物候的变化来确定备耕和种荞麦、马铃薯的时间。

汉族先民是不是也有过类似的季节月呢？从历法产生、发展的一般规律看，作为农业民族的汉民族，在其早期阶段，应当也划分过类似的季节月，应当也使用过类似的自然历法。我以为，传统的影响深远的十天干，很有可能就是季节月的名称。上古先民在获得了年的概念后，为了有效、合理地安排他们的生产与生活，把一年的时间分成了十个时间段。这十个时间段的名称分别是甲、乙、丙、丁、戊、己、庚、辛、壬、癸。这十个季节月之得名，和树木、庄稼等物候变化，以及人们的生产活动有着十分密切的关系。

甲，《说文·甲部》解其本义："东方之孟，阳气萌动。从木戴孚甲之象。……古文甲始于一，见于十，岁成于木之象。"段玉裁释曰：

"孚甲,卵孚也,孚甲犹今言壳也。凡草木初生,或戴穜(音zhǒng)于颠,或先见其叶,故其字像之。下像木之有茎,上像孚甲下覆也。"许慎言"岁成于木之象",是说岁的概念从木之生长周期而来,相应的月的概念最初也取象于草木,段玉裁释的时候也说其字像"草木初生"。许、段说"甲"字,当为可信。据此,则"甲"之意,应为草木初生之月的意思。

乙,《说文·乙部》曰:"象春草木冤曲而出,阴气尚强,其出乙乙也。"段玉裁注曰:"冤之言郁、曲之言诎也。乙乙,难出之貌。《史记》曰:'乙者,言万物生轧轧也。'《汉书》曰:'奋轧于乙。'《文赋》曰:'思轧轧其若抽。'皆乙乙之假借,从乙声,故同音相假。《月令》郑注云:'乙之言轧也。时万物皆抽轧而出。'物之出土艰屯,如车之辗地涩滞。"

"乙"字之义,诸家所说不异。乙作为时间段的名称也取象于草木,它当是草木抽轧生长之月的意思。"乙"字有难出之义,故乙声之字多受此义,杨树达《积微居小学述林》举了不少例子说明。可见,许慎等人所揭"乙"字本义,为不谬也。

丙,《说文·丙部》曰:"位南方,万物成,炳然,阴气初起,阳气将亏。"郑玄注《月令》曰:"丙之言炳也,万物皆炳然著见。"司马迁、班固说同。丙有显明之意,作为时间段的名称,实指草木形体显明之月的意思。

丁,《说文·丁部》曰:"夏时万物皆丁实。"《史记·律书》说:"丁者,言万物之丁壮也。"丁为壮大之义,至今不废,如呼青壮者为壮丁即是。然则丁者,草木丁壮之月也。

戊,《说文·戊部》:"中宫也。象六甲五龙相拘绞也。"许慎此说,较费解。但六甲、五龙却与时令有关,《汉书·食货志上》:"八岁入小学，学六甲五方书记之事。"王先谦《汉书补注》引顾炎武曰："六甲者，四时六十甲子之类。"五龙为五行之神，亦即五季之神。五行可与五季相配，五季名：春、夏、季夏、秋、冬。季夏又称长夏，配于方位，为中，所以许慎说："中宫也。"他显然以戊为季节月之名称。该月接阳入阴，处于阴阳四时之气交汇的中心，"戊"字之形，象"六甲五龙相拘绞"，正是对该月这种境况的一种意指。

如果说许慎的说法比较抽象的话，那么，汉代其他学者对"戊"字的解释就十分明了的。郑玄注《月令》："戊之言茂也，万物皆枝叶茂盛。"段玉裁以为，"戊"字当读"莫候切，……俗多误读"。可见，"戊"字当为草木茂盛之月的意思。

己，《说文·己部》曰："中宫也，象万物辟藏诎形也。"己这个时间段，长夏已临末尾，草木开始收敛，蕴酿结实。万物辟（避）藏诎形，就是这个意思。

庚，《说文·庚部》曰："位西方，象秋时万物庚庚有实也。"《月令》郑注曰："庚之言更也。万物皆肃然更改，秀实新成。"庚表时间段，是指草木万物开始发生变更、开始结实的时季。

辛，《说文·辛部》："秋时万物成而熟。"《史记·律书》："辛者，言万物之辛（新）生，故曰辛。"《释名》："辛，新也。物初新者皆收成。"辛取义于新，庄稼成熟为新生，可见，辛当为庄稼新生（成熟）之月的意思。

壬，《说文·壬部》："位北方也。阴极阳生，故《易》曰：'龙战于野'。"《史记·律书》："壬之为言任也，言阳气任养万物于下也。"刘熙《释名》也以"妊"释壬。诸家所说不异，则壬其意当指万物妊藏之月。

癸，《说文·癸部》："冬时水土平，可揆度也。象水从四方流入地中之形。"《史记·律书》说同："癸之为言揆也，言万物可揆度。"以冬季搞水利、平整土地，至今犹然。癸之意，即指平整水土之月也。

可见，历久悠久的十天干，全取象于树木、庄稼等自然或生产现象，它最初是作为十个季节月符号出现的。

五龙、五行、五木与十月历法

从一些文献记载看，中国上古存在过一种十月历法。《管子·幼官图》有十方图的记载，五方各分本图、副图，一个图代表一个月，一个方向包括本、副两个图，合十方图。《论语·阳货》："钻燧改火。"马融注引《周书·月令》云："春取榆柳之火，夏取枣杏之火，季夏取桑柘之火，秋取柞楢（音zuò yóu）之火，冬取槐檀之火。"《艺文类聚·火部》引《尸子》云："燧人上观辰星，下察五木以为火。"一年分为五个时节，每个时节换一种树木钻火，这种"变火之政"，虽后世废绝，但其中透露出一年分五个时段的信息是不容置疑的。五个时段，每个时段一分为二，就是十个季节月。

有意思的是，上古还有"五龙""五行"主甲乙等十天干的观念。《墨子·贵义》："帝以甲乙杀青龙于东方，以丙丁杀赤龙于南方，以庚辛杀白龙于西方，以壬癸杀黑龙于北方。"毕本，此下增"以戊己杀黄龙于中方"，云"此句旧脱，据《太平御览》增"[1]。

五龙与五行有时可合为一体。《鬼谷子·盛神法》："五龙。"陶弘景注："五龙，五行之龙也。"《水经注·河水》引《遁甲开山

---

[1]（清）孙诒让：《墨子间诂》，第410页。

图》:"五龙见教,天皇被迹。"荣氏注云:"五龙治在五方,为五行神。"原始时代,五行的内涵,主要是指时令与方位,《史记·历书》:"黄帝考定星历,建立五行,起消息,正闰余。"五行与五季(或四时)相配,亦可与五方(或四方)相配。在后世,五行几乎可与世间所有东西相配,而在农业社会中,其主时令的意义似乎最为重大。五龙为五行之神,主十天干,十天干是季节月的符号,它与五龙如此相配:甲乙之月为青龙,属东方;丙丁之月为赤龙,属南方;戊己之月为黄龙,属中方;庚辛之月为白龙,属西方;壬癸之月为黑龙,属北方。明乎此,则我们对上文《墨子·贵义》中的一段话就可理解了。"帝杀青龙"云云,实喻指甲乙这个时间段的结束;"帝杀赤龙"是指丙丁这个时间段的结束,余同。

然而,五龙、五行与四时、四方风等并不相应,它们反映的原是两种不同的历法系统。五龙、五行乃与十月历法相应,每龙配两个月。后人虽知道五龙、五行与时令有关,但因不明上古五时段的概念,故只得将五行与四时相配,因而"五方之龙"有时也就被称为"四方龙"。

在古书中,经常用"五木"或"四方木"来代替"五龙"或"四方龙"。"五龙""四方龙"与"五木""四方木"是一个概念。如长沙子弹库出土的战国楚帛书载曰:"青木、赤木、黄木、白木、墨木之精(精)。"帛书中还有图,四隅绘有木,唯中央缺之。饶宗颐先生说:"谅因黄色日久易退落,故漫灭不可见。"[1]饶宗颐先生又说:"此四木绘于四隅者,疑配合天文上之四维观念。"[2]

陈梦家先生也说:"帛书四周十二章之右各有一种象,神象头左旁为三字一行的'月名'。试以三首神象为正南,在东北、东南、西北、

---

[1] 萧兵:《楚辞与神话》,第166页。
[2] 同上。

西南四角分给青、朱、黄、黑四木，代表春、夏、秋、冬四季。"[1]

此战国帛书明文写出的"五色之木"，象征的无疑是季节。木、龙一体，五木与五龙无异，这种传承，将五龙、五木与十天干相配，它反映的当是龙即木、木即龙的文化内涵。龙作为历神主历的扑朔迷离，通过木与历关系得到阐明，是不难理解的。

社树与龙

我们曾一再强调，中国作为一个具有悠久历史传统的农业民族，向来十分重视"观象授时"。这"象"主要指的是物象与天象。作为授时根据的"物象"，包括树木花草、候鸟、虫鱼等。物候指时存在着种种缺陷，因地势、气候等因素影响，其准确性常常要打折扣。在对自然天象的认识逐渐加深的过程中，古人为谋求季节、方位的正确测定，慢慢地发现了地上之物（主要是树）的投影变化与季节、方位之间有一种对应关系，根据树木等物的投影长短、方向可确定季节与方位，正像我们前面分析夸父逐日神话表现的内蕴一样。为了在确定时空特别是季节问题上不断增加准确性，以利农业生产及其他生活的安排，我们的先人开始将测影与观察物候星象变化结合起来，测树影成了重要的判定季节的手段，后来测树影又发展到立柱测影。在我国不少农村地区，以观测树影来确定时节至今尚存。不少学者指出，上古时代社树的一个重要功能就是用来观影测时。

《山海经·大荒西经》：

---

[1] 陈梦家：《战国楚帛书考》，载《考古学报》1984年第2期。

西海之外，大荒之中，有方山者，上有青树，名曰柜格之松。日月所出入也。

作为日月出入之地，被称为"柜格之松"的松树，当是指通过太阳在松树上的投影可以确定季节、方位的神话语言。

我们要指出的是，四川广汉三星堆曾出土多棵青铜神树，其中二号坑出土的一棵被称为"通天神树"的青铜神树，我曾亲临观察。这棵神树，高近四米，有三层枝叶，每层有三根树枝，三根树枝上都站立着一只鸟，鸟共九只。应当特别引起注意的是，这棵"通天神树"的下部悬着一条龙，龙的头朝下，尾在上。近来有不少学者将古代的"社树""扶桑树"等神树与此"通天神树"联系，论证这棵青铜神树乃是一棵"社树"。张劲松先生还进一步认为"铜树之源是远古观影测时空的中央树，是由测影树演化为神树的"[1]。

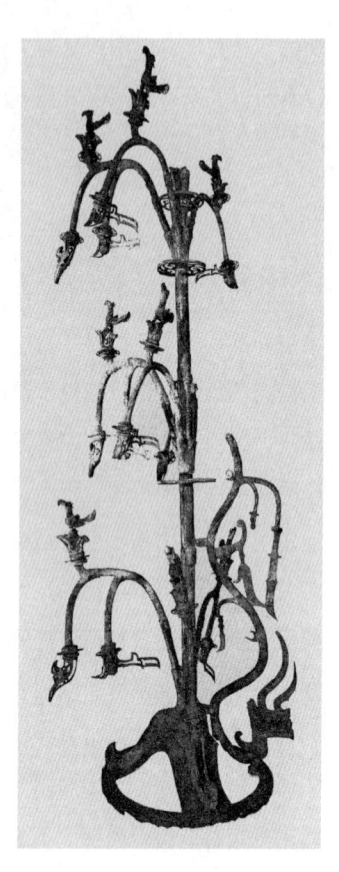

青铜神树

上述说法都是有理由的。联系我们在上文中提到的我国不少少数民

---

[1] 张劲松：《中国史前符号与原始文化》，北京燕山出版社，2001年，第56页。

族地区直指社树为龙树的事实，我们相信，这棵"通天神树"正是上古时代的一棵社树或称"龙树"，龙、树原本就属一体。一般的树自然只能称作树，但作为测天之用，具有"通天"功能的神树，则被称为"龙树"或"龙"。由于测天，确定时节对农业社会有着重要意义，所以这种神树亦渐渐被赋予诸如保佑庄稼丰收、掌控雨水甚至动植物生殖繁育等多重神性功能。随着我们先民测天技术的日益进步，由利用社树（或社石）等工具到利用更具精确度的圭表，甚至直接观测日、月、星、辰等天体来确定时间，这时社树的测天意义无疑会被人淡忘，但它的其他神性犹将顽强地在一些地区继续表现着，这是可以理解的。

我以为，三星堆这棵缠龙神树的出土，为我们提出的所谓图腾龙的原型是树提供了一个强有力的证据。龙作为天象、历法象征物的上古传承，除了源于树木的生长节律与自然节候的一致性，更在于作为社树的龙在远古时代曾扮演过极其重要的测天的角色。它是通天的使者，它是沟通天人的神物，它之终被神化，绝不是偶然的。

28　河图、洛书的本质

河图与鲟鱼

河图与洛书的起源问题历来是个谜。先秦时代，已有传说称，黄河出图，洛水出书。这里先谈河图，《论语·子罕》中孔子曾云："凤鸟不至，河不出图，吾已矣乎！"孔子是不言怪、力、乱、神的，可惜他没有明言图是什么，是如何从黄河中出现的。关于图，后世众说纷纭，以为它是由龙马、黄龙、鱼龙或鲤鱼从黄河中负出，以付圣王的。所以河图又称"马图""龙图"或"龙鱼河图"等。

说上古某时，有什么龙马、神龙、鲤鱼之类的对象负着图献给伏羲、黄帝、大禹等圣君，当然是不可思议之事。然而，传说不是纯粹想象的产物，一般总有客观事实的基础。因此，我们相信，河图的产生当与黄河中的某类水生动物有关。有意思的是，古代的学者对此已经有所论述，《尚书·顾命》孔安国传："河图，八卦。伏羲氏王天下，龙马出河，遂则其文以画八卦。"则"龙马"之文画成八卦的说法，与"龙马"直接负图的差别十分明显。它实际上已回到该传说的起源上来了。

可惜孔氏及其他人没有进一步从黄河水生动物的特质去把握"河图"的起源与实质，这使得神秘的河图依然被蒙罩在离奇神圣的光圈之中，使人难以认识它的庐山真面目。那么，传说中"负图"的龙马、黄龙或鲤鱼的原型到底是什么呢？我以为，当是鲟鱼，也包括鲤鱼。神秘的河图，原是我们的古人受到鲟鱼、鲤鱼身上的骨板、鳞片数目及其他一些因素的启发而创造出来的。

鲟鱼，古代又有鱣、鲔、叔鲔、玉版鱼、鲟鳇鱼、黄鱼等称呼。鲟鱼是一种江海洄游性动物，每年春天，它都由海里上溯黄河、长江中上游一带产卵繁殖。现在黄河中鲟鱼已极少见，古时却为人们习见。鲟鱼按时而至的特点，在原始的物候历中发挥过较大作用。我国最早的历书《夏小正》曾记载鲟鱼出现的时间："二月，祭鲔。"卢辩注曰："祭不必记，记鲔何也？鲔之至有时，美物也。鲔者，鱼之先至者也。而其至有时，谨记其时。"《春秋穀梁传·成公十七年》亦云："祭者，荐其时也，荐其美也，非享味也。"另外，《礼记·月令》中也有"季春之月，荐鲔于寝庙"的记载。鲟鱼指示时节的特点古人十分看重，加上鲟鱼指示的是一年开始的季节——春季，所以鲟鱼的这种特性在古人眼中也就具有了特别的意义。

要指出的是，具有指时意义的鲟鱼，它是体长二三米、最长可达五米的大鱼。它除了身形上具有"形似龙""背如龙"[1]的特点外，身上的骨板也与众不同：全身有纵列的菱形骨板五行，脊背正中一行，背、腹侧骨板各两行，历历分明。值得注意的正是鲟鱼的五行骨板。

---

[1] （吴）陆玑《毛诗草本虫鱼疏》："鱣身形似龙。"《本草纲目·鳞部》引陈藏器《本草拾遗》注："鲟生江中，背如龙，长一二丈。"见（明）李时珍：《本草纲目》，第2459页。

鳕鱼

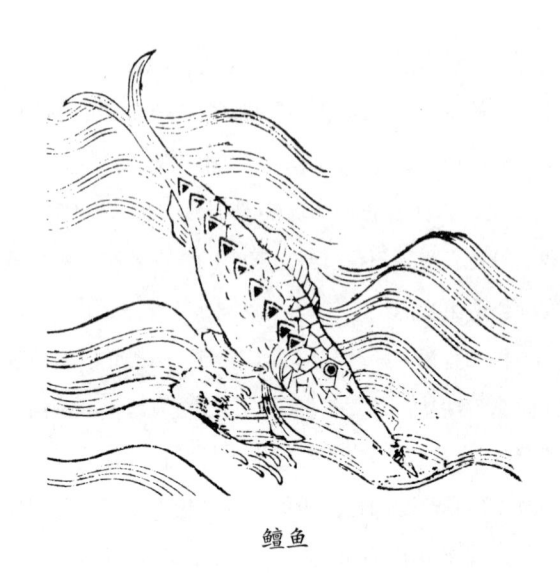

　　这里，让我们先谈谈河图的本质问题。关于河图以及它十个数的本质，前人议论纷纷，但大致只能在阴阳与五行的概念上作些解释。近年，陈久金、卢央、刘尧汉等人根据彝族八卦及尚存于彝族地区的十月太阳历的独特文化现象，对河图的本质作出了新解释。他们认为河图的十个数就是我国古代十月太阳历的十个月。中国上古时代存在分一年为十个月的十月太阳历，大约没有疑问，近年又有人撰文说我国上古曾用过所谓"五行历"，以"金、木、水、土、火"为名[1]。五行历与十月历当属同一系统，因为将此五个时段各再一分为二，就是十月历法了。陈、卢、刘等先生还指出，"图"字本身即含有十月历法的含义，《管子·幼官图》中的"十方图"可代表一年的十个月。这些意见大体都是正确的。

---

[1] 黄任轲：《从阴阳、五行两种古历的创制试论中国文化的两个主要来源》，载《中国文化源》，百家出版社，1991年。

如果河图与十月历有关，那么，这种历法很可能是我们的先人受鲟鱼启发后，则鲟鱼之"文"而创造出的。我们的先民发现，鲟鱼两次洄游到黄河中游的间隔时间是一年，依照鲟鱼五行骨板所示，可将一年分为五个时间段，再将五个时间段的每一个一分为二，就变成了十个时间段了。

十月历分每个月为三十六天，绝非偶然的是，鲟鱼身上除了有纵列的五行骨板外，其背侧又排列着三十至四十块骨板，而在古人眼中与鲟鱼为同一鱼类的鲤鱼[1]的侧线鳞数目，古人早就注意到是三十六片。段成式《酉阳杂俎》卷十七云："鲤，脊中鳞一道，每鳞有小黑点，大小皆三十六鳞。"《本草纲目》卷四十四《鳞部》引宗奭之言曰："鲤，至阴之物，其鳞故三十六。"三十六鳞指鲤鱼的侧线鳞，非脊中鳞，其三十六鳞之数，是正确的，清代学者郝懿行曾加以验证："旧说鲤脊中鳞一道，每鳞有小黑点，大小皆三十六鳞，今验唯肋正中鳞一道如旧说耳，非脊鳞也。"[2]鲤鱼侧线鳞数目为三十六，不少古人都注意到了，如段玉裁注《说文》时也说："惟三十六鳞之鱼，谓之鲤，亦谓之鳣。"

鲟鱼、鲤鱼身上的纹理，向来引人注目，孙绰《望海赋》有云："文鲤黄鳣。"李时珍《本草纲目·鳞部》："鲤鳞有十字文理，故名鲤。"沈括《梦溪笔谈》更说："鲤鱼当肋一行，三十六鳞，鳞有黑文如十字，故谓之鲤。文从鱼里者，三百六十也。"

这恐怕不会是巧合。完全有可能是古人受了鲟鱼的骨板与鲤鱼的鳞片的数目以及依次整齐排列的启示，认识到在将一年分为若干时间月后，又可将每月的时日排列起来，用某种符号来加以表示，于是一年中

---

[1] （东汉）许慎：《说文解字·鱼部》"鳣"下曰："鲤也。""鲤"下则曰："鳣也。"
[2] （清）郝懿行：《尔雅义疏》下四《释鱼第十六》。

具体的月、日就可以被区别出来。当然,十月历法的创立离不开古人对太阳的观测(如太阳影长的变化与太阳在星宿中的位置等),这种观测对确定回归年、夏至、冬至、春分、秋分等节气可以起很大作用。但历法的完成不仅能确定年、季节与节气等,在史前时代,更重要的是使月、日符号化,变成具体的可以指认的对象,如此才能使历法在人们的生产、生活活动中发挥巨大效用。而这种对年、月、日的符号化工作,相当一个时期,不可能直接经由对太阳的观测获得。在远古时代,它是人们受具体自然之物的启发,并利用自然之物创制出的。这种创造物,现在被称为"历书"。

河图这个文化符号的深层结构当是一种具有十月历内涵的原始历书,它当是古圣人受鲟鱼一年一至以及它的骨板数目及排列特点以及鲤鱼的鳞片数目等启发而创造出的。而从上古"荐鲔于寝庙",即郑重其事地将鲟鱼陈列宗庙,以"荐其时"的记载看,很有可能河图这种历书就是利用鲟鱼的骨板作成的。

古人在论述伏羲等古圣王"画八卦"的文化意义时曾说到它的"代结绳之政"。《周易·系辞下》谓:"古者包牺氏之王天下也,仰则观象于天,俯则观法于地,观鸟兽之文与地之宜,近取诸身,远取诸物,于是始画八卦,以通神明之德,以类万物之情。"

上古结绳而治,事大大其结,事小小其结。结也可记数记日,如过去一天,打一个结,即可记日。这种方法较原始,后来发展到在石上或动物之骨板上锥小圆圈以表示数。西安半坡就发现过呈三角形的锥刺小圆圈图,是刻在石上的。小圆圈从一到八排列,数字相加正好为三十六。我推测这可能是一种原始的"历板",一个圆圈表示一天,三十六个圆圈表示一个月。邓球柏先生认为半坡圆圈图是"原始河图、洛书"。他又说:"我们的祖先为什么要用锥刺小圆圈来表示数呢?我认为这是由结绳计事（数）过渡到契刻文字记事的中介阶段出现的文化现象。这些小圆圈既是对结绳的'结'的摹写，又是后来文字产生的先导。而'锥'则相当于后来使用的笔，'刺'则相当于后来的契刻。我们的古人用画卦、造书契的方式代替结绳之政，是我国文化史上的一次飞跃。这一飞跃的过渡阶段则是'原始河图、洛书'所反映的当时的文化现象——用锥刺小圆圈来计数的阶段。"[1]

用锥在石上、骨上刻小圆圈以表示数字、日子，不少民族的史前阶段都曾经历过。所谓的河图、洛书，很有可能就是这种文化水平时代中的原始历书。用锥在巨鱼骨板或龟背甲上刻符号以表示月日，这种历书比之结绳计数、计日，当然远为具体显豁，具有明显的优越性。

从地域看，河图出现的地点在河南孟津县。清乾隆朝《孟县志》载："伏羲时，德浴天下，河图出于孟津。"值得注意的是，有关河图的传说至今在洛阳东北五十里的孟津县一带还十分流行：相传孟津县老城一带，古时水草丰茂，人民安居乐业。后来黄河里出了一个头似龙、身似马[2]的妖怪，弄得这里洪水成灾。伏羲知道后，来到这里驯服了龙马，他又根据龙马身上旋毛的图纹，研究出了八卦。后人为了纪念伏羲的功绩，便在孟津县老城西北五里，伏羲降服龙马的地方，修建了一座寺庙，叫"负图寺"。寺前有两块碑：一刻"图河故道"；一刻"龙马负图"[3]。

负河图的龙马，或龙鱼出现在河南孟津一带的黄河之中无疑。而

---

[1] 邓球柏：《帛书周易校释》，湖南人民出版社，1987年，第23页。
[2] 旧说河图为龙鱼、鱼龙、鲤鱼所负外，尚有龙马、神马负图的说法。这里"马"亦可指鳣、鲤等鱼。郝懿行《尔雅义疏·释鱼》引崔豹《古今注》："兖州人呼赤鲤为赤骥，谓青鲤为青马，黑鲤为玄驹，白鲤为白骐，黄鲤为黄雅。"兖州属黄河流域，河图、洛书的故事正出于这一地区。因此，传说中"负图"的对象看似多端，但完全可以由作为鱼类的鲟与鲤统一起来。
[3] 张振犁：《中原古典神话流变论考》，上海文艺出版社，1991年，第106页。

孟津黄河,古时正是获取鲟鱼的一个地点。《诗经·卫风·硕人》疏引陆玑说曰:"鳣、鲔出江海,三月中,从河下头来上。鳣身形似龙,锐头,口在颔下,背上腹下,皆有甲,纵广四五尺,今于孟津东石碛上钓取之,大者千余斤,可蒸为臛(音 huò),又可为鲊……"孟津黄河是古人钓获鳣、鲔即鲟鱼之地,而负图之龙马亦出于此,这其实是为龙马、龙鱼原即鲟鱼提供了一条有力的旁证材料。

无独有偶,古人常常以鱼鳞之相次来形容寒暑季节之周环。张华《励志诗》:"四气鳞次,寒暑环周。"因为河图的产生与鲟鱼、鲤鱼的身体特点有关,所以这类鱼就常常被作为历法的象征物。清代姚觐元《涪州石鱼文字所见录》:"涪州大江有石梁,长数十丈,上刻双鱼,一鱼三十六鳞。一衔蓂(音 míng)叶,一衔荷花。或三五年,或十余年一出,出必丰年,名曰石鱼。"

石刻之鱼三十六鳞,当为鲤或鲟鱼。蓂即蓂荚,是古代传说中的历树,亦名"历荚"。清马骕《绎史》卷九引《田俅子》:"尧为天子,蓂荚生于庭,为帝成历。"《太平御览》卷四引《帝王世纪》:"尧时有草夹阶而生,每月朔日生一荚,至月半则生十五荚,至十六日后,日落一荚,至月晦而尽。若月小,余一荚,王者以是占历。"

鱼衔蓂荚,显然以鱼为历法之象征物,此鱼之鳞片数为三十六,可见,这种历法是一种每月三十六日的十月历法。荷花也是历法的象征物,而且与它相应的也是十月历法。很多学者指出,古时曾有将一岁分为两年的习俗,正是十月历法所特有的。其冬夏两个新年即腊日和貑臘日,在西南一些少数民族地区则表现为星回节与火把节,只是日期略有不同。荷叶生长盛时,正是十月历法下半个新年开始时,从前人们常于此时点荷叶灯,以示年节的到来,后来衍化为七夕点灯的习俗。陈久金先生指出:"七夕原为上古新年,原在月初,后改为七日,是出于民俗上的考虑。七月恰逢荷生长正盛之时，故点荷叶灯带有时节性。每逢七夕，人们都要在门前点烧荷叶灯以示出节。"[1]

陈久金先生的论断无疑是极有道理的，把三十六鳞的鱼与作为十月历法象征物的荷花放在一起，正透露出了三十六鳞之鱼与十月历法密切相关的远古信息。

洛书与龟

洛书与河图分属两个不同的系统。洛书与河图的不同主要表现在三个方面：一、传说不同，洛书传说出于洛水，由龟背负；河图则出于黄河，由龙马等背负。二、数字不同，河图数十，洛书之数只有九。三、图式不同。

正因为河图数十，前人将五行与之相配，十分顺理成章。而前人以五行配洛书时，就显得牵强。洛书以河图为标准，将水、火、木、金、土配置在北、南、东、西、中五个方位，这当然可以。但是，洛书和河图比较多了个"四维"，它与五行就难以协调。

与河图一样，洛书也肯定具有悠久的历史。《易纬·乾凿度》："故太一取其数，以行九宫，四正四维，皆合于十五。"有意思的是，考古学家曾在今阜阳市双古堆西汉汝阴侯古墓中，发掘出一面"太乙九宫占盘"。据称："太乙九宫占盘的正面，是按八卦和五行属性（水、火、木、金、土）排列的，九宫的名称和各宫节气的日数与《灵枢经·九宫八风》的篇首图完全一致。"[2]

---

[1] 见《民间文学论坛》，1988年第5、6合期，第153页。
[2] 安徽省文物工作队、阜阳地区博物馆、阜阳县文化局：《阜阳双古堆西汉汝阴侯墓发掘简报》，载《文物》1978年第8期。

这个太乙九宫图与洛书完全相符，与河图则不合。关于洛书的本质，我以为原来也是一种历法的载体，但它所载的不是与五行相应的十月历法，而是一种分一年为八个季节月的历法。这种历法最初可能是古圣人受龟壳上甲板的排列方式的启发而创制的。《尚书·洪范》孔安国传曰："洛出书，神龟负文而出，列于背，有数至于九，禹遂因而第之，以成九类。"又曰："洛书盖取龟象，故其数载九履一、左三右七，二四为肩，六八为足。"

龟的背部甲板作有规律的排列。龟背中央一列甲板共五枚，左右各四枚，左右相加正好八枚。这与洛书五居中央，其他八个数各居一宫的排列正同。

洛书作为一种"八季历"，受龟背甲板之有序排列启发而创，而且，龟板不又是可以作为"八季历"的历书使用吗？只要在表示季节月的八枚甲板上再刻上表示日的符号，不就成了一种历书了吗？这样制作的历书，无疑比结绳记日的方法要先进得多。

洛书把一年分成八节，每节大约四十五天。古代有八风之说。《淮南子·天文训》："何谓八风？距日冬至四十五日条风至，条风至四十五日明庶风至，明庶风至四十五日清明风至，清明风至四十五日景风至，景风至四十五日凉风至，凉风至四十五日阊阖风至，阊阖风至四十五日不周风至，不周风至四十五日广莫风至。"

八风其实就是八节，《易纬·通卦验》："立春调风至，春分明庶风至，立夏清明风至，夏至景风至，立秋凉风至，秋分阊阖风至，立冬不周风至，冬至广莫风至。"《灵枢经》有"九宫八风"篇，把八风纳入九宫之中。可见，八风说的存在，说明古时确有把一年分为八个季节月即八节的历法，与洛书正相一致。后世之二十四节气，无非是把八节中的每一节一分为三所致。

古圣人由龟背之纹理受到启发制定出一种历书，这不是偶然的。与鲟鱼一样，龟也是具有指时性的动物，它按时冬眠与复苏，它在原始的物候历中也发挥过重要作用。与鲟鱼一样，龟两次冬眠或两次苏醒的时间，其间正好是一年。龟纹的存在与龟的指时及龟背的便于契刻等特性，使龟与鲟鱼一样，成了一种历书——洛书产生的契机。

我国是农业国，农业生产离不开历法，因为掌握一年四季寒暑往来的规律，对农作物的生长具有决定性的作用。五谷早种或晚种十几天，其后果都不堪设想。在上古时代，谁能把好的历法授予人民，他就有可能成为百姓称颂的圣君。如没有历法，无法贯通天人，则生产、生活都将一团糟。为了制定出好的历法，"古之圣哲，殚精竭力，绵祀历年……其艰苦愤悱，史虽不传，而以其时代推之，足知其常耗无穷之心力。吾侪生千百年后，日食其赐而不知，殊无以谢先民也。"[1]柳诒徵先生的说法，当然是有道理的。在远古时代，好的历法可以给农业生产带来很大的便利，带来农作物的丰收，农作物丰收，人民生活就安定富足。因此，远古历法的颁布与天下清明大治可以构成一种因果关系。旧时传说河图、洛书的出现，是天下大治的祥瑞，其现实基础正在这里。

河图、洛书的起源与本质既明，则我们对它们与《易》的神秘关系也可作出较明确的判断了。《易》所寻求的宇宙与自然界的变化规律，指的是四季的变化。河图、洛书作为历书，用它们无疑能推算季节、月、日，这当是一种前无古人的伟大创造。历书的作用自然巨大，如算命就是它的一个具体运用，它之被人们大肆渲染以至神化乃是可以理解的。

---

[1] 柳诒徵：《中国文化史》，第46页。

29　灵芝传说与《高唐赋》《神女赋》的写作

　　古今学者关于昭明太子编《文选》所收《高唐赋》《神女赋》主旨的探讨纷纭多端，一些说法虽可给我们以有益的启示，然而与赋文对照，似仍欠圆满周到，不能令人满意。如以两赋主旨为戒淫的讽谏说影响最为巨大，李善注即谓此两赋"谏淫惑也"。宋人洪迈、明人陈第等都曾加以申说，现代学者持这种意见者亦不少。但从两赋用大量篇幅刻画了高唐观上所见之山川自然景观，同时着力刻画神女之美的写作实际看，戒淫讽谏说显然说服力不够；再说赋体文章具有"卒章显志"的特点，《高唐赋》最后的祝词是"延年益寿千万岁"，赋文中还有"有方之士，羡门高谿，上成郁林，公乐聚谷，进纯牺，祷琁室，醮诸神，礼太一"诸语，涉及的是神仙观念，这种神仙思想与"戒淫"的主旨也无法协调。

　　根据两赋的有关内容，特别是两赋的序文以及《高唐赋》中涉及神仙思想的文字，我以为不仅谏淫惑说，即如男女之情说、影射说、游览说，以及写景言情说都值得商榷。《高唐赋》《神女赋》当是与服食求仙及高楼迎仙的思潮与实践有关的作品。它们的立意、构成"神女"的

410

原型、创作时代与作者等问题,都有重新检讨之必要。

高唐、神女传说关乎灵芝

首先,我想通过重新检讨"神女"及"高唐"的原型来判定《高唐赋》《神女赋》的主旨所在。关于神女,值得注意的是《文选》及一些古书常说其是"帝之季女""精魂为草,实曰灵芝"。古今学者论述两赋时,对神女实是灵芝的说法注意不够。灵芝是古代服食家推崇的仙药,结合《高唐赋·序》中对仙人以及延年益寿的结束语看,灵芝恐是我们讨论《高唐赋》《神女赋》时不能不注意的对象。

《太平御览》卷三百九十九引晋习凿齿《襄阳耆旧记》卷一:

> 楚襄王与宋玉游于云梦之野,将使宋玉赋高唐之事,望朝云之馆。上有云气,崒(音zú)乎直上,忽尔改容;须臾之间,变化无穷。王问宋玉曰:"此何气也?"对曰:"昔者先王游于高唐,怠而昼寐,梦一妇人,暧乎若云,焕乎若星。将行未至,如浮如停。详而视之,西施之形。王悦而问焉,曰:'我帝之季女也,名曰瑶姬,未行而亡,封巫山之台。精魂依草,实为芝之;媚而服焉,则与梦期。所谓巫山之女,高唐之姬。闻君游于高唐,愿荐枕席。王因幸之。'"

严可均《全上古三代文》载《高唐对》一文,与上文引文全同。郦道元《水经注·江水》:

其下十余里，有大巫山……又帝女居焉，宋玉所谓天帝之季女，名曰瑶姬，未行而亡，封于巫山之台（或作阳），精魂为草，实为灵芝。所谓巫山之女，高唐之姬。旦为行云，暮为行雨，朝朝暮暮，阳台之下。旦早视之，果如其言，故为立庙，号朝云焉。

瑶姬

《文选·别赋》引李善注：

宋玉《高唐赋》曰："我帝之季女，名曰瑶姬，未行而亡，封于巫山之台，精魂为草，实曰灵芝。"《山海经》曰："姑瑶之山，帝女死焉，名曰女尸，化为䔰（音yáo）草，其叶胥成，其花黄，其实如兔丝，服者媚于人。"

《高唐赋》《神女赋》照黄侃的说法，"实为一篇，犹《子虚》《上林》也"。因为两赋文脉相通，故实相承，有些句式也完全相同。上述引文，尤其是有关"精魂为草，实曰灵芝"的文字，当是《高唐赋》序文中固有的内容，是赋文作者用以说明赋文所赋对象之实质的。后人可能因不明赋文作者作文初旨，又受戒淫观念影响，觉得"精魂为草，实曰灵芝"等说法与戒淫殊难相合，故径自删去。但我们通过《襄阳耆旧传》《水经注》等书，可知所谓神女的原型当是灵芝。《高唐赋》《神女赋》之作，其背景当与服食求仙以及造高楼成仙的风习与实践有密切关系。

战国时期，神仙派大约分三家，即行气导引派、房中派与饵药派。饵药一名服食，指吞食仙药以求长生不死或成仙。关于不死药，战国时，有方士"向荆王献不死之药"[1]的记载，燕昭王、齐威王、齐宣王也曾派人入海求仙药。虽说这些帝王似乎从来没有得到过什么不死药，他们想长生不老的愿望也被无情的事实证明是妄想，但服食求仙的风习在秦汉时代达到一个高峰。秦汉时期，除了炼丹服食以及金、银、玉等被服食家视为仙药服用外，各种各样的植物，如桂、菖蒲、茯苓、桃、黄精、胡麻等也被看成仙药。这些植物及菌类中，灵芝作为"仙药"形成的时间较早，影响也最大。灵芝在古籍中或称"菌""茵芝""芝草"等。《庄子·逍遥游》："朝菌不知晦朔。"此"菌"似并无"仙药"的身份。《史记·秦始皇本纪》载始皇三十五年：

卢生说始皇曰："臣等求芝奇药仙者常弗遇。"

---

[1] 南京大学《韩非子校注》组：《韩非子校注》，江苏人民出版社，1982年，第24页。

这里的"芝奇"即"奇芝"之意,与"仙药"并举,是以"芝"为仙药。到汉代,灵芝作为长寿之药的观念得到拓展。商山四皓之长寿,据说就得力于芝草,四皓所作之《采芝操》(一名《紫芝歌》)中有"晔晔紫芝,可以疗饥"之句,而《汉书·艺文志》载有《黄帝杂子·芝菌》十八卷,注谓:"服饵芝菌之法也。"据现有资料看,服食芝草以求长生的风习当起于秦汉时代,随着服食风习的蔓延,以芝草的出现为祥瑞的观念也随之产生。《汉书·武帝纪》:

(元封二年)六月,诏曰:"甘泉宫内中产芝,九茎连叶。上帝博临,不异下房,赐朕弘休。其赦天下,赐云阳都百户牛酒。"作《芝房之歌》。

因甘泉宫内生芝而下诏赦天下,可见在汉武帝时代,灵芝作为"仙药"与兆"祥瑞"的对象,已经获得了前所未有的重要地位,这使它有可能成为赋体文字所描绘的对象。我以为,《高唐赋》《神女赋》中的神女,当是借鉴了荀卿《赋篇》中赋蚕、云、针等所运用的隐喻手法,又糅合了《山海经》中帝女化瑶草的神话传说,抓住灵芝的一些特性以及人们服食灵芝后特有的体验而塑造的形象。作者的着眼点首在灵芝,两赋的创作与服芝求仙的风习有关,若说两赋的讽谏意义,其讽谏指向不在"戒淫"而在"戒求仙"。

让我们看看两赋之序及赋文中关乎灵芝特性的文字。《高唐赋》之序谓神女遇先王,是在先王"昼寝"之时,后来襄王"使玉赋高唐之事,其夜王寝,果梦与神女遇"。何以遇神女必待梦,学者所论似未及此,我以为,这显然是指"幸之"等事非生活中实事而乃梦境。梦中见佳人,当是服食菌芝类食物后所致之幻觉,所以这些看似描写神人交合的文字实际上乃是措意于灵芝的一种曲笔。

现代的人们早已清楚,一些菌菇类食物如斑褶菇、红菇等都具有不同程度的致幻作用。人们服食了这种菌类食物后,便会在服食者眼前出现各种色彩斑斓之建筑,变幻莫测之湖光山色,光怪陆离之奇珍异宝,也会出现容颜绝世的美人飘飘前来的景况。灵芝类食物被秦汉及以后的人们看成仙药,除了它们生长于深山,形状奇丽的因素,最重要的恐怕是它们的致幻作用,使服食者产生飘飘欲仙的感觉,获得从未有过的奇异体验,从而相信这种食物具有神力。崇拜菌菇类食物,相信它们有神力,是神药,其他民族亦可见到。生活在南美丛林里的古印第安人,崇拜一种被称为"神之肉"的蘑菇,认为它是一种能"显灵的圣物",具有"将人的灵魂引导到天堂"的无边法力。在举行阿兹台克宗教盛典时,司祭将浸泡"神之肉"的圣酒供给祭祀的人饮用,喝了这种圣酒的人便会产生幻觉,就仿佛进入天堂。古代秘鲁、婆罗洲、印度、几内亚、西伯利亚和欧洲的某些少数民族,也认为菌菇类食物是神药,在特定的宗教仪典时食用。[1]上引《太平御览》所引之《襄阳耆旧传》说得十分明白:"精魂依草,实为瑶芝;媚而服焉,则与梦期。所谓巫山之女,高唐之姬。"服了神芝之后,就能够在梦中与她相会,此即巫山之女,高唐之姬。可见,说巫山神女的原型中糅合有芝草的属性及服食芝草的体验是没有问题的。当然,两赋所塑造的神女,又以《山海经》中的帝女瑶草故事为本,《中次七经》:

又东二百里,曰姑媱之山。帝女死焉,其名曰女尸,化为䔄草,其叶胥成,其华黄,其实如菟丘,服之媚于人。

---

[1] 陈士瑜:《菌类谈荟》,江苏科技出版社,1983年,第104页。

服食一些致幻菌类能"媚人",这种认识必远古时代就已发生。汉代以后随着人们尤其是方士的服食实践活动的扩大,其体验与认识自然也会进一步具体与深入,因此高唐神女的故事,是糅合古时之说及后世人们对芝草认识的产物。关于后者,让我们再来看《高唐赋》序文中"妾在巫山之阳,高丘之阻,旦为朝云,暮为行雨,朝朝暮暮,阳台之下"的描述。

　　在不知栽培的古代,古人采芝往往去深山,汉乐府民歌《四皓紫芝歌》有"莫莫高山,深谷逶迤。晔晔紫芝,可以疗饥"之句,故"妾在巫山之阳,高丘之阻"的说法,正契合芝草的生长之处。关于"朝云""暮雨"的比喻,我认为也关乎古人对菌芝的认识。古人向来有灵芝是所谓"山川云雨之精"的说法:"山川云雨五行四时阴阳之精,以生五色神芝,皆为圣王休祥焉。"[1]灵芝既为山川云雨四时阴阳之精,则神女在山为云、为雨就是可以理解的了。有意思的是,菌芝生长在山间,远望每如云如雾。《广群芳谱》卷八十七云:"石耳,一名灵芝,生天台、四明、河南、宣州、黄山、巴西边徼诸山石崖上,远望如烟。"《广群芳谱》引《抱朴子》曾对灵芝的生长地、形状功效等有过描述:

　　　　苍山岑石之中,赤云之下,状如人竖,竖如连鼓,其色如泽,以夏采之,阴干食之,令人乘云能上天,观见八极,通见神明,延寿万年。

　　王安石也有句曰:"湿湿岭云生竹菌。"又关于菌类的生长习性,

---

[1] (清)汪灏等编:《广群芳谱》,第2083页。

古人早就有所了解，《列子·汤问》："朽壤之上有菌芝者，生于朝，死于晦。"《本草纲目·菜部》谓菌芝"朝生暮死，一名朝生"。菌芝还有得雨后怒生的特点，《五台山记》谓："得雨之后，精气怒生，菌如斗壮，所云天花者也。"[1]所以，神女之化身为朝云、暮雨，《高唐赋》强调的神女"朝朝暮暮，阳台之下"的属性，也很有可能是作者在对灵芝类植物朝生暮长、状如人竖，望之如云气以及得雨后怒生的直观认识基础上，以隐语的方法赋神女的。

服食灵芝主要为求长生，所以《高唐赋》之末句曰："九窍通郁精神察，延年益寿千万岁。"这样的结尾，清楚地表明此赋所述之对象的确与灵芝相关，前人每视《高唐赋》结尾为突兀，是不明作者两赋赋灵芝，其主旨正关乎求仙也。

《高唐赋》《神女赋》的写作与汉武帝造高楼迎仙

《高唐赋》《神女赋》之主旨关乎服食求仙，还可以从神女所处之环境——高唐观探得。"高唐观"之"观"指楼观之观，古今无异说。《高唐赋》序文"高矣，显矣，临望远矣；广矣，普矣，万物祖矣，上属于天，下见于渊，珍怪奇伟，不可称论"，显是称容名为高唐的楼观。接下去"王曰：试为寡人赋之"，后才有"惟高唐之大体分"的正文，然则《高唐赋》是以"高唐观"作为其构思属文的出发点的，神女曾为"高唐之客"，楚王遇合神女也在高唐观上。为什么神女要为"高唐之客"，遇合神女也只在高唐观上呢？我以为，这与汉代始盛行的神人（仙人）好楼居的观念有关。"高唐"二字，闻一多、饶宗颐诸

---

[1] 同上，第2084页

先生皆以为是指楚始祖"高阳",唐为阳之音变,此说根据并不充分。其实"唐"字解为"广阔",扬雄《甘泉赋》:"平原唐其坛曼兮。"李善注谓:"唐,广也。"枚乘《七发》"淹沉之乐,浩唐之心"之"唐",意亦指广大。"高唐"二字,意谓高而广大甚明,高唐观也就是高而广大的楼观,意思非常清楚。这与《高唐赋》序文中"高矣,显矣,临望远矣;广矣,普矣,万物祖矣"句中上下句第一字正好相应,可见作者所欲赋者乃高大之楼观。

神人(或仙人)楼居的观念起于汉代,战国时燕昭、齐威、齐宣王之世,一般人认为仙人、仙药存于海上,直至秦代的始皇帝,仍相信仙人及不死药必入海方能求得。他不仅多次派徐福、卢生、韩终、侯公、石生等人多次入海,"求仙人羡门之属"与不死药,而且亲自出游海上,冀遇仙人得仙药。汉兴,高祖、文帝、景帝未闻有求仙事,但汉武帝是个上绍秦始皇的汉代最大的仙迷,一生笃信神仙不死之术,至死不悟。青年时代的汉武帝,曾一承燕昭、齐威、秦始皇诸人之余风,从事于海上求仙活动。方士李少君、栾大等为武帝所佞信,贵振天下,致"海上燕齐之间,莫不搤捥而自言有禁方,能神仙矣"[1]。虽然栾大等人因"其方尽,多不雠"而被武帝所杀,但齐人公孙卿却始终为武帝所信任。公孙卿为迎合武帝,一方面,利用并伪造所谓的黄帝成仙的故事以蛊惑武帝;另一方面,则在求仙的方式方法上提出了不少新建议。如将封禅与求仙结合,以封禅求长生;派人在名山候神仙,广建神祠以媚神仙;攀附黄帝并在举措上仿效黄帝等。在这股空前的求仙热潮中,值得注意的是公孙卿提出的仙人好楼居的观念以及武帝造高楼迎仙的新动向与新举措:

---

[1](汉)司马迁:《史记》卷二十八《封禅书》,第1391页。

公孙卿曰："仙人可见，而上往常遽，以故不见。今陛下可为观，如缑城，置脯枣，神人宜可致也。且仙人好楼居。"于是上令长安则作蜚廉桂观，甘泉则作益延寿观，使卿持节设具而候神人。乃作通天茎台，置祠具其下，将招来仙神人之属。于是甘泉更置前殿，始广诸宫室。夏，有芝生殿房内中。天子为塞河，兴通天台，若见有光云，乃下诏："甘泉房中生芝九茎，赦天下，毋有复作。"[1]

甘泉宫原为秦之离宫，汉时方士附会为黄帝之"明廷"[2]，为武帝所信，武帝为祈神求仙攀附黄帝的需要，不断增筑楼观，如建元中建通天、高光、迎风诸高台，成为一大宫观建筑群。比之建章宫，甘泉宫的宗教色彩要远为浓烈，楼观之高大亦远过之。颜师古注《汉书·武帝纪》曰：

通天台者，言此台高，上通于天也。《汉旧仪》云"高三十丈，望见长安城"。

从《高唐赋》的祝词看，其有致神仙、求长生的旨意为无疑。武帝之建高楼原为候仙致神、追求长生，然则《高唐赋》之意旨，其写作背景可能正在这里。

我以为，《高唐赋》所赋之高大楼观，其原型很可能就是甘泉宫之台观。从名称看，甘泉宫一名云阳宫，为什么又称云阳宫，当是其地处云阳县甘泉山之故。《史记·范雎传》张守节《正义》引《括地志》：

[1] 同上，第1400页。
[2] 同上，第1402页。

"甘泉山一名鼓原,俗名磨石岭,在雍州云阳县西北九十里。"而《高唐赋》序文中"朝朝暮暮,阳台之下"之阳台,又名"云阳台"。《文选·子虚赋》:"于是楚王乃登云阳之台。"李善注引孟康曰:"云梦中高唐之台,宋玉所赋者,言其高出云之阳。"

从《高唐赋》"登巉岩而下望……中阪遥望……仰视……俯视……上至观侧"的描述看,赋文所述之高唐观,显然是建于山上的。而甘泉宫正建于甘泉山上,扬雄后来在《甘泉赋》中描写甘泉山"崇丘陵之駊騀兮,深沟嶔(音qīn)岩而为谷",可见它是非常高峻的。

从所祭之神看,两者亦甚为一致,《高唐赋》曰:"进纯牺,祷琁室,醮诸神,礼太一。"而甘泉宫内"中为台室,画天、地、太一诸鬼神,而置祭具以致天神"[1]。武帝曾屡屡赴甘泉宫,《史记·孝武本纪》记武帝元鼎五年(前112):

> 上遂郊雍,至陇西,西登崆峒,幸甘泉。令祠官宽舒等具太一祠坛,祠坛放薄忌太一坛,坛三垓。五帝坛环居其下,各如其方,黄帝西南,除八通鬼道。太一,其所用如雍一畤物,而加醴枣脯之属,杀一狸牛以为俎豆牢具。而五帝独有俎豆醴进。其下四方地,为餟食群神从者及北斗云。已祠,胙余皆燎之。其牛色白,鹿居其中,彘在鹿中,水而洎之。

这一段话将武帝在甘泉宫"进纯牺""醮诸神,礼太一"的经过写得十分具体,显为实录无疑。《高唐赋》中相关之语,其本乎此欤!

---

[1] (汉)司马迁:《史记》卷二十八《封禅书》,第1388页。

《高唐赋》《神女赋》之作，其皆景正在汉武之世的造高楼礼神候仙，以及服食灵芝求仙。前面已指出，甘泉宫中曾生出九茎灵芝，这在当时是件大事，武帝曾因此大赦天下，并作《芝房之歌》。然则《高唐赋》《神女赋》之作，其契机在此欤！

武帝为求仙消耗大量人力物力，搞封禅、祠五岳四渎、入海求蓬莱、造高楼、服食等，最后，如司马迁云"终无有验"，然武帝"终羁縻不绝，冀遇其真"[1]。武帝这种举动，常为有识之士所讥所忧，司马迁曾云："自此之后，方士言神祠者弥众，然其效可睹矣。"[2] "其效可睹"，是说结果可想而知，亦没有结果，是认定武帝不能遇仙、成仙。武帝为求神仙长生，广建高楼，"竭民财力，奢泰亡度"，导致"天下虚耗，百姓流离，物故者（过）半"[3]的后果，亦为当时有识之士所深痛。《高唐赋》结尾"九窍通郁精神察，延年益寿千万岁"，之前有"思万方，忧国害，开贤圣，辅不逮"之句，而《神女赋》之神女最终亦未倾心于"楚王"，"楚王"终未能得此神女也，此两赋之"王"或为影射武帝。两赋主旨，我以为是微讽武帝不能开贤圣，而只知信任方士，遭致"国害"；微讽武帝求仙，无论建高楼迎仙，抑或服食求仙，都将不能达致目的。

而《高唐赋》《神女赋》之作者，亦不可能是宋玉，前人从不同角度，对此辩说已多。如有人以为若是宋玉作，赋文中不可能称楚襄王。崔述《考古续说》卷之一云：

> 周庾信为《枯树赋》，称殷仲文为东阳太守，其篇末

---

[1] 同上，第1404页。
[2] 同上。
[3] （东汉）班固：《汉书》卷七十五《夏侯胜传》，中华书局，1962年，第3156页。

云"桓大司马闻而叹曰"云云,仲文为东阳时,桓温之死久矣。然则是作赋者托古人以自畅其言,固不计其年世之符否也。谢惠连之赋雪也,托之相如;谢庄之赋月也,托之曹植,是知假托成文,乃词人之常事。然则《卜居》《渔父》亦必非屈原之所自作,《神女》《登徒》亦必非宋玉之所自作,明矣。但惠连、庄、信,其世近,其作者之名传,则人皆知之;《卜居》《神女》之赋,其世远,其作者之名不传,则遂以为屈原、宋玉之所为耳。

从文体这个角度看,《高唐赋》《神女赋》与荀子《赋篇》在形式上的差别也太大,《赋篇》多用四字句,篇幅又较短小,《高唐赋》《神女赋》则纯用有韵之散文体写赋,其形式与汉代司马相如等人所作之赋完全一致。这种赋体形式,前人也早已说明不可能出现在宋玉时代。[1]

现在我们从两赋所表现服食灵芝,以及造高楼迎仙以求长生这个特定内容出发,也可证《高唐赋》《神女赋》绝不可能为宋玉所作。服食灵芝以求长生是秦汉以后的事,造高楼迎仙求神求长生更是汉武帝时代的事,春秋战国时各国所建之台榭绝无迎神求仙之事。《国语·楚语上》:"故先王之为台榭也。榭不过讲军实,台不过望氛祥。"所以《高唐赋》《神女赋》的作者,可能是熟悉武帝求仙、封禅活动的与武帝同时代的赋家。史载赋家枚皋"为赋颂,好嫚戏……从行至甘泉、雍、河东,东巡狩,封泰山,塞决河宣房,游观三辅离宫馆,临山泽,弋猎射驭狗马蹴鞠刻镂,上有所感,辄使赋之。为文疾,受诏辄成,故

---

[1] 刘大杰:《中国文学发展史》,上海人民出版社,1973年,第129页。

所赋者多。司马相如善为文而迟，故所作少而善于皋。……又自诋娸（音qī）。其文骫骳（音wěi bèi），曲随其事，皆得其意……"[1]《高唐赋》《神女赋》岂非"骫骳"（犹言屈曲也）者，非"曲随其事，皆得其意"者乎！枚皋又曾随武帝至甘泉等地，且《汉书》称"皋为赋善于朔（东方朔）也"，连司马相如也"善于皋"，然则枚皋亦当时大赋家也。枚皋赋辞中自言为赋不如相如，又言"为赋乃徘，见视如倡，自悔类倡也"。《高唐赋》《神女赋》前人已指出形式上是学习司马相如的。枚皋既极赞相如为赋，他在形式上加以模仿学习当然是很自然的。不仅形式上，相如之赋，每含微讽之意，"自悔类倡"的枚皋，作赋以微讽武帝之好神仙求长生，当也是自然的。然则《高唐赋》《神女赋》之作者为枚皋乎！

---

[1] （清）王先谦：《汉书补注》，第3839—3841页。

附　录

返马之礼与《诗经·卷耳》

一、难解的《卷耳》

《诗经·周南》中的《卷耳》一篇，素称难解。《诗经·小序》："《卷耳》，后妃之志也。又当辅佐君子，求贤审官，知臣下之勤劳。内有进贤之志，而无险诐（音bì）私谒之心，朝夕思念，至于忧勤也。"《小序》此说，《毛传》《郑笺》皆恪遵不违。说后妃因为"臣下之勤劳"故"朝夕思念"，希望"官贤人，置周之列位"，纯属望文曲解，因为此诗所表现出的是一种忧心切切的情感。这种情感，是不可以由后妃施之于臣下的，正如朱熹所说："其言亲暱（音nì），非所宜施。"所以钱锺书先生认为《小序》之说"迂阔可哂""求贤而几于不避嫌！"[1]这意见无疑是正确的。朱熹解此诗以为太姒怀文王，过于坐实，殊难确证。

近世学者，有谓《卷耳》二、三、四章，乃诗作者，即首章之

---

[1] 钱锺书：《管锥编》，中华书局，1979年，第67页。

"我"设想自己丈夫在外行役之状。这也难以说通,本诗四章,皆用第一人称"我",设想丈夫行役,当用"彼"而不用"我",此理甚明。钱锺书先生以"双管齐下""话分两头"说此诗,以为第一章"托为思妇之词",二、三、四章"托为劳人之词","思妇一章而劳人三章者,重言以明征夫况瘁,非女子拮据可比,夫为一篇之主而妇为宾也。"[1]此说当然极有见地,诗意亦涣然可解,然我犹有疑焉。

我相信,"臣下勤劳""丈夫行役",包括钱锺书先生之"双管齐下""话分两头"说,皆缘起于本诗二、三、四章之"我马""我仆""我酌"之语。骑马、从仆、饮酒,似皆男子之事,故说诗者付之于"臣下""丈夫""征夫"了。但我们从《诗经》等古书可窥知,上古时代,贵族妇女骑马、登高、饮酒诸事并不鲜见,如《鄘风·载驰》之"驱马悠悠""陟彼阿丘,言采其蝱"。诗为许穆夫人所赋,史有明文。《小雅·车舝》:"虽无旨酒,或饮庶几。"是为男邀女饮之句。所以《卷耳》二、三、四章之"我",不必就定为"征夫"或"大夫"或"丈夫"。

《小序》之"思臣下之勤劳,朝夕思念而作"固然可笑,但熟玩《卷耳》全诗,为女子忧思口吻当无疑。第一章不必多说,第二、三、四章借"马"再三致意,表达的是"永怀""永伤""吁矣"的感情,与首章不异。首章与后三章,无论情感还是语气,皆相应无间,似不能断然切开。我以为理解本诗的钥匙可能就在"马"上,后三章都强调马病,究竟何为?马在此诗之中,显然已构成寄寓忧思情感的媒介性对象。然则马何以能与女主人公的忧思联系在一起呢?这使我想起了上古时代的"教成之祭"与"返马之礼"。

---

[1] 钱锺书:《管锥编》,第67页。

二、教成之祭

教成之祭与古代的婚姻制度有关。《礼记·昏义》：

> 古者妇人先嫁三月，祖庙未毁，教于公宫；祖庙既毁，教于宗室。教以妇德、妇言、妇容、妇功。教成，祭之，牲用鱼，芼之以苹藻，以成妇顺也。

古代诸侯等贵族之女出嫁，男家"亲迎"女方至男家后，不是立即举行婚礼，而由男家之师傅教以妇德、妇言、妇容、妇功，时间为三个月。教成之后，在祖庙进行正式的祭告仪式（所谓"庙见"，也叫"成妇之祭"）之后，夫妻关系才算正式成立。根据这种礼法，女方"妇"的身份的确立当在三月庙见之后。这样，问题就来了：如果庙见之前，女方亡故，怎么办？在《礼记·曾子问》中有人提出了这样的问题，回答是："归葬于女氏之党，示未成妇也。"虽已亲迎至男家，但女方因未行"成妇之祭"而死，所以不能算是男家的人，其尸首只能送回女家归葬。从这个记载看，上面《礼记·昏义》中说的教成之祭在"先嫁三月"似在女家举行的说法并不确切。教成之祭是亲迎之后在男方家中举行的，三月之教也在男方家施行。

"成妇之祭"反映了上古宗法社会中"祖宗"的神权，一种婚姻关系必得祖宗认可方能成立，这是对祖宗神权的高度尊重。"成妇之礼"是上古贵族阶层所特有的礼仪制度。成妇之前，一般说来男女不能同居，否则便会遭不礼之讥。《左传·隐公八年》载郑公子忽迎娶陈侯之女妫氏，"先配而后祖"。杨伯峻注曰："配，指同床共寝；祖，指返国时告祭祖庙。"[1]公子忽先配后祖,送行的陈国大夫鍼子大不以为然地说:"是不为夫妇,诬其祖矣,非礼也,何以能育?"

古代贵族婚姻礼俗中有"庙见"的内容是没有疑义的,与"庙见"之礼俗相配合的则有"返马之礼"。古代贵族娶妻,乘女家之车,驾女家之马,到夫家后,女方将车马暂留男方之家。为什么这样做?前人以为这是表示女方的"谦不敢自安"[2],即表示女方不敢自以为必能得夫家欢心,必能为夫家所接受,如一旦被弃,可乘之回归故也。如女方被男方接受,行三月庙见之礼后,则夫家须遣使将女方所留之马送返女家而留其车,这是夫家向女家"示与之偕老不复归也"[3],也就是如郑玄称说的"反马,婿之义也",孔颖达疏谓"示以后不致发生出妇之事也"[4]。

三、返马之礼

返马之礼在上古主要行之于大夫以上贵族。《左传·宣公五年》记齐国高固秋天迎娶鲁国叔姬,后则载:"冬,来,反马也。"是记这年冬天,高固又至鲁国,行返马之礼。杜预注曰:"礼送女留其送马,谦不敢自安,三月庙见,遣使反马。"郑玄以为,上古之时,贵族结亲,如男方亲迎,则三月庙见之后,返马礼可遣使为之;如非亲迎,则返马之礼或自为之。[5]

---

[1] 杨伯峻:《春秋左传注》,第59页。
[2] (清)阮元校刻:《十三经注疏》卷二十二《春秋左传正义》,中华书局,1980年,第1872页。
[3] 同上。
[4] 同上。
[5] 同上。

上古贵族婚姻中返马之俗的存在，为我们理解《卷耳》诗提供了新的视角。细究《卷耳》一诗，似是写此妇于尚未庙见之时，夫即遇事远出，逾时未归，故此妇思之而忧心忡忡。此诗于马，再三致意，强调"虺隤（音huī tuí）""玄黄""瘏（音tú）矣"，正暗示夫在外，历时既久，庙见不行，而吾马已病，返马之礼，如何施行！"妇"的身份既尚不明，还将贻父母之忧，故此女要用酒解忧，要大叹"云何吁矣"了。

　　三月庙见之礼与返马之礼行于贵族之间，从本诗"金罍""兕觥"等词句看，正是贵族之家的用具。

　　郑玄以为贵族嫁女之家送女时，每有执事随行。《卷耳》第四章"我仆痡（音pū）矣"，此"仆"我以为乃送女时之执事，执事亦当于返马之时返回女家，然现在亦病，自然见其礼难行而益罹其忧了。

四、后妃之德

　　近世学者对汉儒论《周南》《召南》诗多涉及"后妃之德""后妃之本"等啧多烦言，但我们联系上古时的三月成妇礼等婚俗婚制，可证去古未远的汉儒的某些说法或渊源有自，极有可能是出于先秦时代的传承，如这些"德""本"等皆是指后妃能够遵循礼法的约束的话。如有名的《关雎》一诗，其《序》谓"后妃之德""乐得淑女以配君子""经夫妇，成孝敬"等，近世不少人以为汉儒的这些说法是"一派胡言"。但近来有学者从上古三月成妇祭的礼俗角度，重新论证、说明了此诗的内涵，[1]可给人以极大的启示。但作者说此诗是成妇祭祭礼上

---

[1] 黄维华：《〈关雎〉婚俗背景新考》，载《文史知识》1992年第12期。

对新妇的礼赞,则不敢苟同。我以为此诗写君子娶妇但未行庙见时,君子对淑女的思念,君子、淑女都严守礼法,此诗既赞颂君子,又称扬淑女。此君子悦新娶之"窈窕淑女",但因尚未行庙见之礼,故只能"寤寐求之""寤寐思服",只能"钟鼓乐之""琴瑟友之",以至"悠哉悠哉,辗转反侧"了,此说明这君子守礼极严。而那个淑女"参差荇菜,左右流之",所做的是"成妇之祭"的准备工作。"成妇之祭"之祭仪"牲用鱼,芼之以蘋藻",荇菜正是蘋藻类水菜,是成妇祭祭仪上所用之物。而本诗中之"雎鸠",古人或释为"鱼鹰",鱼鹰是捕鱼能手,鱼亦是成妇祭祭仪所用之物,此淑女在"关关雎鸠"声中"流荇菜",正示其乃深慕礼法,心重"告庙"之淑女也。此女行事、心思如此,非"后妃之德"乎?此不能"经夫妇,成孝敬"乎?故汉人之说,恐非空穴来风之语,乃是有所传承。但因汉儒不能联系上古三月教成之礼说《关雎》及其他一些诗篇,故给人以凿空、牵强之感。这也难怪汉儒,因这种礼俗只行于西周及东周列国并置时代,汉代早已不行,后儒既欲守师法,但又不知先师所传诗义背后的上古贵族阶层的婚俗婚制背景,故其解诗仍不免扞格难通之处。

孔子论诗曰:"诗三百,一言以蔽之,曰思无邪。"孔子一生,以复周礼为己任,"思无邪"无疑是从礼法角度考虑的。其"思"合乎礼法原则为无邪,不合礼法原则则为有邪,其义甚明。《关雎》之男女,其思其行皆合于礼法原则而不逾制。宗法社会重婚姻关系,在婚制上守礼循法,故能作为楷模而发挥其"化"的作用。《关雎》之作为《周南》之始,道理也就在这里。同样,《卷耳》一诗,是写成妇祭祭礼尚未举行之际,"后妃"忧心忡忡、思念"君子"的诗篇。后妃的这种"思",也完全合乎礼法的要求,也属"无邪"之思而有益于道德教化。

《周南·葛覃》一诗,也显与三月教成之礼有关。《诗经·小序》

谓："《葛覃》，后妃之本也。后妃在父母家，则志在于女功之事。"然我们看《葛覃》卒章"害浣害否，归宁父母"语，知此女非在父母家而在男家，岂有在父母家而曰"归宁父母"的？此诗里是写女方初入男家，在男家学习"妇德、妇言、妇容、妇功"之事。"葛之覃兮，施于中谷，维叶萋萋"句，马瑞辰《毛诗传笺通释》卷二以为："以葛之生此而延彼，兴女之自母家而适夫家。"二章"是刈是濩，为缔（音chī）为绤（音xì），服之无斁（音yì）"。写她割葛煮葛，织成细、粗之各种夏布，是女功之事。"斁"，《毛传》："厌也。""服之无斁"是说该女躬自劳动，知缔、绤成之不易，诚心爱之，服之而不厌弃也。陈奂所谓"躬俭节用也"[1]。这里说的当是"妇德"了。三章之"言告师氏，言告言归。薄污我私，薄浣我衣"，"言"是我意；"师"，古人注皆谓指嫁女之"女师"；"私"是家居时的便服；衣，《毛传》谓是"袆衣"，那是"朝事舅姑、接见于宗庙"时穿的"公服"。这几句是写那女子请教老师，私燕之服与袆衣何者该洗，何者可不洗。如此尊事女师而虚心求教，这是她的德也是她"有言"的表现。而她的浣衣，亦可推想其间的"妇容"之教。故《葛覃》一诗，当是上古贵族女子出嫁到夫家后，行三月教成礼俗的具体描述。教成礼俗既是上古贵族阶层婚姻礼俗中的重要内容，则人们形之于诗歌以咏其事是十分自然的。"德、言、容、功"是妇女立身处世的根本性前提，所以《序》以"后妃之本也"归纳此诗之意旨，这当是有所师承的早期说法。而后面的"后妃在父母家"云云，则是离开上古婚俗背景的猜测之词了。

如果说《葛覃》主要着眼于教成礼仪中"教成"一面，并通过这一

---

[1]（清）陈奂：《诗毛氏传疏》卷一。

侧面来歌颂"后妃"的话，那么，《召南》中《采𬞟》一篇则主要通过教成后的庙见仪式来赞美"后妃"：

> 于以采𬞟？南涧之滨。于以采藻？于彼行潦。
> 于以盛之？维筐及筥。于以湘之？维锜及釜。
> 于以奠之？宗室牖下，谁其尸之？有齐季女。

从祭祀所有之"𬞟""藻"等物，及主持者乃"有齐季女"的情况判断，很明显是"成妇祭"的祭仪。《毛传》曰："尸，主；齐，敬；季，少也……，古之将嫁女者，必先礼之于宗室，牲用鱼，芼之以𬞟藻。"《毛传》所云，显然是引《礼记·昏义》中有关教成之祭的文字以说《采𬞟》，但其以为教成之祭于嫁女之前的女家举行，则是不明上古礼制之误解。

《召南》中与三月教成之礼有关的尚有《草虫》。《草虫》首章之"未见君子，忧心忡忡"。《毛传》解释此女何以忧心忡忡时谓"妇人虽适人，有归宗之义"。"归宗"就是指被休遣回父母家也。陈奂谓："未见君子谓未成妇也，古者妇人三月庙见然后成妇礼，未成妇有归宗义，故大夫妻于初至时心忧之忡忡然也。"[1]《草虫》二、三章起句之"陟彼南山，言采其蕨""陟彼南山，言采其薇"，"蕨"与"薇"古人皆云是可以"煮为茹"的，因此可做成妇祭祭仪中所用之祭品，与《卷耳》诗中的"卷耳"相同。然则《卷耳》之"陟彼崔嵬""涉彼高岗""陟彼砠（音jū）矣"，其目的也皆在采卷耳，此妇之"采采卷耳"而不盈倾筐，不只因为思人，亦以此兴即使采摘满筐，奈人不在，

---

[1]（清）陈奂：《诗毛氏传疏》卷一。

仍难以成礼之忧也。

五、《周南》《召南》之范

　　《周南》开始之《关雎》《葛覃》《卷耳》三诗都有三月教成之礼的背景而又各有侧重。我以为《周南》的前几首诗可能是意义连贯的一组组诗，反映的可能是周代周南地区某诸侯国遵循礼法的嫁娶现实。《关雎》主要从男方角度写对淑女的思念；《葛覃》侧重写淑女入男家后接受三月之教；《卷耳》则写三月之教临近结束之时淑女对是否能被男家接受的忐忑不安。三首诗，都对依礼法而行的君子以及淑女的"德""志"进行了赞颂。

　　我们沿着这样的思路读《周南》，尚能发现《卷耳》后面之《樛（音liáo）木》一诗，当是颂新婚之诗，可能与《卷耳》等诗在时间上有关联。《小序》谓《樛木》："后妃逮下也。言能逮下而无嫉妒之心焉。"我们细看全诗，实在看不出什么"逮下"的意思。近世不少学者以为此诗"以葛荔附胶木，比喻女子嫁给君子"[1]。此说实甚当，淑女经《卷耳》之思后，终迎来与君子正式成婚之日，这是值得祝福的大喜之事，《樛木》分明是一首婚礼祝福歌。《樛木》后的《螽斯》《桃夭》《兔罝（音jū）》我以为也是结婚祝福歌。《樛木》侧重于一般的祝福，《螽斯》侧重于祝贺新婚者多子多福。《桃夭》着眼点主要在女方，预祝她婚后的"宜室宜家"。《兔罝》则转到男方，预祝君子日后成为"公侯干城""公侯好仇""公侯腹心"。我怀疑《周南》之《桃夭》中的"之子"与《关雎》中的"淑女"，与《葛覃》

---

[1] 程俊英：《诗经译注》，上海古籍出版社，1985年，第10页。

《卷耳》中的女主人公都是同一个人；而《兔罝》中的"纠纠武夫"与《关雎》《樛木》中的"君子"也是同一个人，这个君子，也正是《卷耳》中女主人公所思念的那个人。有意思的是，《兔罝》之后的《芣苢（音fú yǐ）》，是写"妇人乐有子"的，这不是偶然的，这是对上述"君子""淑女"婚姻美满的进一步描述与赞颂。此"君子"与"淑女"结局之所以美满无缺，是因为他们能够恪遵道德礼法。上古学者强调《周南》的教化作用，其根本就在于看到《周南》的男女主人公循礼法的精神特点。

孔子曾说过："人而不为《周南》《召南》，其犹正墙面而立也与？"朱熹解释说："言即其至近之地，而一物无所见，一步不可行。"[1]孔子之所以如此强调《周南》《召南》的作用，就是因为孔子看到了《周南》《召南》为人们提供了合乎礼法要求的行事范例。他要求自己的儿子及学生们学习《周南》《召南》，就是要求他们像《周南》《召南》中的人物一样，用礼法来规范自己的生活与行事。由于《周南》《召南》提供了范例，将礼法的某些精神内核具体地、活生生地表现出来了，它们不但有助于人们理解礼法的精神实质并看见其成效，它们具体可感的特性也有助于人们将它们作为自己行事时的参照。因此，学习《周南》《召南》的意义是非常大的。反之，如不学习《周南》《召南》，那么，一些人就可能难以领略礼法的精神实质，也可能因缺少参照范例，在行事时便不知所措、不依礼法，以致迷失方向，这就会跌入孔子所谓的"正墙面而立"的境地。

从孔子对《周南》《召南》的这种高度评价看，《周南》《召南》中的诗篇必含有礼法精神的内核无疑，有名的《关雎》《卷耳》等篇亦

---

[1] 杨伯峻：《论语译注》，第185页。

必不能免。这些诗篇中的这种"精神内核",决不是孔子外加,而是它们本来所具有的特质。《诗经》既是西周、东周礼法的时代产物,说它不容载那个时代的主要精神性特点是不可思议的。《诗经》中,特别是《周南》《召南》中的作品,大部分反映的是贵族阶层的生活,表现的是贵族阶层的精神面貌,因此,研究《诗经》中的作品,不能离开《诗经》那个特定时代贵族阶层及其他阶层的礼制风俗以及与之相应的精神性特点,不然的话,曲解《诗经》"诗意"的事终将难以避免。

附 录

因果规律与中国动物先兆观念

在中国，人们常以一些动物活动来判断人事吉凶，像鸦鸣兆凶、鹊叫主喜的观念，今天仍有巨大影响。这种先兆观念，现在一般人常以迷信斥之。人们普遍认为，动物活动与人事吉凶之间，没有任何因果联系。动物先兆观念的产生，不需要任何客观根据。我以为，这种看法很值得商榷，因为一般的先兆观念，大体源于直观、经验认识事物的方法。人们看到甲现象后，跟着出现了乙现象，于是甲现象成了乙现象的原因，乙现象则成为甲现象的结果。然而，实际情况是，甲现象可能是乙现象的原因，也可能不是。因此，建立在这种直观认识基础上的先兆观大体有两种：一种是确有因果联系，有一定根据的先兆观；一种是没有什么因果联系，没有任何根据的先兆观。而那些没有什么因果联系的错误的先兆观，它们的寿命常常很短。这道理朱天顺教授说得十分明了："错误的先兆观，并不一定是先兆迷信，如果是一般的错误的先兆观，经过实践，多次结果都是事非所料，就会得到修正，不会长期流传。"[1]

---

[1] 朱天顺：《中国古代宗教初探》，第120页。

无疑，中国从古流传下来的先兆观念，不论称为"俗信"或"迷信"的，大多是古人直观观察、经验概括的产物，具有某种根据与道理。然而，令人费解的是，人们承认一些年成兆、气象兆（如"瑞雪兆丰年""月晕主风"）等具有这样的性质，却不承认兆人事的动物先兆观也带有古人经验与概括的成分，也具有一定根据与道理，这在逻辑上难以站得住。先兆观，作为古人对客观事物的一种认识方式，它们的形成应该经由大体相同的途径。因此，我相信，动物先兆观的产生，当也是因为动物活动与人事吉凶之间存在某种微妙的因果联系。

蜘蛛占喜，这是个由来已久的先兆观。《西京杂记》卷三："樊将军哙问陆贾曰：'自古人君皆云受命于天，云有瑞应，岂有是乎？'贾应之曰：'有之，夫目瞚（音shùn）得酒食，灯火华得钱财，干鹊噪而行人至，蜘蛛集而百事喜。'"唐权德舆《效玉台体》诗："昨夜裙带解，今朝蟢子（蜘蛛）飞。铅华不可弃，莫是藁砧归。"欧阳修诗亦有"拂面蜘蛛占喜事"之句。有的以蜘蛛落在人的衣服上，兆有亲客喜事。陆玑《毛诗草木鸟兽虫鱼疏》卷下："此虫来着人衣，当有亲客至，有喜也。亦如蜘蛛为罔罗居之。"

蜘蛛拂面、落在人的衣服上，或见到蜘蛛是喜兆。有的以为兆百事喜，一般以为兆亲客将至。这种观念流传地域甚广，流传年代亦甚久远，至今仍然很有市场。蜘蛛与喜事之间难道没有任何联系，是古人莫名其妙生造出来的观念吗？绝不！按中国人的习惯，家有喜事，如宴集、婚嫁、寿诞、乔迁、节庆等，必洒扫屋宇、清除积垢。在这种情况下，深藏于屋角、梁间的蜘蛛经常会露面、掉落，或拂人之脸，或着人之衣。可见，见蜘蛛与喜事之间本来就存在一种关系。先有喜事，而后出现蜘蛛拂面、着衣之事。久而久之，在人们的观念中，蜘蛛与喜事就被拴在一起，终至颠倒过来，形成见蜘蛛有喜的观念。

鸡上屋兆火灾这种观念，旧时在安徽、江苏、湖南一带流行，今仍有影响。形成这个先兆观的原因显然同上举例子一样。过去农村火灾时，常发生鸡为逃生飞上屋去的现象。火灾在先，鸡飞上屋在后；火灾是原因，鸡飞是结果。后来在人们的观念中，两者纠缠在一起，终于倒因为果，产生了鸡上屋主火灾的先兆观。

鸡身带草贵客到。说鸡活动时身上沾了枯草，长久不去，兆贵客将至。这个先兆观，更能说明问题。民间卖鸡，常常插上草标。鸡身上插草标，也是鸡待宰的标志。家有贵客至，民间往往杀鸡以待，或卖鸡易他物待客。可见，正是在先有贵客的情况下，古人为招待计，或杀鸡，或卖鸡，才出现鸡身带草的情况。

我国许多动物先兆观，是这样倒因为果形成的。不管是现今已不流行，抑或至今仍有影响的先兆观，我们用倒因为果律去检验，往往会得到令人满意的结果。如古今流传极广的鸦鸣兆凶、兆人亡的观念的起源，也可用此律来说明。乌鸦是食腐肉的鸟类，哪里有了死尸，哪里往往就会有乌鸦的身影，乌鸦与死尸（包括动物尸体）既有此种缘分，人们在见到尸体之际，常常能见到乌鸦，慢慢地，乌鸦与尸体在人们的观念中就被纠结在一起。终于倒因为果，形成鸦鸣兆凶、兆人亡的观念。关于这一点，古人也有所认识。清人梁章钜《浪迹续谈》卷八有一段话：

> 吾闻有"猫衰犬旺"之谚，谓人家有猫犬自来，主此兆也。然此语亦自古有之，而各不同。娄氏《田家五行》云："凡六畜自来，可占吉凶，谚云：'猪来贫，狗来富，猫儿来，开宝库。'"此与闽语不合。又江盈科《雪涛谈丛》载其邑谚，有"猪来穷来，狗来富来，猫来孝来"。故猪猫二物，皆为人忌，有至必杀之。又《雅俗稽言》云：俗称"猫

儿来，带麻布"，又称"猫儿来耗家"，盖其家多鼠耗，故猫来捕之，因耗误为孝，又因孝布转为麻布耳。金海住先生云："此等语，闻诸长老，谓是已然之效，非将然之祥也。穷则墙坍壁倒，猪自阑入之，富则庖厨狼藉，狗自赴之，开当铺则群鼠所聚，猫自共捕耳。"

所谓"已然之效，非将然之祥"，就是说，这些动物行动与某些人事吉凶的关系被颠倒了，并非那些动物活动是相应结果的先兆，相反，是原有结果在先，这些动物活动不过是那些结果的派生物。这个观点与我们对一些动物先兆的解释完全一致。

也有一些动物先兆观的形成，似不能用倒因为果律来说明，但其因果联系仍十分明显。如遇虎、遇蛇为不祥的先兆观念。《晏子春秋·内篇》："景公出猎，上山见虎，下泽见蛇。归，召晏子而问之曰：'今日寡人出猎，上山则见虎，下泽则见蛇，殆所谓不祥也。'"遇虎、遇蛇兆不祥的观念，它们的形成过程很可能是这样的：上古时，人们在山林泽地遇见虎、蛇这类野兽，常为其所害，或死或伤。死、伤这类不祥之事常常在遭遇虎、蛇时发生，渐渐地，在人们的观念中，形成了遇虎、蛇为不祥的看法。

我国还有些动物先兆观也是这样形成的。它们不是倒因为果的产物，而为"先期因果"关系所造就。影响深远的鹊鸣兆喜的观念，就是由间接的"先期因果律"造成的。有人说，民间之所以产生鹊兆喜的观念，是因为鹊的鸣声与毛色能使人愉悦。我以为这种说法没有根据，鸟类中，毛色鲜艳、鸣声悦耳超过喜鹊者甚多，何以皆不得获"喜"名，而独独归之鹊呢？清人王有光《吴下谚联》中有段极有意思的话：

又见造房闻鹊噪者，以蒸饼献上，俗名抛梁馒。叨人之爱，至饮之食之，鹊亦何惮而不鸣哉！究之其声，曰"拆拆拆"，又何利于上梁？鸦鸣曰"好好好"，人何以不加察也。

可见，产生鹊兆喜观念的原因，不能用鹊鸣声的悦耳、毛色的悦目来解释。《西京杂记》卷三云："干鹊燥而行人至。"鹊鸣所兆之喜，似乎主要是"行人回归"一类。梁朝武陵王萧纪《咏鹊》："欲避新枝滑，还向故巢飞。今朝听声喜，家信必应归。"根据敦煌曲子词《鹊踏枝》词意，知彼时鹊鸣兆行人归回之观念，在民间广泛流行。唐宋人写闺情、别情的诗词中，常出现"鹊语""鹊喜""鹊噪"的字眼，其所指示的对象，亦多与"行人""归回"有关。鹊噪兆人归，人归是团圆也，所以，牛郎织女的团圆也须仰仗鹊所搭成之桥。

那么，在事实上，鹊噪与人至、与团圆之间究竟有没有什么关系呢？有！它们之间有一种间接的关系，正是这种关系，使鹊而非其他鸟类，具有了兆喜的灵性。鹊之噪，有这样一个特点：它早晨鸣叫，即主该天晴朗。古人以为，鹊恶湿，晴则噪，故称干鹊。娄元礼《田家五行》："鹊噪早，报晴朗，曰'干鹊'。"李时珍《本草纲目·禽部》说："鹊性最恶湿，故谓之干。"托名师旷作的《禽经》中也有"鹊预知晴湿"的记载。鹊鸣当是晴天的征兆，古时省亲、访友、做客诸事，一般人们都选择晴天，因此，鹊鸣之日经常发生来客来友等事。慢慢地，鹊鸣兆人至的观念就在人们的头脑中产生了。

当然，鹊鸣所兆之喜，主要固然是人归、团圆一类，但也不限于此。汉焦延寿《易林六·噬嗑之离》："鹊笑鸠舞，……大喜在后。"《禽经》中说鹊"人闻其声则喜"，此"喜"字，似也非特指，而包括一般的喜事。五代后周王仁裕《开元天宝遗事》下有云："时人之家，闻鹊声，皆为喜兆，故谓之灵鹊报喜。"喜鹊兆一般之喜的观念，很可能由鹊兆行人归回、兆团圆之喜派生而来，也可能与人们对鹊的另一种认识有关。远古人类与生态环境密切相关，他们对生物习性的了解远非现在普通人可比。从一些古文献中，我们知道古人不仅早已认识到鹊有预知晴湿的能力，而且，早已认识到鹊具有避太岁、预知风向的能力。《淮南子·缪称训》："鹊巢知风之所起。"又《淮南子·人间训》："夫鹊先识岁之多风也，去高木而巢扶枝。"古代还有喜鹊"知备远而忘近患""知来而不知往"的传说。说喜鹊因预知岁之多风，于是在低枝筑巢，大人、小孩经过鹊巢，或取小鹊，或取鹊卵。为了防备将来的灾难却招致了眼前的祸患，古人认为这是喜鹊不智的一面。《说文·鸟部》说："鹊知太岁之所在。"晋张华《博物志》卷四也曰："鹊巢门户背太岁。"太岁所在，古人以为是凶方，民间有"太岁头上动土"的俗语。"鹊知太岁之所在"的观念，恐怕是从"鹊知风之所起"的认识转化而来，因为太岁的概念，其实是一个方向与时间的概念，鹊既预知风之方向，则在古人眼中，无疑亦知太岁之方向了。

　　喜鹊是不是真的具有预知风向、干湿的能力呢？鸟类学家发现，喜鹊很可能具有这种能力。郑光美所著《鸟之巢》说："喜鹊巢的巢口方向有没有规律？曾引起过不少人注意。……有人统计日本某些地方的喜鹊巢，发现有77%的巢口面向北侧直到东南，很少是朝西的。他们推测这可能与当地的风向和日照有关系，而日照可能是主要因素。我也曾对吉林的21个喜鹊巢作了测量，发现绝大多数是巢口向西南，也就是当地的背风方向，因而巢口方向很可能是与风向有直接关系。"喜鹊既有预知风向、晴湿的能力，则人们赋予它们预知人之吉凶的本事，也就不足为怪了。[1]

必须指出，人们对喜鹊能力的这种认识，在远古的农业经济中，具有重大意义。人们可根据鹊巢之方向、高低等情况，判断当年的风雨旱涝消息，适当安排农事与其他活动，把农事与其他活动导向至最合理的轨道上，避免不必要的损失。可见，正是鹊的这种特性，给人们的生产、生活带来极为有利的影响。于是，人们就把"吉""喜"与鹊联系在一起，终于导致鹊兆喜观念的出现。因为鹊的特性在广大地域内都相同，在相对一段时间内其特性也没有发生什么变化，所以鹊兆喜、鹊为吉的观念也就在广阔的地域和长远的年代里获得认可。

可见，鹊兆喜的观念，绝不是无缘无故产生的。它们之间存在着一种间接的因果关系。

"倒因为果律"与"先期因果律"是我国一些动物先兆观形成的两条重要规律，但并不是所有动物先兆观的产生都可以用这两条规律来说明。如以母鸡变态报晨为死人或失火之兆，出门遇鸟屙屎在人身上主其人得祸等，似就与我们揭出的两条规律无缘。但这些先兆观，我们也不认为它们是纯粹偶然的产物，它们的出现很可能遵循另外一些心理上的规律。

我们用"倒因为果律"与"先期因果律"来概括某些动物先兆观念的形成规律，这并不意味着我们承认动物活动与人事吉凶之间有一种感应的神秘关系，这点请读者千万不要误会。我们绝不认为动物能预知人事吉凶，不管它是什么动物。我们只是想比较客观地说明许多动物先兆观念是建立在古人经验概括的基础上。

---

[1] 在古人看来，喜鹊不仅能预知人之喜事，也能预知人之凶事。段玉裁《说文解字注》曰："乾鹊，鹊也。见人有吉事之征，则修修然；凶事之征，则鸣啼。"但鹊鸣啼主人之凶事的观念后来流传不广，其原因不难理解。

对动物先兆观作起源上的研究，可以使我们对古人的这些所谓"迷信"有更为透彻的认识和了解，考虑到不少动物先兆观念至今仍有广泛影响，因此，这样的研究不仅具有民俗学上的意义，也具有一定的现实意义。

胡麻与古代服食求仙风习

春秋战国时期，道教神仙派大约分三家，即行气导引派、房中派与饵药派。饵药一名服食，指吞食仙药以求长生不死或成仙。关于"不死药"，战国时有方士"向荆王献不死之药"的记载；古神话则有嫦娥服西王母不死药奔月的故事；燕昭、齐威、宣王，及秦皇汉武派方士入海求仙药之事也人人皆知。虽说这些帝王似乎从来没有得到过什么不死药，他们想长生不老的愿望也被无情的事实证明是妄想，但服食求仙的风习在以后的时代继续得到发展。除了炼丹服食外，如灵芝、菖蒲、茯苓、桃、黄精等真菌和植物，以及金、银、玉石等矿物被服食家视为仙药加以服用。早期仙药中，植物较多，这里谈谈胡麻。

胡麻，一年生直立草木，属胡麻科，又名油麻、脂麻[1]、巨胜、方茎、狗虱、藤弘、交麻等，现在俗称芝麻。

---

[1] 关于脂麻与胡麻混称的问题。伊钦恒先生在《群芳谱诠释》中说："《氾胜之书》及一些古籍将'脂麻'与'胡麻'混称，这是由于我国古代'胡'字有表示'礼器''重大'和虞夏姓氏的意义。例如，《左传》有'胡簋之事，则尝学之矣'。'胡簋'，礼器名，夏曰胡，禹后姓胡，所以'胡麻'有指在谷食中占重要地位的意思。"见伊钦恒：《群芳谱诠释》，农业出版社，1985年，第21页。

胡麻，过去认为源出西域。李时珍《本草纲目·谷部》说："胡麻即今油麻。古者中国只有大麻，汉使张骞自大宛得油麻种来，故名'胡麻'，以别中国大麻也。"

　　此说在古代非常流行，但现在植物学家已弄清楚，张骞从大宛传来的是亚麻，非胡麻。胡麻在我国具有悠久的栽培历史，江苏吴兴县钱山漾新石器时期遗址和浙江杭州水田畈史前遗址，都发现过古代胡麻种子，可见我国在史前的原始社会已经利用胡麻了。胡麻主要是食用的，属大麻科的大麻则主要用来织布，两者的确不同。

　　服食胡麻以求延年成仙，视胡麻为仙药，大约始于东汉。《太平御览》卷九百八十九引《孝经援神契》曰："巨胜延年。"魏伯阳的《周易参同契》上也说："巨胜尚延年，还丹可入口。"

　　自从此两书为胡麻定下这样的基调后，后世道教徒大体深信不疑。东晋葛洪《抱朴子》："巨胜一名胡麻，饵服之不老，耐风湿，补衰老也。"《广群芳谱》卷十《谷谱》引《抱朴子》也谈到服胡麻的方法及其功效："用上党胡麻三斗，淘净甑蒸，令气遍日干。以水淘去沫，再蒸。如此九度，以汤脱去皮，簸净炒香为末，白蜜枣膏丸弹子大。每服温酒化下一丸，日三。忌毒鱼狗肉生菜。服至百日，除一切痼疾，一年身面光泽不饥，二年白发返黑，三年齿落更生，四年水火不能害，五年行及奔马。"

　　南朝梁陶弘景《本草集注》也谓："服食胡麻，取乌色者，当九蒸九暴，熬捣饵之，断谷，长生，充饥。"

　　服食胡麻，是服其子。胡麻子有黑、白、赤三种，服食常取黑者。取油以白者为佳，今日所称麻油者是也。

　　在一些著名道士郑重记载胡麻的特异功效及饵服胡麻的方法的同时，关于服胡麻成仙、得道的具有神异色彩的故事也被创作出并流传开来。晋王嘉《拾遗记》卷六："乐浪之东，有背明之国，来贡其方物……有通明麻，食者，夜行不持烛。是苣也。食之延寿，后天而老。"

"食之延寿，后天而老"，说得还算有分寸。但"背明之国"的"通明麻"，食后夜行不持烛，则为以前之道士之所未述，有点匪夷所思。胡麻之子可榨油，油可食亦可用来点灯照明。这"通明麻"之名以及食后夜行不持烛的说法，可能因胡麻的这一特性衍化而来。

托名葛洪的《神仙传》卷十云："鲁女生者，长乐人也。服胡麻及饵术。绝谷八十余年，甚少壮，一日行三百里，走逐獐鹿。"

《太平御览》卷九百八十九引《列仙传》曰："关令尹喜与老子俱之流沙西，服巨胜，实莫知所终。"

南朝宋刘义庆《幽明录》谓东汉明帝时，剡县刘晨、阮肇入天台山，食胡麻饭后得会仙女，被留半年，至家后，子孙已历七世。

这些神仙故事，无疑是道教徒所创，其目的大约在于用形象思维的方式，宣传胡麻的功效，扩大道教的影响。

胡麻何以会在东汉、魏晋南北朝时期成为服食家们所垂青的仙药呢？除了这一时期道教徒寻求植物性仙药以求得道长生的服食之风非常盛行这一因素外，胡麻本身具有的药用效能当也是一个重要因素。胡麻的药用功能，过去的医家早就注意到并一致给予了肯定。《神农本草经》将胡麻列为上品药，以为它具有"补五内，益气力，长肌肉，填髓脑"等功效。陶弘景《名医别录》说胡麻"坚筋骨，明耳目，耐饥渴，延年。疗金疮止痛，及伤寒温疟大吐后，虚热羸困"[1]。

因此，胡麻之被视为仙药，很有可能是对胡麻的药用功用过度夸大

---

[1] （明）李时珍：《本草纲目》，第1437页。

的结果。所以明代大医学家李时珍要说这样的话："古以胡麻为仙药，而近世罕用，或者未必有此神验，但久服有益而已耶？刘、阮入天台，遇仙女，食胡麻饭。亦以胡麻同米作饭，为仙家食品焉尔。"[1]

有迹象表明，服食胡麻，唐宋时还在流行，士人亦间受其影响。如王维诗有："御羹和石髓，香饭进胡麻。"宋梅尧臣则有句："胡麻养气血，种以督儿曹。"宋代文豪苏轼亦曾服胡麻养生，并作《服胡麻赋》传世，其序言谓：

> 始余尝服伏苓，久之良有益也。梦道士谓余："伏苓燥，当杂胡麻食之。"梦中问道士："何者为胡麻？"道士言："脂麻是也。"既而读《本草》云："胡麻一名狗虱，一名方茎，黑者为巨胜，其油正可作食。"则胡麻之为脂麻，信矣。又云："性与伏苓相宜。"于是始异斯梦，方将以其说食之。而子由赋伏苓以示。余乃作《服胡麻赋》以答之。世间人闻服脂麻以致神仙，必大笑。求胡麻而不可得，则必求山苗野草之实以当之。此古所谓道在迩而求诸远者欤。[2]

观此序，可知在北宋时，服胡麻求仙之风仍甚有影响，唯不少人已不知胡麻即脂麻，而求他物以为胡麻而服食之。苏东坡大约是在查了药书后，了解到胡麻即脂麻，为了使自己的这个认识容易得到他人的认可，故创作了梦见道士之事。北宋后期的沈括在《梦溪笔谈》中也强调胡麻即脂麻："胡麻直是今油麻。"可见在北宋时，很多人的确不知胡麻即脂麻，所以一些学者要在文章中加以说明。但古代的医家及一些博

---

[1]（明）李时珍：《本草纲目》，第1437—1438页。
[2]（清）汪灏等编：《广群芳谱》，第238页。

学之士大体清楚所谓仙药胡麻就是人们常见常用的普通脂麻。

大约因为服食胡麻从来没有产生过真正的道教徒所吹嘘的那些神效，加上南宋以后讲究行气、导引的内丹术兴起后，很少再有人以成仙目的去饵服胡麻，但胡麻的药用功能似乎更多地为人们所了解。近世医家皆以之为良药，民间则以之为滋补佳品，这说明胡麻终于挣脱了仙药的桎梏，恢复了它的本来面目，这恐怕是古代服食家们意料之外的事吧！

关于胡麻，值得一提的还有一些其他的传说，与菖蒲、桃木等灵药一样，从前民间认为它具有避邪、驱鬼的功能。明王象晋《群芳谱·谷谱》脂麻条："除夜撒之卧房内外，外云可避邪。又生脂麻，单条者名霸王鞭，竖卧房前，亦云可祛鬼。"

又民间传称胡麻必须夫妻同种才会茂盛，所以南方谚语有"长老（僧侣）种芝麻，未见得"。唐代女子葛鸦儿有《怀良人》诗："蓬鬓荆钗世所稀，布裙犹是嫁时衣。胡麻好种无人种，正是归时底不归？"显然即用其事。

这些都是非常有意思的具有悠久历史的民俗事象，它们反映的可能是史前时代人们的意识，也是值得我们去研究的。

腊八粥及其起源[1]

腊八，腊八粥及其主料

近年，据传媒的报道，有些佛家寺院腊月八日煮腊八粥施众。不仅佛教信徒，连一般民众也乐往佛家寺院喝一碗腊八粥。谈腊八粥的民俗与其起源，不能不谈它与佛家的因缘。南朝梁时僧佑《释迦谱》说释迦牟尼因长时间苦修，身形消瘦，有若枯木。有一牧羊女献上乳粥，释迦牟尼喝后体力恢复，因而成道。其成道日，正是腊月八日，后世佛徒因此于此日煮粥、喝粥，以表对释迦牟尼的纪念。

这个故事大约是附会而成，印度传说向谓释迦牟尼所食为乳而不及粥，中土之人好食粥，腊八粥之起或另有根源。光绪十四年（1888）河北《东光县志》说：

今俗乃以腊八造粥，谓源于浴佛，陋矣。……入腊赐

---

[1] 原刊《寻根》2009年第6期，这里略作了修订。

食，实朝廷典礼之常，其用八日则以上弦时，所谓如月之恒，取其方兴未艾耳，与彼释氏何干！

这个说法较为后起，我以为要得确证也甚难。腊是古代的大节日，这个腊，先秦、汉魏时并不定于十二月八日。腊原是一种岁终大祭，是国家典礼。腊无定期，《说文·肉部》谓腊"冬至后三戌，腊祭百神"，此说是汉代的情况。古人于腊日祭祀先祖、祭祀百神，饮酒食肉者有之，未闻有食粥之事。食腊八粥的风俗起源，现在见到的最早的文字记载，是孟元老的《东京梦华录》卷十：

> （十二月）初八日……诸大寺作浴佛会，并送七宝五味粥与门徒，谓之腊八粥。都人是日各家亦以果子杂料煮粥而食也。

我相信孟元老的记述是可靠的，宋代都城开封僧俗都煮食腊八粥，但食腊八粥之俗不一定即源于宋代，可能是宋人对前代食俗的传承。腊八粥的原料构成，大体用米，包括大米、小米、高粱米等；豆，包括红小豆、绿豆、黄豆、芸豆等；另外用花生、白果、枣、栗、桃仁、杏仁、菱角、香芋、柿饼、瓜子等。米、豆为主，杂以它物。《红楼梦》十九回贾宝玉向林黛玉说："明儿是腊八儿了，世上的人都熬腊八粥。""米豆最多，果品却只有五样，一是红枣，二是栗子，三是落花生，四是菱角，五是香芋。"腊八粥所用原料品色，有的以八种为限，有的并不限于八种，有不及八种的，也有多于八种的。但值得注意的是，腊八粥的主原料是米与豆，同时腊八粥一般要煮成红色。除了放入红小豆、红枣使它呈现红色外，古人还常以红米作为腊八粥的主料，称

"红糟粥"。在没有红米的情况下,则常用朱砂煮入粥中,叫"朱砂粥"。为了显出腊八粥的红色,富察敦崇在《燕京岁时记》记载当时人在用米、豆、栗子、枣泥煮粥后,"外用染红桃仁、杏仁、瓜子、花生、榛穰、松子及白糖、红糖、琐琐葡萄以作点染"。

米作为腊八粥的主料,理所当然。我觉得最当注意的是腊八粥的另一主料——豆,以及它离不开红颜色的特点,如常用红小豆、红米,或用朱砂煮粥,将桃仁、杏仁、瓜子、花生等染红杂煮等。腊八粥的起源和它的功能之谜,很有可能隐藏在它的这些特点之中。

需要指出的是,腊八粥之名,上面已经说到,现在能见到的最早记载是孟元老的《东京梦华录》,但腊八之名的出现,要早得多。南朝梁代的宗懔《荆楚岁时记》说:

> 十二月八日为腊日……谚言"腊鼓鸣,春草生"。村人并击细腰鼓,戴胡头,及作金刚力士以逐疫。

这段记载极为重要,腊八节及腊八喝腊八粥习俗的形成,很有可能与从前的逐疫之俗有关。

红裳与傩禳

我国很早就有腊月驱鬼逐疫的传统,称为"大傩"。《论语·乡党》:"乡人傩,朝服而立于阼阶。"《周礼·夏官·方相氏》:

> 方相氏掌蒙熊皮,黄金四目,玄衣朱裳。执戈扬盾,帅百隶而时难,以索室驱疫。

《后汉书·礼仪志中》："先腊一日，大傩，谓之逐疫。"傩礼是古代一种盛大的礼仪，它有歌有舞，舞者常常要戴上假面具，手执戈、盾、斧、剑、弓箭等兵器，作驱赶鬼怪之状，还有数量众多的童子组成的侲子作为附从。这种傩礼朝野俱行，唐代的段安节《乐府杂录·驱傩》云："用方相四人，戴冠及面具，黄金为四目，衣熊裘，执戈，扬盾作'傩、傩'之声，以除逐也。"用方相作舞驱疫，直到清代还见记载，郭钟岳《瓯江小记》有曰："东岳会，会中有方相氏高与檐齐，他则黄金四目，傩拜婆娑，旁街曲巷，必须周历。"这里的傩神"旁街曲巷，必须周历"，有的地方则是"沿门逐疫"。腊月的傩，以后发展到正月的活动，在民间影响极大。

傩礼后世广泛流行于民间，沈从文《从文自传·我所生长的地方》说到他的家乡湖南凤凰"岁暮年末，居民便装饰红衣傩神于家中正屋，捶大鼓如雷鸣"。

傩者或称"方相氏"，他们一般穿红色的衣服，古来如此，后世更予强调。不说驱鬼逐疫之用戈盾等兵器，傩神及附从的侲子常穿红色的衣服，我以为应该和人们的红色辟邪信仰有关。

赤小豆与驱鬼辟邪

红色在传统信仰中，是可以驱鬼辟邪的。民间以为鬼不敢触碰红色的东西，因此常以红布、朱砂、朱印、朱笔、动物的血液等物驱鬼避邪。旧时小孩常穿红衣、红裤，戴红帽、红兜兜，都有避邪、求小孩顺利成长之意。从前人生病，头上或缠上红布条，是相信人得病与鬼魅邪气有关，所以要用红布攘除避解。

而豆，特别是红色的豆，人们也赋予它们类似的神奇功能。古代

医家、数术家常以红小豆充作避瘟消疫或行法弄奇之具,《荆楚岁时记》云:

> (葛洪)《练化篇》云:"正月旦,吞鸡子、赤豆各七枚,辟瘟气。"又《肘后方》云:"旦及七日,吞麻子、小豆各二七枚,消疾疫。"《张仲景方》云:"岁有恶气中人,不幸便死。取大豆二七枚,鸡子、白麻子,酒吞之。"然麻豆之设,当起于此。

张仲景是东汉著名的医学家,可见用豆等消疾逐疫,不惟历史悠久,或亦基于豆类作物的某些药物功效,但术士们对它的神化恐是更重要的因素。《三国志·吴书·赵达传》:

> (赵达)治九宫一算之术,究其微旨,是以能应机立成,对问若神,至计飞蝗,射隐伏,无不中效。或难达曰:"飞者固不可校,谁知其然,此殆妄耳。"达使其人取小豆数斗,播之席上,立处其数,验覆果信。

"九宫一算"是古代一种算法之名,常为术士所用。《晋书·郭璞传》也记载过郭璞役使红小豆的一件奇事:

> (璞)爱主人婢,无由而得,乃取小豆三斗,绕主人宅散之。主人晨见赤衣人数千围其家,就视则灭,甚恶之,请璞为卦。璞曰:"君家不宜畜此婢,可于东南二十里卖之,慎勿争价,则此妖可除也。"主人从之。璞阴令人贱买此婢。

复为符投于井中，数千赤衣人皆反缚，一一自投于井，主人大悦。璞携婢去。

李时珍《本草纲目》卷二十四引《五行书》云：

正月朔旦及十五日，以赤小豆二七枚，麻子七枚，投井中，辟瘟疫甚效。又正月七日，新布囊盛赤小豆置井中，三日取出，男吞七枚，女吞二七枚，竟年无病也。……正月元旦，面东，以齑水吞赤小豆三七枚，一年无诸疾。又七月立秋日面西，以井华水吞赤小豆七枚，一秋不犯痢疾。

胡朴安《中华全国风俗志》下篇卷四《浙江》：

立秋之日，男女咸戴楸（音qiū）叶，以应时序。或以石楠红叶剪刻花瓣，簪插鬓边，或以秋水吞食小赤豆七粒。

不仅赤小豆，其他豆子也有祛邪禳鬼的功能，从前婚礼新娘进门时要撒谷豆，就是以之禳所谓的"六耗神"。

豆子作为术士手中的法物，常是打击妖怪的武器。清代纪昀《阅微草堂笔记》卷十二就记述了一个道士用黑豆击杀蛇妖的故事。故事说道人曾受异人传授，取黑豆四十九粒，每粒豆都要念四十九遍咒语，要炼四十九天，不可中断，如中断须重新再炼，所以四十九粒豆子需很长时间才能炼成一副"母豆"。"母豆"要长期保有，不可随便浪费，需用豆子作法降妖时，可取干净黑豆四十九粒，再取"母豆"七粒放在一起，念咒七遍，就可以用来打死妖怪。据说有人见过被豆打死的蛇妖，蛇身上的伤痕仿佛被枪支所伤似的。

值得注意的是，我们的近邻日本也有在傩祭及立春时撒豆之俗，十五世纪的文献《花营三代记》中就有记载。撒豆的风俗一直传承到今天。日本民俗学家广田律子说：

> 现在，人们在居住条件、生活习惯上虽已发生很大变化，作为重要的新年礼仪，家家户户仍按例撒豆。把豆子盛入升里，撒豆的男子大声喊着"鬼外，福内"，面向敞开的窗户，把豆子撒出去。然后，关上窗户，按自己年龄的数目抓起豆子，一粒一粒地嚼食着，即使已全然忘却被除豆中所藏的恶灵咒力，其醇香的味道也是难以忘怀的。[1]

关于赤小豆之驱疫避鬼的起源，《续汉书·礼仪志》刘注引《汉旧仪》：

> 颛顼氏有三子，生而亡去为疫鬼，一居江水，是为虐鬼；一居若水，是为罔两蜮鬼；一居人官室区隅，善惊人小儿。方相帅百隶及童子，以桃弧、棘矢、土鼓，鼓且射之，以赤丸五谷播撒之。

这里的"赤丸"，应该就是指赤小豆了。

可见，赤豆是作为疫鬼的厌胜之物出现的，然将赤豆与米煮成赤豆粥似还是魏晋以后的事了。

---

[1]［日］广田律子：《"鬼"之来路——中国的假面与祭仪》，王汝澜、安小铁译，中华书局，2005年，第32页。

腊八粥的前身是赤豆粥

古人食豆粥的历史颇悠久,《后汉书·冯异传》:

> 王郎起,光武自蓟东南驰……时天寒烈,众皆饥疲,异上豆粥。明旦,光武谓诸将曰:"昨得公孙豆粥,饥寒俱解。"

又《晋书·石崇传》说当时豪富石崇:"为客作豆粥,咄嗟立办。"当时另一大富之人王恺做不到这点,引以为恨,私底下向石崇手下问原因,回答道:"豆极难煮,预先煮好,有客来,但作白粥放入耳。"

可见,汉魏两晋时代,豆粥还是当时富贵人家的食品,这里的豆似不是赤小豆,但豆粥后来成为祭祀神灵之物。《荆楚岁时记》:

> 正月十五日,作豆糜,加油膏其上,以祠门户。先以杨枝插门,随杨枝所指,以酒脯饮食及豆粥插箸而祭之。[1]

这里的"豆糜",《初学记》卷四、《太平御览》卷二十八均引《荆楚岁时记》注云:

> 共工氏有不才之子,以冬至死,为疫鬼,畏赤小豆,故冬至日作赤豆粥以禳之。

这恐怕是我们现在所知的食用赤豆粥来禳鬼的最早记载了,《广群芳谱》卷十引《田家五行》:

---

[1] (南朝梁)宗懔撰,谭麟译注:《荆楚岁时记译注》,第37页。

> 十二月二十五日，夜煮赤豆粥，大小人口皆食之，在外之人，亦留分以俟其归，谓之口数粥，亦驱瘟鬼之意。

但当时人只在宗教意义上食用赤豆粥，并不限于腊月，有时在正月。我以为，腊八粥的前身很有可能就是赤豆粥，腊八粥的原料构成当然与赤豆粥已有不同，然它很有可能是在赤豆粥的基础上发展而成的。从正史记载的国家典礼中，我们看不到"腊"或冬至祭礼有颁赐赤豆粥等食品的记载，那我们只能认为它是民间的产物。基于信仰的因素，民间开始在腊月和正月的有关祭礼风俗活动中（如傩）播撒或食用赤豆粥，以逐疫禳鬼。后来人们在赤豆粥中加入了其他原料，使它在发挥传统逐疫功能的同时，日益成为节日时的可口食品，点缀丰富了民众的生活。就像据说原来用于祭祀屈原的粽子，在民间也不断得到发展，品种、口味不断多样化一样。我们不能设想腊八粥就产生于宋代，是宋代佛教僧人的创造，它大约是南朝梁代到宋这一时间段的民间产物。后来佛教僧人将它拿来作为布施之物，同时在原料与做法上作了改进，并将它作为腊月佛寺活动的特定对象，从而赋予它"腊八粥"的名称。从这个意义说，腊八粥的产生与佛教也有关系。对于一种风俗的起源，从前士人往往着眼于大传统，认为它们总是从上层流入下层，是社会主流或强势文化派生的产物。前面所引光绪十四年河北《东光县志》上的说法，就将喝腊八粥风俗的起源归于朝廷的腊祭大典，这是大传统主义在作怪；而把此风俗与释迦牟尼挂钩，显然也与佛教在我国是较强势的文化有关。但是一种风俗，它为什么不可以源于小传统呢？腊八粥的风俗为什么不可以源于民间呢？端午节吃粽子，我们不是已经承认那是民间百姓纪念屈原的产物吗！然腊八粥的特点本身就已揭示了它的功能，也为我们找到它的起源提供了路径。

露水·甘露与醴泉[1]

露水与时节

有一次在学校过夜，清晨我行走于草坪间，见草上还有路边迎春花的枝条上满是露珠，玲珑透莹，那草那枝似乎灵动欲舞，想起温庭筠的诗句"露珠犹缀野花迷"，不觉为之驻足。我们的诗人很早就着迷于露了，"蒹葭苍苍，白露为霜"，凄美的蒹葭、白露，《诗经》时代就让他们咏叹不已。

露存在的时间短暂，于是它常被人们用来形容人生之短，曹操所谓："对酒当歌，人生几何？譬如朝露，去日苦多。"感叹人生短暂、人生无常，其中总含有悲凉的意味，所以露的意象与秋景也就难解难分。大约是露水及秋日黄昏的迟暮、无常意蕴有以致之的吧。但我总觉得用露比喻人生别有意味：人生虽短而可以圆润无比。

我们的二十四节气，与露相关的占了两个：白露、寒露。露对我们

---

[1] 原刊《华夏文化》2011年第1期，这里略作了修订。

生活的影响不容小觑。白露是秋天到来的象征，《礼记·月令》孟秋之月："凉风至，白露降，寒蝉鸣。"《逸周书·时训解》也有"白露之日，鸿雁来宾"之说。白露为农历八月的节气，白露以后，阴气渐重，清晨的露水也一天厚似一天，凝结成一团团的、白白的水滴，因此叫"白露"。杜甫有诗句云："露从今夜白，月是故乡明。"民间认为白露日平时乖巧的鹭鸶会发野性离巢而飞，所以从前养鹭鸶的人家，白露这天绝不将鹭鸶放出笼外。鹤在这一天，也会发出高亢的鸣声，似乎是在告诉人们秋天的来临。

寒露，是农历九月的节气。寒露，顾名思义，是天气寒冷使空气凝结成露水的意思。农谚有云："寒露百草枯。"此时唯有菊花不畏霜寒，绽放出美丽的花朵。寒露时节宜种麦，所谓"寒露至霜降，种麦莫慌张"。从前有一种说法，寒露期间，"雀入于海为蛤"[1]。雀大约是一种候鸟，深秋天寒，飞到南方温暖地带越冬，古人发现原来熟悉的这种鸟突然都飞向海边，由于他们没有候鸟迁飞的相关认识，直观地以为这些雀变成了海中的蚌蛤。

露水与长生延年之俗

露水还是高洁的象征，常为高洁之人所饮用，《楚辞·离骚》："朝饮木兰之坠露兮，夕餐秋菊之落英。"蝉，在古人看来是清高的，汉代人把蝉的形象作为贵官冠上的装饰，为什么呢？因为蝉"饮露而不

---

[1]《大戴礼记·夏小正》云："雀入于海为蛤。"王聘珍注曰："《月令》曰：'爵入大水为蛤。'郑注云：'大水，海也。'高注《吕氏·季秋纪》作'宾雀入大水为蛤'，云'宾雀者，老雀也。栖宿于人堂宇之间，有似宾客，故谓之宾雀'。大水，海也。传曰'雀入于海为蛤'，此之谓也。"见（清）王聘珍：《大戴礼记解诂》，第45页。《逸周书·时训解》也有寒露后五日"爵入大水化为蛤"之说。

食""居高食洁"。

古人很早就赋予露水延年长生的功能。庄子笔下飘然不群的邈姑射之山的神人，就是饮风吸露而成。后来的汉武帝好神仙，于神明台上，立铜人张开手掌以接甘露，以为饮之可以红颜常驻甚至长生成仙。《汉书·郊祀志》说汉武帝："其后又作柏梁、铜柱、承露仙人掌之属矣。"《艺文类聚》卷九十八引《三辅故事》云：

> 汉武以铜作承露盘，高二十丈，十围，上有仙人掌承露和玉屑，欲以求仙也。

又引《汉武故事》云：

> 承甘露盘，仙人掌擎玉杯，为取云表之露。

三国时代魏明帝仿效汉武帝，于芳林园置承露盘。他的叔叔陈思王曹植还写了《承露盘铭》。《神异经·西北荒经》云：

> 西北海外，有人长二千里，两脚中间相去千里，腹围一千六百里，但日饮天酒五斗。（原注：张华曰："天酒，甘露也。"）

旧题后汉郭宪《洞冥记》卷二也说汉武帝时，有所谓吉云国，出一种草叫吉云草，人吃了可以长生不死。太阳照在吉云草上时，上面有五色露水。东方朔得到黑、青二露，各盛五个盒子献给汉武帝，汉武帝把这些露赐给群臣饮服，云"得尝者，老者皆少，疾者皆愈"。

唐开元年间，定唐玄宗生日八月初五为千秋节。这一天，百官向皇帝献承露囊，囊用丝结成。民间在此日也仿制为节日礼品，互相馈赠。

后世医家，虽不相信饮露可以成仙，但在他们看来，露水也是治病、延年的吉物良药。

《本草纲目·水部》云：

> 秋露繁时，以盘收取，煎如饴，令人延年不饥。禀肃杀之气，宜煎润肺杀祟之药，及调疥癣虫癞诸散。
>
> 百草头上秋露，未晞时收取，愈百疾，止消渴，令人身轻不饥，肌肉悦泽。别有化云母作粉服法。八月朔日收取，摩墨点太阳穴，止头痛，点膏肓穴，治劳瘵（音zhài），谓之天灸。

赋予美的自然物以正面的实用功能，是我们文化的特点之一。我感到很有意思的是露水的实用功能也关乎美，《本草纲目·水部》引陈藏器说"百花上露，令人好颜色"。唐代的杨贵妃据说每天要吸饮花上之露水，所以才成绝色美人。

吴均《续齐谐记》载："司农邓绍，八月朝（初一）入华山，见一童子，用五彩囊承取柏叶上的露珠，采得满满一袋。邓绍问之，童子回答：'赤松子先生取以明目也。今人八月朝作露华囊，象此也。'"

取秋日的露水用以洗眼，并衍化成民间风俗，江苏有些地方的人们八月朔日一定要起个早，取来草头上的露水，然后用露水磨墨，点在小孩的额头及腹部，以祛百病，谓之"天灸"。湖北一带，"天灸"日为八月十四日，民间用"朱水"（朱砂水）点小孩的头，俗信可以去灾。

人们还以锦彩做"眼明囊"相互馈送。从前露水与百姓生活关系之密切，于这样的风俗可知，我想这样风俗的形成不必因为赤松子的存在，而是民间认识到露水的美与清洁而加以利用的结果吧。比之帝王、贵族以露水求长生，民间的作为则要智慧得多了。

甘露、醴泉之祥

将露水神化到极致的是甘露之说的出现。甘露顾名思义指的是甜美的露水。《道德经》三十二章说："天地相合，以降甘露，民莫之令而自均。"《管子·小匡》："时雨甘露不降，飘风暴雨数臻，五谷不蕃，六畜不育。"《汉书·宣帝纪》："元康元年……甘露降未央宫。大赦，以甘露连降，改年为甘露。"这是了不得的大事，因为甘露的出现被视作祥瑞，它昭示的是天下的太平、帝王的有德。

所以古代多有宣称天降甘露，并郑重加以记载者甚至以甘露为年号者，如东汉明帝时代曾因天降甘露，而诏告天下，策告宗庙，遍赐群臣。以甘露为年号，除了汉宣帝的公元前53年至公元前50年，尚有三国魏曹髦（高贵乡公）的公元256年至公元260年；三国吴孙皓（末帝）的公元265年至公元266年；前秦苻坚的公元359年至公元364年；五代东丹王耶律倍（辽义宗）的公元926年至公元936年。帝王禅代之际，常有人声称甘露普降，如曹操的儿子曹丕欲称帝，各地纷纷上奏降下甘露。晋代魏的时候，同样的事情就又大量发生了。

不仅帝王之德，臣下的德政也可以使甘露等祥瑞出现，如过去的史书说，东汉吴郡的陆闳，做颍川太守，"致凤凰、甘露之瑞"；同为吴郡的沈丰，做零陵太守，到官一年，甘露降所属五个县，"流被山林，膏润草木"；山阳百里嵩为济南相，甘露降于郡。作为嘉奖，汉安帝拜他为大鸿胪。

直到清代,贤人致甘露的观念仍不绝如缕,屈大均《广东新语》卷一云:

> 方文襄尝与王青萝、邓敬所、何古林讲学西樵。甘露连降三日。青萝诗云:"同德之磋,如气之和。同心之涵,如露之甘。"

甘露又与醴泉并称,醴是甜酒,醴泉谓泉味如甜酒,也就是甘泉了。《尔雅·释天》:"甘雨时降,万物以嘉,谓之醴泉。"陆德明《经典释文》引《援神契》云:

> 德及于天,斗极明,日月光,甘露降;德至深泉,则黄龙见,醴泉涌。

《礼记·礼运》:"圣王所以顺而弗悖也,故天降甘露,地出醴泉。"东汉的王充则把醴泉与甘露看成同一种东西,他在《论衡·是应》中说:"《尔雅》又言:'甘露时降,万物以嘉,谓之醴泉。'醴泉,乃谓甘露也。今儒者说之,谓泉从地中出,其味甘若醴,故曰醴泉。二说相远,实未可知。"[1]

王充是极具科学精神的学者,他认为古人所称的甘露犹如滋润长养万物的甘雨,这种甘雨"非谓雨水之味甘也"。甘露也是这样,它使土地"滋润流湿",万物"洽沾濡溥"(普遍得到滋润),所以人们称为

---

[1] 北京大学历史系《论衡》注释小组:《论衡注释》,中华书局,1979年,第1008页。

甘露，不必露水味甘也。王充还指出的确有一种露水甜如蜜糖，但这种露水常附着于树木，而不附着于五谷，这种甘露不能使万物丰熟，灾害不生。可见他对甘露祥瑞的说法已经有所保留了。

甘露又名膏露、瑞露、天酒、神浆，到底为何物？李时珍《本草纲目·水部》说之甚详：

按《瑞应图》云："甘露，美露也。神灵之精，仁瑞之泽，其凝如脂，其甘如饴，故有甘、膏、酒、浆之名。"《晋中兴书》云："王者敬养耆老，则降于松柏；尊贤容众，则降于竹苇。"《列星图》云："天乳一星明润，则甘露降。"已上诸说，皆瑞气所感者也。《吕氏春秋》云："水之美者，三危之露。和之美者，揭雩之露，其色紫。"《拾遗记》云："昆仑之山有甘露，望之如丹，着草木则皎莹如雪。"《山海经》云："诸沃之野，摇山之民，甘露是饮，不寿者八百岁。"《一统志》云："雅州蒙山常有甘露。"已上诸说，皆方域常产者也。杜镐言："甘露非瑞也，乃草木将枯，精华顿发于外，谓之雀饧。"于理甚通。

关于李时珍首肯的杜镐所说的雀饧，宋代王陶的《谈渊》云：

杜镐博学有识，都城外有坟庄，一日，若有甘露，降布林木。子侄辈惊喜，白于镐，镐味之，惨然不怿。子侄启请，镐曰："此非甘露，乃雀饧，大非佳兆，吾门其衰矣。"

这种所谓的雀饧，大约由露水与植物所分泌的淀粉类物质所合成，故有甜味，后人不解，遂致神化，然后世医家，已多不信。

以露水、甘露为求仙之神水的观念，盖与《山海经》的记载有关，《海外西经》：

> 轩辕之国在此穷山之际，其不寿者八百岁。……此诸夭之野，鸾鸟自歌，凤鸟自舞；凤皇卵，民食之；甘露，民饮之。所欲自从也。

《大荒西经》也云：

> 西有王母之山、壑山、海山。有沃之国，沃民是处。沃之野，凤鸟之卵是食，甘露是饮。凡其所欲，其味尽存。

轩辕之国、西王母之山都在神话中有名的昆仑山上。昆仑山这个乐园，人们吃的是凤凰之卵，饮的是甘露，所以短寿的也可以活八百岁，长寿的自然不言而喻了。至于《吕氏春秋·本味》提到的"水之美者，三危之露"，其实也是从《山海经》生发出来的。在《山海经·西山经》中有三危山，是为西王母取食的三青鸟所居之地，大约也在昆仑山的范围之内。后世之人受神话传说的影响，赋予露水特别是甘露以神秘的功能，而汉武帝等人在求取长生、长寿的过程中对露水、甘露的取用服食，更使这种普通的自然物平添了许多神奇色彩。在后世传承的过程中，时雨的观念与甘露、醴泉等观念的叠合，在天人感应观念盛行的时代，使它变成了某种祥瑞，使朝廷、民间都极珍视。这种轨迹，其实也并不难寻找。

后　记

　　神话与传说的产生不是凭借纯粹的想象,像许多人想当然认为的那样。神话与传说也不反映那时人们的美学观念与艺术情趣。神话与传说与其说是一种创造,不如说是基于经验的直观摹写或者说是直接叙述。马克思在《〈政治经济学批判〉导言》中,曾谈到"实践—精神"的思维方式,他认为这种思维方式与神话思维方式密切相关,他把这种思维的成果,称作"现有实践的意识"。这种思维的特点是:它是直接在物质生产实践中产生,和实践活动交织在一起的思维。

　　神话与传说产生于原始社会,它们的产生与其社会形态、物质及精神生产条件特别是物质生产条件有十分密切的关系。研究中国古代神话、传说,无疑要把它们置于中国上古农业社会的框架之中。中国这个古老的农业国家,至少八千年前就有了原始农业。人类学的研究已经表明,在世界上绝大多数农业民族中,构成神话的因素常常是关于对自然季节的认识,以及与季节密切相关的农业祭礼。我发现,中国古代的许多神话、传说,与世界上其他许多民族一样,的确往往是围绕季节、历法问题展开的。这其实并不奇怪,因为对季节的认识,制定适时、合用的历法,对农业社会的生产、生活具有非常巨大的意义。农业生产,特别是播种一环,早播或晚播十天,其后果将不堪设想,可能就是灾难性的颗粒无收。在没有文字、纸张等记载工具的时代,我们的先民将他们在实践中"测天",及根据物候的变化形成的对季节变迁的经验性认识,通过"故事""传说""史诗"等形式予以特别关注,并借此企望信息共享,代代相传应该说是十分自然的。

我们的先民基于自己所处的农业环境与拥有的资源,在认识自然季节上,表现出异乎寻常的智慧。他们常常把观测天上日月星辰的运行与地上物候的变化结合起来,形成中国独特的历法形态。这种历法的特点是具有指导农业生产的直接功能。中国的传统历法甚至在今天的农业生产中仍然发挥着一定作用,可见它生命力之强。然而传统历法有个发生、发展以及逐步完善的过程,神话、传说等的产生也必然伴随这个过程。所以我在本书中提出,研究中国古代神话、传说,既要探究具有季节、历法意义的天上的日月星辰,也要把注意力放在同样具有历法意义的地上的草木、花鸟、虫鱼身上。要花力气研究具有"时节性"的草木、花鸟、虫鱼本身的特点、习性等,这样我们常常能找到某个神话、传说的原型,使得许多扑朔迷离的大谜得以大白于天下。

沿着上面所说的思路探究,我以为有助于我们理解许多中国古代神话、传说的真正意蕴与发生。然而,由于中国上古农业社会时间的绵长,地域的广大,神话、传说的产生往往不拘于一时一地,不拘于某一特定的民族,而不同时、地,不同民族的神话、传说,其叙述者(或曰创造者)所使用的表达形式并不一致,所以中国古代的神话、传说也就还有个"符号""语言"的解读问题。对神话、传说中一些特定的"符号""语言"的不同理解必然造成对整个神话、传说旨意理解的大相径庭。我觉得不可理解的是，对一些神话、传说的大相径庭的解释，有些学者竟然持同样肯定的态度。我以为，这是他们对这一问题缺乏判断力的表现。例如对有名的"夸父逐日"神话的阐释，很多人从字面坐实理解，把这一故事解释成古代有一巨人与太阳竞走；而我则认为，这故事反映的是古人通过观测大树，以"逐太阳之影"来"测天"的实践活动。这两种诠释是无法统一的，借用形式逻辑的术语，是不能同真的。

再如"履帝迹生稷"神话，以前几乎所有学者都从姜嫄踩踏高辛帝脚印后怀孕生子来加以阐释；我却把它理解成是周民族的先人掌握了时间的节律后，终于生产出粮食，他们的农业生产力得到提高的叙说。显然，这两种诠释也是不能同真的。

我对一些中国古代神话、传说作出的新解释，绝不是灵机一动的产物，细心的读者不难发现，我的诠释不仅与人类学的相关研究及神话学的原理一致，而且更加重要的，是它们与古代文献记载和民间传承更高程度上的圆融合拍。也就是说，通过我的阐释，一些神话、传说的起源得到更加合乎逻辑的说明。在这方面，我相信我的一些阐释是坐实论者所无法比拟的，如夸父逐日神话中夸父"入日"或"欲追日影，逮之于禺谷"的细节，解释成"进入太阳"以及"在禺谷逮住了太阳"，根本不可理喻。我将此细节解释成太阳黄昏后落入禺谷，树影也随之消失。其实，这是对天象的一种表述，当然它是用"神话语言"加以表达的。我以为我的解读似更能说明问题。

我在研究中国古代神话、传说时发现，必须高度重视"神话语言"的问题。语言学派的神话、传说理论的基本观点是：构成神话、传说性质的常常是一些与语言学有关的特性，如语言学中的一词多义、多词同义、隐喻等。这一派神话、传说理论尽管有不少缺点，但即使其反对者也不否认从语源入手对神话、传说研究的积极意义。如关于月中有兔、有桂树的神话（或曰传说）的产生，我以为即与语言学有关。关于这个神话，有人从月亮有阴影的角度加以阐释，认为我们的先民仰望月亮，看到月亮上有阴影，于是想象月亮上有兔、桂树。这个假说显然是不合理、不科学的。神话、传说不是纯粹想象的产物，神话、传说的产生当源于对某种相关对象物的直观经验的认识。月亮上固然有阴影，但我们的先民不会无缘无故地将它与地上特定的对象（如兔、桂树等）联系起来。月中兔、月中桂神话（或曰传说）的产生，首先应当基于先民对兔、桂树的一种经验认识。我发现，兔子在生理生育上有一特征：交配怀孕后，一个月左右即能生育。产下小兔后马上能进行交配，经过一个月左右又能生产，兔子生产时又总在晚上。兔子的这些特点，与月亮晦盈的周期正相一致。因此，有理由认为，我们的先民将兔与月关联在一起，主要基于上述兔与月的盈晦有着一样的生理、生育特点。由于兔的这些特点的存在，先民常会把兔与月联系起来言说，如称兔为"月兔"等。而在我们的语言中，"月兔"一词，既可指兔这种动物，又可指月中之兔。所以"月兔"一词本身，就包含有产生月中兔神话的因素。可见，这个神话（或曰传说）的发生应该与语言附会有关。

月中桂传说的产生，我认为是基于一种桂树具有月月开花的特点。至于月亮上有蛤蟆的说法，是另一种文字附会的结果。闻一多先生在论证《楚辞·天问》的"顾菟"问题时，曾经涉及它。闻一多先生的结论为："月中蛤蟆（蟾蜍）之说，乃起于以蛤配月之说。"古代中国人发现，蚌蛤有随月盈缩的特点，《吕氏春秋·精通》云："月也者，群阴之本也。月望则蚌、蛤实，阴则盈。"一般情况下，将月与蛤联系在一起的认识，经由一词多义的语言媒介，应导向月中有蚌蛤之说。然而，

后　记

由于"蛤"字兼有"蚌蛤"和"蛤蟆"两种意义，于是阴差阳错地变成了月中有蛤蟆之说，并流传了两千余年。这一点，很多学者都曾论及。可见，语文（汉文字）在制造神话、传说方面的"魔力"有多大。

神话思维还有具象性，我们的先民常常将概念甚至某些抽象观念用图像加以表现。先民的抽象概念、抽象理念虽然少于今人，但先民在生产、生活实践中，随着认识活动的不断丰富，由感性认识上升到理性认识，形成一些概念及观念是很自然的。在没有抽象文字的原始社会，如何将这些抽象概念、观念表达出来，让周围的人们理解，并让它们在时空中传承，这在先民一定是大伤脑筋的事。我们的先民终究想出了通过刻画并创造一些图像的办法，来表达、传达某些抽象的概念与理念，这是先民一种智慧的表现。譬如我们的先民创造了"饕餮"形象，表达"贪"这个抽象概念以及贪婪必将造成自身危害的观念，我们如坐实在自然界中去寻找饕餮这个动物，或将自然界中的动物如虎比附为饕餮，那真是风马牛不相及了。

人类学家早就指出，人类在运用词来记录其思想和经验之前，的确是用图画来记录的。然而，这些图画在长久的传承过程中，难免发生图画本身得以传承，而图画指代的概念、观念湮没无闻的情况。于是在后人眼中，这些图画很有可能就会变成"神像"或"图腾"而对之膜拜或猜测了。

根据这样的认识，我发现古代传承中的许多"神像""怪兽""怪鸟"如"女娲""比翼鸟""比肩兽"等，绝非自然界中实有之人物和鸟兽，而是先民表达抽象概念、思想观念的图画符号，是我们先民理性思维的结晶。

我总觉得，人们似乎一方面非常赞赏人类学家在田野作业基础上的发现，另一方面又不屑于将这些发现及一些原理加以运用。如在解读中国古代神话、传说中的"怪兽""怪鸟"等对象时，往往坐实去理解，而不是从寻找它们的寓意，它们表达的抽象意义这方面去理解，这实在令人遗憾。因为其结果使得我国先民务实的一面，他们崇尚实践经验，善于总结实践经验以指导生产与人事的理性精神因被误读而不为人们所知。如刑天之"象"，如坐实理解这个"象"，当然很容易归纳为一种不屈的斗争精神，但刑天被砍头后的"以乳为目""以脐为口"都难以理喻。而从"象"也可反映抽象观念这个原理出发，将它解读成"晚耕误种、颗粒无收"的形象图示，似更符合逻辑。无头的刑天"死后""操干戚而舞"，是将刑天故事通过农业仪礼中的舞蹈仪式来复现，以示警诫。这个神话图像及故事的产生，完全遵循"实践—精神"的思维方式，符合神话（传说）学产生的原理。

当然，上古神话、传说中所涉及的神奇的飞禽走兽，不全是表抽象概念与观念的。尽管如此，这些对象也绝不是先民纯粹想象的产物，而仍然与他们的生产、生活实践密切相关。神话传说中的神鸟、灵兽往往有其原型，它们的被"神化"，我以为遵循的是"有用"的原则，如"凤凰"与"麒麟"，其原型分别是"大雁"与"麋鹿"。今天看来普通的大雁与麋鹿之所以会被神化，是因为农业社会最重历法，而大雁、麋鹿恰恰具有"指时"的特性，这是它们异乎寻常的有用性。

强调神话、传说是先民直观经验的总结，它具有一种"实践"的品格，即先民对认识对象的直觉认识与直观摹写，当然并不是就否认神话、传说在形成过程中没有任何"虚"的内容。在神话、传说形成的过程中，"虚"的想象的东西不仅存在，有时甚至大量地存在。但同时我们也必须看到，这种在认识过程中对认识对象的"虚"的想象与幻化，常常是由其"实"的一面生发、衍化出来的，它们往往是依附于"实"

后　记

的一面而存在的，如麒麟的"上应天象""与岁神相应"的神性，似乎完全是想象的、虚幻的，但我们仍然可以从它的原型的历法功能上得到阐明。

我以为，研究中国古代神话、传说，很重要的一点是要弄清楚其之所以发生的根源，懂得了起源也就懂得了本质，于是一些看似奇幻迷离的神话、传说就可迎刃而解了。

读者不难发现，我对中国古代的不少神话、传说作出了新的阐释，但我使用的方法似乎与其他研究者并没有多大的差异。如果一定要在方法上进行特色概括的话，我觉得我在方法上的最主要特点，是将神话、传说中对象的神性特点与它们的原型身上的特点进行对照研究，并将这种对照放在当时农业生产、生活的实践中加以认识，从发现起源入手阐明神话、传说的真正意蕴。其他研究者虽然或多或少也运用过类似的方法，但像我这样集中使用的确乎比较少见。必须指出，运用上述方法（也包括比较方法等）其实是运用一些人所皆知的神话、传说学原理的合乎逻辑的结果，因此我又觉得自己在方法上并没有什么特别创新之处。对中国古代的不少神话、传说，我之所以能提出一些新的假说，作出一些新的结论，应该归功于我对经过检验的确具有相对普遍意义的神话学、传说学原理的合理运用。

我的一些假说，一些新的看法，是否真能站得住？尽管我自己极有信心，然而学术发展的经验以及理智告诉我，它们无疑还需要进一步的检验；不仅一些结论，包括一些细节的阐述，可能也会出现这样那样的问题甚至错误，因为个人的学识总是有限的。我衷心盼望专家、学者以及一般读者提出宝贵的批评意见。

本书的大部分篇章，从二十世纪八十年代末起，曾先后在《民间文学论坛》《求索》《学术月刊》《华东师范大学学报》《社会科学战线》《东南文化》《农业考古》《文史知识》《中国民间文化》《中文自学指导》《海关高等专科学校学报》等刊物上发表过，个别文章这次略作了修订，在此特作说明。

  我在研究中国古代神话、传说的过程中，曾得到神话学专家袁珂先生的赞许与鼓励。现在，我的研究工作暂时告一段落，而袁珂先生已经离开人间，这是我极感遗憾的事，我将永远怀念袁珂先生。陈勤建先生、王孝廉先生亦曾赠书并给予我鼓励。1992年至1994年，我曾东渡日本，在日本国立历史民俗博物馆民俗研究部任外来研究员。在这期间，我师从日本著名民俗学者福田亚细男先生，先生的勤奋与博学，先生治学的严谨，为人的良善以及对我在学术上的指导与期待，都形成了一种无形的鞭策力量，激励我不忘学术并在学术的道路上不断进取。蒙冯洁轩先生介绍，王小盾先生为本书作了精彩的序，为本书增色不少，小盾先生还订正了本书的个别讹误。上海古籍出版社的王兴康、章行，责任编辑田松青等先生亦为本书的出版付出了辛劳。现在借本书出版之机，谨向他们致以诚挚的谢意。

再版说明

本书原名为《神话求原》（上海古籍出版社，2003年版），增订再版的书名改为《中国神话求原》，再版本增加的篇目为：

《〈山海经〉与创世神话》；

《〈尚书·胤征〉舞容与后羿神话的蕴意》；

《九尾狐与禹娶"涂山女"传说蕴意考》；

《方相氏（黄帝）驱疫傩禳礼俗溯源》；

《舜与二妃传说及"南方朱鸟"》；

《王亥故事与星辰传说》；

《慈乌及其文化蕴含》；

《腊八粥及其起源》；

《露水·甘露与醴泉》。

原书《后记》的理论概括，主要针对原来的篇章而发，特此说明。

著者2024年12月15日于沪上

主要参考文献

1. 袁珂. 山海经校注[M]. 上海：上海古籍出版社，1980.
2. 袁珂. 中国神话传说词典[M]. 上海：上海辞书出版社，1985.
3. 马昌仪. 中国神话学文论选萃[M]. 北京：中国广播电视出版社，1994.
4. 顾颉刚. 古史辨[M]. 影印本. 上海：上海古籍出版社，1982.
5. 丁山. 中国古代宗教与神话考[M]. 影印本. 上海：上海文艺出版社，1988.
6. 王孝廉. 中国的神话世界[M]. 北京：作家出版社，1991.
7. 中国民间文艺研究会云南分会，云南省民间文学集成编辑办公室. 云南民俗集刊（1—4集）[C]. 出版地不详：出版者不详，1984.
8. 中国作家协会云南分会. 云南民族民间故事选[M]. 昆明：云南人民出版社，1981.
9. 朱狄. 原始文化研究[M]. 北京：生活·读书·新知三联书店，1988.
10. 吴晓东. 《山海经》语境重建与神话解读[M]. 北京：中国社会科学出版社，2013.
11. 洪兴祖. 楚辞补注[M]. 北京：中华书局，1983.

12. 国语[M]. 上海：上海古籍出版社，1978.

13. 司马迁. 史记[M]. 北京：中华书局，1959.

14. 班固. 汉书[M]. 北京：中华书局，1962.

15. 范晔. 后汉书[M]. 北京：中华书局，1965.

16. 房玄龄. 晋书[M]. 北京：中华书局，1974.

17. 北京大学历史系《论衡》注释小组. 论衡注释[M]. 北京：中华书局，1979.

18. 郦道元，杨守敬，熊会贞. 水经注疏[M]. 南京：江苏古籍出版社，1989.

19. 萧统. 文选[M]. 李善，注. 上海：上海古籍出版社，1986.

20. 杨伯峻. 春秋左传注[M]. 北京：中华书局，1981.

21. 十三经注疏·尔雅正义[M]. 北京：北京大学出版社，1999.

22. 郝懿行. 尔雅义疏[M]. 影印本. 北京：北京市中国书店，1982.

23. 段玉裁. 说文解字注[M]. 成都：成都古籍书店，1981.

24. 桂馥. 说文解字义证[M]. 北京：中华书局，1987.

25. 王筠. 说文释例[M]. 影印本. 武汉：武汉市古籍书店，1983.

26. 罗愿. 尔雅翼[M]. 石云孙，点校. 合肥：黄山书社，2013.

27. 李时珍. 本草纲目[M]. 北京：人民卫生出版社，1982.

28. 汪灏. 广群芳谱[M]. 影印本. 上海：上海书店，1985.

29. 贾祖璋. 鸟与文学[M]. 影印本. 上海：上海书店，1982.

30. 郑光美. 鸟之巢[M]. 上海：上海科学技术出版社，1982.

31. 傅桐生，高玮，宋榆钧. 鸟类分类及生态学[M]. 北京：高等教育出版社，1987.

32. 冯德培，谈家桢，王鸣岐. 简明生物学词典[M]. 上海：上海辞书出版社，1983.

33. 顾颉刚，刘起釪. 尚书校释译论[M]. 北京：中华书局，2005.
34. 黄怀信，张懋镕，田旭东. 逸周书汇校集注[M]. 修订本. 上海：上海古籍出版社，2007.
35. 陈奂. 诗毛氏传疏[M]. 据漱芳斋1851年版影印. 北京：北京市中国书店，1984.
36. 程树德. 论语集释[M]. 程俊英，蒋见元，点校. 北京：中华书局，1990.
37. 王聘珍. 大戴礼记解诂[M]. 北京：中华书局，1989.
38. 焦循. 孟子正义[M]. 沈文倬，点校. 北京：中华书局，1987.
39. 十三经注疏·周礼注疏[M]. 上海：上海古籍出版社，2010.
40. 孙诒让. 周礼正义[M]. 北京：中华书局，1987.
41. 孙诒让. 墨子间诂[M]. 北京：中华书局，1986.
42. 郭庆藩. 庄子集释[M]. 北京：中华书局，1982.
43. 刘文典. 淮南鸿烈集解[M]. 冯逸，乔华，点校. 北京：中华书局，1989.
44. 何宁. 淮南子集释[M]. 北京：中华书局，2006.
45. 陈奇猷. 吕氏春秋校释[M]. 上海：学林出版社，1984.
46. 瞿昙悉达. 开元占经[M]. 北京：九州出版社，2012.
47. 郑文光. 中国天文学源流[M]. 北京：科学出版社，1979.
48. 陈遵妫. 中国天文学史[M]. 上海：上海人民出版社，2016.
49. 陈久金. 星象解码——引领进入神秘的星座世界[M]. 北京：群言出版社，2004.